INDUSTRIAL LOCOMOTIVES

including preserved and minor
railway locomotives

HANDBOOK
11EL

Published by the INDUSTRIAL RAILWAY SOCIETY
at 1 Clifton Court, Oakham, Rutland, Leicestershire LE15 6LT.

© INDUSTRIAL RAILWAY SOCIETY 1996.

ISBN 0 901096 91 1 (hardbound)
ISBN 0 901096 92 X (softbound)

Produced by G. Morton, Leeds, West Yorkshire
from records maintained by E. Hackett, Halesowen, West Midlands.

Distributed by IRS Publications, 1 Clifton Court, Oakham, Rutland, Leicestershire LE15 6LT.

Printed by Clifford Ward & Co (Bridlington) Ltd.

CONTENTS

Foreword	Page 5	
Introduction	Page 6	
Locomotive Builders	Page 10	
Contractors	Page 21	
SECTION ONE	Page 23	ENGLAND
SECTION TWO	Page 231	SCOTLAND
SECTION THREE	Page 255	WALES
SECTION FOUR	Page 285	UK COAL INDUSTRY
SECTION FIVE	Page 305	MINISTRY OF DEFENCE, ARMY RAILWAY ORGANISATION
SECTION SIX	Page 309	IRELAND
SECTION SEVEN	Page 335	BRITISH RAIL DEPARTMENTAL STOCK

The text of this book incorporates all amendments notified before January 1st, 1996.

FOREWORD to the eleventh edition

This is the eleventh in a line of EL (Existing Locomotive information as opposed to historical) books which commenced in 1968. The lists now include all known locomotives of gauge 1'3" and above excluding only London Transport Capital Stock and British Railways Capital Stock. For the first time this book includes the underground stock of the U.K. coal industry.

The lists are in accordance with our records for January 1st, 1996 and we would like to stress that the information derives from the observations and researches of members and others. We shall always rely on similar enthusiastic support to keep all the records up to date, so please send your observations (and your queries too) to the Hon. Records Officer and his Assistants, as listed below. All such information will be distributed to members through the bi-monthly bulletin.

Historical & Current Notes
- UK Coal Industry.
R.D.Darvill (Asst. Hon. Recs. Off.)
119 Bath Street,
Rugby,
Warwickshire.
CV21 3JA.

BR Locos in Industry.
A.J.Booth (Hon. Recs. Off.)
13 Trinity Avenue,
Bridlington,
East Yorkshire.
YO15 2HD.

Current Tunnelling Contractors Notes.
J.A.Foster (Asst. Hon. Recs. Off.)
27 Charnock Crescent,
Gleadless Town End,
Sheffield,
South Yorkshire.
S12 3HB.

Preservation (Current & Historical).
G.Morton (Hon. Recs. Off.)
15 Wilfred Avenue,
Leeds,
West Yorkshire.
LS15 7SP.

Current Observations
- Other owners.
I.R.Bendall (Asst. Hon. Recs. Off.)
25 Byron Way,
Melton Mowbray,
Leicestershire.
LE13 1NY.

BR Departmental Stock.
D.A.Medhurst (Hon. Recs. Off.)
23 Providence Street,
Ashford,
Kent.
TN23 1TW.

Miniature Pleasure Lines.
D.W.Holroyde (Hon. Recs. Off.)
127 Lindisfarne Road,
Durham City,
County Durham.
DH1 5YU.

Historical
(Other owners, rolling stock, etc).
G.W.Green (Hon. Recs. Off.)
197 St Lawrence Road,
Sheffield.
S9 1SF.

INTRODUCTION

The format is similar to that introduced in the previous edition, with the locomotives listed under owners arranged alphabetically within industrial and preservation location subgroups within each county. However, each location is sequenced using its main title, or surname if a persons name is included. Locomotive entries which may be subject to ambiguity are noted as 'Pvd'.

Locomotives at scrapyards purely for scrapping are not generally listed, only if they have been 'resident' for a year or more. Those at dealers' yards are however listed in order that members can keep a full picture of their movements.

Contractors' locos can be found on sites in all parts of the country, working on sewer and tunnel schemes, etc. The locomotive details are shown in the usual way in the lists for the County in which the depot or main plant depot, if more than one is in use, is situated. A list of Contractors/Plant Hire specialists and the relevant counties are shown after the Locomotive Builders table.

When a works is closed, this is indicated after the title or subtitle, thus; TRACK SUPPLIES LTD, (Closed).

When a works is still in operation but no longer uses a certain type of rail traffic, this is indicated by a note after the gauge concerned, thus; Gauge : 4'8½". (TQ 741694) R.T.C. RTC = Rail Traffic Ceased.

GAUGE. The gauge of the railway system is given at the head of the locomotive list. At preservation sites and museums, etc, where several gauges differ by only a fraction they are usually all listed under the nominal gauge of the majority.

GRID REFERENCE. An indexed six-figure grid reference is given in brackets after the gauge, and denotes the location of the loco shed or stabling point. Most references are known but details of any missing references are most welcome.

NUMBER and NAME. The title of the locomotive - number, name or both - is given in the first two columns. A name unofficially bestowed and used by staff but not carried on the loco is indicated by inverted commas " ". Locomotives under renovation at preservation sites, etc, may not carry their intended title but these are shown, unless it is definitely known that the name will not be retained. Ex B.R. locomotives are further identified by the inclusion of the B.R. number in brackets, if not carried now.

TYPE. The type of locomotive is given in column three.

The Whyte system of wheel classification is used in the main, but when driving wheels are connected not by outside rods but by chains or other means (as in various 'Sentinel' steam locos and diesel locos) they are shown as 4w (four-wheeled), 6w (six-wheeled), or if only one axle is motorised it is shown as 2w-2.

Trapped Rail System locomotives are shown using wheel type ad.

For ex B.R. diesel and electric locomotives the usual development of the Continental notation is used.

The following abbreviations are used :-

- CT   Crane tank - a T type loco fitted with load lifting apparatus.
- F   Fireless steam locomotive.
- PT   Pannier tank - side tanks not fastened to the frame.
- ST   Saddle tank.
- STT Saddle tank with tender.
- T   Side tank or similar - a tank positioned externally and fastened to the frame.
- VB   Vertical boilered locomotive.
- WT   Well tank - a tank located between the frames under the boiler.

- BE   Battery powered electric locomotive.
- BH   Battery powered locomotive - hydraulic transmission.
- CE   Conduit powered electric locomotive.
- D   Diesel locomotive - unknown transmission.
- DC   Diesel locomotive - compressed air transmission.
- DE   Diesel locomotive - electrical transmission.
- DH   Diesel locomotive - hydraulic transmission.
- DM   Diesel locomotive - mechanical transmission.
- FE   Flywheel electric locomotive.
- P   Petrol or Paraffin locomotive - unknown transmission.
- PE   Petrol or Paraffin locomotive - electrical transmission.
- PH   Petrol or Paraffin locomotive - hydraulic transmission.
- PM   Petrol or Paraffin locomotive - mechanical transmission.
- R   Railcar - a vehicle primarily designed to carry passengers.
- RE   Third rail powered electric locomotive.
- WE   Overhead wire powered electric locomotive.

FLAMEPROOF.   Flameproof locos, usually battery powered, are denoted by the addition of the letter F to the wheel arrangement in column three.

CYLINDER POSITION.   Shown in column four for steam locomotives.

- IC   Inside cylinders.
- OC   Outside cylinders.
- VC   Vertical cylinders.
- G   Geared transmission - coupled to IC, OC or VC.

RACK ADHESION.   Locomotives that employ rack adhesion are shown by R/A in column four.

ROAD/RAIL.   Certain locomotives are capable of working on either rail or road, (most are of either Unilok or Unimog manufacture). These are indicated by R/R in column four.

STEAM OUTLINE.   Diesel or Petrol locomotives with a steam locomotive appearance added are shown by S/O in column four.

MAKERS.   The builder of the locomotive is shown in column five; the abbreviations used are listed on a later page.

MAKERS NUMBER and DATE.   The sixth column shows the works number, the next column the date which appears on the plate, or the date the loco was built if none appears on the plate.

- c   denotes circa, i.e. about the time of the date quoted
- Pvd. denotes Preserved on site

DOUBTFUL INFORMATION. Information known to be doubtful is denoted as such by the wording, or printed in brackets with a question mark. Thus, Wkm (7573?) 1956 denotes that the loco is a Wickham of 1956 vintage and possibly of the works number 7573.

Locomotives which have ceased work are indicated by OOU (Out Of Use), or as Dsm (Dismantled) if incomplete. These are only shown when the condition is permanent, not of a temporary nature. Wkm motorised trollies which have been converted to engineless trailers are shown as DsmT.
N.B. Battery locos not carrying a battery are not regarded as Dsm.

There are cases where all locomotives are OOU but the tramway is still in use; with a road tractor or man-power for example. Also some owners use locos on their own internal system after the B.R. connection has been severed.

Electric locomotives at Steelworks and colliery sites are usually to be found working at Coke Ovens, the grid reference for the Ovens being shown in the usual place, when known.

Hints on recording observations

As already explained, the Society is almost entirely reliant on the observations of enthusiasts to keep the records up to date, and we are always pleased to receive reports of visits, which should be sent to the Hon. Records Officer or his assistants. The following will, we hope, be of assistance to those sending in reports.

Report anything you see, on the locomotive side this means reporting locos present, even if there is no change to the published list. Someone else may visit in the next six months and find a change, the date of which can then be narrowed down to this six months. In addition to locos, details of rolling stock, layouts and items of historical information gleaned, are all welcome and will be filed for future reference. It is surprising how often these items are required later by other enthusiasts. There is nothing to beat a note made on the spot; a note now is far better than trying to get the information from the recollection of employees in five years time.

On the other hand, care should be taken to distinguish observation from inference. If you see a 4wDH with worksplate say S 10019 and numbered 19, all well and good; but if it does not carry a worksplate, that fact should be stated. You may infer the loco is S 10019 from the running number, or by reference to the pocket book. If you say 'number on bonnet', 'number on cabside' or 'loco assumed to be S 10019' as the case may be, we will know the position precisely, which is important when bonnets are exchanged or cabs rebuilt, for example. If a loco carries no identification, you will probably be able to guess its make from design features, and a note of livery may help. Also with diesel locomotives, a note should be made of engine make, type and its number, if easily obtained.

A thorough search of all premises is worthwhile, as locos (particularly if OOU) are frequently hidden away - and how often have surprises turned up in this way. Further, if you search diligently, and a loco is missing it may be assumed to have gone and enquiries can be made, as to where it has gone or if it has been scrapped. Please try to ascertain such information from the staff. Similarly, in the case of new arrivals, dates should be obtained if possible.

Firm's titles change from time to time, so please check from the office or board at the entrance. Subsidiary companies frequently display the title of a parent company, but we always use the name under which the company trades, i.e. the subsidiary where such exists.

The necessity for obtaining permission to see locomotives applies with equal force to 'preserved' locations other than public parks and museums. Established systems which operate trains or have 'Open Days' will usually permit inspection of locos by arrangement. Locos shown as at private homes or farms are very often in storage or in the course of restoration and as a rule members are not advised to in any way possible embarrass the owners by writing for permission but to wait until they announce that their machines are available for inspection.

Finally, please try to establish friendly relations with the firms visited, as we are only allowed access by their courtesy. Don't be a nuisance or hold up production, nor expose yourself to danger in any way, but show a healthy interest in the processes being carried out. In this way, not only you, but other enthusiasts will be welcome later.

LOCOMOTIVE BUILDERS

AB	Andrew Barclay, Sons & Co Ltd, Caledonia Works, Kilmarnock.
A.C.Cars	A.C. Cars Ltd, Thames Ditton, Surrey.
Acton	Acton Works, London Transport Executive, Acton, London, then London Underground Ltd from /1987.
AE	Avonside Engine Co Ltd, Bristol.
AEC	Associated Equipment Co Ltd, Southall.
AEG	Allgemeine Elektrizitats Gesellschaft, Berlin, Germany.
AEI	Associated Electrical Industries Ltd, Trafford Park, Manchester, Lancashire.
Afd	South Eastern & Chatham Railway, Ashford Works, Kent, later S.R. and B.R.
Ageve	AB Galve Vagnvekstad, P.O. Box 655, S-801 27 Gavle, Sweden.
AH	A. Horlock & Co, North Fleet Iron Works, Kent.
AK	Alan Keef Ltd, Cote Farm, Cote, near Bampton, Oxon, then Lea Line, Ross-on-Wye, Hereford & Worcester from 11/1986 (Successor to SMH).
AL	American Locomotive Co, U.S.A./Canada.
AL(C)	American Locomotive Co, Cooke Works, Paterson, New Jersey, U.S.A.
Albion	Albion Ltd, Scotstoun Works, Glasgow, Strathclyde.
ALR	Abbey Light Railway, P.N. Lowe & Sons, Bridge Road, Kirkstall, Leeds, West Yorkshire.
A&O	Alldays & Onions Ltd, Birmingham.
AP	Aveling & Porter Ltd, Invicta Works, Canterbury, Kent.
ARC	A.R.C. Ltd, Stanton Harcourt Depot, near Witney, Oxon.
Arrols	Arrols, Glasgow.
ASEA	Allmanna Svenska Elektriska A.B., Vasteras, Sweden.
AS&W	Allied Steel & Wire Ltd, Castle Works, Cardiff, South Glamorgan.
AT	Les Ateliers Metallurgiques Nivelles, Tubize & La Sambre Works, Tubize, Belgium.
Atlas	Atlas Loco & Mfg Co Ltd, Cleveland, Ohio, U.S.A.
AtW	Atkinson Walker Wagons Ltd, Preston, Lancashire.
AUG	23 August Works, Bucharest, Romania.
AW	Sir W.G. Armstrong, Whitworth & Co (Engineers) Ltd, Newcastle-Upon-Tyne.
Ayle	Ayle Colliery Co Ltd, Ayle East Drift Mine, Alston, Northumberland.
Bance	R. Bance & Co.
Barlow	H.N. Barlow, Southport, Lancashire.
A.Barnes	A. Barnes & Co Ltd, Albion Works, Rhyl, Clwyd.
S.Battison	Samuel Battison, c/o Tathams Ltd, Nottingham Road, Ilkeston, Derbyshire.
BBC	A.G. Brown Boveri & CIE, Baden, Aargan, Switzerland.
BBT	Brush Bagnall Traction Ltd, Loughborough, Leicestershire and Stafford, Staffordshire.
B(C)	Peter Brotherhood, Engineers, Chippenham, Wiltshire.
BD	Baguley-Drewry Ltd, Burton-on-Trent.
BE	Brush Electrical Engineering Co Ltd, Loughborough, Leicestershire.
Berwyn	Berwyn Engineering, Thickwood, Chippenham.
BES	Beech Engineering Services, Unit 4, Wetmore Industrial Estate, Wharf Road, Burton-on-Trent, Staffordshire.
BEV	British Electric Vehicles Ltd, Chapeltown, Southport, Lancashire.
Bg	E.E. Baguley Ltd, Burton-on-Trent.
BGB	Becorit (Mining) Ltd, Grove Street, Mansfield Woodhouse, Nottingham, then Hallam Fields Road, Ilkeston, Derbyshire from /1984.
BgC	Baguley Cars Ltd, Burton-on-Trent.
Bg/DC	Built by Bg for DC; makers numbers identical.

BH	Black, Hawthorn & Co Ltd, Gateshead.
Bicester	War Department, Arncott Workshops, Bicester Depot, Oxfordshire.
BL	W.J. Bassett Lowke Ltd, Northampton.
BLW	Baldwin Locomotive Works, Philadelphia, Pennsylvania, U.S.A.
BM	Brown Marshall & Co.
BMR	Brecon Mountain Railway Co Ltd, Pant, Mid Glamorgan.
BNFL	British Nuclear Fuels Ltd, Windscale Factory, Sellafield, Cumbria.
BnM	Bord na Mona (Irish Turf Board) : Various of the larger sites have built their own locos & railcars.
Bonnymount	Mr Taylor, Bonnymount Farm, Siston Common, Bristol, Avon.
E.Booth	E. Booth, Lappa Valley Railway, St Newlyn East, near Newquay, Cornwall.
Borsig	A. Borsig G.m.b.H., Berlin, Germany.
Boston Lodge	Boston Lodge Workshops, Festiniog Railway.
Bow	Bow Locomotive Works, North London Railway.
Bowman	N. Bowman, Launceston Steam Railway, Cornwall.
BP	Beyer, Peacock & Co Ltd, Gorton, Manchester.
BPH	Beyer, Peacock (Hymek) Ltd, Gorton, Manchester.
BRCW	Birmingham Railway Carriage & Wagon Co Ltd, Smethwick.
Bredbury	Bredbury & Romiley U.D.C., Cheshire.
BRE(D)	British Rail Engineering Ltd, Derby Locomotive Works, Derbyshire.
BRE(S)	British Rail Engineering Ltd, Shildon Works, Co. Durham.
Brod	Prva Jugoslovenska Tvornica Vagona, Strojeva i Mostova, Slavonski Brod, Yugoslavia.
G.M.Brown	G.M. Brown Ltd, Stanhopeburn, Stanhope, Co. Durham.
Bruff	Bruff Rail Ltd, Suckley, Worcestershire.
H Brunning	
B&S	Bellis & Seekings Ltd, Birmingham.
B.S.C.	British Steel Corporation, Hartlepool Works, Cleveland.
BT	Brush Electrical Machines Ltd, Traction Division, Falcon Works, Loughborough.
BTH	British Thomson-Houston Co Ltd, Rugby.
Bton	London, Brighton and South Coast Railway, Brighton Works, East Sussex, later S.R. and B.R.
Bton Corp	Brighton Corporation, Tramway Department, Lewes Road, Brighton, Sussex.
Bury	Bury, Curtis & Kennedy, Liverpool.
BV	Brook Victor Electric Vehicles Ltd, Burscough Bridge, near Ormskirk, Lancs.
BVR	Bure Valley Railway Ltd, Aylsham, Norfolk.
Cannon	Cannon, Dudley, West Midlands.
Carland	Carland Engineering Ltd, Harold Wood, Essex.
D.Carter	D. Carter, Tucking Mill Tramway, Midford, Avon.
Carn	Steamtown Railway Museum, Warton Road, Carnforth, Lancashire.
CCR	Cleethorpes Coast Light Railway Ltd, Marine Embankment, Cleethorpes, Humberside.
Cdf	Cardiff West Yard Locomotive Works, Taff Vale Railway.
CE	NEI Mining Equipment Ltd, Clayton Equipment, Hatton, near Derby, formerley Clarke Chapman Ltd, Clayton Works.
Chance	Chance Manufacturing Co Inc., Wichita, Kansas, U.S.A.
Chaplin	Alexander Chaplin & Co Ltd, Cranstonhill Works, Glasgow.
CHR	Fabryka Lokomotyw im F. Dzierzynskiego, Chrzanow, Poland.
Clarkson	H. Clarkson & Son, York.
Clay Cross	Clay Cross Co Ltd, Clay Cross Iron Works, Spun Pipe Plant, Derbyshire.
Coalbrookdale	Coalbrookdale Co, Coalbrookdale Ironworks, Shropshire.

Cockerill	Societe pour L'Exploitation Des Etablissements John Cockerill, Seraing, Belgium.
Consett	Consett Iron Co Ltd, Consett Works, Co. Durham.
Corpet	Corpet Louvet & Cie, La Courneuve, Seine, France.
CoSi	Coleby-Simkins Engineering, Melton Mowbray, Leics.
Couillet	S.A. des Usines Metallurgiques du Hainaut, Couillet, Belgium.
Cowlairs	North British Railway, Cowlairs Works, Glasgow later B.R.
E.A.Craven	E.A. Craven, North Shields, Tyne & Wear.
Cravens	Cravens Ltd, Darnall, Sheffield.
Crewe	London and North Western Railway, Crewe Works, Cheshire, later L.M.S.R. and B.R.
CSE	Crayford Special Equipment, Hemel Hempstead, Hertfordshire.
Curwen	A. Curwen, All Cannings, near Devizes, Wiltshire.
D	Dubs & Co, Glasgow Locomotive Works, Glasgow.
Dar	North Eastern Railway, Darlington Works, later L.N.E.R. and B.R.
DB	Sir Arthur P. Heywood, Duffield Bank Works.
DC	Drewry Car Co Ltd, London. (Suppliers only)
AR.Deacon	A.R. Deacon, Somerset.
Decauville	Societe Nouvelle des Establissements Decauville Aine, Petit Bourg, Corbeil, S & O, France.
Decon	Decon Engineering Co (Bridgwater) Ltd, Wylds Road, Bridgwater, Somerset.
De Dietrich	De Dietrich, Niederbrown, France.
Derby	Midland Railway, Derby Works, later L.M.S.R. and B.R.
Derby C&W	Litchurch Lane Carriage Works, Midland Railway, Derby, later L.M.S.R. and B.R.
DEW	Dundalk Engineering Works, Dundalk, Co. Louth, Eire. Locos built from parts supplied by Gleismac.
DeW	DeWinton & Co, Caernarfon.
Diema	Diepholzer Maschinenfabrik (Fr.Schöttler G.m.b.H.), Diepholz, Germany.
DK	Dick Kerr & Co Ltd, Preston, Lancashire.
DL	Dormon Long (Steel) Ltd, Middlesbrough, Yorkshire N.R.
DM	Davies & Metcalfe Ltd, Romiley, Stockport, Cheshire.
Dodman	Alfred Dodman & Co, Highgate Works, Kings Lynn.
Don	Great Northern Railway, Doncaster Works, later L.N.E.R. and B.R.
DonM	British Rail, Eastern Region, Marshgate Permanent Way Depot, Doncaster, South Yorkshire.
Donelli	F.L. Donelli, Reggio, Italy.
Donelon	J.F. Donelon Ltd, Horwich, Greater Manchester.
Dotto	Dotto, Italy.
Dowty	Dowty Group Ltd, Ashchurch, Gloucestershire.
DP	Davey, Paxman & Co Ltd, Colchester, Essex.
Dtz	Motorenfabrik Deutz, A.G., Cologne, Germany.
Dundalk	Dundalk Works, Great Northern Railway of Ireland.
EB	E. Borrows & Sons, St. Helens.
Eclipse	Eclipse Peat Co Ltd, Ashcott, Somerset.
EE	English Electric Co Ltd, Preston, Lancashire.
EES	English Electric Co Ltd, Stephenson Works, Darlington. (Successors to R.S.H.D.)

EEV	English Electric Co Ltd, Vulcan Works, Newton-le-Willows, Lancashire. (Successors to V.F.)
EK	Marstaverken, Eksjo, Sweden.
Elh	London and South Western Railway, Eastleigh Works, Hampshire, later S.R. and B.R.
ESCA	ESCA Engineering Ltd, 6 Wetheral Close, Hindley Industrial Estate, off Swan Lane, Hindley Green, Wigan, Greater Manchester.
ESR	Exmoor Steam Railway.
EW	E.B. Wilson & Co., Railway Foundry, Leeds.
Fairbourne	Fairbourne Railway Co, Fairbourne, Gwynedd.
FB	Societe Franco-Belge de Materiel de Chemins de Fer, Usine de Raismes, Nord, France.
Festiniog Rly	Festiniog Railway Co, Boston Lodge Works, Gwynedd.
F.F.P.	Fire Fly Project, Great Western Preservations Ltd, Bristol, Avon (1987) & Didcot, Oxon.(1989).
FH	F.C. Hibberd & Co Ltd, Park Royal, London; later at Butterley Works, Derbyshire.
Fisons	Fisons Ltd, British Moss Works, Swinefleet, near Goole, Humberside; constructed from parts supplied by Diema.
FJ	Fletcher Jennings & Co, Lowca Engine Works, Whitehaven.
Floridsdorf	Wiener Lokomotivfabrik A.G., Wien Floridsdorf, Austria.
Ford	Ford Motor Co Ltd, (? Dagenham, Essex).
Foster Rastrick	Foster, Rastrick & Co, Stourbridge, Worcestershire.
A Fox	
Frenze	Frenze Engineering.
Freud	Stahlbahnwerke Freudenstein & Co, Tempelhof, Dortmund, Berlin, Germany.
Frichs	A/S Frichs Maskinfabrik & Kedelsmedie, Arhus, Denmark.
S.Frogley	S. Frogley, Nent Valley Railway, Nentsberry, near Nenthead, Cumbria.
Funkey	C.H. Funkey & Co (Pty) Ltd, Alberton, near Johannesburg, South Africa.
FW	Fox, Walker & Co, Atlas Engine Works, Bristol.
Gartell	Alan Gartell, Common Lane, Yenstone, near Templecombe, Somerset.
GB	Greenwood & Batley Ltd, Leeds.
GE	George England & Co Ltd, Hatcham Ironworks, London.
GEC	General Electric Co Ltd, Witton, Birmingham.
GECT	G.E.C. Traction Ltd, Newton-le-Willows, Lancashire.
Geevor	Geevor Tin Mines Ltd, Pendeen, near St Just, Cornwall.
Geismar	
Geo.Stephenson	George Stephenson, Hetton, Durham.
GEU	General Electric Co, Erie, Pennsylvania, U.S.A.
GH	Gibb & Hogg, Airdrie.
Ghd	Gateshead Works, North Eastern Railway.
GKN	GKN Sankey Ltd, Castle Works, Hadley, Telford, Shropshire.
Gleismac	Gleismac Italiana Spa, Viale Delia Stazione 3, 46030 Bigarello, Mantove, Italy.
GM	General Motors Ltd, Electro-Motive Division, La Grange, Illinois, U.S.A.
Gmd	Gmeinder & Co G.m.b.H., Mosbach, Germany.
GMT	Gyro Mining Transport Ltd, Victoria Road, Barnsley, then Bramley Way, Hellaby Industrial Estate, Hellaby, near Rotherham, South Yorkshire from c/1987.
Goold	J.R. Goold Eng. Ltd, Camerton, Avon.
Gorton	Great Central Railway, Gorton Works, Manchester, later L.N.E.R. and B.R.

Govan	Glasgow Corporation Transport Department, Underground Railway, Govan Workshops, Broomland Road, Glasgow, Lanarkshire.
GR	Grant, Ritchie & Co, Kilmarnock.
GRC	Gloucester Railway Carriage & Wagon Co Ltd, Gloucester.
Greaves	J.W. Greaves & Sons Ltd, Llechwedd Quarry, Gwynedd.
Group 4	Festiniog Railway, Group 4, Birmingham.
Guest	Guest Engineering & Maintenance Co Ltd, Stourbridge.
N.L.Guinness	Nigel L. Guinnness, Cobham, Surrey.
G&S	G. & S. Light Engineering Co Ltd, Stourbridge, Worcs.
H	James & Fredk. Howard Ltd, Britannia Ironworks, Bedford.
HAB	Hunslet-Barclay Ltd, Caledonia Works, Kilmarnock, Strathclyde.
Hackworth	Timothy Hackworth, Soho Works, Shildon, Co. Durham.
Hano	Hannoversche Maschinenbau AG (vormals Georg Egestorff), Hannover, Germany.
K.Hardy	K. Hardy, Brookhouse, Badgeworth, near Cheltenham, Gloucestershire.
Hartmann	Sachsische Maschinenfabrik, vormals Richard Hartmann AG, Chemnitz, Germany.
Hayne	N. Haynes, Sheppards Tea Rooms & Boat House, near Saltford, Somerset, later Blaise Castle, Henbury, Avon.
HB	Hudswell Badger Ltd, Hunslet, Leeds.
H&B	Hill & Bailey Ltd, Gilfach Ddu, Llanberis, Gwynedd.
HC	Hudswell, Clarke & Co Ltd, Railway Foundry, Leeds.
HE	Hunslet Engine Co Ltd, Hunslet, Leeds.
R.Heath	Robert Heath & Sons Ltd, Norton Ironworks, Stoke-on-Trent
Wm.Hedley	William Hedley, Wylam Colliery, Northumberland.
WVO.Heiden	W. Van der Heiden, Rotterdam, Holland.
Hen	Henschel & Sohn G.m.b.H., Kassel, Germany.
A.Herschell	Allan Herschell, North Tonawanda, New York, U.S.A.
HF	Haydock Foundry Co Ltd, Haydock, Lancashire.
H(L)	Hawthorn & Co, Leith, Edinburgh.
HL	R. & W. Hawthorn, Leslie & Co Ltd, Forth Bank Works, Newcastle-Upon-Tyne.
HLT	Hughes Locomotive & Tramway Engine Works Ltd, Loughborough, Leicestershire.
Hor	Lancashire and Yorkshire Railway, Horwich Works, Lancs, later L.M.S.R. and B.R.
HPE	Hugh Phillips Engineering Ltd, Tafarnaubach Industrial Estate, near Tredegar, Gwent.
HSE	Harry Steer Engineering, Breaston, near Derby, Derbyshire.
HT	Hunslet Taylor Consolidate (Pty) Ltd, Germiston, Transvaal, South Africa.
HU	Robert Hudson Ltd, Leeds.
TG Hunt	
R.Hutchings	
HW	Head, Wrightson & Co Ltd.
Inchicore	Inchicore Works, Dublin; Great Southern Railways. (Previously G.S. & W.R., later C.I.E.)
IOMT	Manx Electric Railway, Derby Castle Works, Douglas, Isle of Man.
Iso	Iso Speedic Co Ltd, Fabrications & Electric Vehicles, Charles Street, Warwick.
IZU	Instant Zip-Up, Newport, Shropshire.

Jaco	Jaco Engineering Co Ltd, Edwards Road, Birmingham 24, West Midlands.
Jaywick Rly	Jaywick Light Railway, near Clacton, Essex.
Jesty	Bedford & Jesty Ltd, Doddings Farm, Bere Regis, Dorset.
JF	John Fowler & Co (Leeds) Ltd, Hunslet, Leeds.
Jubilee Min Rly	J.M.R. (Sales) Ltd, 173 Liverpool Road South, Birkdale, Southport.
Jung	Arn. Jung Lokomotivfabrik G.m.b.H., Jungenthal, Germany.
K	Kitson & Co, Airedale Foundry, Leeds.
KC	Kent Construction & Engineering Co Ltd, Ashford, Kent.
Kearsley	Central Electricity Generating Board, Kearsley Power Station, Radcliffe, Manchester.
T.Kennan	Thos Kennan & Son, Dublin.
Kershaw	
Kew	Kew Bridge Steam Museum, Kew Bridge Museum Steam Railway, Green Dragon Lane, Brentford, London.
Kierstead	Kierstead, Telford, Shropshire.
Kilmarnock	British Rail, Scottish Region, Regional Civil Engineers Workshops, Kilmarnock, Strathclyde. (Conversions only)
Kilroe	T. Kilroe & Sons Ltd, Lomax Street, Radcliffe, Greater Manchester.
Kitching	A. Kitching, Hope Town Foundry, Darlington, Co.Durham.
Krauss	Lokomotivfabrik Krauss & Co, Munich, Germany & Linz, Austria.
Krupp	Friedrich Krupp, Maschinenfabriken Essen, Abt. Lokomotivbau, Essen, Germany.
KS	Kerr, Stuart & Co Ltd, California Works, Stoke-on-Trent.

L	R. & A. Lister & Co Ltd, Dursley, Gloucestershire.
La Loire	Ateliers et Chantiers de la Loire, Penhoet, (pres. Nantes), France.
La Meuse	Societe Anonyme Des Ateliers De Construction De La Meuse, Sclessin-Liege, Belgium.
Lake & Elliot	Lake & Elliot Ltd, Braintree, Essex.
Lancing	Southern Railway, Lancing Carriage Works, Sussex, later B.R.
Lancs Tanning	Lancashire Tanning Co Ltd, Littleborough, Lancashire.
Lane	Charles Lane, Liphook, Hampshire.
LB	Lister Blackstone Traction Ltd, Dursley, Glos.
LBNGRS	Leighton Buzzard Narrow Gauge Railway Society, Stonehenge Workshops, Leighton Buzzard, Bedfordshire.
J.Lemon-Burton	J. Lemon-Burton, Paynesfield, Albourne Green, West Sussex, and Shelmerdine & Mulley Ltd, Edgeware Road, Cricklewood, London, NW2.
Lewin	Stephen Lewin, Dorset Foundry, Poole, Dorset.
Leyland	Leyland Vehicles Ltd, Workington, Cumbria.
LHS	Lenwade Hydraulic Services.
Lima	Lima Locomotive Works Inc., Lima, Ohio, U.S.A.
Llanwern	British Steel Corporation, Welsh Division, Llanwern Works, Newport, Gwent.
LMM	Logan Mining & Machinery Co Ltd, Dundee.
LO	Lokomo Oy, Tampere, Finland.
Loco Ent	Locomotion Enterprises (1975) Ltd, Bowes Railway, Springwell, Gateshead, Tyne & Wear.
Locospoor	Holland ?
Longfleet Eng	Longfleet Motor & Engineering Works Ltd, 46 Fernside Road, Poole, Dorset.
Longhedge	South Eastern & Chatham Rly, Longhedge Works, London.
Longleat	Longleat Light Railway, Longleat, Warminster, Wiltshire.
Ludlay Brick	Ludlay Brick Co, Berwick, near Eastbourne, Sussex.

M	Metropolitan Carriage & Wagon Co Ltd, Birmingham.
C.Mace	C. Mace, The Woodland Railway, Kent.
MAK	Maschinenbau Kiel G.m.b.H., Kiel-Friedrichsort, Germany.
J.Marshall	J. Marshall, Spring Lane, Hockley Heath, Warwickshire.
Massey	G.D. Massey, 57 Silver Street, Thorverton, Exeter, Devon.
Matisa	Matisa Material Industriel S.A., Arc-En-Ciel 2, Crissier, Lausanne, Switzerland.
Maxi	Maxitrack, "Rothiemay", Offham Road, West Malling, Kent.
MC	Metropolitan Cammell Carriage & Wagon Co Ltd, Saltley, Birmingham.
P.McGarigle	P. McGarigle, Niagra Falls, near Buffalo, New York State, U.S.A.
Mercury	The Mercury Truck & Tractor Co, Gloucester.
Met.Amal.	Metropolitan Amalgamated Railway Carriage & Wagon Co Ltd
MF	Mercia Fabrications Ltd, Steel Fabrications, Units K1 & K3, Dudley Central Trading Estate, Shaw Road, Dudley, West Midlands.
MH	Muir Hill Engineering Ltd, Trafford Park, Manchester.
Minilok	Allrad-Rangiertecknik G.m.b.H., D-5628, Heiligenhaus Bez, Dusseldorf, Germany.
Minirail	Minirail Ltd, Frampton Cotterell, Bristol.
Mkm	Markham & Co Ltd, Chesterfield, Derbyshire.
MM	Meridian (Motioneering) Ltd, Bradley Way, Hellaby Industrial Estate, Hellaby, near Rotherham, South Yorkshire.
RP.Morris	R.P. Morris, 193 Main Road, Longfield, Kent.
RH.Morse	R.H. Morse, Potter Heigham, Norfolk.
AJ Moss	A.J. Moss, 97 Martin Lane Ends, Scarisbrick, Lancashire.
Motala	A.B. Motala Verkstad, Motala, Sweden.
Moyse	Locotracteurs Gaston Moyse, La Courneuve, Seine, France.
MP	Mather & Platt Ltd, Park Works, Manchester.
MR	Motor Rail Ltd, Simplex Works, Bedford.
MSI	The Museum of Science & Industry in Manchester, Liverpool Road, Castlefield, Manchester.
MV	Metropolitan-Vickers Electrical Co Ltd, Trafford Park, Manchester.
MW	Manning, Wardle & Co Ltd, Boyne Engine Works, Hunslet, Leeds.
N	Neilson & Co, Springburn Works, Glasgow.
NB	North British Locomotive Co Ltd, Glasgow.
NBH	North British Loco, Hyde Park Works, Glasgow.
NBQ	North British Loco, Queens Park Works, Glasgow.
NCC	L.M.S. (Northern Counties Committee), York Road Works, Belfast, Ireland.
Nea	Metropolitan Railway, Neasden Works, London.
NH	B.R. Newton Heath R.C.E., Newton Heath, Manchester.
NLP	North London Polytechnic.
NMW	National Museum of Wales, Industrial & Maritime Museum, Butetown, Cardiff, South Glamorgan.
NNM	Noord Nederlandsche Machinefabriek B.V., Winschoten, Holland.
Nohab	Nydquist & Holm A.B., Trollhattan, Sweden.
NR	Neilson Reid & Co, Glasgow.
NW	Nasmyth, Wilson & Co Ltd, Bridgewater Foundry, Patricroft, Manchester.
Oakeley	Oakeley Slate Quarries Co Ltd, Blaenau Ffestiniog, Merionydd.
Oerlikon M.C.	Oerlikon, Zurich, Switzerland.
OK	Orenstein & Koppel A.G., Berlin, Germany.
Oldbury	Oldbury Carriage & Wagon Co Ltd, Birmingham.
Omam	G. Mameli 65, 20058 Villasanta, Milan, Italy.
Owen	GD. Owen, North Wales Tramway Museum, Tal-Y-Cafn, Gwynedd.

P	Peckett & Sons Ltd, Atlas Locomotive Works, St George, Bristol.
Parry	J.P.M. Parry & Associates Ltd, Corngreaves Trading Estate, Overend Road, Cradley Heath, West Midlands.
J.Peat	John Peat, Chicken Farm, Shaftsbury, Dorset.
Pendre	Talyllyn Railway Co, Pendre Works, Tywyn, Gwynedd.
Permaquip	The Permanent Way Equipment Co Ltd, Pweco Works, Lillington Road North, Bulwell, Nottingham, Later at 1 Giltway, Giltbrook, Nottingham.
Plasmor	Plasmor Ltd, Womersley Road, Knottingley, West Yorkshire.
Plasser	Plasser Railway Machinery (GB) Ltd, Drayton Green Road, West Ealing, London.
Potter	D.C. Potter, Yaxham Park, Yaxham, near Dereham, Norfolk.
PR	Park Royal Vehicles, Park Royal, London.
Pressed Steel	Pressed Steel Ltd, Swindon, Wiltshire.
Pritchard	William Pritchard, c/o Manchester, Bury, Rochdale & Oldham Steam Tramway, Oldham, Lancashire.
PVRA	Plym Valley Railway Association, Marsh Mills, Plympton, Devon.
PWR	Pikrose & Co Ltd, Wingrove & Rogers Division, Delta Road, Audenshaw, Greater Manchester. (Successors to WR)
RAD	R.A. Developments.
Ravenglass	Ravenglass & Eskdale Railway Co Ltd, Ravenglass, Cumbria
Red(F)	Redland Bricks Ltd, Funton Works, near Sittingbourne, Kent.
Red(T)	Redland Bricks Ltd, Baltic Road, Tonbridge, Kent.
Redstone	Redstone, Penmaenmawr, Caernarvonshire.
Regent St	Regent Street Polytechnic, London.
Resco	Resco (Railways) Ltd, Bilton Road, Manor Road Industrial Estate, Erith, Greater London.
RFS	R.F.S. Engineering Ltd, Doncaster Works, Hexthorpe Road, Doncaster, South Yorkshire.
RFSK	R.F.S. Engineering Ltd, Kilnhurst Works, Hooton Road, Kilnhurst, South Yorkshire. (Successors to TH).
RH	Ruston & Hornsby Ltd, Lincoln.
RHDR	Romney Hythe & Dymchurch Railway, New Romney, Kent.
Rhiwbach	Rhiwbach Quarries Ltd, Rhiwbach Slate Quarry, Merionethshire.
Richardsons	Richardsons Moss Litter Co Ltd, Letham Moss Works, near Airth Station, Central.
Riley	Ian V. Riley Engineering, Arbour Locomotive Works, Arbour Lane, Kirby, Merseyside; later Bury Car Sheds, Bury, Greater Manchester.
Ringwood	Moors Valley Railway, Moors Valley Country Park, Horton Road, Ashley Heath, Ringwood, Dorset.
Riordan	Riordan Engineering Ltd, Surbiton, Surrey.
Robel	Robel & Co, Maschinenfabrik, Munchen, 25, Germany.
K.Rosewall	K. Rosewall, Cross Elms Nursery, Bristol, Avon.
RP	Ruston, Proctor & Co Ltd, Lincoln.
RR	Rolls Royce Ltd, Sentinel Works, Shrewsbury. (Successors to Sentinel).
R&R	Ransomes & Rapier Ltd, Riverside Works, Ipswich, Suffolk.
RRS	Rapido Rail Systems, Dudley, West Midlands.
RS	Robert Stephenson & Co Ltd, Forth Street, Newcastle-Upon-Tyne and Darlington.
RSC	Ransomes Sims & Co, Orwell Works, Ipswich, Suffolk.

RSH	Robert Stephenson & Hawthorns Ltd.
RSHD	Robert Stephenson & Hawthorns, Darlington Works.
RSHD/WB	Built by RSHD but ordered by WB.
RSHN	Robert Stephenson & Hawthorns, Newcastle-Upon-Tyne Works. (Successors to HL).
RSM	Royal Scottish Museum, Chambers Street, Edinburgh, Midlothian.
Ruhr	Ruhrthaler Maschinenfabrik Schwarz & Dyckerhoff, Mulheim, Germany.
RWH	R.& W. Hawthorn & Co, Newcastle-Upon-Tyne. (Later HL).
RYP	R.Y. Pickering & Co Ltd, Wishaw, Scotland.
S	Sentinel (Shrewsbury) Ltd, Battlefield, Shrewsbury. (Diesel locomotives numbered between 10001 and 10183 were actually designed and built by Rolls Royce Ltd, but were fitted with Sentinel worksplates)
Sabero	Hulleras de Sabero Y Anexas S.A., Sabero, Spain.
Sara	Sara & Burgess, Penryn, Cornwall.
Scammell	Scammell Trucks Ltd, Watford, Hertfordshire. (Road vehicle conversions.)
DJ.Scarrott	D.J. Scarrott, Kingsteignton, Newton Abbot, Devon.
Sch	Berliner Maschinenbau - A.G., vormals L.Schwartzkopff, Berlin, Germany.
Schalker	Schalker Eisenhette Maschinenfabrik G.m.b.H., 465, Gelsenkirken, Magdeburger Strasse 37, West Germany.
Schichau	F. Schichau, Maschinen-und Lokomotivfabrik, Elbing, Germany. (Now Elbtag, Poland).
Schöma	Christoph Schöttler Maschinenfabrik, G.m.b.H., Diepholz, Germany.
Science Mus.	Science Museum, South Kensington, London.
SCW	I.C.I. Ltd, South Central Workshops, Tunstead, Derbys.
Sdn	Great Western Railway, Swindon Works, Wiltshire. later B.R.
Sdn C.	Swindon College, Department of Engineering, North Star Avenue, Swindon, Wiltshire.
SE	Sharon Engineering Ltd, Leek, Staffordshire.
Selhurst	British Rail, Southern Region, Selhurst Maintenance Depot, near Croydon, Greater London.
SGLR	Steeple Grange Light Railway, Steeplehouse Junction, Wirksworth, Derbyshire.
S&H	Strachan & Henshaw Ltd, Ashton, Bristol.
Shackerstone	Market Bosworth Light Railway, Shackerstone Station, Market Bosworth, Leicestershire.
FG.Shepherd	F.G. Shepherd, Flow Edge Colliery, Middle Fell, Alston, Cumbria.
Siemens	Siemens Bros. Ltd.
SIG	Schweizerische Industriegesellschaft, Neuhausen am Rheinfall, Switzerland.
D.Skinner	D. Skinner, 660 Streetsbrook Road, Solihull, West Midlands.
SL	Severn-Lamb Ltd, Western Road, Stratford-Upon-Avon, Warwickshire.
SLM	Schweizerische Lokomotiv-and Maschinenfabrik, Winterthur, Switzerland.
SMH	Simplex Mechanical Handling Ltd, Elstow Road, Bedford. (Successors to MR).
Smith	Smith, Pengam, Glamorgan.
N.Smith	N. Smith, Heatherslaw Light Railway, Heatherslaw Mill, nr Coldstream, Northumberland.
South Crofty	South Crofty Ltd, Pool, near Camborne, Cornwall.
SPA	Specialist Plant Associates Ltd, 23 Podington Airfield, Hinwick, Wellingborough, Bedfordshire.
Spence	Wm Spence, Cork Street Foundry, Dublin.

Spondon	Derbyshire & Notts. Electric Power Co Ltd, Spondon Power Station, Derbyshire.
SRS	Swedish Rail Systems Euroc, P.O. Box 1031, S-171 20 Solna, Sweden.
SS	Sharp, Stewart & Co Ltd, Atlas Works, Manchester and Atlas Works, Glasgow. (Latter from 1888).
St.Rollox	Caledonian Railway, St Rollox Works, Glasgow, later L.M.S.R. and B.R.
T.Stanhope	T. Stanhope, Arthington Station, near Leeds, West Yorkshire.
WP.Stewart	W.P. Stewart, Washington Sheet Metal Works, Industrial Road, Hertburn Industrial Estate, Washington, Tyne & Wear.
Stockton	South Durham Steel & Iron Co Ltd, Stockton Works, Co. Durham.
Stoke	North Staffordshire Railway, Stoke Works.
M.Stokes	M. Stokes, Little West Garden Railway, Southerndown, Mid Glamorgan.
Str	Great Eastern Railway, Stratford Works, London.
Strawberry Hill	
SSt	Swing Stage, Canada.
Swan	Swanhaven, Hull, Humberside.
Syl	Sylvester Steel Co, Lindsay, Ontario, Canada.
NJ.Tambling	N.J. Tambling, Lappa Valley Railway, St. Newlyn East, near Newquay, Cornwall.
B.Taylor	B. Taylor, 7 Abbey Road, Shepley, Huddersfield, West Yorkshire.
J.Taylor	J. Taylor, The Ford, Woolhope, Hereford & Worcester.
TG	T. Green & Son Ltd, Leeds.
TH	Thomas Hill (Rotherham) Ltd, Vanguard Works, Hooton Road, Kilnhurst, South Yorkshire.
TH/S	Built by TH, utilising frame of Sentinel steam loco.
Thakeham	Thakeham Tiles Ltd, Thakeham, Sussex.
R.Thomas	Richard, Thomas & Co Ltd, Crowle Brickworks, Lincs. Constructed from parts supplied by FH.
THub	Taylor & Hubbard Ltd, Kent Street, Leicester.
Thwaites	Thwaites Engineering Co Ltd, Leamington Spa, Warwicks.
TK	Oy Tampella Ab, Tampere, Finland.
TMA	TMA Automation Ltd, Feeds Automated Systems, Jubilee Works, Tyburn Road, Erdington, Birmingham 24.
TMS	Tramway Museum Society, Cliff Quarry, Crich, near Matlock, Derbyshire.
Todd Kitson & Laird	Todd, Kitson & Laird, Leeds.
Towyn	Talyllyn Railway Co, Pendre Works, Tywyn, Gwynedd.
Trackmobile	Trackmobile Ltd, La Grange, Georgia, U.S.A.
Track Supplies	Track Supplies & Services Ltd, Old Wolverton Road, Old Wolverton, Milton Keynes, Buckinghamshire.
TU	Task Undertakings Ltd, Birmingham, West Midlands.
Tunnequip	Tunnequip Ltd, Nowhurst Lane, Broadbridge Heath, Horsham, West Sussex.
Tyseley	Birmingham Railway Museum, The Steam Depot, Warwick Road, Tyseley, Birmingham, West Midlands.
Unilok	Hugo Aeckerle & Co, Hamburg, Germany.
Unimog	Mercedes Benz Ltd, (Unimog), West Germany.
D.Vanstone	D. Vanstone, Pixieland Mini-Zoo, Kilkhampton, near Bude, Cornwall.
VE	Victor Electrics Ltd, Burscough Bridge, Lancashire.
VER	Magnus Volk, Volks Electric Railway, Madeira Drive, Brighton, Sussex.
VF	Vulcan Foundry Ltd, Newton-le-Willows, Lancashire.

VIW	Vulcan Iron Works, Wilkes-Barre, Pennsylvania, U.S.A.
VL	Vickers Ltd, Barrow-in-Furness.
Vollert	Hermann Vollert K.G., Maschinenfabrik, 7102 Weinsberg/Wurtt, West Germany.
G.Walker	G. Walker, Lakeside Miniature Railway, Marine Lake, Southport, Merseyside.
RJ.Washington	R.J. Washington, Holly Lodge, 404 Gloucester Road, Cheltenham, Gloucestershire.
WB	W.G. Bagnall Ltd, Castle Engine Works, Stafford.
Wcb	Whitcomb Locomotive Co, Wilkes-Barre, Rochelle, Illinois, U.S.A.
WCI	Wigan Coal & Iron Co Ltd, Kirklees, Lancashire.
WE	Winson Engineering, Oakley Wharf, Portmadoc, Gwynedd.
P.Weaver	P. Weaver, New Farm, Lacock, near Corsham, Wiltshire.
WhC	Whiting Corporation, Harvey, Illinois, U.S.A.
WHR	Welsh Highland Light Railway (1964) Ltd, Gelert Farm, Porthmadog, Gwynedd.
Wilson	A.J. Wilson, 6 Trentdale Road, Carlton, Nottinghamshire.
Wilton	I.C.I. Ltd, Wilton Works, Middlesbrough, Cleveland.
WkB	Walker Bros (Wigan) Ltd, Wigan, Lancashire.
Wkm	D. Wickham & Co Ltd, Ware, Hertfordshire.
WkmR	Wickham Rail, Bush Bank, Suckley, Hereford & Worcester. (Successors to Bruff & Wkm).
WLLR	West Lancashire Light Railway, Station Road, Hesketh Bank, near Preston, Lancashire.
WMD	Waggon & Maschinenbau G.m.b.H., Donauworth, Germany.
Wolf	R. Wolf A.G., Abteilung Lokomotivfabrik Hagans, Erfurt, Germany.
Wolverton	British Rail Engineering Ltd, Wolverton Works, Buckinghamshire.
Woolwich	Woolwich Arsenal, London.
WR	Wingrove & Rogers Ltd, Kirkby, Liverpool.
YE	Yorkshire Engine Co Ltd, Meadow Hall Works, Sheffield.
YEC	Yorkshire Engine Company Ltd, Unit 7, Meadow Bank Industrial Estate, Harrison Street, Rotherham, South Yorkshire; to Unit A3, Templeborough Enterprise Park, Bowbridge Close, Rotherham, South Yorkshire.
York	British Rail Engineering Ltd, York Works, North Yorkshire.
Young	J. Young & Co, Leeds, Yorkshire (W.R.)
9E	London & South Western Railway, Nine Elms Works, London.

CONTRACTORS

Listed below are the Civil Engineering Contractors / Plant Hire specialists who own locos for use on tunnelling and sewer contracts, etc. The locos are to be found in all parts of the Country but the details of the loco fleets are listed under the firms main depot in the County shown below.

TITLE OF FIRM	COUNTY
Amec Construction.	Staffordshire.
Amey-Donelon.	Greater Manchester.
Balfour Beatty Construction Ltd.	Kent.
Centriline Ltd.	Lancashire.
D.C.T. Civil Engineering.	Greater Manchester.
Delta Civil Engineering Company Ltd.	Somerset.
J.J. Gallagher & Co Ltd.	West Midlands.
Grant Lyon Eagre Ltd.	Humberside.
Kilroe Civil Engineering Ltd.	Greater Manchester.
May Gurney & Co Ltd.	Norfolk.
Sir Robert McAlpine & Sons Ltd.	Northamptonshire.
McNicholas Construction Co Ltd.	Hertfordshire.
Miller Construction Ltd.	Warwickshire.
J. Murphy & Sons Ltd.	Greater London.
Norwest Holst Plant Ltd.	Merseyside.
Edmund Nuttall Ltd.	Kent.
P.T.L.(c.e.) Ltd.	North Yorkshire.
Queghan Construction Co.	Greater Manchester.
Reef Shaw Ltd.	Greater Manchester.
Saldown Ltd.	Greater Manchester.
South Western Mining & Tunnelling Ltd.	Cornwall.
Specialist Plant Associates Ltd.	Bedfordshire.
Taylor Woodrow Civil Engineering Ltd.	Greater London.
Thyssen (Great Britain) Ltd.	West Yorkshire.
Tickhill Plant Ltd.	South Yorkshire.
Trafalgar House Construction (Tunnelling).	South Yorkshire.
Transmanche-Link.	Kent.
Walsh Bros (Tunnelling) Ltd.	Greater London.
Westminster Plant Co Ltd.	North Yorkshire.

SECTION 1 : ENGLAND

Avon	24-25
Bedfordshire	26-29
Berkshire	29-30
Buckinghamshire	30-33
Cambridgeshire	33-36
Channel Isles	36-37
Cheshire	37-41
Cleveland	41-45
Cornwall	45-51
Cumbria	51-57
Derbyshire	58-68
Devon	68-73
Dorset	73-75
Durham	75-78
Essex	79-83
Gloucestershire	83-86
Hampshire	86-91
Hereford & Worcester	91-95
Hertfordshire	95-96
Humberside	96-102
Isle of Man	103-104
Isle of Wight	105
Kent	105-115
Lancashire	116-121
Leicestershire	121-125
Lincolnshire	126-127
Greater London	128-139
Greater Manchester	140-147
Merseyside	148-150
Norfolk	150-155
Northamptonshire	155-158
Northumberland	158-159
Nottinghamshire	159-163
Oxfordshire	164-166
Shropshire	166-170
Somerset	170-175
Staffordshire	176-182
Suffolk	182-183
Surrey	183-186
East Sussex	186-190
West Sussex	190-192
Tyne & Wear	192-196
Warwickshire	196-198
West Midlands	198-202
Wiltshire	202-206
North Yorkshire	206-214
South Yorkshire	214-222
West Yorkshire	222-229

AVON

INDUSTRIAL SITES

A.E.M.(AVON) LTD, CANADA WAREHOUSE, CHITTENING ESTATE, AVONMOUTH
Gauge : 4'8½".   (ST 529815)   R.T.C.

-	0-4-0DH	JF	4220001 1959	OOU

BRITANNIA ZINC LTD, KINGSWESTON LANE, AVONMOUTH
(Subsidiary of M.I.M. Holdings (Mount Isa Mines), Australia)
Gauge : 4'8½".   (ST 522797)

No.6	4wDH	S	10048 1960
No.7	4wDH	S	10023 1960

COUNTY OF AVON FIRE BRIGADE, AVONMOUTH FIRE STATION
Gauge : 4'8½".   (   )

-	2w-2PMR	Bance	2004 1994

R. & A. GUNN, BRISTOL
Gauge : 1'10".   (   )

-	4wBE	WR	2489 1943

Loco in storage

IMPERIAL CHEMICAL INDUSTRIES LTD, AGRICULTURAL DIVISION,
SEVERNSIDE WORKS, HALLEN, BRISTOL
Gauge : 4'8½".   (ST 536831, 539828) R.T.C.

IBURNDALE	0-6-0DE	YE	2725 1958
KILDALE	0-6-0DE	YE	2741 1959

PRESERVATION SITES

AVON VALLEY RAILWAY, BITTON STEAM CENTRE, BITTON STATION
Gauge : 4'8½".   (ST 670705)

34058	SIR FREDERICK PILE	4-6-2	3C	Bton		1947
44123		0-6-0	IC	Crewe	5658	1925
45379		4-6-0	OC	AW	1434	1937
48173		2-8-0	OC	Crewe		1943
80104		2-6-4T	OC	Bton		1955
	EDWIN HULSE	0-6-0ST	OC	AE	1798	1918

24   Avon

	LITTLETON No 5	0-6-0ST	IC	MW	2018	1922	
No.9		0-6-0T	OC	RSHN	7151	1944	
-		0-4-0ST	OC	WB	2842	1946	c
D2994	(07010)	0-6-0DE		RH	480695	1962	
51909		2-2w-2w-2DMR		Derby C&W		1960	a
200	P30704	0-4-0DM		AB	358	1941	a
	KINGSWOOD	0-4-0DM		AB	446	1959	a
	GRUMPY	0-4-0DM		_(EE	1189	1941	
				(DC	2158	1941	
-		0-6-0DM		HC	D1171	1959	a
-		4wDM		RH	210481	1941	Dsm
-		4wDM		RH	235519	1945	a
252823		4wDM		RH	252823	1947	Dsm b
242		4wDH		RR	10242	1966	a
D2	ARMY 610	0-8-0DH		S	10143	1963	
(B8W)	PWM 3769	2w-2PMR		Wkm	6648	1953	
(TP 57P)	ENGINEER'S No.1	2w-2PMR		Wkm	8267	1959	+

+ Currently under renovation at a private location
a Currently in store elsewhere
b Converted to unpowered weed killing unit
c On display near Warmley Station, Kingswood

BLAISE CASTLE NARROW GAUGE RAILWAY,
BLAISE CASTLE HOUSE MUSEUM, HENBURY, BRISTOL
Gauge : 1'3".   (ST 559786)

2	GORAM	2w-2-4BER	Hayne	1977	
-		4w-2BE	Hayne	1977	Dsm
	VINCENT	2w-2-4BER	Hayne	1983	

BRISTOL INDUSTRIAL MUSEUM,
BRISTOL HARBOUR RAILWAY, PRINCES WHARF, CITY DOCK, BRISTOL
Gauge : 4'8½".   (ST 585722)

	PORTBURY	0-6-0ST	OC	AE	1764	1917
3		0-6-0ST	OC	FW	242	1874
	HENBURY	0-6-0ST	OC	P	1940	1937
-		0-4-0DM		RH	418792	1959

B. CLARKE, 11 PENN GARDENS, BATH
Gauge : 2'0".   (   )

	CLARA	4wPM	Bonnymount	c1986
-		4wDM	L	38296 1952
	ADAM	4wDM	MR	9978 1954
-		4wDM	OK	7595
-		4wDM	RH	213834 1942

Locos are not on public display.

BEDFORDSHIRE

INDUSTRIAL SITES

AMPTHILL SCRAP METAL PROCESSING CO LTD, STATION ROAD, AMPTHILL
Gauge : 4'8½".   (TL 022372)

-	0-4-0DE	RH	425477	1959	OOU
	Rebuilt	Resco		1979	

Yard with locos for scrap or resale occasionally present.

MRS. MACKINNON, WALNUT LODGE SAWMILLS, 36 LUTON ROAD, WILSTEAD
Gauge : 1'8".   (TL 063433)

-	4wDM	OK	6703	Pvd

ROTAMAX ENGINEERING LTD, ST JOHNS WORKS, ST JOHNS CENTRE, ROPE WALK, BEDFORD
(Member of the Howard Group)
Gauge : 4'8½".   (TL 054491)

-	4wDM	MR	9921	1959	OOU

SPECIALIST PLANT ASSOCIATES LTD,
PLANT DEPOT, 23 PODINGTON AIRFIELD, HINWICK, WELLINGBOROUGH
Gauge : 2'0"/1'6".   (SP 948608)

JM 82	4wBE	CE	5806	1970
SP 83	4wBE	CE	5942A	1972
JM 84	4wBE	CE	5942B	1972
JM 85	4wBE	CE	5942C	1972
SP 88	4wBE	CE	B0402A	1974
JM 90	4wBE	CE	B0402C	1974
SP 204	4wBE	CE	B1808	1978
	Rebuilt	CE	B3214A	1985
	Rebuilt	CE	B3825	1992
SP86	4wBE	CE		
	Rebuilt	SPA		1995
SP87	4wBE	CE		
	Rebuilt	SPA		1995

Gauge : 1'6".

SP80	4wBE	CE	5940B	1972
SP 201	4wBE	CE	B0156	1973
SP 202	4wBE	CE	B0176A	1974
SP 203	4wBE	CE	B0182C	1974
-	2w-2BE	Iso	T41	1973
-	2w-2BE	Iso	T46	1974

		2w-2BE		Iso		T49 1974
	-	2w-2BE		Iso		T57 1974
	-	2w-2BE		Iso		T66 1974
	-	2w-2BE		Iso		
SP 100	35	2w-2BE		WR		L800 1983
SP 101	35T005	2w-2BE		WR		L801 1983
SP 102/JM 102		2w-2BE		WR 544901 1984
	-	2w-2BE		WR 546001 1987
SP 104		2w-2BE		WR 546601 1987

Locos present in yard between contracts.

PRESERVATION SITES

GREAT WOBURN RAILWAY, PETER SCOTT WOBURN SAFARI PARK, WOBURN
Gauge : 1'8". (   )

	ROBIN HOOD	4-6-4DH	S/O	HC	D570	1932
		Rebuilt		AK		1982
4472	FLYING SCOTSMAN	4-6-2DM	S/O	HC	D582	1933
	Rebuilt	4-6-2DH	S/O	LHS		1991
	-	4wDM		MR	8704	1942

LEIGHTON BUZZARD NARROW GAUGE RAILWAY SOCIETY
Locos are kept at :-
    Pages Park Shed   (SP 929242)
    Stonehenge Workshops   (SP 941275)
Gauge : 2'0".

4	DOLL	0-6-0T	OC	AB	1641	1919	
No.3	RISHRA	0-4-0T	OC	BgC	2007	1921	
16	LION	4-6-0T	OC	BLW	44656	1917	
1	CHALONER	0-4-0VBT	VC	DeW		1877	
73	BERLIN	0-4-0WT	OC	Freud	73	1901	
		Rebuilt		ARC		c1983	
	ALICE	0-4-0ST	OC	HE	780	1902	
	PETER PAN	0-4-0ST	OC	KS	4256	1922	
"2"	PIXIE	0-4-0ST	OC	KS	4260	1922	
740	MATHERAN	0-6-0T	OC	OK	2343	1907	
No.11	P.C.ALLEN	0-4-0WT	OC	OK	5834	1912	
5	ELF	0-6-0WT	OC	OK	12740	1936	
No.1		4wDM		FH	2631	1943	
No.5		4wDM		MR	5608	1931	b
No.6	MABEL 1	4wDM		MR	5875	1935	b
"7"	FALCON	4wDM		OK	8986		e
No.8		2w-2DMR		Bg	3539		
		Rebuilt		AK		1988	f
8	"GOLLUM"	4wDM		RH	217999	1942	
No.9	MADGE	4wDM		OK	7600	1938	
10	HAYDN TAYLOR	4wDM		MR	7956	1945	
12	CARBON	4wPM		MR	6012	1930	

13	ARKLE	4wDM	MR	7108	1936		
"14"		4wDM	HE	3646	1946		
"15"		4wDM	FH	2514	1941		
16	THORIN OAKENSHIELD	4wDM	L	11221	1939		
No.17	DAMREDUB	4wDM	MR	7036	1936		
"18"	FËANOR	4wDM	MR	11003	1956		
"19"		4wDM	MR	11298	1965		
"20"		4wDM	MR	60S317	1966		
No.21	FESTOON	4wPM	MR	4570	1929		
"22"	"FINGOLFIN"	4wDM	LBNGRS	1	1989		c
23		4wDM	RH	164346	1932		
24		4wDM	MR	11297	1965		
"24"		4wDM	MR	4805	1934	Dsm	
"25"	"HAD-A-CAB"	4wDM	MR	7214	1938		
"26"	M.S.R. No.1 YIMKIN	4wDM	RH	203026	1942		
27	POPPY	4wDH	RH	408430	1957		
28	A.M.W. 194 R.A.F. STANBRIDGE	4wDM	RH	200516	1940		d
"29"	CREEPY YARD No. P 19774	4wDM	HE	6008	1963		
30		4wDM	MR	8695	1941		
31		4wPM	L	4228	1931		
"32"		4wDM	RH	172892	1934		
"33"		4wDM	FH	3582	1954	Dsm	
No.34	RED RUM	4wDM	MR	7105	1936		
"35"	9303/507	0-4-0DM	HE	6619	1966		
36	CARAVAN	4wDM	MR	7129	1936		
"37"		4wDM	RH	172901	1935		
38	HARRY B	4wDM	L	37170	1951		
40	TRENT	4wDM	RH	283507	1949		
41	LOD/758054	4wDM	HE	2536	1941		
"42"	SARAH	4wDM	RH	223692	1943		
43		4wDM	MR	10409	1954		
No.44		4wDM	MR	7933	1941		
"45"		4wDM	MR	21615	1957		
-		4wDM	HE	4351	1952		
727/69		4wDM	HU	38384c	1930		
2275		4wPM	MR	1377	1918		
	"REDLANDS"	4wDM	MR	5603	1931	Dsm	
5612	R8	4wDM	MR	5612	1931	Dsm	
	No.131	4wDM	MR	5613	1931	Dsm	
-		4wDM	FH	2586	1941		
-		4wDM	MR	8731	1941	Dsm	
-		4wDM	MR			Dsm	
-		4wDM	RH	209430	1942		
-		4wDM	RH	218016	1943	Dsm	
LM 39	T.W.LEWIS	4wDM	RH		1954		+

+ Either 375315 or 375316
b Converted into a brake van
c Built from parts of RH 425798/1958 & RH 444207/1961
d Carries plate RH 200513
e Nameplate is in Arabic
f Rebuilt from 4'8½" gauge 2w-2DMR, now an unpowered coach

THE LIGHT RAILWAY ASSOCIATION,
STEVINGTON & TURVEY LIGHT RAILWAY, TURVEY
Gauge : 2'0".   (TL 967524)

-		4wDM		Diema	1600	1957
-		4wPM		FH	1767	1931
No.15	OLDE	4wDM		HE	2176	1940
-		4wDM		MR	7128	1936
No.1	PAUL COOPER	4wDM		MR	9655	1951
-		4wDM		OK	3685	1931
11	NEEDHAM	4wDM		OK	6504	1936
5	COLLINGWOOD	4wDM		RH	373359	1954

RAY MASLEN & FRIENDS, PRIVATE RAILWAY
Gauge : 2'0".   (   )

	CLARABEL	4wDMF	HE	4758	1954
-		4wDM	L	37911	1952

ZOO OPERATIONS LTD,
GREAT WHIPSNADE RAILWAY, WHIPSNADE WILD ANIMAL PARK, WHIPSNADE ZOO
Gauge : 2'6".   (TL 004172)

No.1	CHEVALLIER	0-6-2T	OC	MW	1877	1915
No.2	EXCELSIOR	0-4-2ST	OC	KS	1049	1908
No.4	SUPERIOR	0-6-2T	OC	KS	4034	1920
5	NUTTY LBC L1	4wVBT	ICG	S	7701	1929
	VICTOR	0-6-0DM		JF	4160004	1951
9	HECTOR	0-6-0DM		JF	4160005	1951
No.10	R7	4wDM		RH	221625	1942

BERKSHIRE

INDUSTRIAL SITES

MOWLEM CIVIL ENGINEERING - RAILWAYS LTD,
FOUNDATION HOUSE, EASTERN ROAD, BRACKNELL
Gauge : 4'8½".   (   )

M948 NCF	4wDM	R/R	Unimog	1994

PRESERVATION SITES

T. BUCK, near WINDSOR
Gauge : 4'8½".   (   )

-		0-6-0ST	OC	HL	3138 1915
	HORNPIPE	0-4-0ST	OC	P	1756 1928

Locos are kept at a private site.

ROYALTY AND EMPIRE, WINDSOR & ETON CENTRAL STATION.
Gauge : 4'8½".   (SU 969773)

3041	THE QUEEN	4-2-2	Carn	1983

Non-working replica of Sdn 1401/1894.

F. STAPLETON, near NEWBURY
Gauge : 2'0".   (   )

-	4wBE	BE	16306c1917	Dsm

NICK WILLIAMS, PRIVATE RAILWAY, READING
Gauge : 2'0".   (   )

-	4wDM	MR	11264	1964
-	4wDM	RH	296091	1949
-	0-4-0BE	WR	N7661	1974

BUCKINGHAMSHIRE

INDUSTRIAL SITES

CASTLE CEMENT (PITSTONE) LTD, PITSTONE WORKS, near IVINGHOE   (Closed)
Gauge : 4'8½".   (SP 932153)   R.T.C.

2	4wDH	S	10159 1963	OOU
3	4wDH	RR	10264 1966	OOU

RAILCARE LTD, WOLVERTON WORKS, STRATFORD ROAD, WOLVERTON
Gauge : 4'8½".   (SP 812413)

(D3599)	08484		0-6-0DE	Hor	1958
(D3796)	08629	WOLVERTON	0-6-0DE	Derby	1959
	TITCHIE		4wDM	SMH 103GA078	1978

Berkshire
Buckinghamshire

PRESERVATION SITES

W.H. McALPINE, FAWLEY HILL, FAWLEY GREEN, near HENLEY-on-THAMES
Gauge : 4'8½".   (SU 755861)

SIR ROBERT McALPINE & SONS No.31

		0-6-0ST	IC	HC	1026	1913
D2120	(03120)	0-6-0DM		Sdn		1959
	SIR WILLIAM	4wDM		RH	294266	1951

MILTON KEYNES DEVELOPMENT CORPORATION,
MILTON KEYNES CENTRAL STATION, MILTON KEYNES
Gauge : 4'8½".   (SP 842381)

1009	WOLVERTON	2-2-2	IC	MF		1991

Non working replica.

QUAINTON RAILWAY SOCIETY LTD,
BUCKINGHAMSHIRE RAILWAY CENTRE, QUAINTON ROAD STATION, nr AYLESBURY
Gauge : 4'8½".   (SP 736189, 739190)

6989	WIGHTWICK HALL	4-6-0	OC	Sdn		1948
7200		2-8-2T	OC	Sdn		1934
(7715)	L99	0-6-0PT	IC	KS	4450	1930
9466		0-6-0PT	IC	RSHN	7617	1952
(30585)	E0314	2-4-0WT	OC	BP	1414	1874
41298		2-6-2T	OC	Crewe		1951
41313		2-6-2T	OC	Crewe		1952
46447		2-6-0	OC	Crewe		1950
L.N.E.R. 49		4wVBT	VCG	S	6515	1926
	SWANSCOMBE	0-4-0ST	OC	AB	699	1891
-		0-4-0F	OC	AB	1477	1916
	TOM PARRY	0-4-0ST	OC	AB	2015	1935
	LAPORTE	0-4-0F	OC	AB	2243	1948
	SYDENHAM	4wWT	G	AP	3567	1895
No.1	SIR THOMAS	0-6-0T	OC	HC	1334	1918
	MILLOM	0-4-0ST	OC	HC	1742	1946
	ARTHUR	0-6-0ST	IC	HE	3782	1953
	JUNO	0-6-0ST	IC	HE	3850	1958
N.C.B.66		0-6-0ST	IC	HE	3890	1964
-		0-4-0ST	OC	HL	3717	1928
No.1	COVENTRY No.1	0-6-0T	IC	NBH	24564	1939
1		0-4-4T	IC	Nea	3	1898
-		0-4-0T	OC	P	1900	1936
2087	GIBRALTAR	0-4-0ST	OC	P	2087	1948
-		0-4-0ST	OC	P	2105	1950
11		4wVBT	VCG	S	9366	1945
5208		2w-2-2-2w-4-4	12CGR	S	9418	1950
7	SUSAN	4wVBT	VCG	S	9537	1952
-		0-4-0ST	OC	WB	2469	1932
	CHISLET	0-6-0ST	OC	YE	2498	1951

D2298		0-6-0DM	_(RSH	8157	1960
			(DC	2679	1960
51886		2-2w-2w-2DMR	Derby C&W		c1960
51899	AYLESBURY COLLEGE				
		2-2w-2w-2DMR	Derby C&W		c1960
53028		2w-2-2-2wRER	BRCW		1938
54233		2w-2-2-2wRER	GRC		1939/40
		Rebuilt	Acton		1941
-		0-4-0DM	_(EE	1192	1941
			(DC	2161	1941
T1		4wDM	FH	2102	1937
	WALRUS	0-4-0DM	FH	3271	1949
-		4wDM	FH	3765	1955
	ESSO	0-4-0DM	HE	2067	1940
	OSRAM	0-4-0DM	JF	20067	1933
	REDLAND	4wDM	KS	4428	1929
1139	HILSEA	4wDM	RH	463153	1961
ARMY 9040		2w-2PMR	Wkm	6963	1955
RLC 009037		2w-2PMR	Wkm	8197	1958
-		2w-2PMR	Wkm	8263	1959

+ Actually built in 1948 but plates dated as shown

Gauge : 3'6".

3405	JANICE	4-8-4	OC	NBH 27291	1953

Gauge : 2'0".

803		2w-2-2-2wRE	EE	803	1931	+

+ Built 1931 but originally carried plates dated 1930

STOKE PLACE RAILWAY, LONGACRE LTD,
STOKE PLACE RESIDENTIAL HOME FOR ADULTS WITH LEARNING DIFFICULTIES,
STOKE GREEN, STOKE POGES
Gauge : 4'8½".   (SU 984822)

-	0-6-0ST	OC	HC 1544 1924	+
-	0-4-0DH		JF 4220031 1964	+

+ Locos are the property of the Slough & Windsor Railway Society

Gauge : 2'6".

T 0235	YARD No.54	4wDMR		FH	2196 1940

Gauge : 1'11½".

		4wDM		MR	8717	1941	Dsm	+
-		4wDM		MR	8995	1946	Dsm	+
	SIR TOM	4wDM		MR	40S273	1966		
-		4wDM		RH	211609	1941		
	HORATIO	4wDM	S/O	RH	217967	1942		

+ Converted into a brake van

CAMBRIDGESHIRE

INDUSTRIAL SITES

CIBA-GEIGY PLASTICS LTD, DUXFORD
Gauge : 4'8½". (TL 486454)   R.T.C.

| 03030 | 4wDM | R/R Unilok 2109 1980 |
| 03038 | 4wDM | R/R Unimog 12/961 1982 |

MAYER PARRY (EAST ANGLIA) LTD,
MAYER PARRY RECYCLING, 111 FORDHAM ROAD, SNAILWELL, NEWMARKET
Gauge : 4'8½". (TL 638678)

(D2018	03018)	600	No.2	0-6-0DM	Sdn		1958		
D2985	07001			0-6-0DH	RH	480686	1962		+
ARMY 410				0-4-0DH	NBQ	27645	1958		
406				0-4-0DH	NBQ	27427	1955	OOU	
468048				0-6-0DH	RH	468048	1963		

+ Hire loco, usually at South Yorkshire Railway Preservation Society, South Yorkshire

THE POTTER GROUP LTD - ELY, RAIL DISTRIBUTION CENTRE, QUEEN ADELAIDE, ELY
Gauge : 4'8½". (TL 563810)

| (D3272) | 08202 | 0-6-0DE | Derby | | 1956 |
| | | 0-6-0DH | TH/S | 150C | 1965 |

THE RUGBY GROUP PLC, BARRINGTON CEMENT WORKS
Gauge : 4'8½". (TL 396504)

2	170/501	0-4-0DE		RH	434774	1961	OOU
7		0-4-0DE		RH	499435	1963	
8		0-4-0DE		RH	499436	1963	
15		4wDH		TH	127V	1963	
			Rebuilt	TH	240V	1972	
17		4wDH		S	10040	1960	

Buckinghamshire
Cambridgeshire

		18	4wDH	S	10035	1960	
		19	4wDH	RR	10260	1966	OOU
		20	4wDH	TH	164V	1966	OOU

WISBECH BULK SYSTEMS, ALUMINIUM PANEL DEALERS, NENE PARADE, WISBECH
Gauge : 4'8½".   (TF 462102)

	-		0-4-0DM	HE	2068	1940	Dsm	+

+ Retained for use as an emergency generator

PRESERVATION SITES

Mr. DRAGE, NEW BUILDINGS FARM, HEYDON, near ROYSTON
Gauge : 4'8½".   (TL 419409)

	-		0-4-0ST	OC	AB	1219	1910
	44	CONWAY	0-6-0ST	IC	K	5469	1933
	11 13	NEWCASTLE	0-6-0ST	IC	MW	1532	1901
960236			2w-2PMR		Wkm	1519	1934

IMPERIAL WAR MUSEUM, DUXFORD AERODROME
Gauge : 2'0".   (TL 461462)

	TIGER		4-6-0T	OC	BLW	44699	1917	+
	-		4wPM		MR	1364	1918	
DTRL 002	THORPNESS		4wDM		MR	22209	1964	
DTRL 001	ORFORDNESS		4wDM		MR	22211	1964	

+ Currently under renovation at John Appleton Engineering, Leiston, Suffolk

C.J. & A.M. PEARMAN, 4 TANGLEWOOD, ALCONBURY WESTON, HUNTINGDON
Gauge : 1'11½".   (   )

	-	4wPM	MR	2059	1920

PETERBOROUGH RAILWAY SOCIETY LTD,
NENE VALLEY INTERNATIONAL STEAM RAILWAY
Locos are kept at :-
      Peterborough Nene Valley   (TL 188982)
      Wansford Steam Centre   (TL 093979)
      Woodston Sugar Factory, Peterborough   (TL 184979)
Gauge : 4'8½".

34081	92 SQUADRON	4-6-2	3C	Bton		1948	
(61306)	No.1306 MAYFLOWER	4-6-0	OC		NBQ26207	1948	
73050							
	CITY OF PETERBOROUGH	4-6-0	OC	Derby		1954	
	-	0-6-0ST	OC	AE		1945	1926

-	0-4-0VBT	OC	Cockerill	1626	1890	
Ty2-7173	2-10-0	OC	Floridsdorf	16626	1943	
Nr.656	0-6-0T	OC	Frichs	360	1949	
1308 RHOS	0-6-0ST	OC	HC	1308	1918	
DEREK CROUCH	0-6-0ST	IC	HC	1539	1924	
1 THOMAS	0-6-0T	OC	HC	1800	1947	
JACKS GREEN	0-6-0ST	IC	HE	1953	1939	
-	0-6-0ST	IC	HE	2855	1943	
230 D 116	4-6-0	4CC	Hen	10745	1911	
64305	2-6-2T	OC	Krupp	1308	1934	
1178	2-6-2T	OC	Motala	516	1914	
SVBJ 101	4-6-0	OC	Nohab	2082	1944	
80-014	0-6-0T	OC	Wolf	1228	1927	+
D306 (40106)	1Co-Co1DE		_(EE	2726	1960	
ATLANTIC CONVEYOR			(RSH	8136	1960	
D2112 (03112)	0-6-0DM		Don		1960	
(D3871) 08704	0-6-0DE		Hor		1960	
(D9516) 56	0-6-0DH		Sdn		1964	
D9523	0-6-0DH		Sdn		1964	
(D9529) 14029	0-6-0DH		Sdn		1965	
-	0-4-0DH		EEV	D1123	1966	
-	4wPM		FH	2894	1944	Dsm
-	4wDM		FH	2896	1944	OOU
-	0-4-0DH		JF	4220033	1965	
-	0-4-0DM		RH	304469	1951	
DL83	0-6-0DH		RR	10271	1967	
NCB 11 1963 BIRCH COPPICE	4wDH		TH/S	134C	1964	
DONCASTER	0-4-0DE		YE	2654	1957	
2444/20 114	0-6-0DE		YE	2670	1958	
-	2w-2PMR		Wkm		1944	

+ Currently under renovation at Brabantrail, Breda, Holland

RAILWORLD, (MUSEUM OF WORLD RAILWAYS), WOODSTON, PETERBOROUGH
Gauge : 4'8½".   (TL 188982)

No.996	4-6-2	4C	Frichs	415	1950
804 X-411	Bo-BoDE		AL	77778	1950

CHARLES SAUNDERS, HUNTINGDON
Gauge : 3'0".   (   )

No.1 (ED 10)	0-4-0ST	OC	WB	1889	1911

UPWELL FEN LIGHT RAILWAY, THE WICKHAM COLLECTION,
(C.CROSS), 8 THURLANDS DROVE, UPWELL, WISBECH
Gauge : 4'8½".   (TF 491027)

40/234 N	2w-2PMR	Wkm	9523	1963
40/245	2w-2PMR	Wkm	9813	1965

Gauge : 2'6".

L 4135	2w-2PM	Wkm 3174	1942
L 4134	2w-2PM	Wkm 3175	1942

Gauge : 2'0".

5 MIDGE	2w-2PMR	Wkm 1548	1934	DsmT
RTT 767186	2w-2PM	Wkm 2558	1939	Dsm
RTT 767187	2w-2PM	Wkm 2559	1939	Dsm
RTT/767094	2w-2PM	Wkm 3033	1941	
RTT/767095 JOHN I	2w-2PM	Wkm 3414	1943	
Rebuilt	2w-2DM		1992	
-	2w-2PMR	Wkm 4092	1946	
-	2w-2PMR	Wkm 6887	1954	
Rebuilt	2w-2DM ENG/GEM, Wisbech		1994	

CHANNEL ISLANDS

PRESERVATION SITES

ALDERNEY RAILWAY SOCIETY, MANNEZ QUARRY, ALDERNEY
Gauge : 4'8½".

6 ALD 40	4wVBT VCG S	6909	1927	Dsm
D100 ELIZABETH	0-4-0DM	_(VF D100	1949	
		(DC 2271	1949	
(10177)	2w-2-2-2wRER MC		1938	
(11177)	2w-2-2-2wRER MC		1938	
ALD 7 MOLLY 2	4wDM	RH 425481	1958	OOU
PWM 3776 CADENZA	2w-2PMR	Wkm 6655	1953	+
PWM 3954 MARY LOU	2w-2PMR	Wkm 6939	1955	+
1 GEORGE RLC/009025	2w-2PMR	Wkm 7091	1955	
9028	2w-2PMR	Wkm 7094	1955	a
2 SHIRLEY RLC/009029	2w-2PMR	Wkm 7095	1955	
7	2w-2PMR	Wkm 8086	1958	

+ Currently under renovation by R. Warren, Little Street, St Anne, Alderney
a Currently stored at Mount Hale Ltd, Fort Albert

THE PALLOT HERITAGE STEAM MUSEUM, RUE DE BECHET, TRINITY, JERSEY
Gauge : 4'8½".

LA MEUSE	0-6-0T	OC	La Meuse 3442	1931
-	0-4-0ST	OC	P 2085	1948
60130	0-4-0ST	OC	P 2129	1952
3 J.T.DALY	0-4-0ST	OC	WB 2450	1931
D1	0-4-0DH		NB 27734	1958

Gauge : 2'0".

-	4wDM	S/O	MR	11143	1960		
-	4wDM		MR	60S383	1969	Dsm	+

+ In use as a brake van

CHESHIRE

INDUSTRIAL SITES

A.B.B. CUSTOMER SUPPORT LTD, CREWE WORKS
Gauge : 4'8½".   (SJ 691561)

(D3245) 08177	0-6-0DE		Derby	1956	Dsm
(D3585) 08470	0-6-0DE		Crewe	1958	Dsm
(D3859) 08692	0-6-0DE		Hor	1959	
(D3866 08699)	0-6-0DE		Hor	1960	
7158	4wDH	R/R	NNM 77501	1980	
-	8wDH	R/R	Minilok 130	1986	

ASSOCIATED OCTEL CO LTD, OIL SITES ROAD, ELLESMERE PORT
Gauge : 4'8½".   (SJ 415767)

2	0-4-0DM	RH	313394	1952
(4)	0-4-0DM	RH	319284	1952

BLUE CIRCLE INDUSTRIES PLC, WIDNES DEPOT, TANHOUSE LANE, WIDNES
Gauge : 4'8½".   (SJ 526854)

H002	4wDH	S	10164	1963	+

+ On hire from R.M.S. Locotec, West Yorkshire

BRITISH OXYGEN CO LTD, MARSH WORKS, WIDNES
Gauge : 4'8½".   (SJ 503846)   R.T.C.

-	0-6-0DH	HE	7189	1970

BRITISH SALT LTD, CLEDFORD LANE, MIDDLEWICH
Gauge : 4'8½".   (SJ 718645)

(D2150)	0-6-0DM	Sdn		1960
-	4wDH	RR	10194	1964

BRUNNER-MOND
Winnington, Wallerscote & Lostock Works, Northwich
Gauge : 4'8½".   (SJ 642737, - Workshops 682744)

(D4035)	08867 HL 1007	0-6-0DE	Dar		1960	a
	JOHN BRUNNER	0-6-0DE	EE	1901	1951	
	PERKIN	0-6-0DE	EE	1904	1951	
	LUDWIG MOND	6wDE	GECT	5578	1980	
	FARADAY	0-4-0DE	RH	402803	1956	
	KELVIN	0-4-0DE	RH	402807	1957	OOU
	RUTHERFORD	0-4-0DE	RH	412710	1957	
WINNINGTON No.1		4wBE	Vollert79/79		1979	+
WINNINGTON No.2		4wBE	Vollert79/79		1979	+
H 004		0-4-0DE	YE	2732	1959	a

+ Locos work at 'B' Station Slack Tippler (SJ 649749)
a On hire from R.M.S. Locotec, West Yorkshire

Winnington Works, Crystal Plant
Gauge : 2'6".   (SJ 643749)

-		4wBE	WR	c1948
-		4wBE	WR K7070	1970

HAYS CHEMICAL DISTRIBUTION LTD, BULK PRODUCTS, ELWORTH WORKS, SANDBACH
Gauge : 4'8½".   (SJ 729633)

P.V.142	0-4-0DE	RH 544997	1969

JAKE RAIL TANK CLEANING SERVICES, STATION ROAD, ELLESMERE PORT
Gauge : 4'8½".   (SJ 403766)

JAKE MOBY	4wDM	RH 466626	1962

KEMIRA (UK) LTD, FERTILISER FACTORY, INCE MARSHES
Gauge : 4'8½".   (SJ 472765)   R.T.C.

X7202	KEMIRA 2	0-6-0DH	EEV D1233	1968
X7215	KEMIRA 1	0-6-0DH	GECT 5380	1972

MACCLESFIELD CORPORATION, ENGINEERS DEPARTMENT STORE, MACCLESFIELD
Gauge : 2'0".   (SJ 922738)

-		4wPM	MR 7033	1936 OOU

MANCHESTER SHIP CANAL CO LTD, ELLESMERE PORT & STANLOW
Gauge : 4'8½".   (SJ 399777, 419763)

3001	0-6-0DH	S	10144	1963	
3003	0-6-0DH	S	10146	1963	
3004	0-6-0DH	S	10147	1963	
3005	0-6-0DH	S	10162	1963	OOU

MIDDLEBROOK MUSHROOMS LTD, PEAT FARM, LINDOW MOSS, MOOR LANE, WILMSLOW
Gauge : 2'0".   (SJ 823803)

-	4wDM	AK	No.4	1979	
-	4wDH	LB	50888	1959	
No.2	4wDM	LB	52528	1961	Dsm

NORTH WEST WATER GROUP PLC, MOULDSWORTH DEPOT, near CHESTER
Gauge : 2'0".   (SJ 503704)

81.04	4wDM	HE	6298	1964	OOU
81.02	4wDM	RH	260712	1948	OOU
-	4wDM	RH	452294	1960	Dsm

ROYAL ORDNANCE PLC, SMALL ARMS DIVISION, RADWAY GREEN, ALSAGER
Gauge : 4'8½".   (SJ 784545)

See Section 5 for further loco details.

SHELL U.K. OIL LTD,
STANLOW MANUFACTURING COMPLEX, STANLOW & THORNTON-LE-MOORS
Gauge : 4'8½".   (SJ 425766, 432761, 440758)

2	0-4-0DH	S	10065	1961
3	4wDH	TH	235V	1971
5	4wDH	TH	220V	1970
7	4wDH	TH	236V	1971
8	4wDH	TH	288V	1980
9	4wDH	TH	287V	1980
10	4wDH	TH	234V	1971
No.25	4wDH	TH	279V	1978
No.26	4wDH	TH	280V	1978
No.27	4wDH	TH	281V	1978
No.28	4wDH	TH	282V	1979

PRESERVATION SITES

BROOKSIDE GARDEN CENTRE LTD, LONDON ROAD NORTH, POYNTON
Gauge : 4'8½".   (SJ 925853)

KATIE		0-4-0ST	OC	AB	2226	1946

CREWE HERITAGE TRUST, THE RAILWAY AGE, CREWE
Gauge : 4'8½".   (ST 708553)

3020	CORNWALL	2-2-2	OC	Crewe		1858
7027	THORNBURY CASTLE	4-6-0	OC	Sdn		1949
No.7	ROBERT	0-6-0ST	IC	HC	1752	1943
-		0-4-0ST	OC	KS	4388	1926
(D53)	45041					
	ROYAL TANK REGT.	1Co-Co1DE		Crewe		1962	b
(D135)	45149 PHAETON	1Co-Co1DE		Crewe		1961
D172	(46035 97403)					
	IXION	1Co-Co1DE		Derby		1962
(D408)	50008 THUNDERER	Co-CoDE		_(EE	3778	1968
				(VF	D1149	1968
D1048	WESTERN LADY	C-CDH		Crewe		1962
(D)1566	47449 ORIBI	Co-CoDE		Crewe		1964
D1842	(47192)	Co-CoDE		Crewe		1965
(D2073)	03073	0-6-0DM		Don		1959
(D3460)	08375	0-6-0DE		Dar		1957
D5222	(25072)	Bo-BoDE		Derby		1963
(D6729)	37029	Co-CoDE		_(EE	2892	1961
				(VF	D608	1961
(D8042)	20042	Bo-BoDE		_(EE	2764	1959
				(VF	D489	1959
(D8188)	20188	Bo-BoDE		_(EE	3669	1967
				(VF	D1064	1967
D8233		Bo-BoDE		BTH	1131	1959	a
E3003	(81002)	Bo-BoWE		BRCW	1085	1960	+
(E3035)	83012	Bo-BoWE		_(EE	2941	1961	+
				(VF	E277	1961
(E3054)	82008	Bo-BoWE		_(AEI(MV)	1029	1961	+
				(BP	7893	1961
E3061	(85)006 85101	Bo-BoWE		Don		1961	+
18000		A1A-A1ADE		_(BBC	4559	1950
				(SLM	3977	1949
M 49002		Bo-BoWE		Derby		1977
51360		2-2w-2w-2DMR		Pressed Steel		1959	+
51402	T444	2-2w-2w-2DMR		Pressed Steel		1959	+
55032		2-2w-2w-2DMR		Pressed Steel		1960	+

+   Stored besides former goods shed, Basford Hall
a   Carries plate 1118/1959
b   Stored at Basford Hall

DERBYSHIRE CAVING CLUB, HOUGH LEVEL, ALDERLEY EDGE
Gauge : 2'0".   (SJ 862778)

P396 81A03   4wDM   RH 497542 1963

When not in use loco is stored at National Trust Wardens Lodge (SJ 858773).

GULLIVERS WORLD, LOST WORLD RAIL ROAD, SHACKLETON CLOSE, WARRINGTON
Gauge : 1'3".   (SJ 590900)

-             6 + 2w-2-2wDE S/O   MM   1989

SAFEWAY PLC, VERNON WAY, CREWE
Gauge : 4'8½".   (SJ 707554)

ELIZABETH   0-4-0ST   OC   AE   1865 1922

Works number carried is shown as 1868 in error.

CLEVELAND

INDUSTRIAL SITES

BASF CHEMICALS LTD, SEAL SANDS, near GREATHAM
Gauge : 4'8½".   (NZ 535241)

```
    004  CLARENCE
(D3935  08785)              0-6-0DE       Derby        1960         +
    25-1                    0-6-0DH       EEV   3870 1969
```

+ On hire from R.F.S. Engineering Ltd, South Yorkshire

BLACKETT, HUTTON & CO LTD, STEELFOUNDERS, RECTORY LANE, GUISBOROUGH
Gauge : 4'8½".   (NZ 612155)

-                4wDM   RH 265617 1948

BRITISH STEEL PLC, TUBES AND PIPES,
NORTH EAST PIPE MILLS, HARTLEPOOL MILL, BRENDA ROAD, HARTLEPOOL
Gauge : 4'8½".   (NZ 505276, 505278)

```
264  PORT MULGRAVE     6wDE          GECT  5461 1977
450                    4wDH          TH    231V 1971
451                    4wDH          TH    232V 1971
```

BRITISH STEEL PLC,
SECTIONS, PLATES & COMMERCIAL STEELS, TEESSIDE WORKS
Redcar Coke Ovens, Redcar
Gauge : 4'8½".   (NZ 562257)

1		4wWE	GB420355/1	1976
2		4wWE	GB420355/2	1976
3		4wWE	GB 420408	1977

South Bank Coke Ovens
Gauge : 4'8½".   (NZ 536214)

1		4wWE	B.S.C.	1986
2		4wWE	B.S.C.	1986

Teeside Works, Middlesbrough
Gauge : 4'8½".   (NZ 563223)

41		6wDH	RR	10277	1968	
42		6wDH	TH	V316	1987	+
43		6wDH	TH	V317	1987	
168		0-6-0DH	S	10168	1964	OOU
210		0-6-0DH	RR	10210	1964	OOU
224		0-6-0DH	RR	10224	1965	OOU
251	WALTER URWIN	6wDE	GECT	5414	1976	
252	BOULBY	6wDE	GECT	5415	1976	
253	ESTON	6wDE	GECT	5416	1976	
254	BROTTON	6wDE	GECT	5417	1976	Dsm
255	LIVERTON	6wDE	GECT	5418	1976	
256	LINGDALE	6wDE	GECT	5425	1977	
257	NORTH SKELTON	6wDE	GECT	5426	1977	
258	GRINKLE	6wDE	GECT	5427	1977	
259	CARLIN HOW	6wDE	GECT	5428	1977	Dsm
260	ROSEDALE	6wDE	GECT	5429	1977	
261	STAITHES	6wDE	GECT	5430	1977	
262	LOFTUS	6wDE	GECT	5431	1977	
263	LUMPSEY	6wDE	GECT	5432	1977	
265	ROSEBERRY	6wDE	GECT	5462	1977	
266	SHERRIFFS	6wDE	GECT	5463	1977	
268	KIRKLEATHAM	6wDE	GECT	5465	1977	
269	LONGACRES	6wDE	GECT	5466	1977	
270	CHALONER	6wDE	GECT	5467	1977	
271	GLAISDALE	6wDE	GECT	5469	1978	
272	GROSMONT	6wDE	GECT	5470	1978	
273	KILTON	6wDE	GECT	5471	1978	
274	ESKDALESIDE	6wDE	GECT	5472	1978	
275	RAITHWAITE	6wDE	GECT	5473	1978	
276	SPAWOOD	6wDE	GECT	5474	1978	
277	WATERFALL	6wDE	GECT	5475	1978	
LM 20	LACKENBY 1	4wDM	Robel 54.12-107	AD184	1980	
LM 21	REDCAR 2	4wDM	Robel 54.12-107	AD183	1980	

+ Plate reads TH P214/1987

BRITISH STEEL PLC, SPECIAL SECTIONS,
SKINNINGROVE WORKS, CARLIN HOW, SALTBURN-BY-THE-SEA
Gauge : 4'8½".   (NZ 708194)

2	CATTERSSTY 2	0-4-0DH	S	10126	1963
3	HUMMERSEA 2	0-4-0DH	S	10127	1963

CLEVELAND POTASH LTD
Boulby Mine, Loftus
Gauge : 4'8½".   (NZ 763183)

1	0-6-0DH	RR	10225	1965
2	0-6-0DH	RR	10234	1965

Gauge : 1'6".   (NZ 765189) (Underground)

-	0-4-0BE	WR	7654	1974

Tees Dock, Grangetown
Gauge : 4'8½".   (NZ 549235)

20/110/707	0-6-0DH	AB	608	1976
-	0-6-0DH	RR	10257	1966

COBRA RAILFREIGHT LTD, NORTH ROAD, MIDDLESBROUGH
Gauge : 4'8½".   (NZ 488209)

COBRA	0-6-0DH	GECT	5378	1972

A.V. DAWSON LTD, DEPOT ROAD, MIDDLESBROUGH WHARF, MIDDLESBROUGH,
& AYRTON STORE AND RAILHEAD, FORTY FOOT ROAD, MIDDLESBROUGH
Gauge : 4'8½".   (NZ 488213, 493215)

(D3942 08774) ARTHUR VERNON DAWSON	0-6-0DE	Derby		1960	
ELEANOR DAWSON	0-4-0DM	Bg/DC	2725	1963	
7900	0-4-0DM	RSH	7900	1958	OOU

I.C.I. CHEMICALS & POLYMERS LTD
Billingham Works, Billingham
Gauge : 4'8½".   (NZ 475228)

-	0-6-0DH	HE	8977	1980	
	Rebuilt	HE	9307	1992	+
-	0-6-0DH	TH	285V	1979	
	Rebuilt	HAB		1992	a

+   On hire from HE
a   On hire from HAB

Wilton Works, Middlesbrough
Gauge : 4'8½".   (NZ 564218)

	60532	BLUE PETER		4-6-2	3C	Don	2023	1948	Pvd
(D2989 | 07005)			0-6-0DE		RH	480690	1962	OOU
				Rebuilt		Resco	L106	1978	
(D2995)	07011	CLEVELAND		0-6-0DE		RH	480696	1962	
				Rebuilt		Resco	L105	1978	
(D3657)	08502			0-6-0DE		Don		1958	
(D3658)	08503			0-6-0DE		Don		1958	
(D9009)	55009	ALYCIDON		Co-CoDE		_(EE	2914	1960	Pvd
						(VF	D566	1960	
	T1			4wDH	R/R	NNM	82503	1983	
	T2			4wDH	R/R	NNM	83501	1983	
	T3			4wDH	R/R	NNM	83502	1984	
	T4	05/273		4wDH	R/R	NNM	83503	1984	
	T5			4wDH	R/R	NNM	83504	1984	
	-			4wDH	R/R	NNM	83505	1984	
		WILTONIA		2w-2DMR		Wkm	7591	1957	
			Rebuilt	2w-2DHR		YEC	L112	1992	
	-			2w-2PMR		Wkm	7603	1957	DsmT

NUCLEAR ELECTRIC PLC, HARTLEPOOL POWER STATION, SEATON CAREW
Gauge : 4'8½".   (NZ 532270)

H 003		4wDH	S	10070	1961	+

   +   On hire from R.M.S. Locotec, West Yorkshire

REDLAND MAGNESIA LTD, HARTLEPOOL WORKS, HARTLEPOOL
Gauge : 4'8½".   (NZ 509352)

DL2		0-4-0DH	HC	D1346	1965
-		0-4-0DH	HE	7425	1981

STOCKTON HAULAGE LTD, SCOTS ROAD, MIDDLESBROUGH
Gauge : 4'8½".   (NZ 510207)   R.T.C.

2	M43	AUTUMN GOLD	4wDE	Moyse	1364	1976	OOU
	3		4wDE	Moyse	1365	1976	Dsm

TEES & HARTLEPOOL PORT AUTHORITY
Hartlepool Docks, Hartlepool
Gauge : 4'8½".   (NZ 518341, 516342)

No.6		0-6-0DH	RR	10215	1965

Tees Dock, Grangetown
Gauge : 4'8½".   (NZ 546232)

5	20/110/710	0-6-0DH	AB	614	1977	
No.1		0-4-0DH	S	10137	1962	OOU
No.2		0-4-0DH	S	10170	1964	OOU
No.7		0-6-0DH	S	10095	1962	
		Rebuilt	_(AB	6007	1982	
			(HE	9069	1982	
-		2w-2DMR	Wkm	(6607 1953?)		

T.J. THOMSON & SON LTD, MILLFIELD SCRAP WORKS, STOCKTON
Gauge : 4'8½".   (NZ 438193)

	J.W.H.	0-4-0DH	AB	558	1970	
-		0-6-0DM	RH	395303	1956	OOU
No.198	ELIZABETH	0-4-0DE	RH	421436	1958	
D3		0-6-0DH	TH	167V	1966	
	HELEN	4wDH	TH	264V	1976	

Also other locos for scrap occasionally present.

PRESERVATION SITES

SALTBURN MINIATURE RAILWAY, VALLEY GARDENS, SALTBURN
Gauge : 1'3".   (NZ 667216)

40	PRINCE CHARLES	4-6-2DE	S/O	Barlow	1953
	GEORGE OUTHWAITE	4wDH	S/O	SMR/ICI Wilton	1994

STOCKTON-ON-TEES BOROUGH COUNCIL, PRESTON HALL MUSEUM
PRESTON PARK, EAGLESCLIFFE
Gauge : 4'8½".   (NZ 430158)

-		0-4-0VBT	VCG	HW	21 1870

CORNWALL

INDUSTRIAL SITES

A. & P. APPLEDORE (FALMOUTH) LTD, FALMOUTH DOCKS
Gauge : 4'8½".   (SW 822324)   R.T.C.

129		0-4-0DH	S	10129	1963	OOU

CARNON CONSOLIDATED LTD
Clemo's Shaft, Baldhu, near Truro
Gauge : 2'0". (SW 772427)

2	4wBE	CE		

South Crofty, Pool, near Camborne
Gauge : 1'10". (SW 664409, 668413)

002	4wBE	CE	B2944S	1982	
003	4wBE	CE	B2247E	1980	
01	4wBE	CE	B0960	1976	Dsm
02	4wBE	CE	B1524	1977	Dsm
04	4wBE	CE	B1557B	1977	
06	4wBE	CE	B1557C	1977	
07	4wBE	CE	B1524	1977	
010	4wBE	CE	B1827	1978	
012	4wBE	CE	B1851B	1978	+
017	4wBE	CE	B2247C	1980	Dsm
017	4wBE	CE	B2938	1981	
019	4wBE	CE	B2930B	1981	+
020	4wBE	CE	B2930C	1981	+
021	4wBE	CE	B2930D	1981	+
023	4wBE	CE	B2930F	1981	+
025	4wBE	CE	B2944A	1981	
026	4wBE	CE	B2944C	1981	Dsm
026	4wBE	CE			a
028	4wBE	CE	B2944E	1982	
029	4wBE	CE	B2944D	1982	Dsm +
032	4wBE	CE	B2944J	1982	
033	4wBE	CE	B2944H	1982	+
034	4wBE	CE	B2944K	1982	+
037	4wBE	CE	B2944O	1982	
038	4wBE	CE	B2944L	1982	+
039	4wBE	CE	B2944Q	1982	
041	4wBE	CE	B2944M	1982	
044	4wBE	CE	B2944W	1982	
045	4wBE	CE	B2944V	1982	
047	4wBE	CE	B2944X	1982	
048	4wBE	CE	B2944U	1982	
053	4wBE	CE	B3063B	1983	+
054	4wBE	CE	B3149A	1984	
055	4wBE	CE	B3149B	1984	
056	4wBE	CE	B3149C	1984	
057	4wBE	CE	B3346C	1987	
058	4wBE	CE	B3346A	1987	
059	4wBE	CE	B3346B	1987	
060	4wBE	South Crofty	c1993		b
1	4wBE	CE			
2	4wBE	CE			
3	4wBE	CE			
4	4wBE	CE			

5	4wBE	CE	B3358C	1987	
6	4wBE	CE	B3358B	1987	
7	4wBE	CE	B3358A	1987	
8	4wBE	CE	B3150	1984	
10	4wBE	CE			Dsm
14	4wBE	CE			
22	4wBE	CE			Dsm
-	4wBE	CE			Dsm a
-	4wBE	CE			Dsm a
-	4wBE	CE			Dsm a
18	0-4-0BE	WR			
-	4wBE	WR	L4000	1981	Dsm
1	4wDM	HE	6342	1970	Dsm
2	4wDM	HE	7083	1971	Dsm
3	4wDM	HE	7084	1972	Dsm
4	4wDM	HE	7087	1972	OOU
5	4wDM	HE	7320	1973	OOU
6	4wDM	HE	7273	1972	OOU
7	4wDM	HE	7516	1977	OOU

+ Identity assumed
a One of CE's B1810B/1978, B1899B/1979, B2944F B2944G B2944N B2944R of 1982, B2247D/1980, B3063A/1983 or B3077/1983
b Incorporates CE frame

Principally underground; some battery locos are brought to the surface daily for battery charging.

CORNWALL COUNTY COUNCIL,
GEEVOR TIN MINES MUSEUM, PENDEEN, near ST.JUST
Gauge : 1'6".   (SW 375346)

3	4wBE	CE	5739	1970	OOU
6	4wBE	CE	B0485.A	1975	OOU
8	4wBE	CE	B01592A	1978	OOU +
9	4wBE	CE	B01592B	1978	OOU +
10	4wBE	CE	B1501	1977	OOU +
11	4wBE	CE	B1558A	1977	OOU +
13	4wBE	CE	B1851A	1978	OOU +
15	4wBE	CE	B3132A	1984	OOU +
B3606A	4wBE	CE	B3606A	1989	OOU
B3606B	4wBE	CE	B3606B	1989	OOU
B3606C	4wBE	CE	B3606C	1989	OOU
B3606D	4wBE	CE	B3606D	1989	OOU
-	4wBE	CE			OOU
6	0-4-0BE	Geevor			OOU
11	0-4-0BE	Geevor			OOU
15	0-4-0BE	Geevor		1973	OOU
16	0-4-0BE	Geevor			OOU
20	0-4-0BE	Geevor			Pvd
71	0-4-0BE	Geevor			
21/1	4wBE	WR	H6583	1968	OOU
22/2	4wBE	WR	K6916	1970	OOU

23/3	4wBE	WR	K6915	1970	OOU
24/4	4wBE	WR	L7496	1971	OOU
25/5	4wBE	WR	L7495	1971	OOU

+ Identity assumed
The Geevor locos are based on, and use parts of WR locos; some of which are :
1386/1939; 2556/1943; 3555 & 3556/1946;4206/1950; 4537/1950; 4884/1952;
5932/1958; 6130/1959;6135/1960; 6402/1961.

DRILLSERVE, PLANT YARD, ROSCROGGAN, near CAMBORNE
Gauge : 4'8½".   (SW 648418)

YSM	4wDM	FH	3739 1955

Gauge : 2'0".

3	4wBE	CE	5180	1966
10	4wBE	CE	5950	1972
-	4wBE	CE	B1560	1977
LOD/758221	4wDM	MR	8886	1944
AD40	4wDM	RH	202000	1940
9	4wBE	WR	H7205	1968

ENGLISH CHINA CLAYS INTERNATIONAL
Blackpool Driers, Burngullow
Gauge : 4'8½".   (SW 985525)

(D3390 08320)
P400D SUSAN   0-6-0DE   Derby   1957

Crugwallins Sidings
Gauge : 4'8½".   (SX 975525)

P403D DENISE   4wDH   S   10029 1960

Moorswater Works, near Liskeard
Gauge : 4'8½".   (SX 235643)

401D SHARON   0-4-0DH   EEV   3987 1970

Rocks Works, near Bugle
Gauge : 4'8½".   (SX 025586)

(D3513 08398)
402D ANNABEL   0-6-0DE   Derby   1958

Treviscoe Driers
Gauge : 4'8½".   (SW 941560)

P404D G924 ACV   ELAINE 4wDM R/R Trackmobile GN960300689 1989

SOUTH WESTERN MINING & TUNNELLING LTD, PLANT DEPOT,
COTTONWOOD, NANSTALLON, BODMIN
Gauge : 2'0".   (SX 021677)

		0-4-0BE	WR G7174 1967
		4wDM	RH

T. WARE, SCRAP DEALER, CARHARRACK, near ST. DAY
Gauge : 4'8½".   (SW 741417)

TO 9362		4wDM	RH 349041 1953	OOU

PRESERVATION SITES

BODMIN & WENFORD RAILWAY PLC.
Locos are kept at :-
      Bodmin General Station   (SX 074664)
      Bodmin Parkway   (SX 110640)
      Bodmin Walker Lines Sidings   (SX 060660)
      Boscarne Junction   (SX 044675)
      Fitzgerald Lighting   (SX 079655)
Gauge : 4'8½".

3802			2-8-0	OC	Sdn		1939
5552			2-6-2T	OC	Sdn		1928
34007	WADEBRIDGE		4-6-2	3C	Bton		1945
	SWIFTSURE		0-6-0ST	IC	HE	2857	1943
-			0-4-0ST	OC	P	1611	1923
No.7597			0-6-0T	OC	RSHN	7597	1949
62	UGLY		0-6-0ST	IC	RSHN	7673	1950
75178			0-6-0ST	IC	WB	2766	1944
19			0-4-0ST	OC	WB	2962	1950
	ALFRED		0-4-0ST	OC	WB	3058	1953
-			0-4-0F	OC	WB	3121	1957
(D442)	50042	TRIUMPH	Co-CoDE		_(EE	3812	1968
					(VF	D1183	1968
D3452			0-6-0DE		Dar		1957
D3559	(08444)		0-6-0DE		Derby		1958
(D6527)	33110		Bo-BoDE		BRCW	DEL119	1960
D8166	(20166)		Bo-BoDE		_(EE	3637	1966
	RIVER FOWEY				(VF	D1036	1966
(D8197)	20197		Bo-BoDE		_(EE	3678	1967
					(VF	D1073	1967
51947			2-2w-2w-2DMR	Derby C&W			1960
W52054	LO 618		2-2w-2w-2DMR	Derby C&W			1960
53645			2-2w-2w-2DMR	Derby C&W			1958
53980	LO 275		2-2w-2w-2DMR	Derby C&W			1959
	PETER		0-4-0DM		JF	22928	1940
No.1	PROGRESS		0-4-0DH		JF	4000001	1945
No.3	LEE		4wDM		RH	443642	1960
-			2w-2PMR		Wkm	509	1932	DsmT

**LAPPA VALLEY STEAM RAILWAY & COUNTRY LEISURE PARK,
BENNY HALT, ST. NEWLYN EAST, near NEWQUAY
Gauge : 1'3".   (SW 838574, 839564)**

No.2	MUFFIN		0-6-0	OC	Berwyn		1967
			Rebuilt		NJ.Tambling		1991
No.1	ZEBEDEE		0-6-2T	OC	SL	34	1974
		Rebuilt	0-6-4T	OC	NJ.Tambling		1990
4	POOH		4wDM		L	20698	1942
3	LAPPA LADY		4w-4DH		Minirail		c1960
	DOUGAL		4w-4PM		E.Booth		1975

**LAUNCESTON STEAM RAILWAY CO, LAUNCESTON
Gauge : 60cm.   (SX 328850)**

	LILIAN	0-4-0ST	OC	HE	317	1883	
	VELINHELI	0-4-0ST	OC	HE	409	1886	
	COVERTCOAT	0-4-0ST	OC	HE	679	1898	
-		0-4-0ST	OC	HE	763	1901	
	SYBIL	0-4-0ST	OC	WB	1760	1906	+
-		4wDM		FH	1896	1935	Dsm
2		4wDM		MR	5646	1933	
-		2w-2BER		Bowman		c1986	

+ Currently under restoration elsewhere

**M.P.S. METAL PROTECTION SERVICES, ST. AGNES STATION YARD, near TRURO
Gauge : 4'8½".   (SW 721492)**

YARD No.5200	4wDM	FH	3776	1956

**PARADISE RAILWAY, BIRD PARADISE, PARADISE PARK, HAYLE
Gauge : 1'3".   (SW 555365)**

No.3 ZEBEDEE	4wDM	L	10180	1938

**PIXIELAND FUN PARK, WEST STREET, KILKHAMPTON, near BUDE
Gauge : 1'3".   (SS 255122)**

1	PIONEER	2-2wPM	K.Rosewell	1947
		Rebuilt	D.Vanstone	1980

**POLDARK MINE HERITAGE COMPLEX, WENDRON near HELSTON
Gauge : 4'8½".   (SW 683315)**

POLDARK MINING CO LTD 6	0-4-0ST	OC	P	1530	1919

ROSEVALE MINING HISTORICAL SOCIETY, ZENNOR
Gauge : 2'0".   (SW 458380)

-	0-4-0BE	WR	
		Rebuilt	South Crofty

RTZ MINING & EXPLORATION LTD,
DELABOLE SLATE, PENGELLY ROAD, DELABOLE, CAMELFORD
Gauge : 1'11".   (SX 075835)

No.2	4wDM	MR	3739	1925

THE SPIRIT OF THE WEST AMERICAN THEME PARK, RETALLACK, nr ST COLUMB MAJOR
Gauge : 1524mm.   (SW 936658)

1103	2-8-0	OC	LO	141	1943

ST. AUSTELL CHINA CLAY MUSEUM LTD,
WHEAL MARTYN CHINA CLAY HERITAGE CENTRE, CARTHEW, near ST. AUSTELL
Gauge : 4'8½".   (SX 004555)

JUDY	0-4-0ST	OC	WB	2572	1937

Gauge : 4'6".

LEE MOOR No.1	0-4-0ST	OC	P	783	1899

Gauge : 2'6".

-	4wDM	RH	244558	1946

CUMBRIA

INDUSTRIAL SITES

BOOTHBY AND PENICUIK PEAT COMPANY, BOLTON FELL MILL, near HETHERSGILL
Gauge : 2'0".   (NY 487699)

-	4wDM	L	37366	1951	
-	4wDM	LB			+
-	4wDM	MR	7037	1936	
-	4wDM	MR	7188	1937	
24	4wDM	MR	7498	1940	
-	4wDM	MR	8638	1941	Dsm
No.1	4wDM	MR	8655	1941	
-	4wDM	MR	8696	1941	
-	4wDM	MR	8825	1943	
-	4wDM	MR	20058	1949	

+ either 52726/1961 or 55730/1968

BRITISH FUEL CO, CARLISLE COAL CONCENTRATION DEPOT, LONDON ROAD, CARLISLE
Gauge : 4'8½".   (NY 417550)   R.T.C.

		0-6-0DM	HC	D851	1955	OOU

BRITISH NUCLEAR FUELS PLC, WINDSCALE FACTORY, SELLAFIELD
Gauge : 4'8½".   (NY 025034)

B.N.F.L.1	PB 1056.860	0-4-0DH		HE	7426	1982
B.N.F.L.2	PB 1056.860	0-4-0DH		HE	7427	1982
B.N.F.L.3	PB 1056.860	0-4-0DH		HE	7406	1977
			Rebuilt	HE	9200	1983
B.N.F.L.4	PB 1056.860	0-6-0DH		HE	9000	1983
			Rebuilt	HE	9288	1987
			Rebuilt	YEC	L117	1992
B.N.F.L.5		0-6-0DH		S	10111	1963
			Rebuilt	TH		1987
No.6	H0344	4wDH R/R		_(Minilok158		1991
				(YEC	L105	1992

BRITISH STEEL PLC, STRIP PRODUCTS DIVISION,
SHAPFELL LIMESTONE QUARRIES, SHAP, PENRITH
Gauge : 4'8½".   (NY 571134)

No.10	72/21/44	0-4-0DH	AB	601	1975	OOU
267	SLAPEWATH	6wDE	GECT	5464	1977	
	7222/70/01	0-4-0DE	RH	323599	1953	OOU
No.2	7222/70/02	0-4-0DE	RH	323605	1954	OOU
-		0-4-0DE	RH	423659	1958	OOU

BRITISH STEEL PLC, TRACK PRODUCTS AND CUMBRIA ENGINEERING DIVISIONS,
MOSS BAY WORKS, DERWENT HOWE, WORKINGTON
Gauge : 4'8½".   (NX 988269)

No.305		0-4-0DH	YE	2952	1965
No.309	21	0-6-0DH	YE	2825	1961
No.311		0-6-0DH	YE	2827	1961
No.314	153/1508	0-6-0DH	YE	2832	1962
No.402		0-6-0DH	HE	7409	1976
No.403		0-6-0DH	HE	7543	1978
No.404		0-6-0DH	HE	8978	1979

Gauge : 3'0".

-		4wBE	Workington ?
-		4wBE	Workington ?

CUMBRIA COUNTY COUNCIL, THE PORT OF WORKINGTON
Gauge : 4'8½".   (NX 993294)   R.T.C.

No.211		0-4-0DE	YE	2628	1956	
No.212		0-4-0DE	YE	2684	1958	

EGREMONT MINING CO LTD, FLORENCE IRON ORE MINE, EGREMONT
Gauge : 2'6".   (NY 018103) (Underground)

7		4wBE	WR	6218	1961	
-		4wBE	WR	C6694	1963	

W. HOCKING, CONTRACTOR, THRELKELD QUARRY, near KESWICK
Gauge : 4'8½".   (NY 328244)

3	ND 3815	0-4-0DM	HE	2389	1941	OOU

Gauge : 2'6".

B2	ND 3051		0-4-0DM	HE	2022	1939	OOU
3			0-4-0DM	HE	2242	1941	Dsm
No.4	ND 10394		0-4-0DM	HE	2243	1941	OOU
8	ND 3052	YARD No.B3	0-4-0DM	HE	2263	1940	OOU
No.27 7	ND 3053		0-4-0DM	HE	2264	1940	OOU
1	ND 3054	YARD No.B5	0-4-0DM	HE	2265	1940	OOU
	ND 3056		0-4-0DM	HE	2267	1940	OOU
4	ND 3061	YARD No.B20	0-4-0DM	HE	2399	1941	OOU
6	ND 3064	YARD No.B23	0-4-0DM	HE	2402	1941	OOU
	ND 16648		4wDM	HE	6007	1963	OOU
	YARD No.1076		4wDM	HE	7448	1976	OOU
R6	ND 6456		4wDM	RH	221626	1942	OOU
R9	ND 6473		4wDM	RH	235727	1943	OOU
R10	ND 6442		4wDM	RH	235728	1943	OOU
R12	ND 6458		4wDM	RH	235730	1943	OOU
R8	ND 6440		4wDM	RH	242918	1947	OOU

L. & P. PEAT LTD, SOLWAY MOSS WORKS, LONGTOWN, near GRETNA
Gauge : 2'6".   (NY 338682)

-		4wDM	AK	3	1978	OOU
-		4wDM	FH	2408	1941	OOU
-		4wDM	MR	7137	1936	Dsm
-		4wDM	MR	7190	1937	Dsm
	SO 34	4wDM	MR	5879	1935	
S35		4wDM	MR	9709	1952	
S32		4wDM	MR	9710	1952	
S30	FANNY	4wDM	MR	21619	1957	
	SO 33	4wDM	MR	40S371	1970	
-		4wBE	WR	1393	1939	

Gauge : 2'0".

		4wDM	RH 174532 1936

LEVINGTON HORTICULTURE, CUMBRIA WORKS, KIRKBRIDE, WIGTON
Gauge : 2'0".   (NY 238539) R.T.C.

K 11128		4wDM	MR	7463	1939	OOU
2	GLASSON	4wDM	MR	8627	1941	OOU
	WEDHOLME	4wDM	MR	8885	1944	OOU
11140		4wDM	MR	8905	1944	OOU
6	10	4wDM	MR	9231	1947	OOU

MINISTRY OF DEFENCE, ARMY RAILWAY ORGANISATION
Eskmeals Establishment
   See Section Five for full details.

Longtown Depot, near Carlisle
   See Section Five for full details.

SAMUEL MORGAN SERVICES LTD, HINDPOOL ROAD, BARROW-IN-FURNESS
(SD 192695)   Locos here occasionally for scrap or resale.

F.G. SHEPHERD, FLOW EDGE SCRAP YARD, MIDDLE FELL, ALSTON
Gauge : 2'0".   (NY 734442)

-		0-4-0BE		WR	(4149 1949?)	OOU
		Rebuilt		F.G.Shepherd		
-		0-4-0BE		WR	(5655 1956?)	OOU
	Rebuilt	4wBE		F.G.Shepherd		
-		0-4-0BE		WR		Dsm

VICKERS SHIPBUILDING & ENGINEERING LTD,
BARROW SHIPBUILDING WORKS & BARROW ENGINEERING WORKS,
BARROW-IN-FURNESS   (Member Company of British Shipbuilders)
Gauge : 4'8½".   (SD 192686)

6331	PLUTO	0-4-0DM	HC	D1089	1958
6614	MERCURY	0-4-0DM	HC	D1217	1960

PRESERVATION SITES

COPELAND DISTRICT COUNCIL, WELLINGTON COLLIERY SITE, WHITEHAVEN HARBOUR
Gauge : 2'6".   (NX 968183)

	-	0-4-0BE	WR	(5931 1958?)

THE ESKDALE (CUMBRIA) TRUST, RAILWAY MUSEUM, RAVENGLASS
Gauge : 1'3".   (SD 086967)

SCOOTER	2-2wPMR	Ravenglass	1970	

Also here are the side frames of ELLA 4-6-2 OC DB 2/1881

R.B.A. HOLDEN, MOLE END, HARTLEY, KIRKBY STEPHEN
Gauge : 2'0".   (   )

-	4wPM	Lancs Tanning	1958

Loco stored elsewhere

THRELKELD QUARRY & MINING MUSEUM, MINING & QUARRYING MUSEUM, BRAMCRAG QUARRY & THRELKELD QUARRY, near KESWICK
Gauge : 2'6".   (NY 318215, 327245)

-	0-4-0DM	HE	2248	1940	

Gauge : 2'0".

3	K 11143	4wDM	MR	7191	1937	
1	K 11039	4wDM	MR	8698	1941	
5	K 11052	4wDM	MR	8860	1944	
-		4wDM	MR	8937	1944	
-		4wDM	RH	217993	1943	Dsm
-		4wDM	RH	223744	1944	Dsm
-		4wDM	RH	277273	1949	
6	NEATH ABBEY	4wDM	RH	476106	1964	
-		4wDMF	RH	497760	1963	

Gauge : 1'8".

-	4wDM	HE	3595	1948	

LAKESIDE & HAVERTHWAITE RAILWAY CO LTD, HAVERTHWAITE
Gauge : 4'8½".   (SD 349843)

5643		0-6-2T	IC	Sdn		1925	
(42073)	2073	2-6-4T	OC	Bton		1950	
42085		2-6-4T	OC	Bton		1951	
12	ALEXANDRA	0-4-0ST	OC	AB	929	1902	+
-		0-6-0F	OC	AB	1550	1917	
1	DAVID	0-4-0ST	OC	AB	2333	1953	
	ASKHAM HALL	0-4-0ST	OC	AE	1772	1917	
11	REPULSE	0-6-0ST	IC	HE	3698	1950	
	CUMBRIA						
FURNACE RAILWAY	150	0-6-0ST	IC	HE	3794	1953	
	PRINCESS	0-6-0ST	OC	WB	2682	1942	

D2072	(03072)		0-6-0DM	Don		1959	
(D2117)	No.8		0-6-0DM	Sdn		1959	
(D8314)	20214		Bo-BoDE	_(EE	3695	1967	
				(VF	D1090	1967	
Sc52029			2-2w-2w-2DMR	DerbyC&W		1960	
M52071			2-2w-2w-2DMR	BRCW		1961	
M52077			2-2w-2w-2DMR	BRCW		1961	
7120			0-6-0DE	Derby		1945	
No.2	FLUFF		0-4-0DM	JF	21999	1937	
-			0-4-0DH	JF	4220044	1967	Dsm
21			0-4-0DH	JF	4220045	1967	
	"RACHEL"		4wPM	MR	2098	1924	
-			0-4-0DH	TH	108C	1961	
		Rebuild of	0-4-0DM	JF	22919	1940	
L.H.R. P.T.1			2w-2PMR	Wkm	691	1932	a
-			2w-2PMR	Wkm			DsmT

+ Carries plate AB 1054/1906
a Currently under renovation at a school in Ulverston

Mr. MULGREW, CARAVAN SITE, WALNEY ISLAND, BARROW-IN-FURNESS
Gauge : 4'8½".   (SD 209632)

DAVID CAIRD	4wDM	FH	3685	1954
	Rebuilt	Resco	L110	

NENT VALLEY RAILWAY, NENTSBERRY, near NENTHEAD   (Closed)
Gauge : 1'10".   (NY 764452)

No.1	4wBE	S/O	FG	Shepherdc	1973
	Rebuilt		S	Frogley	1988

RAVENGLASS & ESKDALE RAILWAY CO LTD, RAVENGLASS
Gauge : 3'2¼".   (SD 086967, NY 137000)

-	4wDM	RH	320573	1951	Dsm

Gauge : 1'3¼"

	SYNOLDA	4-4-2	OC	BL		30	1912
	RIVER MITE	2-8-2	OC	Clarkson	4669		1966
No.3	RIVER IRT	0-8-2	OC	DB		3	1894
		Rebuilt		Ravenglass			1927
	KATIE	0-4-0T	OC	DB		4	1896	b
	RIVER ESK	2-8-2	OC	DP		21104	1923
11	BONNIE DUNDEE	0-4-2WT	OC	KS		720	1901
		Rebuilt		Ravenglass			1981
	THE FLOWER OF THE FOREST						
		2w-2VBT	VCG	Ravenglass		5	1985
No.10	NORTHERN ROCK	2-6-2	OC	Ravenglass		10	1976

	Name	Type	Builder	No.	Year	Notes	
	BLACOLVESLEY	4-4-4PM S/O	BL		1909		
	-	4wBE	GB	2782	1957		
I.C.L.9	CYRIL	4wDM	L	4404	1932		
		Rebuilt	Ravenglass		1986		
	-	4wDM	L	40009	1954	DsmT	a
	QUARRYMAN	4wPM	MH	2	1926		
I.C.L.No.1	BUNNY	4-4wPM Rebuilt	Ravenglass		1925		+
	PERKINS	4w-4DH	Ravenglass		1933		
	Rebuild of	4wPM	MH	NG39A	1929		
	SILVER JUBILEE	4w-4wDHR	Ravenglass		1976/1980		
	LADY WAKEFIELD	4w-4wDH	Ravenglass		1980		
	SHELAGH OF ESKDALE	4-6-4DH	SL		1969		

+ Used as a tool wagon
a Converted to a flat wagon
b Currently being rebuilt at Ravenglass

SOUTH TYNEDALE RAILWAY PRESERVATION SOCIETY, ALSTON STATION
Gauge : 2'0".   (NY 717467)

	Name	Type	Builder	No.	Year	Notes	
No.10	NAKLO	0-6-0WTT OC	CHR	3459	1957		
No.3	SAO DOMINGOS	0-6-0WT OC	OK	11784	1928		
CHAKA'S KRAAL No.6		0-4-2T OC	HE	2075	1940		
6	THOMAS EDMONDSON	0-4-0WTT OC	Hen	16047	1918		
	HELEN KATHRYN	0-4-0WT OC	Hen	28035	1948		
2519	2103/35	4wBEF	(EE	2519	1958		
			(Bg	3500	1958		
1	THE PHOENIX	4wDM	FH	2325	1941		
No.4	NAWORTH	0-6-0DMF	HC	DM819	1952		
	-	0-6-0DMF	HC	DM1169	1960	Dsm	
L2	HELEN	0-6-0DMF	HC	DM1247	1961		
DM1366	2203/348	0-6-0DMF	HC	DM1366	1965		
9		0-4-0DMF	HE	4109	1952		
		Rebuilt	S.T.R. Alston		1992		
	-	0-4-0DMF	HE	4110	1953		
	-	0-4-0DM	HE	5222	1958		
11	CUMBRIA	4wDM	HE	6646	1967		
20		4wDM	MR	5880	1935	Dsm	+
	-	4wDM	RH	222101	1943		
P.W. No.1	DB 965082	2w-2DMR	Wkm	7597	1957		

+ Converted into a brake-van

DERBYSHIRE

INDUSTRIAL SITES

A.B.B. TRANSPORTATION LTD
Derby Carriage Works, Litchurch Lane, Derby
Gauge : 9'10".   (SK 364345)

TRAVERSER No.4	0-4-0WE	Derby C&W	1985	

Gauge : 4'8½".

D3769	(08602)	0-6-0DE	Derby	1959		
-		0-6-0DE				
8		0-4-0WE	Derby C&W	1935		OOU
3335		0-4-0WE	Derby C&W	1935		
	BREL 75	4wDMR	BREL/Leyland RB 002/001 c1984			

Derby Locomotive Works, Derby
Gauge : 4'8½".   (SK 364353)

480		2w-2BE	BRE(D)	c1980	
No.600	463	2w-2BE	Derby C&W	c1960	
602		2w-2BE	Derby C&W	c1960	OOU

BALFOUR BEATTY RAILWAY ENGINEERING,
MIDLAND FOUNDRY, OSMASTON STREET, SANDIACRE
Gauge : 4'8½".   (SK 482362)

-	4wDH	S	10037	1960

BALFOUR KIRKPATRICK RAILWAY ELECTRIFICATION LTD, RAYNESWAY, DERBY
Gauge : 4'8½".   (   )

51	(323.539.7)	4wDH		Gmd	4861	1955
50	(323.674.2)	4wDH		Gmd	4991	1956
53	H866 ARB	4wDM	R/R	Unimog	1650	1991
54	H867 ARB	4wDM	R/R	Unimog	51336	1991
52	H868 ARB	4wDM	R/R	Unimog		1991

BIWATER PIPES & CASTINGS, THE CLAY CROSS CO LTD,
CLAY CROSS, CHESTERFIELD
Gauge : 3'0½".   (SK 398644, 401644)

-	2w-2WE	Clay Cross
-	2w-2WE	Clay Cross

Locos were built either c/1969, c/1971 or c/1973.

Gauge : 2'10½".

63009		2w-2CE	Clay Cross		c1975	
63010		2w-2CE	Clay Cross		1977	

Gauge : 2'0".

-		4wDM	L	41803	1955	OOU

BLUE CIRCLE INDUSTRIES PLC, HOPE CEMENT WORKS, HOPE
Gauge : 4'8½". (SK 167823)

BLUE JOHN	B-BDH	HAB	773	1990	
-	0-6-0DH	RR	10216	1965	Dsm
PEVERIL	0-6-0DH	S	10087	1963	
	Rebuilt	AB	6140	1989	
-	0-6-0DH	S	10108	1963	OOU
DERWENT	0-6-0DH	S	10156	1963	
	Rebuilt	AB	6004	1988	

BUTTERLEY ENGINEERING LTD, ENGINEERING WORKS, RIPLEY
Gauge : 4'8½". (SK 405518)

(D2858)		0-4-0DH	YE	2817	1960
	TEUCER	0-4-0DM	_(VF	D294	1955
			‾(DC	2567	1955

BUXTON LIME INDUSTRIES LTD, TUNSTEAD LIMEWORKS & QUARRIES, TUNSTEAD
(Including Lime Group Workshops & Stores)
Gauge : 4'8½". (SK 101743, 097755)

SCW/1/29	DOVEDALE	0-6-0DH	RR	10284	1969
		Rebuilt	TH		1974
SCW/1/10	NIDDERDALE	0-6-0DH	S	10149	1964
		Rebuilt	TH		1987
SCW/1/04	CHEEDALE	4wDH	TH	284V	1979
SCW/1/05	HARRY TOWNLEY	4wDH	TH	289V	1980

CHESTERFIELD CYLINDERS LTD, CHESTERFIELD
Gauge : 4'8½". (SK 383702) R.T.C.

850	4wDH	TH	166V	1966	OOU

COALITE FUELS & CHEMICALS LTD,
BOLSOVER COALITE WORKS, BUTTERMILK LANE, BOLSOVER
(Part of Coalite Group Plc)
Gauge : 4'8½".   (SK 457715)

7	0-6-0DH	RR	10279	1968
9	0-6-0DH	TH	237V	1971

COURTAULDS CHEMICALS (HOLDINGS) LTD, SPONDON WORKS
Gauge : 4'8½".   (SK 405347)

-	0-4-0DH	RH	518190	1965	
1	4wDH	RR	10251	1966	OOU
-	4wDH	RR	10280	1968	
DL2	4wDH	S	10177	1964	

W.H. DAVIS & SONS (1984) LTD, LANGWITH JUNCTION
Gauge : 4'8½".   (SK 529683)

-	4wDM	RH	224347	1945	OOU
-	4wDM	RH	321732	1952	

DEPARTMENT OF THE ENVIRONMENT, PROPERTY SERVICES AGENCY,
HEALTH & SAFETY EXECUTIVE, RESEARCH & LABORATORY, SERVICES DIVISION,
HARPUR HILL, BUXTON
Gauge : 3'0".   (SK 057706)

BB 307	2w-2DE	GB	6099	1964

DOROTHEA RESTORATIONS, MEVRIL SPRING WORKS, NEW ROAD, WHALEY BRIDGE
Gauge : 4'8½".   (SK 014804)
   Locomotives occasionally present for overhaul / restoration.

LONG-AIRDOX BECORIT LTD, HALLAM FIELDS ROAD, ILKESTON
(A member of the Marmon Group of companies.)
(SK 477398)   New BGB locos under construction, and locos for repair, usually present.

MARKHAM & CO LTD, BROADOAKS WORKS, CHESTERFIELD
Gauge : 4'8½".   (SK 389710)

-	4wDM	RH	476141	1963

McDONALD ENGINEERING LTD, STORES ROAD, DERBY
Gauge : 3'0".   (SK 359374)

-	4wBE	GB	1728	1941
-	4wBE	GB	1729	1941

MOORSIDE MINING CO LTD, PLANT YARD, ROTHERSIDE ROAD, ECKINGTON
Gauge : 1'10".   (SK 436800)

03	013	4wBE	CE	B1524/2 1977	
05		4wBE	CE	B1557A 1977	
08		4wBE	CE	B1810A 1978	
015		4wBE	CE	B2247A 1980	+
022		4wBE	CE	B2930E 1981	+
024		4wBE	CE	B2944B 1981	
043		4wBE	CE	B2944T 1982	
050		4wBE	CE	B3077A 1983	+

Plant Depot with locos for resale occasionally present.
+ Identity assumed

NATIONAL POWER PLC, WILLINGTON POWER STATION, near BURTON-ON-TRENT
Gauge : 4'8½".   (SK 306292)   R.T.C.

1		0-6-0DM	_(RSHN7859 1956	
			(DC 2573 1956	
2		0-6-0DM	_(RSHN7860 1956	OOU
			(DC 2574 1956	

POWERGEN PLC, DRAKELOW POWER STATION, near BURTON-ON-TRENT
Gauge : 4'8½".   (SK 232198)

-	0-6-0DH	HE	7541 1976

REDLAND AGGREGATES LTD, DOWLOW WORKS, STERNDALE MOOR, BUXTON
Gauge : 4'8½".   (SK 102678)   R.T.C.

QMP 154   HEATHCOTE   0-4-0DE   RH 461959 1961   OOU

R.J.B. MINING LTD, OXCROFT DISPOSAL POINT, STANFREE, near CLOWNE
   See Section 4 for full details.

R.M.C. ROADSTONE LTD. DOVE HOLES QUARRY, DALE ROAD,
DOVE HOLES, BUXTON
Gauge : 4'8½".   (SK 088773)

-	0-6-0DH	S	10107 1963	+
-	0-6-0DH	S	10186 1964	
	Rebuilt	AB	6459 1989	

+ Loco carries plate "UNIT No.10216"

ROLLS ROYCE INDUSTRIAL POWER GROUP, CLAYTON EQUIPMENT, HATTON
(SK 212298)   New CE locos under construction, and locos for repair, usually present.

STANTON PLC, STANTON WORKS, STANTON BY DALE, ILKESTON
Gauge : 4'8½".   (SK 474388)

60	689/170	LBH 47	0-4-0DH	RR	10253	1967
61	689/171	LBH 44				
	GRAHAM		0-4-0DH	RR	10207	1965
62	689/172		0-4-0DH	TH	227V	1970
63	689/173		0-4-0DH	TH	228V	1970

Locos also stable at Central Melting Plant.

TARMAC QUARRY PRODUCTS,
TARMAC ROADSTONE LTD, TOPLEY PIKE QUARRY, TOPLEY PIKE, near BUXTON
Gauge : 4'8½".   (SK 102724)   R.T.C.

-	0-4-0DE	RH	424839	1959	OOU

TARMAC ROADSTONE HOLDINGS LTD,
BUXTON QUARRY, BRIERLOW BAR, near BUXTON
Gauge : 4'8½".   (SK 083694)   R.T.C.

550/6/0357	4wDM	RH	252842	1948	OOU

WALKER & PARTNERS LTD, INKERSALL ROAD ESTATE, STAVELEY, CHESTERFIELD
(SK 436743)   Dealers yard with locos for resale occasionally present.

WILMOTT BROS (PLANT SERVICES) LTD, DIESEL ENGINE AND LOCOMOTIVE SPECIALISTS,
MANNERS INDUSTRIAL ESTATE, ILKESTON
Gauge : 4'8½".   (SK 458425)

40	6wDE	GECT	5478	1979
-	0-6-0DH	HE	6662	1966
44	0-6-0DH	HE	7396	1974
52	0-6-0DH	S	10139	1962
53	0-6-0DH	S	10140	1962
D1	6wDH	TH	296V	1981
42	0-6-0DH	YE	2911	1963

Locos under repair occasionally present; locos also hired out to various concerns.

PRESERVATION SITES

DERBY CITY COUNCIL, MARKEATON PARK, DERBY
Gauge : 1'3".   (SK 334372)

INVICTA	4wDH	Maxi	1989

DERBY INDUSTRIAL MUSEUM, THE SILK MILL, off FULL STREET, DERBY
Gauge : 4'8½". (SK 354366)

	VICTORY	0-4-0ST	OC	P	1547	1919
-		4wPM		MR	1930	1919

B. EWART, THE HOMESTEAD, YELDERSLEY LANE, BRADLEY, near ASHBOURNE
Gauge : 4'8½". (SK 223446)

GEORGE	0-4-0ST	OC	RSHN	7214 1945

TERRY GIBSON, DERBY
Gauge : 1'3". (   )

	KING GEORGE	4-4-2	OC	BL	21	1912
6100	ROYAL SCOT	4-6-0	OC	Carland		1950

GULLIVERS KINGDOM LTD, MATLOCK BATH
Gauge : 1'9½". (SK 289578)

HILLARY	4w-4RE	S/O	SE		1988

P.G. HELME, DARLEY ABBEY, DERBY
Gauge : 4'8½". (   )

(D2027 03027)	0-6-0DM	Sdn	1958
(D2084) 03084	0-6-0DM	Don	1959
(D2158 03158)	0-6-0DM	Sdn	1960

Stored at a private location.

LITTLE MILL INN, ROWARTH, STOCKPORT
Gauge : 4'8½". (SK 011890)

(3051 CAR No.289)	4w-4wRER	MC	289	1932

MIDLAND RAILWAY CENTRE, (MIDLAND RAILWAY TRUST LTD)
Locomotives are kept at :-
              Butterley   (SK 403520)
              Butterley Park   (SK 412519)
              Hammersmith   (SK 397519)
Gauge : 4'8½".

158A		2-4-0	IC	Derby		1866
44027		0-6-0	IC	Derby		1924
44932		4-6-0	OC	Hor		1945
45491		4-6-0	OC	Derby		1943
46203 PRINCESS MARGARET ROSE		4-6-2	4C	Crewe	253	1935
47327		0-6-0T	IC	NBH	23406	1926
47357		0-6-0T	IC	NBQ	23436	1926
		Rebuilt		Derby		1973
(47445)		0-6-0T	IC	HE	1529	1927 Dsm
(47564)		0-6-0T	IC	HE	1580	1928 Dsm
(53809) 13809		2-8-0	OC	RS	3895	1925
73129		4-6-0	OC	Derby		1956
80080		2-6-4T	OC	Bton		1954
80098		2-6-4T	OC	Bton		1954
92214		2-10-0	OC	Sdn		1959
92219		2-10-0	OC	Sdn		1960
STANTON No.24		0-4-0CT	OC	AB	1875	1925
No.2	PN 8292	0-4-0F	OC	AB	2008	1935
	"GLADYS"	0-4-0ST	OC	Mkm	109	1894
4		0-4-0ST	OC	NW	454	1894
1	LYTHAM ST ANNE'S	0-4-0ST	OC	P	2111	1949
-		0-6-0ST	IC	RSHN	7086	1943
-		4wVBT	VCG	S	9370	1947
D4	(44004)					
	GREAT GABLE	1Co-Co1DE		Derby		1959
(D40)	45133	1Co-Co1DE		Derby		1961
(D)182	46045 (97404)	1Co-Co1DE		Derby		1962
212	(40012) AUREOL	1Co-Co1DE		_(EE	2668	1959
				(VF	D429	1959
(D407)	50007	Co-CoDE		_(EE	3777	1968
	SIR EDWARD ELGAR			(VF	D1148	1968
D1500	(47401) 401					
	NORTH EASTERN	Co-CoDE		BT	342	1962
(D1516)	47417	Co-CoDE		BT	358	1963
D2138		0-6-0DM		Sdn		1960
(D3757)	08590	0-6-0DE		Crewe		1959
(D5526)	31108	A1A-A1ADE		BT	125	1959
(D5580)	31162	A1A-A1ADE		BT	180	1960
(D6890)	37190 DALZELL	Co-CoDE		_(EE	3368	1964
				(RSH	8411	1964
D7671	(25321)	Bo-BoDE		Derby		1967
D8001	(20001)	Bo-BoDE		_(EE	2348	1957
				(VF	D376	1957
(D8305)	20205	Bo-BoDE		_(EE	3686	1967
				(VF	D1081	1967

(D8327)	20227		Bo-BoDE	_(EE 3685	1968
	TRACTION			(VF D1080	1968
(D9015)	55015 TULYAR		Co-CoDE	_(EE 2920	1961
				(VF D572	1961
12077			0-6-0DE	Derby	1950
27000	ELECTRA		Co-CoWE	Gorton 1065	1954
89001	AVOCET		Co-CoWE	_(Crewe	1986
				(BT 875	1986
E50019			2-2w-2w-2DMR	Derby C&W	1956
E50416	(DB 975005)		2-2w-2w-2DMR	Wkm 7346	1957
M55966	(M51591)		2-2w-2w-2DHR	Derby C&W	1959
M51591	(M55976)		2-2w-2w-2DHR	Derby C&W	1959
No.2			0-4-0DH	AB 416	1957
EMFOUR No.9			0-6-0DM	HC D1114	1958
No.20			0-6-0DM	HC D1121	1958
No.77	ANDY		0-4-0DM	JF 16038	1923
-			2-2wDM	Mercury 5337	1927
-			4wDM	MR 460	1918
-			4wDM	MR 2024	1920
-			0-4-0DE	RH 384139	1955
PWM 3949			2w-2PMR	Wkm 6934	1955
DX 68062					
(TR34 DB 965566	PT52P)		2w-2PMR	Wkm 8272	1959

Gauge : 3'0".

HANDYMAN	0-4-0ST	OC	HC 573	1900

Gauge : 2'6".

HT2	4wDHF	HE 7328	1973
3	4wDMF	RH 480680	1963

Gauge : 75cm.

-	0-6-0WT	OC	CHR (1983	1949)
-	0-6-0WT	OC	CHR 3326	1954

Gauge : 2'4".

-	0-6-0DMF	HC

Gauge : 2'1".

2 KESTREL	0-6-0DMF	HC DM647	1954

Gauge : 2'0".   Golden Valley Light Railway.

2	0-4-0WT	OC	OK 7529	1914
NG 24	4wBE		BD 3703	1973
	Rebuilt		AB	1986
10249	4wDM		Dtz 10249	1932
-	0-6-0DMF		HC DM1117	1957

H85		4wDM	HE	7178	1971
-		4wDM	L	3742	1931
		Rebuilt F.M.B.Engineering 1993			+
1		4wDM	LB	53726	1963
-		4wDM	MR	5906	1934
15		4wDM	MR	11246	1963
CAMPBELL BRICKWORKS No.1					
		4wDM	MR	60S364	1968
-		4wDM	OK	5125	1935
No.5		4wDM	OK	7728	1938
1		4wDMF	RH	480678	1961
U 168		4wDM	SMH	40SD529	1984
-		0-4-0BE	WR		

+ Currently under restoration elsewhere

Gauge : 1'9".

-	4-6-2DH	S/O	HC	D611	1938
6203 PRINCESS ELIZABETH	4-6-2DH	S/O	HC	D612	1938

NATIONAL STONE CENTRE, PORTER LANE, WIRKSWORTH
Gauge : 4'8½".   (SK 286553)

-		0-4-0DH	SCW		1960
	Rebuild of	0-4-0ST OC	AE	1913	1923

THE NATIONAL TRAMWAY MUSEUM
Clay Cross Store, Hepthorne Lane, Clay Cross
Gauge : Metre.   (SK 402652)

-	4wDM	RH	373363	1954

Crich, near Matlock
Gauge : 4'8½".   (SK 345549)

47	JOHN BULL	0-4-0VBTram	BP	2464	1885	
-		4wWE	EE	717	1927	
	RUPERT	4wDM	RH	223741	1944	+
G.M.J.		4wDM	RH	326058	1952	a

+ Rebuilt T.M.S. 1964 from 60cm gauge
a Rebuilt T.M.S. 1969 from 3'3" gauge

Gauge : 1'3".

46		0-4-0VBTram	OC	Pritchard	1941

PARK HALL LEISURE (DERBYSHIRE) LTD, THE AMERICAN ADVENTURE
SHIPLEY, near ILKESTON
Gauge : 1'3".   (SK 442444)

No.1		2-6-0DH	S/O	SLRG 11-86 1986
GENERAL GEORGE A.CUSTER	2-6-0DH	S/O	SL 76.3.88 1988

PEAK DISTRICT MINES HISTORICAL SOCIETY
Cliff Quarry, Crich
Gauge : 2'0".   (SK 342554)

4	4wBE	WR	3492 1946

Temple Mine, Temple Road, Matlock Bath
Gauge : 1'5".   (SK 292581)

-	4wBE	GB	1445 1936

PEAK RAIL LTD
Locos are kept at :-
     Darley Dale   (SK 274626)
     Matlock Station   (SK 296603)
Gauge : 4'8½".

48624		2-8-0	OC	Afd	1943
	WARRINGTON	0-6-0ST	IC	RSH	7136 1944
		Rebuilt		HE	3892 1969
	VULCAN	0-4-0ST	OC	VF	1828 1902
	THE DUKE	0-6-0ST	IC	WB	2746 1944
D8	(44008) PENYGHENT	1Co-Co1DE		Derby	1959
(D86)	45105	1Co-Co1DE		Crewe	1961
(D99)	45135				
	3RD CARABINIER	1Co-Co1DE		Crewe	1961
D100	(45060)				
	SHERWOOD FORESTER	1Co-Co1DE		Crewe	1961
D2128		0-6-0DM		Sdn	1960
D3429	(08359)	0-6-0DE		Crewe	1958
(D5311)	26011	Bo-BoDE		BRCW DEL56 1959
D5705	(TDB 968006)	Co-BoDE		MV	1958
(D8048)	(20048)	Bo-BoDE		_(EE	2770 1959
33				(VF	D495 1959
51566		2-2w-2w-2DMR	Derby C&W	1959
W51933	LO 618	2-2w-2w-2DMR	Derby C&W	1960
(51937)	977806 LO 905	2-2w-2w-2DMR	Derby C&W	1960
53933		2-2w-2w-2DMR	Derby C&W	1959
53987	LO 290	2-2w-2w-2DMR	Derby C&W	1960
	(CYNTHIA)	4wDM		RH	412431 1957
DB 6	TR6	2w-2PMR		Wkm	6901 1954

P SIDDINGTON, (20, ALVASTON ROAD, DERBY ?)
Gauge : 2'0".   (   )

- 4wPM Bg 2095 1936

STEEPLE GRANGE LIGHT RAILWAY, STEEPLEHOUSE JUNCTION, WIRKSWORTH
Gauge : 1'6".   (SK 288554)

6A	4wBE	GB	2493	1946
-	4wBE	GB	6061	1961
-	4wPM	SGLR		1988

UNICON PROPERTIES LTD, CANAL STREET, WHALEY BRIDGE
Gauge : 4'8½".   (SK 013818)

- 0-4-0VBT OC Cockerill 3083 1924

Locomotives occasionally present for restoration/overhaul, etc.

DEVON

INDUSTRIAL SITES

CAMAS AGGREGATES LTD, MELDON QUARRY, near OKEHAMPTON
Gauge : 4'8½".   (SX 568927)

(D4167) 08937   0-6-0DE   Dar   1962

ESSO BITUMEN, CATTEWATER, PLYMOUTH
Gauge : 4'8½".   (SX 492535)

| - | 0-6-0DH | HC | D1373 | 1965 |
| - | 4wDH | RR | 10199 | 1964 |

MINISTRY OF DEFENCE, NAVY DEPARTMENT
Devonport Dockyard   (Operated by Devonport Management Ltd)
Gauge : 4'8½".   (SX 449558)

249	YARD No.10433	0-4-0DM	_(VF	5258	1945
			(DC	2177	1945
			(YEC	L121	1993
230	YARD No.10432	0-4-0DM	_(VF	5265	1945
			(DC	2184	1945
			(YEC	L120	1993

Royal Naval Armament Depot, Ernesettle
Gauge : 4'8½".   (SX 45x60x)

```
52 RN 33
YARD No.90202 16.471      4wDM R/R Unimog 406121 10 029450        +
52 RN 35
YARD No.90203 16.470      4wDM R/R Unimog 406121 10 029447
```

   + Normally kept at Bull Point

PRESERVATION SITES

BICTON WOODLAND RAILWAY, BICTON GARDENS, EAST BUDLEIGH
Gauge : 1'6".   (SY 074862)

```
        WOOLWICH        0-4-0T    OC   AE    1748 1916
B.W.R. 4 BICTON         4wDM           RH  213839 1942
B.W.R. 3 CARNEGIE       0-4-4-0DM      HE    4524 1954
LOD/758235  BUDLEY      4wDM           RH  235624 1945   OOU
        CLINTON         4wDM           HE    2290 1941
```

C. BURGES, EXETER & TEIGN VALLEY RAILWAY,
G.W.R.(CHRISTOW), SHELDON LANE, DODDISCOMBSLEIGH, EXETER
Gauge : 4'8½".   (   )

```
        THOMAS          0-4-0DM        _(VF   D98 1949
                                        (DC  2269 1949
```

'BYGONES' VICTORIAN EXHIBITION STREET AND RAILWAY MUSEUM,
FORE STREET, ST MARYCHURCH, TORQUAY
Gauge : 4'8½".   (SX 922658)

```
No.5  PATRICIA          0-4-0ST   OC   HC    1632 1929
```

COMBE MARTIN WILDLIFE PARK, COMBE MARTIN, near ILFRACOMBE
Gauge : 1'3".   (   )

```
        -               2-8-0PH   S/O  SL  70.5.87 1987
```

COUNTRY LIFE MUSEUM, SANDY BAY HOLIDAY CENTRE, near EXMOUTH
Gauge : 1'6".   (SY 035808)

```
        -               4-2-2     OC   Regent St    1898
SIR FRANCIS DRAKE       4-6-0     OC   DJ. Scarrott 1987
```

EXMOOR STEAM RAILWAY, CAPE OF GOOD HOPE FARM, BRATTON FLEMING
Gauge : 2'0".   (SS 662383)

109		2-6-2 + 2-6-2T	4C	BP	6919	1939

Gauge : 1'3".

No.2	WORKHORSE	4wDM		MR 26014	1967

G.W. GLOVER, UPTON PYNE, near EXETER
Gauge : 3'0".   (SX 906984)

-		4wDM	JF 3930048 1951

C. GROVE, BERE FERRERS STATION
Gauge : 4'8½".   (SX 452635)

-		0-4-0ST	OC	P	1963 1938
ND 6438		0-4-0DM		HE	2642 1941
-		0-4-0DM		HE	3133 1944
-		0-4-0DM		HE	3395 1946

LYNTON & BARNSTAPLE RAILWAY ASSOCIATION,
c/o Tanners Garage, Landkey
Gauge : 2'0".   (SS 596314)

-		0-6-0T	OC	KS	2451 1915
	CAFFYNS	4wDM		RH	183773 1937
	SNAPPER	4wDM		RH	283871 1950

Locos are not on public display.

Lynbarn Railway,
The Milky Way & The North Devon Bird of Prey Centre,
Downland Farm, near Clovelly
Gauge : 2'0".   (   )

TIR001		4wDH	S/O	AK	12	1984
02	HAYLEY	0-4-0DM	S/O	Bg	3232	1947
	SMUDGE	4wDM		MR	8729	1941

G.D. MASSEY, 57 SILVER STREET, THORVERTON, EXETER
Gauge : 2'0".   (SS 932018)

-	4wBER	Massey	1967
-	2w-2PM	Massey	1994

THE MORWELLHAM RECREATION COMPANY LTD,
(A DARTINGTON HALL TRUST ENTERPRISE), MORWELLHAM QUAY, near TAVISTOCK
Gauge : 2'0".   (SX 448699)

No.1	S259	GEORGE		4wBE	WR	H7197	1968
No.2	B.E.A. 13	BERTHA		4wBE	WR	6298	1960
No.3	PLANT	5494					
		CHARLOTTE		4wBE	WR	G7124	1967
No.4	LUDO			4wBE	WR	6769	1964
No.5	WILLIAM			4wBE	WR	C6770	1964
No.6	JM 75	MARY		4wBE	WR	5665	1957
No.7	JM 77	HAREWOOD		4wBE	WR	D6800	1964
-				0-4-0BE	WR		
-				4wBE	WR		

Gauge : 1'6".

| S25 | 26 | 0-4-0BE | WR | D6886 | 1964 |

MUSEUM OF DARTMOOR LIFE, OKEHAMPTON
Gauge : 2'6".   (SX 592952)

WD 767138   2w-2PM   Wkm   3284   1943

NATIONAL TRUST, SALTRAM HOUSE, PLYMPTON
Gauge : 4'6".   (SX 521556)

LEE MOOR No.2   0-4-0ST   OC   P   784   1899

PAIGNTON & DARTMOUTH STEAM RAILWAY
Locos are kept at :-
    Churston   (SX 896564)
    Kingswear   (SX 884515)
    Park Siding, Paignton   (SX 889606)
Gauge : 4'8½".

4555			2-6-2T	OC	Sdn		1924
4588			2-6-2T	OC	Sdn		1927
5239	GOLIATH		2-8-0T	OC	Sdn		1924
6435			0-6-0PT	IC	Sdn		1937
7827	LYDHAM MANOR		4-6-0	OC	Sdn		1950
(D402)	50002	SUPERB	Co-CoDE		_(EE	3771	1967
					(VF	D1142	1967
D2192	No.2	ARDENT	0-6-0DM		Sdn		1961
D3014	VOLUNTEER		0-6-0DE		Derby		1952
D7535	(25185)	MERCURY	Bo-BoDE		Derby		1965

(DB 966030)	DB 68200	2w-2DMR	Plasser	419	1975	
(900391)		2w-2PMR	Wkm	671	1932	Dsm
PWM 2210	2	2w-2PMR	Wkm	4127	1946	DsmT
PWM 3290	XR3i TURBO	2w-2PMR	Wkm	4840	1948	DsmT
PWM 2802		2w-2PMR	Wkm	4980	1948	DsmT
PWM 3957	DART VALLEY					
No.4 ANGUS		2w-2PMR	Wkm	6942	1955	

PLYM VALLEY RAILWAY ASSOCIATION, MARSH MILLS, PLYMPTON
Gauge : 4'8½".   (SX 520571)

75079		4-6-0	OC	Sdn		1956	
No.3		0-4-0ST	OC	HL	3597	1926	
(D3002)	11 DULCOTE	0-6-0DE		Derby		1952	
W51365	T304	2-2w-2w-2DMR		Pressed Steel		1959	
W51407	T304	2-2w-2w-2DMR		Pressed Steel		1959	
-		4wDM		FH	3281	1948	
-		4wDH		TH	125V	1963	
-		2w-2PMR		Wkm			
		Rebuilt		PVRA		1989	DsmT
-		2w-2PMR		Wkm			
		Rebuilt		PVRA		1989	DsmT
-		2w-2PMR		Wkm			Dsm
-		2w-2PMR		Wkm			Dsm

W.L.A. PRYOR, LYNTON RAILWAY STATION, STATION HILL, LYNTON
Gauge : 2'0".   (SS 719488)

No.3 BRUNEL 42	4wDM	RH 179880 1936

SEATON & DISTRICT ELECTRIC TRAMWAY CO, COLYTON
Gauge : 2'9".   (SY 253941)

-	4wDM	RH 435398 1959

SOUTH DEVON RAILWAY TRUST, THE PRIMROSE LINE.
Locos are kept at :-
  Buckfastleigh   (SX 747663)
  Staverton Bridge   (SX 785638)
Gauge : 7'0¼".

151 TINY	0-4-0VBWT	VCG	Sara		1868

Gauge : 4'8½".

1369		0-6-0PT	OC	Sdn		1934
2873		2-8-0	OC	Sdn		1918
5526		2-6-2T	OC	Sdn		1928
5786		0-6-0PT	IC	Sdn		1930
(30587)	3298	2-4-0WT	OC	BP	1412	1874

80064		2-6-4T	OC	Bton		1953	
WD 132	SAPPER	0-6-0ST	IC	HE	3163	1964	
		Rebuilt		HE	3885	1964	
68011	ERROL LONSDALE	0-6-0ST	IC	HE	3796	1953	
	GLENDOWER	0-6-0ST	IC	HE	3810	1954	
-		0-6-0ST	IC	K	5474	1934	
	LADY ANGELA	0-4-0ST	OC	P	1690	1926	
1	ASHLEY	0-4-0ST	OC	P	2031	1942	
1		0-6-0T	IC	RSHN	7609	1950	
D3666	(09002)	0-6-0DE		Darl		1959	
D8110	(20110)	Bo-BoDE		_(EE	3016	1961	
				(RSH	8268	1961	
M51592		2-2w-2w-2DHR		Derby C&W		1959	
(M)51604		2-2w-2w-2DHR		Derby C&W		1959	
M.F.P. No.4		0-4-0DM		JF	4210141	1958	
-		0-4-0DH		RH	418793	1957	
-		2w-2PMR		Wkm	946	1933	DsmT
-		2w-2PMR		Wkm	4146	1947	
-		2w-2PMR		Wkm	4149	1947	DsmT
PWM 3767	ADRIAN	2w-2PMR		Wkm	6646	1953	
PWM 3773		2w-2PMR		Wkm	6652	1953	
PWM 3944		2w-2PMR		Wkm	6929	1955	
-		2w-2PMR		Wkm	8198	1958	
-		2w-2PMR		Wkm	11717	1976	+
LO 52		0-6-0DE		YE	2745	1960	

+ Currently in store at Maidstone

TIVERTON MUSEUM SOCIETY,
TIVERTON MUSEUM, ST. ANDREW STREET, TIVERTON
Gauge : 4'8½".   (SS 955124)

1442	0-4-2T	IC	Sdn		1935

DORSET

INDUSTRIAL SITES

MINISTRY OF DEFENCE, ARMY RAILWAY ORGANISATION,
LULWORTH RANGES, EAST LULWORTH
   See Section Five for full details.

POOLE HARBOUR COMMISSIONERS, NEW QUAY, LOWER HAMWORTHY
Gauge : 4'8½".   (SZ 009901)

-	4wDH		TH	173V	1966
	Rebuilt		YEC	L116	1993

SYLVASPRINGS LTD, WATERCRESS GROWERS, DODDINGS FARM, BERE REGIS
Gauge : 1'6".   (SY 852934)

	VITACRESS	4wPH	Jesty	1948

PRESERVATION SITES

AVON CAUSEWAY HOTEL, HURN, near BOURNEMOUTH
Gauge : 4'8½".   (SZ 136976)

	-	0-4-0DM	JF	22871	1939

MICKY FINN RAILWAY, near POOLE
Gauge : 2'0".   (   )

8		4wDM	L	28039	1945
-		4wDM	MR	26007	1964

MOORS VALLEY RAILWAY,
MOORS VALLEY COUNTRY PARK, HORTON ROAD, ASHLEY HEATH, RINGWOOD
Gauge : 2'0".   (SZ 104061)

		-	4wDM	MR	5877	1935
		-	0-4-0DM	OK	21160	1935
	Rebuilt	0-4-0T	OC	Ringwood		1995

SWANAGE RAILWAY SOCIETY
Locos are kept at :-
   Swanage Station   (SZ 026789)
   Swanage Shed   (SZ 028789)
   Herston Railway Works   (SZ 018793)
Gauge : 4'8½".

6695			0-6-2T	IC	AW	983	1928
30053			0-4-4T	IC	9E		1905
34072	257 SQUADRON		4-6-2	3C	Bton		1948
41708			0-6-0T	IC	Derby		1880
80078			2-6-4T	OC	Bton		1954
30075			0-6-0T	OC	Brod	669	1960
47160	CUNARDER		0-6-0T	OC	HE	1690	1931
MARDY No.1			0-6-0ST	OC	P	2150	1954
D3591	(08476)		0-6-0DE		Crewe		1958
(D9521)	14021		0-6-0DH		Sdn		1964
W51919			2-2w-2w-2DMR	Derby C&W			1960
W52048			2-2w-2w-2DMR	Derby C&W			1960
2054	BERYL		4wPM		FH	2054	1938
	MAY		0-4-0DM		JF	4210132	1957
	SWANWORTH		4wDM		RH	518494	1967

TINY TRAMWAY MINEING COMPANY, HAPPY BOTTOM, CORFE MULLEN
Gauge : 2'0".   (SY 997983)

3	LIZZIE		4wDM	Clay Cross		+
		Rebuilt	4wPM		1993	

+ Constructed from parts supplied by Listers, in 1961 or 1973

DURHAM

INDUSTRIAL SITES

BLUE CIRCLE CEMENT, WEARDALE CEMENT WORKS, near EASTGATE
(Division of Blue Circle Industries Plc)
Gauge : 4'8½".   (NY 949384)

-		4wDH	RR	10197	1965	OOU
2		4wDH	RR	10232	1965	

G.M. BROWN LTD, STANHOPEBURN, STANHOPE
Gauge : 2'0".   (   )

-		0-4-0BE	WR	8079	1980	
	Rebuilt	0-4-0DM	GM.Brown		1993	

In store.

CLEVELAND STRUCTURAL ENGINEERING LTD, YARM ROAD, DARLINGTON
(Part of Trafalgar House Construction)
Gauge : 4'8½".   (NZ 320137)   R.T.C.

-	4wDH	TH/S	111C	1961

CROUCH MINING LTD, c/o SHAW BROTHERS, OLD MAINSFORTH COLLIERY SITE, FERRYHILL
Gauge : 4'8½".   (NZ 307316)

MP 342	0-6-0DH	EEV	D924	1966	OOU
-	0-6-0DH	EEV	D1201	1967	OOU
MP 201	0-6-0DH	EEV	D1202	1967	OOU
MP 202	0-6-0DH	EEV	D1230	1969	OOU
-	0-6-0DH	EEV	3994	1970	OOU

CUMBRIA MINING & MINERAL CO, ROGERLEY QUARRY, near STANHOPE
Gauge : 2'0".   (NZ 011381)

-	4wBE	WR	3557	1946	+
-	4wBE	WR	6092	1958	

+ In store at another location

RAISBY QUARRIES LTD, RAISBY HILL QUARRY, GARMONDSWAY, near COXHOE
Gauge : 4'8½".   (NZ 338353)   R.T.C.

M 14		4wDH	S	10077 1961	OOU

WEARDALE FLUORSPAR LTD, FRAZERS GROVE COMPLEX,
ROOKHOPE & CAMBOKEELS WORKSHOPS, EASTGATE, STANHOPE
(Part of Sherburn Stone Co.)
Consists of Groverake Mine (NY 896442) and Frazers Hush Mine (NY 889444), whose workings are linked underground, and Greencleugh Mine (NY 883445).
Locos may be found on the surface at any of these locations.
Cambokeels Mine & Workshops (NY 934383) undertakes overhauls of locos for all the above sites.
Cambokeels is now closed, on a Care & Maintenance Basis.
Gauge : 2'0".   Locos work underground.

2	4wBE	CE	B0475 1975	
-	4wBE	CE	B0495 1975	
1	4wBE	CE	B01502 1977	Dsm
5	4wBE	CE	B1599A 1978	Dsm
7	4wBE	CE	B1854 1979	
1	4wBE	WR		
2	4wBE	WR		
5	4wBE	WR		
6	4wBE	WR		
7	4wBE	WR		
8	4wBE	WR		OOU
-	4wBE	WR		OOU
-	0-4-0BE	WR	M7544 1972	OOU
3	0-4-0BE	WR		OOU
-	0-4-0BE	WR		OOU
-	0-4-0BE	WR		OOU
-	0-4-0BE	WR		OOU
-	0-4-0BE	WR		OOU
-	0-4-0BE	WR		OOU
-	0-4-0BE	WR		OOU
-	0-4-0BE	WR		OOU
-	0-4-0BE	WR		OOU
-	0-4-0BE	WR		
-	0-4-0BE	WR		

All the WR locos, except M7544, are now individually unidentifiable, but locos supplied here and not known to have been disposed of are :-

4wBE - 5299/1955, D6805/1964, 7888R/1975, R7964 & R7965/1977,
S7966, S7967 & S7968/1978, -/(c1936).

0-4-0BE - 7481/1972, N7644/1973, 7728/1976, R7735/1977,
P7846/1975, R7949/1977, T8005, T8007 to T8013/1979.

PRESERVATION SITES

DARLINGTON (NORTH ROAD STATION) RAILWAY MUSEUM SOCIETY,
STATION ROAD, HOPETOWN, DARLINGTON
Gauge : 4'8½".   (NZ 289157)

No.1463		2-4-0	IC	Dar		1885
910		2-4-0	IC	Ghd		1875
17		0-4-0VBT	OC	HW	33	1873
25	DERWENT	0-6-0	OC	Kitching		1845
MET		0-4-0ST	OC	HL	2800	1909
	LOCOMOTION	0-4-0	VC	RS	1	1825
	PATONS	0-4-0F	OC	WB	2898	1948

DARLINGTON RAILWAY PRESERVATION SOCIETY,
STATION ROAD, HOPETOWN, DARLINGTON & c/o WHESSOE LTD, DARLINGTON
Gauge : 4'8½".   (NZ 290157)

78018		2-6-0	OC	Dar		1954
NORTHERN GAS BOARD No.1		0-4-0ST	OC	P	2142	1953
No.39		0-6-0T	OC	RSHD	6947	1938
E51203		2-2w-2w-2DMR		MC		1958
DB 965096		2-2w-2w-2PMR		Wkm	7611	1957
No.1		4wWE		GEC		(1928?)
185	DAVID PAYNE	0-4-0DM		JF	4110006	1950
-		0-4-0DM		JF	4200018	1947
-		4wDM		RH	279591	1949
-		0-4-0DE		RH	312988	1952
2		0-4-0DM		_(RSH	7925	1959
				(DC	2592	1959

Gauge : 1'8".

-		4wDM	RH	375360	1955
-		4wDM	RH	476124	1962
	MOSELEY	4wDM	RH	354013	1953

NORTH OF ENGLAND OPEN AIR MUSEUM, BEAMISH HALL
Gauge : 4'8½".   (NZ 217547)

(65033)	876		0-6-0	IC	Ghd	1889
E No.1			2-4-0VBCT	OC	BH 897	1887
-			0-4-0	VC	Geo Stephenson	1822
L.& H.C. 14			0-4-0ST	OC	HL 3056	1914
-			0-4-0VBT	VC	HW	1871
			Rebuilt		Wilton	1984
-			0-4-0T	OC	Lewin	1863
	LOCOMOTION		0-4-0	VC	Loco EntNo.1	1975
No.3	2320/69	TWIZELL	0-6-0T	IC	RS 2730	1891
-			0-4-0ST	OC	Stockton	1900
-			0-4-0PM		Bg 680	1916
-			4wDM		RH 476140	1963
E2			4wWE		Siemens455	1908

SEDGEFIELD DISTRICT COUNCIL, TIMOTHY HACKWORTH MUSEUM, SOHO WORKS, SHILDON
Gauge : 4'8½".   (NZ 233257)

SANS PAREIL	0-4-0	VC	BRE(S)	1980
(BRADYLL)	0-6-0	OC	Hackworth	1835

WEARDALE RAILWAY PRESERVATION SOCIETY,
c/o WEARDALE STEEL (WOLSINGHAM) LTD, WOLSINGHAM
Gauge : 4'8½".   (NZ 081370)

DB 965080	2w-2PMR	Wkm	7595 1957
-	0-6-0DH	RR	10187 1964
LBS 69 2	0-6-0DH	RR	10188 1964

WHITWORTH HALL, PAGE BANK, near SPENNYMOOR
Gauge : 1'3".   (NZ 235347)

CHOUGH	0-4-0WTT	OC	W.V.O.Heiden	1968
BONNY BOBBY	0-6-2DH	S/O	AK 42	1992

WHORLTON LIDO, WHORLTON, near BARNARD CASTLE
Gauge : 1'3".   (NZ 106146)

WENDY	4-4wDM	CoSi	1972

ESSEX

INDUSTRIAL SITES

A.B.B. CUSTOMER SERVICES LTD, ILFORD DEPOT, ILFORD
Gauge : 4'8½".   (TQ 445869)

(D3689) 08527	0-6-0DE	Dar	1959	
(D3740) 08573	0-6-0DE	Crewe	1959	

BUTTERLEY BUILDING MATERIALS LTD, MILTON HALL ROCHFORD BRICKWORKS,
CHERRY ORCHARD LANE, HAWKWELL, ROCHFORD   (Closed)
Gauge 2'0".   (TQ 859899)

No.1	4wDM	AK	40SD530 1987	OOU
No.2	4wDM	AK	26 1988	OOU
No.3	4wDM	AK	28 1989	OOU
-	4wDM	MR	8614 1941	
-	4wDM	MR	21520 1955	OOU

CARLESS SOLVENTS LTD, HARWICH REFINERY, REFINERY ROAD, PARKESTON, HARWICH
Gauge : 4'8½".   (TM 232323)

No.35	0-4-0F	OC	RSHN 7803 1954	Pvd
-	4wDH	R/R	NNM 73511 1979	
BWC 687F FP 41 CO	4wDM	R/R	S&H/Whc 4001 1966	Dsm

MINISTRY OF DEFENCE, ARMY RAILWAY ORGANISATION, SHOEBURYNESS
ESTABLISHMENT
    See Section Five for full details.

MINISTRY OF DEFENCE, "PROJECT AVOCET",
DEFENCE TEST & EVALUATION ORGANISATION, SHOEBURYNESS
    See Section Five for full details.

MOBIL OIL CO LTD, CORYTON BULK TERMINAL, STANFORD-LE-HOPE
Gauge : 4'8½".   (TQ 746828)

(D3538) 08423 H 011	0-6-0DE	Derby		1958	a
506/1	0-4-0DH	AB	506/1	1969	+
	Rebuilt	AB		1989	
506/2	0-4-0DH	AB	506/2	1969	+
	Rebuilt	AB		1989	
-	0-6-0DH	TH	291V	1980	

  +   Rebuild of AB 506/1965
  a   On hire from R.M.S. Locotec Ltd, West Yorkshire

PROCTOR & GAMBLE LTD, SOAP MANUFACTURERS, WEST THURROCK
Gauge : 4'8½".   (TQ 595773)   R.T.C.

| | 4wDH | TH | 144V | 1964 | OOU |

STENA SEALINK LTD, ENGINEERS YARD, HARWICH HARBOUR
Gauge : 4'8½".   (TM 234324)

| PQ 364 | 4wDH | R/R | NNM 80505 | 1980 |

VAN OMMEREN TANK TERMINAL, OLIVER ROAD, WEST THURROCK
Gauge : 4'8½".   (TQ 578766)

| | 0-6-0DH | RSHD/WB 8343 | 1962 | OOU |

WALKER, WALTON & HANSON (?),
STONDON HALL FARM, ONGAR ROAD, STONDON MASSEY, near ONGAR
Gauge : 4'8½".   (   )

1	0-4-0DH	RH 437362	1960	OOU
2	0-4-0DH	RH 457303	1963	OOU
3	0-4-0DH	RH 512463	1965	OOU
-	0-4-0DE	RH 512842	1965	OOU

PRESERVATION SITES

COLNE VALLEY RAILWAY PRESERVATION SOCIETY LTD,
CASTLE HEDINGHAM STATION, YELDHAM ROAD, CASTLE HEDINGHAM, HALSTEAD
Gauge : 4'8½".   (TL 774362)

45163		4-6-0	OC	AW	1204	1935
-		0-4-0ST	OC	AB	2199	1945
1875	BARRINGTON	0-4-0ST	OC	AE	1875	1921
WD 190		0-6-0ST	IC	HE	3790	1952
No.1		0-4-0ST	OC	HL	3715	1928
No.60	JUPITER	0-6-0ST	IC	RSHN	7671	1950
No.40		0-6-0T	OC	RSHN	7765	1954
72	2235/72	0-6-0ST	IC	VF	5309	1945
D2041		0-6-0DM		Sdn		1959
D2184		0-6-0DM		Sdn		1962
(D5634)	31210	A1A-A1A	DE	BT	234	1960
51151	T 004	2-2w-2w-2DMR		Derby C&W		1958
51347		2-2w-2w-2DMR		Pressed Steel		1959
W79976		4wDMR		AC Cars		1958
E79978		4wDMR		A.C.Cars		1958

3211		0-4-0DM		AB	349	1941	
-		4wDM		FH	3147	1947	
-		4wPM		Lake & Elliot c1924			+
-		4wDM		RH	221639	1943	
-		2w-2PMR		Wkm	1946	1935	

+ Currently under renovation at the Ford Motor Co Ltd, Thameside Technical Training Centre, Dagenham, Essex.

EAST ANGLIAN RAILWAY MUSEUM, CHAPPEL & WAKES COLNE STATION
Gauge : 4'8½".   (TL 898289)

69621	A.J. HILL	0-6-2T	IC	Str		1924	
80151		2-6-4T	OC	Bton		1957	
No.11	STOREFIELD	0-4-0ST	OC	AB	1047	1905	
2350	BELVOIR	0-6-0ST	OC	AB	2350	1954	
	JEFFREY	0-4-0ST	OC	P	2039	1943	
54	PEN GREEN	0-6-0ST	IC	RSHN	7031	1941	
1144	OLWEN	0-4-0ST	OC	RSHN	7058	1942	
	JUBILEE	0-4-0ST	OC	WB	2542	1936	
D2063	(03063)	0-6-0DM		Don		1959	
(D2279)		0-6-0DM		_(RSH	8097	1960	
				(DC	2656	1960	
D3940	08772	0-6-0DE		Derby		1960	
51568		2-2w-2w-2DMR		Derby C&W		1959	
52053	977807	2-2w-2w-2DMR		Derby C&W		1960	
53599	L990	2-2w-2w-2DMR		Derby C&W		1958	
A.M.W.No.144	JOHN PEEL	0-4-0DM		AB	333	1938	
No.23		0-4-0DH		JF	4220039	1965	
-		4wWE		KS	1269	1912	
-		4wPM		MR	2029	1920	
	NITWERK RIDGWAY	4wDM		Thwaites			
-		2w-2PMR		Wkm	1583	1934	DsmT
(PWM 2830)		2w-2PMR		Wkm	5008	1949	
(TR 37)	PWM 2797	2w-2PMR		Wkm	6896	1954	
(RT 960232)		2w-2PMR		Wkm			

GLENDALE FORGE, MONK STREET, near THAXTED
Gauge : 2'0".   (TL 612287)

145	C.P.HUNTINGTON	4w-2-4wPH S/O		
			Chance 76-50145-24 1976	
	ROCKET	0-2-2+4wPH S/O		
			Group 4, B'ham 1970	
-		4wDM	RH	+

+ Either 217973/1942 or 213853/1942

MANGAPPS FARM RAILWAY MUSEUM, SOUTHMINSTER ROAD, BURNHAM-ON-CROUCH
Gauge : 4'8½". (TQ 944980)

E.K.R.No.1 MINNIE		0-6-0ST	OC	FW	358	1878
	BROOKFIELD	0-6-0PT	OC	WB	2613	1940
	DEMELZA	0-6-0ST	OC	WB	3061	1954
D2089 (03089)		0-6-0DM		Don		1960
D2325		0-6-0DM		_(RSH	8184	1961
				(DC	2706	1961
(D2399) 03399		0-6-0DM		Don		1961
22624		2w-2-2-2wRER		GRC		1938
		Rebuilt		GRC		1950
ELLAND No.1						
	AUSTIN WALKER	0-4-0DM		HC	D1153	1959
-		4wDM	R/R	S&H	7502	1966
-		0-6-0DM		_(VF	D78	1948
				(DC	2252	1948
226 B11		0-4-0DM		_(VF	5261	1945
				(DC	2180	1945

ONGAR RAILWAY PRESERVATION GROUP, ONGAR
Gauge : 4'8½". (   )

3906		4w-4wRER		Craven	1960	+
3907		4w-4wRER		Craven	1960	+
	IRIS	0-4-0DM		RH	304470 1951	

+ In store at L.U.L. Hainault Depot

SAIL and STEAM ENGINEERING LTD, BRIGHTLINGSEA
Gauge : 4'8½". (   )

92134		2-10-0	OC	Crewe	1957

SHARPES AUTOS (LONDON) LTD,
GABLES SERVICE STATION, RAWRETH, near RAYLEIGH
Gauge : 4'8½". (TQ 784920)

139 BEATTY		0-4-0ST	OC	HL	3240 1917

SOUTHEND-ON-SEA BOROUGH COUNCIL, SOUTHEND PIER RAILWAY, SOUTHEND-ON-SEA
Gauge : 3'0". (TQ 884850)

SIR JOHN BETJEMAN	A	4w-4wDH		SL	SE4 1986
SIR WILLIAM HEYGATE	B	4w-4wDH		SL	SE4 1986

WICKFORD NARROW GAUGE RAILWAY GROUP, 2A VISTA ROAD, WICKFORD
Gauge : 2'0".   (   )

DOE	3983		4wDM	FH	3983	1962	
	3916		4wPM	L	3916	1931	
No.29	AYALA		4wDM	MR	7374	1939	a
	-		4wDM	MR	8640	1941	Dsm a
	-		4wDM	RH	441951	1960	

a   Loco kept elsewhere

GLOUCESTERSHIRE

INDUSTRIAL SITES

BRITISH WATERWAYS BOARD, SHARPNESS DOCKS
Gauge : 4'8½".   (SO 667023)   R.T.C.

01001	REGD. No.DL1	4wDM	RH	463150	1961	OOU
01002	DL2	0-6-0DM	WB	3151	1962	OOU

THE FIRE SERVICE COLLEGE, MORETON-IN-MARSH
Gauge : 4'8½".   (SP 216329)

(D3937)	08769	0-6-0DE	Derby		1960
(D6530)	33018	Bo-BoDE	BRCW	DEL122	1960

Locos used for static training purposes.

PRESERVATION SITES

M CROFTS, PERRYGROVE RAILWAY, near COLEFORD
Gauge : 1'3".   (   )

SPIRIT OF ADVENTURE	0-6-0T	OC	ESR	295	1993

DEAN FOREST RAILWAY, NORCHARD STEAM CENTRE, LYDNEY, FOREST OF DEAN
Gauge : 4'8½".   (SO 629044)

5521		2-6-2T	OC	Sdn		1927
5541		2-6-2T	OC	Sdn		1928
9681		0-6-0PT	IC	Sdn		1949
2		0-4-0ST	OC	AB	2221	1946
1873	JESSIE	0-6-0ST	IC	HE	1873	1937
WILBERT	REV. W. AWDRY	0-6-0ST	IC	HE	3806	1953

63.000.432	FRED WARRIOR	0-6-0ST	IC	HE	3823	1954
DFR 1	USKMOUTH 1	0-4-0ST	OC	P	2147	1952
(D3308)	08238	0-6-0DE		Dar		1956
51914		2-2w-2w-2DMR		Derby C&W		1960
E50619	(53619) B 962	2-2w-2w-2DMR		Derby C&W		1958
	SIR TREVOR HOLDSWORTH	0-4-0DM		AB	445	1959
-		4wDM		FH	3947	1960
2145	BASIL	0-4-0DM		HE	2145	1940
	DON CORBETT	0-4-0DH		HE	5622	1960
55	4210101	0-4-0DM		JF	4210101	1955
	DESMOND	0-4-0DM		JF	4210127	1957
39	CABOT	0-6-0DH		RR	10218	1965
3		0-4-0DH		S	10142	1962
2		0-4-0DH		S	10165	1964
(DS 3057)		4wPMR		Wkm	4254	1947
(DB 965065)		2w-2PMR		Wkm	7580	1956
(DE 320501)		2w-2PMR		Wkm	7598	1957
No.1	(9045) WILLY SKUNK	2w-2PMR		Wkm	8774	1960

GLOUCESTERSHIRE WARWICKSHIRE RAILWAY SOCIETY

Locos are kept at :-
    Toddington Goods Yard   (SP 049321)
    Winchcombe Station   (SP 026297)
    Winchcombe Station Yard   (SP 025297)
Gauge : 4'8½".

2807		2-8-0	OC	Sdn	2102	1905
6984	OWSDEN HALL	4-6-0	OC	Sdn		1948
35006	PENINSULAR & ORIENTAL S.N. CO					
		4-6-2	3C	Elh		1941
76077		2-6-0	OC	Hor		1956
	ROBERT NELSON No.4	0-6-0ST	IC	HE	1800	1936
	KING GEORGE	0-6-0ST	IC	HE	2409	1942
8	SIR ROBERT PEEL	0-6-0ST	IC	HE	3776	1952
-		0-4-0ST	OC	P	1976	1939
2	BYFIELD	0-6-0ST	OC	WB	2655	1942
(D1693)	47105	Co-CoDE		BT	455	1963
(D2069)	03069	0-6-0DM		Don		1959
D2182		0-6-0DM		Sdn		1962
(D5343)	26043	Bo-BoDE		BRCW	DEL88	1959
D5541	(31123)	A1A-A1ADE		BT	140	1959
(D6915)	37215	Co-CoDE		_(EE	3393	1964
				(VF	D859	1964
(D8137)	20137	Bo-BoDE		_(EE	3608	1966
				(VF	D1007	1966
D9537		0-6-0DH		Sdn		1965
D9539		0-6-0DH		Sdn		1965
D9553	54	0-6-0DH		Sdn		1965
W51950		2-2w-2w-2DMR		Derby C&W		1960
W52062		2-2w-2w-2DMR		Derby C&W		1960

			4wPM			Dowty			a
			-			4wDM	FH	2893	1944
			-			0-6-0DM	HC	D615	1938
			-			0-4-0DM	JF	4210130	1957
			-			0-6-0DH	JF	4240016	1964
(9119)			4wDMR	BD	3708	1975
9127			4wDMR	BD	3743	1976
(TR 13)	PWM 2189		2w-2PMR	Wkm	4166	1948
(TR 23)	B52)	PWM 4313	2w-2PMR	Wkm	7516	1956

a Converted lorry

GREAT WESTERN RAILWAY MUSEUM, ROYAL FOREST OF DEAN, COLEFORD RAILWAY YARD, COLEFORD
Gauge : 4'8½".   (SO 576105)

-	0-4-0ST	OC	P	1893	1936

K. HARDY, BROOK HOUSE GARDEN RAILWAY, BROOK HOUSE, BADGEWORTH, near CHELTENHAM
Gauge : 1'3".   (SO 903193)

BRITISH ELECTRICITY AUTHORITY
E2	4wBE	K.Hardy E2	1992
E3	0-4-0BE	K.Hardy E3	1993

LEA BAILEY MINE, NEWTOWN, near ROSS-ON-WYE
Gauge : 2'6".   (SO 645196)

-	4wDHF	HE	9053	1981	Dsm

Gauge : 2'0".

-	4wDHF	HE	8985	1981
-	4wDHF	HE	8986	1981
-	4wDM	MR	21282	1957

Not yet open to the public.

NATIONAL WATERWAYS MUSEUM, LLANTHONY WAREHOUSE, HISTORIC DOCKS, GLOUCESTER
Gauge : 4'8½".   (SO 827182)

-	0-4-0F	OC	AB	2126	1942

Currently stored and not on public display.

NORTH GLOUCESTERSHIRE RAILWAY CO. LTD, TODDINGTON GOODS YARD
Gauge : 2'0".   (SP 048318)

1091		0-8-0T	OC	Hen	15968	1918
7	JUSTINE	0-4-0WT	OC	Jung	939	1906
-		4-4-0T	OC	WB	2820	1945
NG 25		4wBE		BD	3704	1973
		Rebuilt		AB	6526	1987
	IVAN	4wPM		FH	3317	1948
YARD No.A497	ND 3824	4wDM		HE	6647	1967
2	DFK 538	4wDM		L	34523	1949
3	SPITFIRE	4wPM		MR	7053	1937
6		4wDM		RH	166010	1932
4		4wDM		RH	354028	1953

ROYAL FOREST OF DEAN'S MINING MUSEUM,
CLEARWELL CAVES, CLEARWELL, near COLEFORD, ROYAL FOREST OF DEAN
Gauge : 2'0".   (SO 576085)

68		0-4-0DMF	HC		+
68		0-4-0DMF	HC		+
-		0-4-0BE	WR	L1009 1979	

+   Two of HC DM739/1950, DM924/1955, DM925/1955

R.J. WASHINGTON
Gauge : 2'0".   (SO   )

-	2w-2PM	R.J.Washington	1980

WINCHCOMBE RAILWAY MUSEUM,
23 GLOUCESTER STREET, WINCHCOMBE, near CHELTENHAM
Gauge : 2'0".   (SP 022282)

AMOS	2w-2BE	A.Fox	c1972	Dsm

HAMPSHIRE

INDUSTRIAL SITES

A.W. BIGGS & SON, WATERCRESS GROWERS,
DISTRICT HILL, HURSTBOURNE PRIORS, near WHITCHURCH   (Closed)
Gauge : 60cm.   (SU 446462)

-	2w-2PM	R.Hutchings	OOU

B.P. OIL LTD, HAMBLE OIL TERMINAL
Gauge : 4'8½".   (SU 478065)

      HAMBLE-LE-RICE   0-6-0DH   TH   294V 1981

ENICHEM ELASTOMERS LTD, CHARLESTON ROAD, HARDLEY, HYTHE
Gauge : 4'8½".   (SU 442058)

      -                    4wDM   RH 416568 1957

ESSO PETROLEUM CO LTD, FAWLEY REFINERY
Gauge : 4'8½".   (SU 452046, 453040, 462037)

553	GREENFINCH	0-6-0DH	HE	7542	1978
552	BLUEBIRD	0-6-0DH	HE	8998	1981
641	REDWING	0-6-0DH	HE	8999	1981

F.M.B. ENGINEERING CO LTD,
UNIT 10, SOUTHLANDS, LATCHFORD LANE, OAKHANGER, near BORDON
Gauge : 2'0".   (SU 769345)

-	0-4-2ST OC	KS	2395	1917
-	4wDM	L	42494	1956
-	4wDM	MR	5861	1934
E1	4wBE	RiordanT6664		1967

   New steam locos occasionally under construction.

Gauge : 1'3".

      -                    4wDM   L   37658 1952

MINISTRY OF DEFENCE, ARMY RAILWAY ORGANISATION, MARCHWOOD DEPOT.
   See Section Five for full details.

MINISTRY OF DEFENCE, NAVY DEPARTMENT
Royal Naval Armament Depot, Bedenham, Bridgemary
Gauge : 4'8½".   (SU 593035)   R.T.C.

  No.2 YD No.26654   4wDH   BD   3731 1977   OOU

Royal Naval Armament Depot, Dean Hill
Gauge : 4'8½".   (SU 276266)   R.T.C.

      Also uses M.O.D., A.R.O. locos, see Section 5 for full details.

Gauge : 2'6".

T 0001	ND 10261	4wDM	BD	3751	1980
T 0002	ND 10262	4wDM	BD	3752	1980
T 0003	ND 10260	4wDM	BD	3753	1980
T 0004	ND 10392	4wDM	BD	3755	1982
T 0005	ND 10393	4wDM	BD	3756	1982
P 6495		4wDM	HE	6651	1965
P 6496		4wDM	HE	6652	1965
P 13350		4wDM	HE	6659	1965
P 13351		4wDM	HE	6660	1965
-		4wDM	HE	7495	1977

C. MORGAN & SONS (MOTORS & SPARES) LTD,
FAIR OAK YARD, DUMPERS DROVE, HORTON HEATH, near EASTLEIGH
Gauge : 4'8½".   (SU 498170)

ARMY 222	0-4-0DM	_(VF	5256 1945	OOU
		(DC	2175 1945	

J.H. WELLS & SON, 52 WHITE HART LANE, PORCHESTER
Gauge : 4'8½".   (   )

    Yard with locos for resale or scrap occasionally present.

WESSEX TRAINCARE LTD, EASTLEIGH WORKS, CAMPBELL ROAD, EASTLEIGH
Gauge : 4'8½".   (SU 458179)

(D3816)	08649	0-6-0DE	Hor	1959
(D4015)	08847	0-6-0DE	Hor	1961

PRESERVATION SITES

P. DAVIES, TISTEAD STATION, near ALTON
Gauge : 4'8½".   (   )

WESTMINSTER	0-6-0ST	OC	P	1378	1914

EAST HAYLING LIGHT RAILWAY,
c/o WARNERS HOLIDAY CENTRE, MILL RYTHE, HAYLING ISLAND
Gauge : 2'0".   (   )

JACK	0-4-0DH	S/O	AK	23	1988	
-	4wDM		MR	7199	1937	+

+ Currently under renovation elsewhere

EASTLEIGH RAILWAY PRESERVATION SOCIETY,
B.R.(MAINTAINANCE) LTD., EASTLEIGH WORKS
Gauge : 4'8½". (SU 457185)

(30828)	E828	4-6-0	OC	Elh		1928
D2991		0-6-0DE		RH	480692	1962

MR. FARES, MALLARDS, BUCKLERS HARD, BEAULIEU
Gauge : 60cm. (SZ 414997)

-	4wBE		WR	D6905	1964	OOU

B. GENT
Gauge : 2'0". (   )

-	0-4-0ST	OC	WB	1568	1899	+
-	4wDM		MR	7066	1938	+
No.21	4wPM		MR		c1920	+

+ Stored at a private location

Gauge : 1'6".

-	4wVBT		Jaywick Rly	1939	Dsm

HAMPSHIRE BUILDINGS PRESERVATION TRUST LTD,
CENTRE FOR THE CONSERVATION OF THE BUILT ENVIRONMENT,
BURLESDON BRICKWORKS, COAL PARK LANE, LOWER SWANWICK
Gauge : 2'0". (SU 499098)

AGWI PET	4wPM	MR	4724	1939	
BRAMBLE	4wPM	MR	5226	1930	
-	4wDM	MR	8694	1943	+

+ Currently under renovation at Eastleigh College

HAMPSHIRE NARROW GAUGE RAILWAY SOCIETY,
DURLEY LIGHT RAILWAY, "FOUR WINDS", DURLEY, BISHOPS WALTHAM
Gauge : 2'0". (SU 522173)

	THE FELDBAHN	0-8-0T	OC	Hano	8310	1918
No.2	JOSEPHINE	0-4-2ST	OC	HE	1842	1936
-		4wDM		FH	3787	1956
-		4wDM		OK	4013	1930
	NORDEN	0-4-0DM		OK	20777	1936

Stock dispersed to members' homes, etc.,
pending the formation of a new permanent site.

J. HAY
Gauge : 2'0".   (   )

	4wDM	FH	2306	
	4wPM	MR	6035	1937
	4wDM	SMH	104063G	1976

Stored at a private location.

MARWELL'S WONDERFUL RAILWAY,
MARWELL ZOOLOGICAL PARK, COLDEN COMMON, near WINCHESTER
Gauge : 1'3".   (SU 508216)

PRINCESS ANNE	2-6-0DH	S/O	SL	75.3.87	1987

MID-HANTS RAILWAY PLC, "THE WATERCRESS LINE"
Locos are kept at :-
    New Alresford Station   (SU 588325)
    Ropley Station   (SU 629324)
Gauge : 4'8½".

No.	Name	Wheel	Cyl	Builder	Date
30499		4-6-0	OC	Elh	1920
30506		4-6-0	OC	Elh	1920
31625		2-6-0	OC	Afd	1929
31806		2-6-0	OC	Bton	1926
(31874)	7	2-6-0	OC	Woolwich	1925
34016	BODMIN	4-6-2	3C	Bton	1945
34073	249 SQUADRON	4-6-2	3C	Bton	1948
34105	SWANAGE	4-6-2	3C	Bton	1950
35018	BRITISH INDIA LINE	4-6-2	3C	Elh	1945
41312		2-6-2T	OC	Crewe	1952
73096	MERLIN	4-6-0	OC	Derby	1955
76017		2-6-0	OC	Hor	1953
701 FRANKLIN D. ROOSEVELT		2-8-0	OC	AL 71533	1944
	BARBARA	0-6-0ST	IC	HE 2890	1943
	Rebuilt			HE 3882	1962
1		0-6-0ST	IC	HE 3781	1952
	Rebuilt	0-6-0T	IC		
(D22)	45132	1Co-Co1DE		Derby	1961
D3358	(08288)	0-6-0DE		Derby	1957
D5353	(27007)	Bo-BoDE		BRCW DEL196	1961
4		0-4-0DM		JF 22889	1939
(DS 3319)	"MERCURY"	2w-2PMR		Wkm 6642	1953
5	RLC/009023	2w-2PMR		Wkm 8087	1958
TR22	PWM 4312	2w-2PMR		Wkm 7515	1956

PAULTONS RAILWAY, PAULTONS PARK, OWER, near ROMSEY
Gauge : 1'3". (SU 316167)

-                       2-8-0DH   S/O   SLRG.11.86   1987

D.S. SMITH, THE BUNGALOW, WHITWORTH CRESCENT, BITTERNE, SOUTHAMPTON
Gauge : 4'8½". (SU 439140)

-                       4wPM   MR   5355   1932

Gauge : 1'6".

-                       4-2-2   OC   WB   1425   1893

THE THURSLEY RAILWAY
Gauge : 1'3". (   )

KATIE   0-4-0T   IC   Thursley   1994

WHITE HORSE FERRIES, HYTHE PIER RAILWAY
Gauge : 2'0". (SU 423081)

-                       4wRE   BE   16302 1917
-                       4wRE   BE   16307 1917

HEREFORD & WORCESTER

INDUSTRIAL SITES

HEREFORD & WORCESTER FIRE BRIGADE
Gauge : 4'8½". (   )

E789 FWP   4wDM   R/R   CSE   c1989

ALAN KEEF LTD, LEA LINE, ROSS-ON-WYE
Gauge : 4'8½". (SO 665214)

R.O.F. GLASCOED No.2   0-4-0DH   _(RSHD 8366 1962
    19091   (WB   3211 1962

Gauge : 3'0".

-			2w-2PMR	DC	1495	1927	
		Rebuilt	2w-2DHR	AK		1995	
LM 347			4wDM	SMH 60SL750		1980	Dsm

Gauge : 2'6".

10	4wDH	MR115U094	1970
-	4wDH	SMH 101T019	1979

Gauge : 2'0".

	TAFFY	0-4-0VBT	VC	AK	30	1994	+
	DIANA	0-4-0T	OC	KS	1158	1917	
	WOTO	0-4-0ST	OC	WB	2133	1924	
-		4wDM		AK	2	1976	
	MARY	4wDH		AK	47	1994	
No.6	BRECON	4wDM		MR	7902	1939	
-		4wDM		MR	8875	1944	Dsm
	IVOR	4wDM		MR	8877	1944	
	DIGGER	4wDM		MR	8882	1944	
-		4wDM		MR	8969	1945	Dsm

+ Worksplate is dated 1990

Mono Rail.

-	2a-2DH	AK	M002	1989
-	2a-2DH	AK	M003	1989

PAINTER BROS LTD, ENGINEERS, MORTIMER ROAD, HEREFORD
Gauge : 2'0".   (SO 508413)

-	4wDM	L	40407	1954	
-	4wDM	LB	54181	1964	OOU

SIMMS BIRDS LTD, LONG MARSTON DEPOT
Gauge : 4'8½".   (SP 154458)

-	0-4-0DM	_(VF	5267	1945
		(DC	2205	1945

Also other locos for scrap occasionally present.

WICKHAM RAIL LTD, WICKHAM RAILCAR PARTS & SERVICE CENTRE,
UNIT 6, COURT FARM BUSINESS PARK, BISHOPS FROME
(SO 664483)

Railcars occasionally present for repair.

PRESERVATION SITES

M. DEEM, LAMARO, ECCLES GREEN, NORTON CANON, HEREFORD
Gauge : 1'3".   (SO 387475)

101		2-4wPM	J.Taylor	c1964

R.D. HARRISON, TITLEY JUNCTION STATION, near KINGTON
Gauge : 4'8½".   (   )

THE SHERIFF	4wDM	RH 458961	1962

HEREFORDSHIRE WATERWORKS MUSEUM TRUST,
HEREFORDSHIRE WATERWORKS MUSEUM, BROOMY HILL, HEREFORD
Gauge : 2'0".   (SO 497394)

-	4wDM	LB 52886	1962

K. MATTHEWS, FENCOTE OLD STATION, HATFIELD, near LEOMINSTER
Gauge : 4'8½".   (SO 601589)

TR40	PWM 4314 DB 965565	2w-2PMR	Wkm 7517	1956

C.G. MORRIS, BROMYARD & LINTON LIGHT RAILWAY,
BROADBRIDGE HOUSE, BROMYARD
Gauge : 2'6".   (SO 657548)

-		4wDM	Bg 3406	1953 Dsm

Gauge : 2'0".

	MESOZOIC	0-6-0ST OC	P	1327	1913
-		4wPM	MR	6031	1936
-		4wDM	MR	9382	1948
1		4wDM	MR	9676	1952
2		4wDM	MR	9677	1952
No.7		4wDM	MR	20082	1953
-		4wDM	MR	102G038	1972
-		4wDM	RH	187101	1937
-		4wDM	RH	195849	1939 a
L 10		4wDM	RH	198241	1939
-		4wDM	RH	213848	1942
No.3	NELL GWYNNE	4wDM	RH	229648	1944
No.6	PRINCESS	4wDM	RH	229655	1944
LM 30		4wDM	RH	229656	1944
-		4wDM	RH	246793	1947
	PEARL	4wDM	RH	432648	1959
-		4wDH	RH	437367	1959
-		4wDM	RH	444200	1960

JANET		4wDM	RH 504546	1963
-		2w-2PM	Wkm 3034	1941

a   In use as a generating unit

OWENS BROS MOTORS, THE BUNGALOW, ROTHERWAS
Gauge : 1'3".   (SO 542373)

No.303		0-6-0PM S/O J.Taylor	1967

JOHN QUENTIN
Gauge : 2'6".   (   )

3		0-4-0DM	HE 2011	1939
YARD No.25	ND 6443	10 0-4-0DM	HE 2018	1939
YARD No.B1	ND 6441	0-4-0DM	HE 2021	1939
P 9261		0-4-0DM	HE 2254	1940

Gauge : 2'0".

-	0-6-0WT OC	OK	9239 1921
SIR TOM	0-4-0ST OC	WB	2135 1925
-	0-4-0DMF	HC	DM752 1949
-	0-4-0DMF	HE	3149 1945
-	4wDM	RH	191658 1938
-	4wDM	RH	200512 1940
-	4wDM	RH	237914 1946

J. SELWAY, BRANSFORD, near POWICK
Gauge : 1'6".   (   )

-	4-4-2	OC	Curwen	1951	+

+   Currently in storage in Walsall, West Midlands

SEVERN VALLEY RAILWAY CO LTD, BEWDLEY & ARLEY STATION'S
Gauge : 4'8½".   (SO 793753, 800764)

For details of locos see under Shropshire entry.

STEAM IN HEREFORD LIMITED, (6000 LOCOMOTIVE ASSOCIATION),
BULMER RAILWAY CENTRE, WHITECROSS ROAD, HEREFORD   (Closed)
Gauge : 4'8½".   (SO 505402)

(D2578) 2	CIDER QUEEN	0-6-0DM	HE	6999	1968	a
		Rebuild of	HE	5460	1958	

Centre operated on behalf of H.P. Bulmer Ltd by 6000 Locomotive Association
a   Property of HP. Bulmer Ltd

D. TURNER, "FAIRHAVEN", WYCHBOLD
Gauge : 2'0".   (SO 922660)

-	4wDM	MR	8600	1940

WEST MIDLANDS SAFARI PARK, BEWDLEY
Gauge : 40cm.   (SO 801756, 805755)

-	4-6wRE S/O	Dotto/SL	365.3.91 1991

Gauge : 1'3".

278	RIO GRANDE	2-8-0DH	S/O	SL	15/2/79 1979

A.J. WILKINSON, ROWDEN MILL STATION, near BROMYARD
Gauge : 4'8½".   (SO 627565)

D2371 (03371)		0-6-0DM	Sdn	1958
PWM 2191		2w-2PMR	Wkm	4168 1948
A13W PWM 2801	(TR3)	2w-2PMR	Wkm	6884 1954
B30W PWM 3956		2w-2PMR	Wkm	6941 1955

THE WOOLHOPE LIGHT RAILWAY,
P.J. FORTEY, THE HORNETS NEST, CHECKLEY, MORDIFORD, near HEREFORD
Gauge : 1'3".   (SO 608378)

202	TREVOR	0-6-0PM	S/O	J.Taylor	c1974

HERTFORDSHIRE

INDUSTRIAL SITES

McNICHOLAS CONSTRUCTION CO LTD,
PLANT DEPOT, LISMIRRANE INDUSTRIAL PARK, ELSTREE ROAD, ELSTREE
Gauge : 1'6".   (TQ 166952)

-	2w-2BE	Iso	T42	1973
-	2w-2BE	Iso	T51	1974
-	2w-2BE	Iso	T54	1974
56	2w-2BE	Iso	T56	1974
-	2w-2BE	Iso		
-	2w-2BE	Iso		
-	2w-2BE	Iso		
ML-2-17	4wBH	Tunnequip	c1982	

Locos present in yard between contracts.

PRESERVATION SITES

C. & D. LAWSON, TRING
Gauge : 3'0".   (   )

H 21004		4wDM	HE	7366	1974
-		4wDM	LB	53976	1964
-		4wDM	LB	53977	1964
S 11042 02.05	TANIA	4wDM	RH	432665	1959
S 11210 02.07	SHEEBA	4wDM	RH	466594	1961

Gauge : 2'6".

01		4wDM	HE	7367	1974	
-		4wPM	L	34652	1949	
No.1		4wDM	RH	166045	1933	
No.2	CUCKOO BUSH	4wDM	RH	247178	1947	
No.3		4wDM	RH	297066	1950	
No.4		4wDM	RH	402439	1957	
No.5		4wDM	RH	432654	1959	
No.6		4wDM	RH	224315	1944	
No.7	ELLEN	4wDM	RH	200069	1939	
No.8		4wDM	RH	244559	1946	
9		4wDM	RH	229657	1945	
-		2w-2PM	Wkm	3431	1943	Dsm
-		2w-2PM	Wkm	3578	1944	Dsm

Gauge : 2'0".

-	4wDM	RH	441944	1960	Dsm
-	0-4-0BE	WR	N7639	1973	

Locos are currently stored elsewhere.

M. SAUL, WENGEO LANE, WARE
Gauge : 4'8½".   (TL 346147)

(NEWSTEAD)	0-6-0ST	IC	HE	1589	1929

HUMBERSIDE

INDUSTRIAL SITES

B.P. CHEMICALS INTERNATIONAL LTD, SALT END REFINERY, HULL
Gauge : 4'8½".   (TA 165275)

No.1	MELVIN				
802	PRN 22396	0-6-0DH	HE	7041	1971
No.2	NEVILLE				
800	PRN 30940	0-6-0DH	HE	6971	1968

BRITISH STEEL PLC, SECTIONS, PLATES & COMMERCIAL STEELS
Appleby Coke Ovens
Gauge : 4'8½".   (SE 917108)

5		4wRE	Schalker 10-310-0054	1973
6		4wRE	Schalker 10-310-0055	1973
7		4wRE	Schalker 10-310-8070	1979 +

+ Built under licence by Starco Engineering, Winterton Road, Scunthorpe.

Appleby-Frodingham Works, Scunthorpe
Gauge : 4'8½".   (SE 910110, 913109, 915110, 916105)

1		0-6-0DE	YE	2877	1963	
5		0-6-0DE	YE	2909	1963	
15		0-6-0DE	YE	2901	1963	OOU
16		0-6-0DE	YE	2902	1963	
17		0-6-0DE	YE	2788	1960	
25		0-6-0DE	YE	2936	1964	
29		0-6-0DE	YE	2938	1964	
30		0-6-0DE	YE	2943	1965	
31		0-6-0DE	YE	2903	1963	
34		0-6-0DE	YE	2876	1963	
41		0-6-0DE	YE	2765	1959	OOU
44		0-6-0DE	YE	2768	1960	
45		0-6-0DE	YE	2944	1965	
46	HORNET	0-6-0DE	YE	2945	1965	
47		0-6-0DE	RR	10236	1967	
50		0-6-0DE	RR	10238	1967	
No.51		0-6-0DE	YE	2709	1959	
53		0-6-0DE	YE	2793	1961	
55		0-6-0DE	YE	2690	1959	
70		Bo-BoDE	HE	7281	1972	
71		Bo-BoDE	HE	7282	1972	
72		Bo-BoDE	HE	7283	1972	
73		Bo-BoDE	HE	7284	1972	
74		Bo-BoDE	HE	7285	1972	
75		Bo-BoDE	HE	7286	1972	
76		Bo-BoDE	HE	7287	1973	
77		Bo-BoDE	HE	7288	1973	
78		Bo-BoDE	HE	7289	1973	
79	BIG KEITH	Bo-BoDE	HE	7290	1973	
80		Bo-BoDE	HE	7474	1977	
0714/69/09		4wDH	Donelli 190/80		1980	
-		0-6-0DE	HE	7473	1976	Dsm +

+ Frame used as a snowplough

Blast Furnace Highline, Appleby-Frodingham Works, Scunthorpe
Gauge : 4'8½".   (   )

HL 1	0449-73-01	0-4-0DE	_(BD 3734 1977	
			(GECT5434 1977	
HL 2	0448-73-02	0-4-0DE	_(BD 3735 1977	
			(GECT5435 1977	
No.3	0448/73/03	0-4-0DE	_(BD 3736 1977	
			(GECT5436 1977	
4	0448-73-04	0-4-0DE	_(BD 3737 1977	OOU
			(GECT5437 1977	
No.5	0448-73-05	0-4-0DE	_(BD 3738 1977	
			(GECT5438 1977	
6	0448-73-06	0-4-0DE	_(BD 3739 1977	
			(GECT5439 1977	
HL 7		0-4-0DE	_(BD 3740 1977	
			(GECT5440 1977	

Dawes Lane Coke Ovens, Scunthorpe
Gauge : 4'8½".   (SE 921118)

-		4wWE	GB420383/1 1977
-		4wWE	GB420383/2 1977

WILLIAM BLYTH, FAR INGS TILERIES, BARTON-ON-HUMBER
Gauge : 2'0".   (TA 023233)

IVOR	4wDM	MR	8678 1941

CIBA GRIMSBY, PYEWIPE, GRIMSBY
Gauge : 4'8½".   (TA 251115)   R.T.C.

3793	100-C603		
	COLONEL B	4wDM	HE 5308 1960
		Rebuilt	Resco L107 1981

CONOCO LTD, HUMBER REFINERY, SOUTH KILLINGHOLME
Gauge : 4'8½".   (TA 163168)

-	0-4-0DH	HE	6981 1968
EARL OF YARBOROUGH	6wDH	RFSK	V336 1991
-	0-6-0DH	TH	312V 1984

CROXTON & GARRY LTD. MELTON DEPOT, MELTON, near HULL
Gauge : 4'8½".   (SE 965258)

-	0-6-0DH	JF	4240017 1966
-	0-4-0DH	RH	513139 1967

FABER PREST PORTS LTD, FLIXBOROUGH
Gauge : 4'8½".   (SE 859147)

(D8107 20107)	H 010	Bo-BoDE	_(RSH	8265	1961
			(EE	3013	1961
HL 1009 IBURNDALE		0-6-0DE	YE	2725	1958 a

   a   Hire loco, property of R.M.S. Locotec, Dewsbury, West Yorkshire

GRANT LYON EAGRE LTD, B.S.C. APPLEBY-FRODINGHAM WORKS, SCUNTHORPE
(A Division of British Steel Plc, Track Products)
Gauge : 4'8½".   (SE 925092)

No.2	714/24	0714/78/06	4wDM	Robel 21.12 RN5 1973
No.3	714/22	0714/78/05	4wDM	Robel 54.12-56-RT1 1966
No.4	714/26	0714/78/07	4wDM	Robel 54.12-56-RW3 1974
5	0714/69/29		4wDM	Robel 54.12-56-AA169 1978

GRANT LYON EAGRE LTD,
CIVIL ENGINEERS, PLANT DEPOT, SCOTTER ROAD, SCUNTHORPE
(A Division of British Steel Plc, Track Products)
Gauge : 4'8½".   (SE 871114)

-	4wD		Donelli		
-	4wDM		RH	200793	1940
-	4wDM		RH	294269	1951
STAYTHORPE No.1B	0-4-0DE		RH	421435	1958
-	0-4-0DE		RH	425478	1959
CE 9604 7	4wDM		Robel		
-	4wDH	R/R	S&H	7510	1967
-	4wDM	R/R	S&H	7512	1972

   Locos present in yard between contracts.

HUMBERSIDE SEA AND LAND SERVICES LTD, ROYAL DOCK WEST, GRIMSBY
Gauge : 4'8½".   (TA 274107)

(D4039 08871)	0-6-0DE	Dar	1960

HYDRO AGRI UK, IMMINGHAM DOCKS, IMMINGHAM
Gauge : 4'8½".   (TA 200157)

50 GC 8	0-6-0DH	RR	10267	1967
	Rebuilt	RFSK		1990

LEVINGTON HORTICULTURE,
BRITISH MOSS PEAT WORKS, SWINEFLEET, near GOOLE
Gauge : 3'0".   (SE 719182, 752166, 768168)

02-09	S11048	S27	4wDM	Fisons	c1986 OOU	a
H25	H/A/No.00789	H 11023	4wDM	MR 40S302	1967	b
S21	S/A/No.05157					
	THE THOMAS BUCK		4wDH	Schöma 5220	1991	
	-		4wDH	Schöma 5221	1991	+
S26			4wDM	SMH 40SD507	1978	

+ Slave unit for use with 5220
a Rebuilt from Diema 3543/1974 and Fisons 1976, including both frames
b Carries worksplate MR 40S378

LINDSEY OIL REFINERY LTD, KILLINGHOLME REFINERY
Gauge : 4'8½".   (TA 160176)

BEAVER	0-6-0DH	AB	630	1978
BADGER	0-6-0DH	AB	658	1980
PANDA	B-BDH	HAB	776	1991
SPRINGBOK	4wDH	TH	212V	1969

NEW HOLLAND BULK SERVICES LTD, OLD FERRY TERMINAL, NEW HOLLAND
Gauge : 4'8½".   (TA 082243)   R.T.C.

-	0-6-0DH	S	10166	1963	OOU

SIMON STORAGE, IMMINGHAM WEST TERMINAL, WEST SIDE, IMMINGHAM
Gauge : 4'8½".   (TA 195167)

45	TMC	4wDH	R/R	NNM 83506	1984

TIOXIDE EUROPE LTD, PYEWIPE WORKS, GRIMSBY
Gauge : 4'8½".   (TA 254113)

4	DEREK	0-4-0DM	RH 375713	1954
6		0-4-0DM	RH 414303	1957
7		4wDM	RH 421418	1958

WANSFORD TROUT FARM, near DRIFFIELD
Gauge : 2'0".   (TA 051568)

-	2w-2PH	?Denmark	
-	4wPH	?Denmark	
-	4wPH	?Denmark	DsmT
-	4wDH	?Driffield	

PRESERVATION SITES

APPLEBY-FRODINGHAM RAILWAY PRESERVATION SOCIETY,
c/o BRITISH STEEL PLC, APPLEBY-FRODINGHAM WORKS, SCUNTHORPE
Gauge : 4'8½".   (SE 913109)

Tkh 3138	HUTNIK A11	0-6-0T	OC	CHR	3138	1954	+
STAYTHORPE 5A		0-4-0DE		RH	420137	1958	
	ARNOLD MACHIN	0-6-0DE		YE	2661	1958	
54		0-6-0DE		YE	2908	1963	

+ Carries plate CHR 3140 in error

CLEETHORPES COAST LIGHT RAILWAY LTD,
LAKESIDE STATION, KINGS ROAD, CLEETHORPES
Gauge : 1'3".   (TA 321073)

	HAIGH HALL	2-4-2	OC	Guest	c1955		b
4	SIAN	2-4-2	OC	Guest	1963		a
No.1		0-4-0STT	OC	K Hardy	01	1991	
	BLUE PACIFIC	4-6-2VB	OC	NL Guinness	c1935		
-		4wVBT	VCG	T.Stanhope	c1987		+
E1	NUCLEAR ELECTRIC	4wBE		K.Hardy	E1	1992	
No.5	ARNOLD J RIMMER	4wDM		L	26366	1944	
No.3	SIR BARNES WALLIS	4-4wDM		Minirail		1954	
No.1	KONIGSWINTER	2-8-0GasH S/O	SL		7217	1972	
		Rebuilt		CCR	1492	1992	
-		4wDM		T.Stanhope	c1977		
-		2w-2PM		J.Taylor		1976	Dsm

+ Not yet completed
a Carries plate Guest 18/1963
b Carries plate Guest 14/1954

R. DALE, HAWERBY HALL FARM, WOLD NEWTON, near LOUTH
Gauge : 2'0".   (TF 256982)

-		4wDM	MR	9264	1947

HULL CITY MUSEUM & ART GALLERIES,
'STREETLIFE', HULL MUSEUM OF TRANSPORT, 40 HIGH STREET, HULL
Gauge : 3'0".   (TA 103287)

1		0-4-0Tram	OC	K	T56	1882

Humberside

HUMBERSIDE LOCOMOTIVE PRESERVATION GROUP, c/o TILCON DEPOT, HULL
Gauge : 4'8½".   (TA   )

30777	SIR LAMIEL	4-6-0	OC	NBH 23223	1925
42859		2-6-0	OC	Crewe 5981	1930
(D123)	45125	1Co-Co1DE		Crewe	1961
-		4wDM		RH 275881	1949
17/502		4wDH		TH 265V	1976

MUSEUM OF ARMY TRANSPORT, FLEMINGATE, BEVERLEY
Gauge : 4'8½".   (TA 041392)

	WOOLMER	0-6-0ST	OC	AE 1572	1910
	GAZELLE	0-4-2WT	IC	Dodman	1893
ARMY 92	WAGGONER	0-6-0ST	IC	HE 3792	1953
	RORKE'S DRIFT	0-4-0DM		_(EE 874	1934
				(DC 2047	1934
ARMY 110	A2 EQ	4wDM		RH 411319	1958
ARMY 9035		2w-2PMR		Wkm 8195	1958

Gauge : 2'6".

| WD 767139 | 2w-2PM | Wkm 3282 1943 |

Gauge : 60cm.

WD 2182		4wPM	MR 461 1917
LOD 758009	DOLLY PARTON	4wDM	MR 8641 1941
LOD 758228	No.4	4wDM	MR 8667 1941
LOD 758220	BLACK BARRON	4wDM	MR 8745 1942
LOD 758028	LO 3009	4wDM	MR 8855 1943
LOD 758263	AD 41 LYDDIA	4wDM	RH 191646 1938
RTT/767182		2w-2PM	Wkm 2522 1938

Gauge : 2'0".

| 2 | 4wPM | MR   3849 1927 |

PLEASURE ISLAND, CLEETHORPES
Gauge : 60cm.   (TA 323065)

| 1 | ANNABEL | 4-4-0DH | S/O | SL495.10.92 1992 |

ISLE OF MAN

INDUSTRIAL SITES

CIVIL AVIATION AUTHORITY, LAXEY
Gauge : 3'6".   (SC 432847)

-	4wDMR	Wkm 10956	1976
-	4wDHR	WkmR11730	1991

PRESERVATION SITES

J. EDWARDS, BALLAKILLINGAN HOUSE, CHURCHTOWN, near RAMSEY
Gauge : 3'0".   (SC 425945)

| No.14 | THORNHILL | 2-4-0T | OC | BP | 2028 | 1880 | |

GROUDLE GLEN RAILWAY LTD, LHEN COAN, GROUDLE GLEN
Gauge : 2'0".   (SC 418786)

9	JACK	0-4-0T	OC	AB	1871	1925
	SEA LION	2-4-0T	OC	WB	1484	1896
		Rebuilt		BNFL		1987
No.1	DOLPHIN	4wDM		HE	4394	1952
No.2	WALRUS	4wDM		HE	4395	1952

ISLE OF MAN RAILWAY SOCIETY, CASTLETOWN GOODS YARD
Gauge : 3'0".   (SC 268680)

| No.7 | TYNWALD | 2-4-0T | OC | BP | 2038 | 1880 | Dsm |

ISLE OF MAN RAILWAYS, DEPARTMENT OF TOURISM & TRANSPORT
Isle of Man Steam Railway
Locos are kept at :-
    Douglas   (SC 374754, 375755)
    Laxey Car Shed   (SC 434843)
    Port Erin   (SC 198689)
Gauge : 3'0".

No.4	LOCH	2-4-0T	OC	BP	1416	1874		
No.4	15 CALEDONIA	0-6-0T	OC	D	2178	1885		
No.5	(MONA)	2-4-0T	OC	BP	1417	1874	OOU	+
No.6	PEVERIL	2-4-0T	OC	BP	1524	1875	OOU	
No.8	(FENELLA)	2-4-0T	OC	BP	3610	1894	OOU	+

No.10	G.H. WOOD	2-4-0T	OC	BP	4662	1905	
No.11	MAITLAND	2-4-0T	OC	BP	4663	1905	
No.12	HUTCHINSON	2-4-0T	OC	BP	5126	1908	
No.13	KISSACK	2-4-0T	OC	BP	5382	1910	OOU
No.17	VIKING	4wDH		Schöma	2086	1958	
19		0-4-0+4DMR		WkB/Dundalk		1950	
20		0-4-0+4DMR		WkB/Dundalk		1951	
-		4wDM		MR	22021	1959	OOU
-		2w-2PMR		Wkm	5763	1950	
No.2		2w-2PMR		Wkm	7442	1956	OOU

+ In store for Isle of Man Railway Society

Manx Electric Railway
Locos are kept at :
    Derby Castle Car Workshops, Douglas (SC 396774)
    Ramsey Electric Railway Museum,
    Ramsey Station   (Closed)   (SC 454943)
Gauge : 3'0".

| - | | 4wPM | S/O | FH | 2027 | 1937 | |
| No.23 DR. R. PRESTON HENDRY | | 4w-4wWE | | IOMT | | 1900 | + |

+ Sometimes mounted on tram bogies and used as required over length of Manx Electric Railway. At other times stored on unmotorised bogies.

Port Erin Railway Museum, Strand Road, Port Erin
Gauge : 3'0". (SC 198689)

No.1	SUTHERLAND	2-4-0T	OC	BP	1253	1873
No.9	DOUGLAS	2-4-0T	OC	BP	3815	1896
	MANNIN	2-4-0T	OC	BP	6296	1926

Snaefell Mountain Railway, Laxey
Gauge : 3'6". (SC 432847)

| - | 4wPMR | Wkm | 5864 | 1951 | OOU |

A. LAMBERTON, LAXEY FLOUR MILLS,
THE VILLAGE WORKSHOP, CABINET MAKERS, LAXEY
Gauge : 2'0". (SC 432843)

| MARGARET | 0-4-0ST | OC | HE | 605 | 1894 |

ISLE OF WIGHT

PRESERVATION SITES

ISLE OF WIGHT RAILWAY CO LTD,
ISLE OF WIGHT STEAM RAILWAY, HAVENSTREET STATION
Gauge : 4'8½".   (SZ 556898)

(32640)	W	(NEWPORT)					
IWC 11			0-6-0T	IC	Bton		1878
(32646)	W8	FRESHWATER	0-6-0T	IC	Bton		1876
W24	CALBOURNE		0-4-4T	IC	9E	341	1891
38	AJAX		0-6-0T	OC	AB	1605	1918
ARMY 198							
	ROYAL ENGINEER		0-6-0ST	OC	HE	3798	1953
37	INVINCIBLE		0-4-0ST	OC	HL	3135	1915
D2059	(03059)	EDWARD	0-6-0DM		Don		1959
D2554	(05001)		0-6-0DM		HE	4870	1956
ARMY 235			0-4-0DM		AB	371	1945
-			4wDMR		Bg/DC	1647	1927 Dsm
DS 3320 PWM 3766			2w-2PMR		Wkm	6645	1953

YAFFORD MILL RAILWAY, BRIGHTSTONE, near NEWPORT
Gauge : 2'6".   (SZ 446822)

HUNDAY	0-4-0DM	HE	2250	1940
-	0-4-0DM	HE	2252	1940

KENT

INDUSTRIAL SITES

BALFOUR BEATTY CONSTRUCTION LTD,
PLANT DIVISION, LITTLEBROOK COMPLEX, MANOR WAY, DARTFORD
Gauge : 2'0".   (   )

-	4wBE	CE	B0997A	1977
	Rebuilt	CE	B3903	1992

Loco present in yard between contracts

BALFOUR BEATTY TRACKWORKS,
CHANNEL TUNNEL CONTRACT, DOLLAND MOOR AND NEWINGTON SITES
Gauge : 4'8½".   (TR 179371, 191373)

1		4wDM	R/R	Unimog	1991
52	H868 ARB	4wDM	R/R	Unimog	c1991
53		4wDM	R/R	Unimog	c1991

B.P. OIL REFINERY LTD, BITUMEN TERMINAL, ISLE OF GRAIN, ROCHESTER
Gauge : 4'8½".   (TQ 864761)

No.24	F-35	0-6-0DH	HE	6950	1967
	KENTISH MAID	0-6-0DH	TH	295V	1981

CARGO TRANSIT SERVICES LTD, TOWER WHARF, NORTHFLEET
Gauge : 4'8½".   (TQ 612752)

-		2w-2BER	PWR	BO598W.01 1993

CO-STEEL SHEERNESS PLC, SHEERNESS, ISLE OF SHEPPEY
Gauge : 4'8½".   (TQ 912747)

(D3286 08216)	2	0-6-0DE	Derby	1956	Dsm	
(D3763 08596)	006					
LOCO No.19		0-6-0DE	Derby	1959		+
(D4042 08874)	005	0-6-0DE	Dar	1960		+

+   Hire loco; property of R.F.S. Engineering.

CROXTON & GARRY LTD, SWANSCOMBE WORKS
Gauge : 4'8½".   (TQ 601749)

No.5	4wDH	S	10020	1959	OOU

DEPARTMENT OF THE ENVIRONMENT, LYDD GUN RANGES, LYDD, ROMNEY MARSH
Gauge : 60cm.   (TR 033198)

RTT/767149		2w-2PM	Wkm	3151 1942	OOU
RTT/767150		2w-2PM	Wkm	3152 c1943	OOU
RTT/767151	2	2w-2PM	Wkm	3153 c1943	OOU
RTT/767152		2w-2PM	Wkm	3154 c1943	Dsm
(RTT/767153)		2w-2PM	Wkm	3155 c1943	OOU
RTT/767154		2w-2PM	Wkm	3156 c1943	OOU
RTT/767155		2w-2PM	Wkm	3157 c1943	Dsm
RTT/767156		2w-2PM	Wkm	3158 c1943	OOU
RTT/767157		2w-2PM	Wkm	3159 c1943	Dsm
RTT/767158		2w-2PM	Wkm	3160 c1943	OOU
RTT/767159		2w-2PM	Wkm	3161 c1943	OOU
RTT/767160		2w-2PM	Wkm	3162 c1943	OOU

RTT/767161		2w-2PM	Wkm	3234 1943	Dsm
RTT/767162		2w-2PM	Wkm	3235 1943	OOU
RTT/767163		2w-2PM	Wkm	3236 1943	OOU
RTT/767164		2w-2PM	Wkm	3237 1943	Dsm
RTT/767165		2w-2PM	Wkm	3238 1943	OOU
RTT/767166		2w-2PM	Wkm	3239 1943	Dsm
RTT/767167		2w-2PM	Wkm	3240 1943	OOU
RTT/767169		2w-2PM	Wkm	3242 1943	OOU
RTT/767170		2w-2PM	Wkm	3243 1943	Dsm
RTT/767171		2w-2PM	Wkm	3163c1943	OOU
RTT/767172		2w-2PM	Wkm	3164c1943	OOU
RTT/767173		2w-2PM	Wkm	3165c1943	OOU
RTT/767174		2w-2PM	Wkm	3166c1943	OOU
RTT/767175		2w-2PM	Wkm	3167c1943	OOU
RTT/767176		2w-2PM	Wkm	3168c1943	OOU
RTT/767177		2w-2PM	Wkm	3169c1943	Dsm
RTT/767178		2w-2PM	Wkm	3170c1943	OOU
RTT/767179		2w-2PM	Wkm	3171c1943	Dsm
RTT/767180		2w-2PM	Wkm	3149 1942	OOU
RTT/767181		2w-2PM	Wkm	3150 1942	Dsm
RTT/767184		2w-2PM	Wkm	2555 1939	Dsm
RTT/767189		2w-2PM	Wkm	2561 1939	Dsm
RTT/767190		2w-2PM	Wkm	2562 1939	Dsm
1		2w-2PM	Wkm	11684 1990	
3		2w-2PM	Wkm	11685 1990	
4		2w-2PM	Wkm	11679 1990	
6		2w-2PM	Wkm	11678 1990	
7		2w-2PM	Wkm	11677 1990	

Also uses M.O.D., A.R.O. locos; for full details see Section Five.

EUROTUNNEL, DOLLAND MOOR
Gauge : 4'8½". (   )

0001		Bo-BoD	MAK
0002		Bo-BoD	MAK
0003		Bo-BoD	MAK
0004		Bo-BoD	MAK
0005		Bo-BoD	MAK
0031	FRANCES	4wDH	Schöma 5366 1993
		Incorporates parts of	HE
0032	ELIZABETH	4wDH	Schöma 5367 1993
		Incorporates parts of	HE
0033	SILKE	4wDH	Schöma
		Incorporates parts of	HE
0034	AMANDA	4wDH	Schöma
		Incorporates parts of	HE
0035	MARY	4wWE	Schöma
0036	LAURENCE	4wWE	Schöma
0037	LYDIE	4wWE	Schöma
0038	JENNY	4wWE	Schöma
0039		4wDH	Schöma
0040		4wDH	Schöma

EUROTUNNEL EXHIBITION CENTRE, ST MARTINS PLAIN, FOLKESTONE
Gauge : 900mm.   (TR 185368)

RA38			4wBE/WE	HE	9425 1990	Pvd
RR10			4wDH R/A	HE	9283 1988	
RR17	RKO17	RB 244	4wBE/WE R/A	HE	9454c1989	Pvd
RU013A/B			4w-4wDHR Schöma5079/5080 1990 Pvd			

FOSTER YEOMAN QUARRIES LTD, GRAIN REFINERY SITE, ROCHESTER
Gauge : 4'8½".   (TQ 875743)

(D3817   08650) 55 THOMAS   0-6-0DE   Hor   1959

GROVEHURST (U.K.) PAPER LTD, SITTINGBOURNE WORKS
Gauge : 4'8½".   (TQ 920667)

(D3911   08743)   024   0-6-0DE   Crewe   1960   +

+ Hire loco - property of R.F.S. Engineering

EDMUND NUTTALL LTD, CIVIL ENGINEERS,
CRAYFORD PLANT DEPOT, WALLHOUSE ROAD, SLADE GREEN, ERITH
Gauge : 2'6".   (   )

EN78	4wBE	SIG706.716	1976
EN79	4wBE	SIG706.717	1976

Gauge : 2'0".

052	4wBE	CE	5590/1	1969
053	4wBE	CE	5590/2	1969
064	4wBE	CE	5943	1972
070	4wBE	CE	5949A	1972
067	4wBE	CE	5949C	1972
071	4wBE	CE	5949D	1972
072	4wBE	CE	5949E	1972
068	4wBE	CE	5949G	1972
073	4wBE	CE	B0129	1973

Locos present in yard between contracts

OVERSEAS MINING & ENGINEERING EQUIPMENT LTD,
RANGE ROAD INDUSTRIAL ESTATE, 24-27 RANGE ROAD, HYTHE
(TR 155342)   Second hand locos occasionally present for resale.

QUEENBOROUGH ROLLING MILLS LTD,
QUEENBOROUGH WHARF SCRAPYARD, ISLE OF SHEPPEY
Gauge : 4'8½".   (TQ 896716, 911716, 912719)

870		0-6-0DH	AB	509	1966	
871		0-6-0DH	AB	510	1966	
872		0-6-0DH	AB	511	1966	
873		0-6-0DH	AB	512	1966	
P2981C	ELEMENTARY	0-6-0DH	EEV	D1229	1967	OOU
		Rebuilt	HE	8900	1977	
YARD No.8690		4wDM	FH	3857	1957	OOU
ND 10022	YARD No.9677	4wDM	FH	3968	1961	OOU
6685	BIG JOHN	0-6-0DH	HE	6685	1968	OOU

Also other locos occasionally present for resale, and used in yards as required.

REDLAND BRICKS LTD,
FUNTON WORKS, SHEERNESS ROAD, LOWER HALSTOW, near SITTINGBOURNE
Gauge : 2'0".   (TQ 875677)

-		2w-2BE	Red(F)	1979

RIDHAM SEA TERMINALS LTD, RIDHAM DOCK, SITTINGBOURNE
Gauge : 4'8½".   (TQ 918684)

-		0-6-0DH	EEV	D1227	1967

THE RUGBY GROUP PLC, ROCHESTER WORKS, HALLING
Gauge : 4'8½".   (TQ 704650)   R.T.C.

15		4wDH	TH	186V	1967	OOU

TRANSMANCHE-LINK, CHANNEL TUNNEL CONTRACTORS
Sevington Stores Depot, Dolland Moor
Gauge : 4'8½".   (TR 035405)

60	0-6-0DE	BT	804	1978	OOU	+ b
61	0-6-0DE	BT	802	1978	OOU	+ b
62	0-6-0DE	BT	801	1978	OOU	+ b
63	0-6-0DE	BT	805	1979	OOU	+ b
64	0-6-0DE	BT	803	1978	OOU	+ b

+   Carries plates dated 1977
b   Surplus locos stored at Sevington

Sevington Stores Depot
Gauge : 900mm.   (TR 035405)

RA24		4wBE/WE	HE	9411c1989	OOU	a
RA28		4wBE/WE	HE	9415c1989	OOU	a
RA34		4wBE/WE	_(HAB	767 1990	OOU	a
			(HE	9421 1990		
RA41		4wBE/WE	HE	9430 1990	OOU	a
RA42		4wBE/WE	HE	9431 1990	OOU	a
RA43		4wBE/WE	HE	9432 1990	OOU	a
RA45		4wBE/WE	HE	9434 1990	OOU	a
RA46		4wBE/WE	HE	9435 1990	OOU	a
RA49		4wBE/WE	HE	9438 1990	OOU	a
RA50		4wBE/WE	HE	9439 1990	OOU	a
RA51		4wBE/WE	HE	9442 1990	OOU	a
RA52		4wBE/WE	HE	9443 1990	OOU	a
RA53		4wBE/WE	HE	9444 1990	OOU	a
RA54		4wBE/RE	HE	9445 1990	OOU	a
RA60		4wBE/WE	HE	9449 1990	OOU	a
RR06		4wBE/WE R/A	HE	9178 1988	OOU	a
RR08	RK4	4wBE/WE R/A	HE	9180 1988	OOU	a
RR009	4	4wDH R/A	HE	9282 1988	OOU	
RR12	RKO6	4wBE/WE R/A	HE	9429 1989	OOU	a
RR14		4wBE/WE R/A	HE	9451c1989	OOU	a
RR20		4wBE/WE R/A	HE	9460 1990	OOU	a
RS101		4wDH	RFS	101L 1989	OOU	a
RS106	MARY	4wDH	RFS	L106 1989	OOU	a
RS201		4wDH	SMH101T018	1979	OOU	a
RS202		4wDH	SMH101T020	1979	OOU	a
RU001A/B		4w+4wDHR	Schöma4995/4996c1989		OOU	a
RU002A/B		4w+4wDHR	Schöma4997/4998c1989		OOU	a
RU003A/B		4w+4wDHR	Schöma5016/5017c1989		OOU	a
RU005A/B		4w+4wDHR	Schöma5020/5021c1989		OOU	a
RU008A/B		4w+4wDHR	Schöma5026/5027c1989		OOU	a
RU009A/B		4w+4wDHR	Schöma5028/5029c1989		OOU	a
RU010A/B		4w+4wDHR	Schöma5030/5031c1989		OOU	a
RU011A/B		4w+4wDHR	Schöma5075/50761990		OOU	a
RU012A/B		4w+4wDHR	Schöma5077/50781990		OOU	a
RU015A/B		4w+4wDHR	Schöma5083/50841990		OOU	a
RU016A/B		4w+4wDHR	Schöma5085/50861990		OOU	a

a   Surplus locos stored at Sevington

PRESERVATION SITES

A.J.R. BIRCH & SON LTD, HOPE FARM, SELLINDGE, near ASHFORD
Gauge : 1524mm.   (TR 119388)

799		0-6-0T	OC	TK	355 1925

Gauge : 4'8½".

(31065)	65	0-6-0	IC	Afd		1896	+
34028	EDDYSTONE	4-6-2	3C	Bton		1946	
35022	HOLLAND-AMERICA LINE	4-6-2	3C	Elh		1948	
	ST THOMAS	0-6-0ST	OC	AE	1971	1927	a
N.C.B. 8	1962	4wDH		TH/S	120C	1962	
	Rebuild of 4wVBT		VCG	S	9619	1957	

+ Frame and wheels stored at an unknown location
a Currently stored elsewhere

BREDGAR & WORMSHILL LIGHT RAILWAY,
"THE WARREN", SWANTON STREET, BREDGAR, near SITTINGBOURNE
Gauge : 750mm.   (TQ 873585)

No.105	SIAM	0-6-0WT	OC	Hen	29582	1956

Gauge : 2'6".

No.6		0-4-0T	OC	La Meuse	3355	1929

Gauge : 2'0".

2	KATIE	0-6-0WT	OC	Jung	3872	1931
No.1	EIGIAU	0-4-0WT	OC	OK	5668	1912
No.3	HARROGATE	0-6-0ST	OC	P	2050	1944
1	BRONHILDE	0-4-0WT	OC	Sch	9124	1927
No.4	ARMISTICE	0-4-0ST	OC	WB	2088	1919
-		0-6-0DH		BD	3768	1983
-		0-6-0DH		BD	3771	1983
5	BREDGAR	4wDH		BD	3775	1983
J.G.F. 4		4wDM		L	41545	1955

Gauge : 1'3".

212		0-4-0	OC	RH Morse82 1951
	JACK	0-6-0	OC	J Lemon-Burton c1960
-		2-6-2	OC	J Lemon-Burton 1967	+
-		4wDM		L 51721 1960

+ Unfinished loco, only partly built

BRETT GRAVEL, MILTON MANOR FARM, CHARTHAM, near CANTERBURY
Gauge : 2'0".   (TR 120558)

-		4wDM		MR	8606 1941
-		4wDM		RH	349061 1953

BRITISH RAIL, SLADE GREEN E.M.U. DEPOT
Gauge : 4'8½".   (TQ 527758)

| S14001 | 5001 | | 4w-4wRE | Elh/Lancing | 1951 |
| S14002 | 5001 | | 4w-4wRER | Elh/Lancing | 1951 |

CHATHAM DOCKYARD HISTORIC TRUST, CHATHAM DOCKYARD
Gauge : 4'8½".   (TQ 758689)

YARD No.361	AJAX	0-4-0ST	OC	RSHN	7042	1941
YARD No.562		4wDM		FH	3738	1955
R39		0-4-0DM		_(RSHN	7816	1954
				(DC	2503	1954
-		0-4-0DE		YE	2856	1961

THE CHATHAM STEAM RESTORATION COMPANY,
THE STEAM CENTRE, SLIP 6, HISTORIC DOCKYARD, CHATHAM
Gauge : 4'8½".   (TQ 758689)

Works with steam locos occasionally present for restoration.

DOVER TRANSPORT MUSEUM
Cambridge Road, Dover
Gauge : 2'0".   (   )

| - | 4wPM | FH | 3116 | 1946 |
| - | 4wDM | MR | 8730 | 1941 |

Dover Pumping Station, Connaught Road, Dover
Gauge : 2'0".   (TR 322421)

| - | 4wDM | RH | 444193 | 1960 |

EAST KENT LIGHT RAILWAY SOCIETY, SHEPHERDSWELL
Gauge : 4'8½".   (TR 258483)

90432		0-4-0ST	OC	AB	2248	1948	+
	ST DUNSTAN	0-6-0ST	OC	AE	2004	1927	
51572		2-2w-2w-2DMR		Derby C&W		1959	
Sc 52006		2-2w-2w-2DMR		Derby C&W		1960	
Sc 52031		2-2w-2w-2DMR		Derby C&W		1960	
E.K.R.102	RICHBOROUGH CASTLE	0-6-0DH		EEV	D1197	1967	
E.K.R.105	SNOWDOWN	0-4-0DM		JF	4160002	1952	
E.K.R.101	CHISLET No.101	4wDM		RH	294268	1951	
MS 2137		0-4-0DH		RH	437363	1960	

THE BUFFS, ROYAL EAST KENT REGIMENT, 1572-1961
| ARMY 427 | C3 SA | 0-6-0DH | | RH | 466616 | 1961 |

	DOUGAL	0-4-0DM	_(VF	D77	1947	
			(DC	2251	1947	
6		0-4-0DM	_(VF	D297	1956	
			(DC	2583	1956	

+ Currently stored at Tilmanstone Colliery site

ELSA STEAM RAILWAY, near CANTERBURY
Gauge : 2'0". (TR   )

8	ELSA	0-6-0WT+T OC OK	7122	1914

ESMOND LEWIS EVANS, GREAT BOWER FARM, near CHALLOCK
Gauge : 4'8½". (TR 034528)

4902	S13003S	4w-4wRER	Elh	1949

**KENT COUNTY COUNCIL, CANTERBURY HERITAGE CENTRE,
STOUR STREET, CANTERBURY**
Gauge : 4'8½". (TR 146577)

(INVICTA)	0-4-0	OC	RS	24	1830

**MANSTON LOCOMOTIVE PRESERVATION SOCIETY,
POWERGEN, RICHBOROUGH POWER STATION**
Gauge : 4'8½". (TR 334620)

34070	MANSTON	4-6-2	3C	Bton	1947

**NORTH DOWNS STEAM RAILWAY CO LTD
STONE LODGE FARM PARK, COTTON LANE, STONE, near DARTFORD**
Gauge : 4'8½". (TQ 562745)

No.3	NORTH DOWNS	0-6-0T	OC	RSHN	7846	1955
No.10	TOPHAM	0-6-0ST	OC	WB	2193	1922
No.6	PRINCESS MARGARET	0-4-0DM		AB	376	1948
249		4w-4+4-4wRE		BRCW		1932
ESL 118A/ESL 118B		Rebuilt		Acton		1961
No.4		0-4-0DH		JF	4220008	1959
No.2		4wDM		MR	9019	1950
No.5	CRABTREE	4wDM		RH	338416	1953
No.1	SCOTTIE	4wDM		RH	412427	1957
No.11	PAXMAN	0-4-0DE		RH	412718	1958
No.9	TELEMON	0-4-0DM		_(VF	D295	1955
				(DC	2568	1955
No.8	OCTANE	0-4-0DE		YE	2686	1958

ROMNEY HYTHE & DYMCHURCH RAILWAY, NEW ROMNEY
Gauge : 1'3".   (TR 074249)

No.	Name	Wheels		Builder	Works No.	Date
1	GREEN GODDESS	4-6-2	OC	DP	21499	1925
2	NORTHERN CHIEF	4-6-2	OC	DP	21500	1925
3	SOUTHERN MAID	4-6-2	OC	DP	22070	1926
4	THE BUG	0-4-0TT	OC	Krauss	8378	1926
5	HERCULES	4-8-2	OC	DP	22071	1926
6	SAMSON	4-8-2	OC	DP	22072	1926
7	TYPHOON	4-6-2	OC	DP	22073	1926
8	HURRICANE	4-6-2	OC	DP	22074	1926
9	WINSTON CHURCHILL	4-6-2	OC	YE	2294	1931
10	DOCTOR SYN	4-6-2	OC	YE	2295	1931
11	BLACK PRINCE	4-6-2	OC	Krupp	1664	1937
No.12	JOHN SOUTHLAND	4w-4wDH		TMA	6143	1983
14		4w-4wDH		TMA	2336	1989
15	PW3 3 REDGAUNTLET					
	"MULTUM IN PARBO"	4wPM		AK		1977
-		4wDH		MR	7059	1938
PW2	SCOOTER	2w-2PM		RHDR		1949

SITTINGBOURNE & KEMSLEY LIGHT RAILWAY LTD, SITTINGBOURNE & KEMSLEY
Gauge : 4'8½".   (TQ 905643, 920662)

-		0-4-0F	OC	AB	1876	1925	Pvd
No.4		0-4-0ST	OC	HL	3719	1928	Pvd
	BEAR	0-4-0ST	OC	P	614	1896	Pvd

Gauge : 2'6".

	PREMIER	0-4-2ST	OC	KS	886	1905	
	LEADER	0-4-2ST	OC	KS	926	1905	
	MELIOR	0-4-2ST	OC	KS	4219	1924	
	UNIQUE	2-4-0F	OC	WB	2216	1923	OOU
	ALPHA	0-6-2T	OC	WB	2472	1932	OOU
	TRIUMPH	0-6-2T	OC	WB	2511	1934	
	SUPERB	0-6-2T	OC	WB	2624	1940	
	VICTOR	4wDM		HE	4182	1953	
	EDWARD LLOYD	0-4-0DM		RH	435403	1961	

TENTERDEN RAILWAY CO LTD, (KENT & EAST SUSSEX RAILWAY)
Locos are kept at :-
    Rolvenden Station   (TQ 865328)
    Tenterden Station   (TQ 882336)
    Wittersham Road Station   (TQ 866288)
Gauge : 4'8½".

1638		0-6-0PT	IC	Sdn		1951
30065	DS 237 MAUNSELL	0-6-0T	OC	VIW	4441	1943
(30070)	DS 238 WAINWRIGHT	0-6-0T	OC	VIW	4433	1943

(31556)	1556						
	PRIDE OF SUSSEX	0-6-0T	IC	Afd		1909	
32650		0-6-0T	IC	Bton		1876	
32670	BODIAM No.3	0-6-0T	IC	Bton		1872	
32678	8	0-6-0T	IC	Bton		1880	
No.15	HASTINGS	0-6-0ST	IC	HE	469	1888	
No.23	HOLMAN F. STEPHENS						
		0-6-0ST	IC	HE	3791	1952	
No.25	NORTHIAM	0-6-0ST	IC	HE	3797	1953	
No.24	WILLIAM H. AUSTEN						
		0-6-0ST	IC	HE	3800	1953	
14	CHARWELTON	0-6-0ST	IC	MW	1955	1917	
376	NORWEGIAN	2-6-0	OC	Nohab	1163	1919	
No.12	MARCIA	0-4-0T	OC	P	1631	1923	
No.10	GERVASE	0-4-0VBT	VCG	S	6807	1928	
	Rebuild of	0-4-0ST		MW	1472	1900	a
(W20W)	20	4w-4wDMR		Sdn		1940	
D2023		0-6-0DM		Sdn		1958	
(D2024)	4	0-6-0DM		Sdn		1958	
D3174	(08108)						
	DOVER CASTLE	0-6-0DE		Derby		1955	
7594	25244	Bo-BoDE		Dar		1964	
(D9504)	9 506	0-6-0DH		Sdn		1964	
D9525		0-6-0DH		Sdn		1965	
51571	L30	2-2w-2w-2DMR		Derby C&W		1959	
53971		2-2w-2w-2DMR		Derby C&W		1959	
S60000	1001 HASTINGS	4w-4wDER		Elh		1957	
S60016	1012 MOUNTFIELD	4w-4wDER		Elh		1957	
-		Bo-BoDE		BTH		1932	
42	28	0-6-0DM		HE	4208	1948	
No.1		0-4-0DE		RH	423661	1958	
-		2w-2PM		NLP			
	TITAN	0-4-0DM		_(VF	D140	1951	
				(DC	2274	1951	
900312	YORK 21	2w-2PMR		Wkm		1931	
(900923)		2w-2PMR		Wkm	400	1931	Dsm
7		2w-2PMR		Wkm	473	1931	DsmT
-		2w-2PMR		Wkm	6603	1953	
TR 1	6872	2w-2PMR		Wkm	6872	1954	
DB 965042		2w-2PMR		Wkm	6950	1955	
9043		2w-2PMR		Wkm	6965	1955	
7438		2w-2PMR		Wkm	7438	1956	

a   Carries plate S 6710

WOODLANDS RAILWAY
Gauge : 1'3".   (   )

PAM	4wPM		C.Mace	1980		
SIMON	6wPM	S/O	C.Mace	1985		
IVOR	4wPM	S/O	C.Mace	1989	Dsm	

LANCASHIRE

INDUSTRIAL SITES

BLACKPOOL TRANSPORT SERVICES LTD, BLUNDELL STREET DEPOT & WORKS, BLACKPOOL
Gauge : 4'8½".   (SD 307350)

441	D801 CTP	4wDM	R/R	Bruff	1986
440	YFV 577Y	4wDM	R/R	Unimog 12/983	1982

BOROUGH OF PRESTON, NELSON WAY, PRESTON DOCKS
Gauge : 4'8½".   (SD 504295)

ENERGY	4wDH	RR	10281	1968
ENTERPRISE	4wDH	RR	10282	1968
PROGRESS	4wDH	RR	10283	1968

Also shunts Lanfina Bitumen Ltd, Preston Works. (SD 508298)

BRITISH FUEL CO, BLACKBURN COAL CONCENTRATION DEPOT, WHALLEY BANKS
Gauge : 4'8½".   (SD 677275)

(D2272)	2272	ALFIE	0-6-0DM	_(RSH	7914	1958
				(DC	2616	1958

CASTLE CEMENT (RIBBLESDALE) LTD,
CLITHEROE WORKS, WEST BRADFORD ROAD, CLITHEROE
Gauge : 4'8½".   (SD 749434)   R.T.C.

11	-	0-6-0DH	EEV D1137	1966
No.10		0-6-0DH	GECT 5396	1975
No.9		0-6-0DH	GECT 5401	1975

CENTRILINE LTD, PRESTON
Gauge : 1'6".   (   )

OC LC 05	4wBH	Tunnequip
OC LC 06	4wBH	Tunnequip
OC LC 07	4wBH	Tunnequip

I.C.I. CHEMICALS & POLYMERS LTD, HILLHOUSE WORKS, THORNTON
Gauge : 4'8½".   (SD 345435)

1		2w-2DH	R/R	TH	326V	1988
2		2w-2DH	R/R	TH	V327	1988

LANCASHIRE ENTERPRISES PLC,
LANCASHIRE ENTERPRISES BUSINESS PARK, CENTURION WAY, LEYLAND
Gauge : 4'8½".   (SD 544237)   RTC.

5		0-4-0DM		JF	4210108	1955 OOU

NUCLEAR ELECTRIC PLC, HEYSHAM POWER STATIONS
Gauge : 4'8½".   (SD 401599)

2	DEREK SHEPHERD	Bo-BoWE	HL	3872	1936
	Rebuilt	Bo-BoBE	Riley		1993
No.3	DOUG TOTTMAN	Bo-BoBE	RSHN	7284	1945
		Rebuilt	Kearsley		1982

SPRINGFIELDS HUDSWELL CLARKE APPRECIATION AND MAINTENANCE ENTERPRISE,
c/o BRITISH NUCLEAR FUELS LTD, URANIUM FUEL CENTRE,
SPRINGFIELDS FACTORY, SALWICK, near PRESTON
Gauge : 4'8½".   (SD 468317)

53437	2-2w-2w-2DMR	BRCW	1957

PRESERVATION SITES

FIRST LEISURE CORPORATION, BLACKPOOL NORTH PIER, BLACKPOOL
Gauge : 3'0".   (SD 304364)

-		4w-4wDHR	HSE	1991

FLEETWOOD LOCOMOTIVE CENTRE LTD, WYRE DOCK, FLEETWOOD
Gauge : 4'8½".   (SD 335468)

-		0-6-0ST	OC	AE	1810 1918
-		0-6-0ST	OC	AE	1883 1922
	THE KING	0-4-0WT	OC	EB	(48?) 1906
-		0-4-0DM		HC	D1031 1956
FLEETWOOD LOCO DEPT No.5					
		0-4-0DH		HE	7161 1970
-		0-6-0DE		YE	2743 1959

FRONTIERLAND WESTERN THEME PARK, MORECAMBE
Gauge : 1'4".   (SD 428641)

1865   4w-4-4wPM S/O A.Herschell MH-304-6-86 c1959

LYTHAM MOTIVE POWER MUSEUM, DOCK ROAD, LYTHAM
Gauge : 4'8½".   (SD 381276)

4979	WOOTTON HALL	4-6-0	OC	Sdn		1930
RIBBLESDALE No.3		0-4-0ST	OC	HC	1661	1936
	PENICUIK	0-4-0ST	OC	HL	3799	1935
No.6	HODBARROW					
	SNIPEY	0-4-0CT	IC	N	4004	1890
GARTSHERRIE No.20		0-4-0ST	OC	NBH	18386	1908
	HOTTO	4wPM		H	965	1930

Gauge : 1'10¾".

		4wDM		HE	2198	1940
-						

A.J. MOSS, 97 MARTIN LANE ENDS, SCARISBRICK
Gauge : 1'3".   (   )

4498	SIR NIGEL GRESLEY	4-6w-2DE S/O	H.N.Barlow	1950
	PRINCESS ANNE	4-6-2DE S/O	H.N.Barlow	1962
	BATTISON	2-6-4PM S/O	S.Battison	1958
No.1		4-6-0DM S/O	Jubilee Min Rly	1987
6502	WHIPPET QUICK	4wPMR	L 6502	1935
		Rebuilt	Fairbourne	
-		4wPM	L 35811	1950
-		2-2wPMR	A.J.Moss	1989
-		2w-2PM	A.J.Moss	1992
4472	FLYING SCOTSMAN	4-6-2Gas S/O	RAD	1972
1935	SILVER JUBILEE	4-6-4PE S/O	Smith	1935
14		2w-2PM	G.Walker	1985

PLEASURE BEACH RAILWAY, SOUTH SHORE, BLACKPOOL
Gauge : 1'9".   (SD 305332)

4472	MARY LOUISE	4-6-2DH	S/O	HC	D578	1933
4473	CAROL JEAN	4-6-4DH	S/O	HC	D579	1933
6200	THE PRINCESS ROYAL	4-6-2DH	S/O	HC	D586	1935

RIO GRANDE EXPRESS, ZOOLOGICAL GARDENS, EAST PARK DRIVE, BLACKPOOL
Gauge : 1'3".   (SD 335362)

279   2-8-0DH S/O SL   7219 1972

STEAMTOWN RAILWAY MUSEUM, WARTON ROAD, CARNFORTH
Gauge : 4'8½". (SD 496708)

No.990	HENRY OAKLEY	4-4-2	OC	Don	769	1898
5972	OLTON HALL	4-6-0	OC	Sdn		1937
(30850)	850 LORD NELSON	4-6-0	4C	Elh		1926
48151		2-8-0	OC	Crewe		1942
	JOHN HOWE	0-4-0ST	OC	AB	1147	1908
No.1	LANCASTER	0-6-0F	OC	AB	1572	1917
	J.N. DARBYSHIRE	0-4-0ST	OC	AB	1969	1929
2134	CORONATION	0-4-0ST	OC	AB	2134	1942
1	HURRICANE	0-4-0ST	OC	AB	2230	1947
	GLAXO	0-4-0F	OC	AB	2268	1949
No.4	BRITISH GYPSUM	0-4-0ST	OC	AB	2343	1953
RENISHAW IRONWORKS No.6						
		0-6-0ST	OC	HC	1366	1919
65		0-6-0ST	OC	HC	1631	1929	+
	Rebuilt	0-6-0T	OC			1994
231K22	LA FRANCE	4-6-2	4CC	La Loire		1913
		Rebuilt				1948
	CALIBAN	0-4-0ST	OC	P	1925	1937
1		0-4-0ST	OC	P	2027	1942
		0-4-0ST	OC	P	2084	1948
7	GASBAG	4wVBT	VCG	S	8024	1929
01-1104		4-6-2	3C	Sch	11360	1940
-		0-4-0ST	IC	SS	1435	1863	a
No.6		0-4-0ST	IC	SS	1585	1865
	LINDSAY	0-6-0ST	IC	WCI		1887
(D2196)	03196					
40	JOYCE/GLYNIS	0-6-0DM		Sdn		1961
D2381	03381	0-6-0DM		Sdn		1961
(D3290)	08220)	0-6-0DE		Derby		1956
(D3845)	08678) GLAXOCHEM	0-6-0DE		Hor		1959
D5500	(31018)	A1A-A1ADE		BT	71	1957
	TRENCHARD	0-4-0DM		AB	401	1956
-		4wDM		FH	3906	1959
	NEW JERSEY	Bo-BoDE		GEU	30483	1949
7049		0-6-0DM		HE	2697	1944
-		0-6-0DH		HE	7017	1971
12		0-4-0DH		RR	10206	1965
-		4wDH		TH/S	107C	1961
	ESKDALE	0-6-0DE		YE	2718	1958
433/13		0-4-0DE		YE	2857	1961

+ Currently under renovation in York area
a Under restoration at Victoria Engineering, Longridge
   Other locos are occasionally present for repairs

Gauge : 2'2".

No.1		4wDH		HE	8972	1979	+
No.2		4wDH		HE	8970	1979	+

+ Stored for private owner

Gauge : 1'3".

18	GEORGE THE FIFTH	4-4-2	OC	BL	18	1911	
22	PRINCESS ELIZABETH	4-4-2	OC	BL	22	1914	
5751	PRINCE WILLIAM	4-6-2	OC	G&S		1949	a
	ROYAL ANCHOR	4w-4wDH		Lane		1956	
D5902		4w-4wDE		Minirail/SL		1969	

a Carries plate G&S 9/1946

TARZAN'S RESTAURANT, PLEASURE ISLAND, ST. ANNES-ON-SEA
Gauge : 4'8½". (SD 320284)

-		0-4-0ST	OC	P	737	1899

WEST LANCASHIRE LIGHT RAILWAY, STATION ROAD, HESKETH BANK, near PRESTON
Gauge : 2'0". (SD 448229)

"No.3"	IRISH MAIL		0-4-0ST	OC	HE	823	1903	
"No.9"			0-6-0WTT	OC	KS	2405	1915	
"No.37"	JONATHAN		0-4-0ST	OC	HE	678	1898	
"No.35"	UTRILLAS		0-4-0WT	OC	OK	2378	1907	
No.22	"No.34"	MONTALBAN	0-4-0WT	OC	OK	6641	1913	
"No.1"	"CLWYD"		4wDM		RH	264251	1951	
"No.2"	TAWD		4wDM		RH	222074	1943	
"No.4"	"BRADFIELD"		4wPM		FH	1777	1931	
No.5			4wDM		RH	200478	1940	
"No.7"			4wDM		MR	8992	1946	
No.8	"PATHFINDER"		4wDM		HE	4478	1953	+
"No.10"			4wDM		FH	2555	1946	
"No.12"			4wDM		MR	7955	1945	Dsm a
			Rebuilt		WLLR	No.2	1987	
"No.16"			4wDM		RH	202036	1941	Dsm
"No.19"			4wPM		L	10805	1939	
"No.20"			4wPM		Bg	3002	1937	
No.21			4wDM		HE	1963	1939	
24			4wDHF		HE	8917	198x	
25			4wDM		RH	297054	1950	
"No.26"	8		4wDM		MR	11223	1963	
No.31	"No.27"	MILL REEF	4wDM		MR	7371	1939	
"No.36"			4wDM		RH	339105	1953	
"No.38"			0-4-0DMF		HC	DM750	1949	
"No.39"			4wDM		FH	3916	1959	
40			4wDM		RH	381705	1955	
-			4wDM		L	29890	1946	

+ Plate reads 4480/1953
a Converted into a brake van

WINFIELD SHOE CO LTD,
HAZEL MILL, BLACKBURN ROAD, ACRE, HASLINGDEN, ROSSENDALE
Gauge : 4'8½".   (SD 787250)

| - | | 0-6-0DE | HC | D1075 | 1959 |

LEICESTERSHIRE

INDUSTRIAL SITES

BARDON HILL GROUP PLC, BARDON HILL GRANITE QUARRY, COALVILLE
Gauge : 4'8½".   (SK 446129)

No.59					
	DUKE OF EDINBURGH	6wDH	RR	10273	1968
No.159	BARDON DUCHESS	6wDH	TH	297V	1981

BRUSH TRACTION LTD, LOUGHBOROUGH
(Part of Hawker Siddeley's Rail Engineering Division)
Gauge : 4'8½".   (SK 543207)

PLANT No.11079	SPRITE	0-4-0DH	HC	D1341	1966
-		4wDM R/R Unimog424121-10-072555			1981

New BT locos occasionally present.

CAMAS AGGREGATES LTD, CROFT GRANITE DIVISION, CROFT
Gauge : 4'8½".   (SP 517960)

MSC 0256		0-4-0DH	JF	4220016	1962	OOU
MS 5482	KATHRYN	0-6-0DH	RR	10256	1966	
MS 6475		0-6-0DH	TH	257V	1975	

CASTLE CEMENT (KETTON) LTD, KETTON WORKS
Gauge : 4'8½".   (SK 987057)

No.1	0-4-0DH	JF	4220007	1960	OOU
-	0-6-0DH	TH	293V	1980	
1	0-6-0DM	WB	3160	1959	

REDLAND AGGREGATES LTD, CENTRAL REGION,
BARROW-UPON-SOAR RAIL-LOADING TERMINAL
Gauge : 4'8½".   (SK 587168)

43266	AUTOLOC 503				
	NELLY	4wDH	ASEA	OC0488	1982
40905	"JO"	4wDH	DeDietrich	89134	1988
	JADE CHLOE	0-6-0DH	RR	10212	1964

R.J.B. MINING, ASFORDBY COLLIERY
See Section 4 for full details.

STANTON PLC, HOLWELL WORKS, ASFORDBY HILL, MELTON MOWBRAY
Gauge : 4'8½".   (SK 725199)

19	4493/45		4wDH	S	10019	1960	OOU
-			4wDH	S	10036	1960	

PRESERVATION SITES

THE BATTLEFIELD LINE, (THE SHACKERSTONE RAILWAY SOCIETY LTD),
SHACKERSTONE STATION, MARKET BOSWORTH
Gauge : 4'8½".   (SK 379066)

	WALESWOOD	0-4-0ST	OC	HC	750	1906	
N.C.B. 11		0-4-0ST	OC	HE	1493	1925	
-		0-4-0ST	OC	P	2130	1951	
	RICHARD III	0-6-0T	OC	RSHN	7537	1949	
No.4		0-6-0T	OC	RSHN	7684	1951	
-		4wVBT	G	Shackerstone		1983	
	Rebuilt from	4wDM		RH	235513	1945	
	LINDA	0-4-0ST	OC	WB	2648	1941	
LAMPORT No.3		0-6-0ST	OC	WB	2670	1942	
2		0-6-0ST	OC	WB	3059	1953	
(D2245 11215)		0-6-0DM		_(RSH	7864	1956	
				(DC	2577	1956	
D5217 (25067)		Bo-BoDE		Don		1963	
(D7615) 25265		Bo-BoDE		Derby		1966	
(M50397)		2-2w-2w-2DMR		PR		1957	+
M 51131 T 425		2-2w-2w-2DMR		Derby C&W		1958	
M 55005 105		2-2w-2w-2DMR		GRC		1958	
AD 9118		4wDMR		BD	3707	1975	
AD 9124		4wDMR		BD	3713	1975	
RS/140		4wDM		FH	3892	1958	
-		4wDM		RH	263001	1949	
-		0-6-0DM		RH	347747	1957	
-		4wDM		RH	393304	1956	
3		0-4-0DE		RH	420142	1958	
-		0-4-0DE		RH	423657	1958	
-		0-6-0DM		RSH	7697	1953	
-		2w-2PMR		Wkm	6857	1954	
(TR18) PWM 4301		2w-2PMR		Wkm	7504	1956	a
PWM 4302 THE HAVEN		2w-2PMR		Wkm	7505	1956	a
7514 PWM 4311		2w-2PMR		Wkm	7514	1956	

+ Now unmotorised
a Under renovation in Nuneaton

CADEBY LIGHT RAILWAY, THE OLD RECTORY, CADEBY, MARKET BOSWORTH
Gauge : 4'8½".   (SK 426024)

V47		0-4-0ST	OC	P	2012	1941

Gauge : 2'0".

	PIXIE	0-4-0ST	OC	WB	2090	1919	
	L.A.W.R.	0-4-0PM	S/O	Bg	1695	1928	
	-	4wDM		HC	D558	1930	
	NEW STAR	4wPM		L	4088	1931	
	-	4wDM		MR	1320	1918	
87004		4wDM		MR	2197	1923	
87009		4wDM		MR	4572	1929	
-		4wPM		MR	5038	1930	Dsm
-		4wDM		MR	5853	1934	
42		4wDM		MR	7710	1939	
20		4wDM		MR	8748	1942	
-		4wPM		OK	4588	1932	
87008		4wDM		RH	179870	1936	
85051		4wDM		RH	404967	1957	
-		4wPM		Thakeham		c1946	

GREAT CENTRAL RAILWAY (1976) PLC, GREAT CENTRAL STATION, LOUGHBOROUGH
Locos are kept at :-
    Loughborough Loco Shed   (SK 543194)
    Rothley Carriage & Wagon Works (   )
    Quorn and Woodhouse   (   )
Gauge : 4'8½".

5224			2-8-0T	OC	Sdn		1924	
5553			2-6-2T	OC	Sdn		1928	
6990	WITHERSLACK HALL		4-6-0	OC	Sdn		1948	
34039	BOSCASTLE		4-6-2	3C	Bton		1946	
34101	HARTLAND		4-6-2	3C	Elh		1950	
35005	CANADIAN PACIFIC		4-6-2	3C	Elh		1941	
35025	BROCKLEBANK LINE		4-6-2	3C	Elh		1948	
45231)	5231		4-6-0	OC	AW	1286	1936	
45593)	5593	KOLHAPUR	4-6-0	3C	NBQ	24151	1935	
47406			0-6-0T	IC	VF	3977	1926	
48305			2-8-0	OC	Crewe		1943	
60019)	2509	SILVER LINK	4-6-2	3C	Don	1866	1937	+
61264)	1264		4-6-0	OC	NBQ	26165	1947	
69523			0-6-2T	IC	NBH	22600	1921	
92212			2-10-0	OC	Sdn		1959	
-			0-4-0ST	OC	HL	3581	1924	
03101			0-6-0DE		Derby		1955	
03180	08114)	13180	0-6-0DE		Derby		1955	
03956)	08788		0-6-0DE		Derby		1960	
MARGARET ETHEL - THOMAS ALFRED NAYLOR								
04067			0-6-0DE		Dar		1961	
05522)	31418		A1A-A1ADE		BT	121	1959	
07659	(25309	25909)	Bo-BoDE		BP	8069	1966	

D8098 (20098)		Bo-BoDE	_(EE 3003 1961	
			(RSH 8255 1961	
M51616		2-2w-2w-2DHR	Derby C&W 1959	
M51622		2-2w-2w-2DHR	Derby C&W 1959	
	BARDON	0-4-0DM	AB 400 1956	
	ARTHUR WRIGHT	0-4-0DM	JF 4210079 1952	
	WAG	4wDM	RH 371971 1954	
	-	2-2PMR	Wkm (693 1932?)	DsmT

+ Carries plates Don 1818/1935

LEICESTERSHIRE COUNTY COUNCIL
Leicestershire Museum of Technology, Abbey Meadows, Corporation Road, Leicester
Gauge : 2'0". (SK 589067)

-	4wPM	FH	(1776 1931?)
-	4wPM	MR	5260 1931
-	4wDM	RH	223700 1943

Snibston Discovery Park, Former Snibston Mine, Ashby Road, Coalville
Gauge : 4'8½". (SK 420144)

No.2	0-4-0F	OC	AB	1815 1924
-	0-4-0ST	OC	BE	314 1906
CADLEY HILL No.1	0-6-0ST	IC	HE	3851 1962
MARS II	0-4-0ST	OC	RSHN	7493 1948
-	0-6-0DH		HE	6289 1966

Gauge : 2'6".

-	4wBEF	_(EE	2416 1957
		(RSH	7935 1957
No.5	4wBEF	EE	
-	0-6-0DMF	HC	DM1238 1960
-	4wDHF	HE	7385 1976
-	4wDH	HE	8973 1979
-	4wBEF		a
-	4wBEF		a

a Two of EE 2086/Bg 3434/1955, EE 2300/Bg 3436/1956,
   EE 2522/RSHN 7964/1958, GECT 5424/1976.

RUTLAND RAILWAY MUSEUM, COTTESMORE IRON ORE MINES SIDINGS,
ASHWELL ROAD, COTTESMORE, nr OAKHAM
Gauge : 4'8½". (SK 887137)

"RRM 23" (FIREFLY)	0-4-0ST	OC	AB	776 1899
RRM 2 B.S.C.No.2	0-4-0ST	OC	AB	1931 1927
"RRM 102" DRAKE	0-4-0ST	OC	AB	2086 1940
RRM 6				
SIR THOMAS ROYDEN	0-4-0ST	OC	AB	2088 1940
"RRM 104" SWORDFISH	0-6-0ST	OC	AB	2138 1941

RRM 8" SALMON	0-6-0ST	OC	AB	2139	1942	
RRM 3 BEA No.2 DORA	0-4-0ST	OC	AE	1973	1927	
RRM 7"	0-6-0ST	IC	HE	2411	1941	
RRM 9 COAL PRODUCTS No.6	0-6-0ST	IC	HE	2868	1943	
	Rebuilt		HE	3883	1963	
RRM 28 65	0-6-0ST	IC	HE	3889	1964	
SINGAPORE	0-4-0ST	OC	HL	3865	1936	
RRM 1 (UPPINGHAM)	0-4-0ST	OC	P	1257	1912	
RRM 4 ELIZABETH	0-4-0ST	OC	P	1759	1928	
RRM 10	0-4-0ST	OC	P	2110	1950	
RRM 147" No.7	4wVBT	VCG	S	9376	1947	
	Rebuilt		TH		1960	
D9518) RRM 25 JCB No.7 9312/95	0-6-0DH		Sdn		1964	
D9520) 'RRM.17" 45	0-6-0DH		Sdn		1964	
D9555 RRM 24	0-6-0DH		Sdn		1965	
RRM 11"	0-4-0DM		AB	352	1941	
RRM 148" No.1	0-4-0DM		AB	415	1957	
Rebuilt	0-4-0DH		AB		1979	
RRM 18"	0-4-0DH		AB	499	1965	
RRM 138" B.S.C.1	0-6-0DH		EEV	D1049	1965	+
-	0-6-0DH		EEV	D1200	1967	Dsm
RRM 22"	0-6-0DH		EEV	D1231	1967	
RRM 14 (PHOENIX)	4wDM		FH	3887	1958	
RRM 146" No.21	0-6-0DM		HC	D707	1950	
RM 26	0-4-0DH		HE	6688	1968	
RRM 143" KETTON No.4	0-6-0DH		JF	4240012	1961	
RRM 149"	0-6-0DH		JF	4240015	1962	
RM 1063	0-4-0DH		NB	27656	1957	
RM 13	4wDM		RH	305302	1951	
RM 12	4wDM		RH	306092	1950	
RM 19 21 90 02	0-4-0DH		RH	504565	1965	
RM 21 (BETTY)	0-4-0DH		RR	10201	1964	
RM 136D21	0-6-0DH		RR	10270	1967	
DL81	0-6-0DH		RR	10278	1968	
RRM 142"	0-4-0DH		TH	132C	1963	
Rebuild of	0-4-0DM		JF	22982	1942	
RM 134 No.24	4wDH		TH/S	188C	1967	
Rebuild of	4wVBT	VCG	S	9597	1955	
RM 16	0-6-0DE		YE	2791	1962	
RM 15 1382	0-6-0DE		YE	2872	1962	
RRM 141" SLO 610L 444	4wDM				c1972	a

+ Carries plate GECT 5408/1975 in error
a Converted dumper truck

WELLAND VALLEY VINTAGE TRACTION CLUB, GLEBE ROAD,
MARKET HARBOROUGH
Gauge : 3'0".   (SP 742868)

KETTERING FURNACES No.8   0-6-0ST   OC   MW   1675 1906

Currently under renovation at a private address

LINCOLNSHIRE

INDUSTRIAL SITES

COSTAIN DOW-MAC LTD,
TALLINGTON WORKS, BARHOLM ROAD, TALLINGTON, near STAMFORD
Gauge : 4'8½".   (TF 095090)

D2118		0-6-0DM	Sdn	1959

H.M. DETENTION CENTRE, NORTH SEA CAMP, FREISTON, near BOSTON
Gauge : 2'0".   (TF 397422)   R.T.C.

-	4wDM	L	10994	1939	Dsm
-	4wDM	L	33650	1949	OOU
-	4wDM	LB	51917	1960	Dsm
-	4wDM	LB	55413	1967	OOU
-	4wDM	LB	56371	1970	OOU

PRESERVATION SITES

N. BANKS, TYSDALE FARM, COMMON WAY, TYDD ST MARY
Gauge : 2'0".   (TF 444187)

-	4wDM	OK	6931	1937
-	4wDM	OK	7734	1938

FULSTOW STEAM CENTRE,
CARPENTERS ROW, MAIN STREET, FULSTOW, near LOUTH
Gauge : 4'8½".   (TF 337976)

No.2		0-4-0ST	OC	P	1749	1928
No.3	AGECROFT No.1	0-4-0ST	OC	RSHN	7416	1948
No.1	FULSTOW	0-4-0ST	OC	RSHN	7680	1950

GRIMSBY & LOUTH RAILWAY PRESERVATION SOCIETY, LUDBOROUGH STATION
Gauge : 4'8½".   (   )

-		0-6-0ST	IC	P	1567	1920
No.47		0-6-0ST	OC	RSHN	7849	1955
D3167	(08102)	0-6-0DE		Derby		1955
97650	PWM 650	0-6-0DE		RH	312990	1952
-		0-4-0DM		JF	4210131	1957
-		0-4-0DM		JF	4210145	1958

T. HALL, NORTH INGS FARM MUSEUM, DORRINGTON, near RUSKINGTON
Gauge : 2'0".   (TF 098527)

No.9	SWIFT	4wVBT	T.Hall 1859401 1994	
-		4wDM	Clay Cross	+
	BULLFINCH	4wDM	HE 7120 1969	
-		4wDM	MR 7493 1940	
LOD/758022	PENELOPE	4wDM	MR 8826 1943	
-		4wDM	OK c1932	
No.1		4wDM	RH 371937 1956	
-		4wDM	RH 375701 1954	
-		4wDM	RH 421433 1959	

+ Constructed from parts supplied by Listers in 1961 or 1973

LINCOLNSHIRE COAST LIGHT RAILWAY CO LTD,
WINTHORPE WATER PARK, near SKEGNESS
Gauge : 2'0".   (TF   )

2	JURASSIC	0-6-0ST OC	P 1008 1903	
7	NOCTON	4wDM	MR 1935 1920	
1	PAUL	4wDM	MR 3995 1934	
4		4wDM	MR 7481 1940	+
-		4wDM	MR 8622 1941	
No.5		4wDM	MR 8874 1944	

Locos stored.
+ Currently at Skegness Water Park

LINCOLNSHIRE COUNTY COUNCIL,
MUSEUM OF LINCOLNSHIRE LIFE, BURTON ROAD, LINCOLN
Gauge : 4'8½".   (SK 972723)

-	4wDM	RH 463154 1961

Gauge : 2'6".

-	4wPM	RP 52124 1918

Gauge : 2'3".

-	4wDM	RH 192888 1939

Gauge : 2'0".

-	4wDM	RH 421432 1959

LYSAGHTS SPORTS & SOCIAL CLUB, HOLTON LE MOOR
Gauge : 2'6".   (TF 094973)

	CANNONBALL	4wDM	S/O	RH 175403 1935

GREATER LONDON

INDUSTRIAL SITES

AOKI/SOLETANCHE JOINT VENTURE, JUBILEE LINE EXTENSION,
CONTRACT No.105, LONDON BRIDGE to CANADA WATER TUNNELS, LONDON
Gauge : 2'6".   (   )

-	4wBE	CE	B4056A	1995
-	4wBE	CE	B4056B	1995
-	4wBE	CE	B4056C	1995
-	4wBE	CE	B4056D	1995
-	4wBE	CE	B4056E	1995
-	4wBE	CE	B4056F	1995
-	4wBE	CE		
-	4wBE	CE		
-	4wBE	SIG		
-	4wBE	SIG		

BALFOUR BEATTY LTD, CHANNEL TUNNEL CONTRACT,
NORTH POLE SITE, LONDON
Gauge : 4'8½".   (   )

H866 ARB	4wDM	R/R	Unimog

BALFOUR BEATTY/AMEC JOINT VENTURE, JUBILEE LINE EXTENSION,
CONTRACT No.102, GREEN PARK to WATERLOO TUNNELS, LONDON
Gauge : 2'0".   (   )

-	4wDH	HE	9346	1994
-	4wDH	HE	9347	1994
-	4wDH	HE	9348	1994
-	4wDH	HE	9349	1994
-	4wDH	HE	9350	1994
-	4wDH	HE	9351	1994

DAY AGGREGATES,
BRENTFORD TOWN GOODS DEPOT, TRANSPORT AVENUE, BRENTFORD
Gauge : 4'8½".   (TQ 166778)

12049	0-6-0DE	Derby	1948

T.P. DIBDIN LTD, NEASDEN FREIGHT TERMINAL
Gauge : 4'8½".   (TQ 206856, 209856)

04004			0-4-0DH	YE	2807	1960
			Rebuilt	YEC	L103	1991
	7 17	VOLVIC	0-4-0DE	YE	2821	1961

DOCKLANDS LIGHT RAILWAY LTD, POPLAR & BECKTON DEPOTS
Gauge : 4'8½".   (TQ 376806)

-		0-4-0DH	GECT 5577 1979	
-		4wBE/RE	RFSK V339 1991	
-		4wDM	RH 466625 1962	
-		4wPM	Wkm 11622 1986	

FORD MOTOR CO LTD, DAGENHAM
Gauge : 4'8½".   (TQ 496825, 499827)

(D2051)	FORD No.4	0-6-0DM	Don 1959	
(D2267)	FORD No.01	0-6-0DM	_(RSH 7897 1958	OOU
			(DC 2611 1958	
(D2280)	FORD No.2	0-6-0DM	_(RSH 8098 1960	Dsm
	P 1381 C		(DC 2657 1960	
-		0-4-0DH	EEV D1124 1966	
L/DH/6	FORD No.03	0-6-0DH	HC D1396 1967	
GT/PL/1	P 260 C	4wDM	Robel 21 11 RK1	

GUINNESS BREWING (GREAT BRITAIN), PARK ROYAL BREWERY
(Member of Guinness Plc)
Gauge : 4'8½".   (TQ 195828)

(D3030	08022)	LION	0-6-0DE	Derby	1953
(D3074	08060)	UNICORN	0-6-0DE	Dar	1953

LONDON UNDERGROUND LTD
Locos are kept at :-

Acton Works, Bollo Lane	(TQ 196791)
Amersham Station	(SU 964982)
Chalfont & Latimer Station	(SU 996976)
Cockfosters Depot	(TQ 288962)
Ealing Common Depot, Uxbridge Road	(TQ 189802)
Golders Green Depot, Finchley Road	(TQ 253875)
Hainault Depot	(TQ 450918)
Hammersmith Depot	(TQ 234787)
Highgate Depot	(TQ 279886)
Lillie Bridge Depot	(TQ 250782)
Morden Depot	(TQ 255680)
Neasden Depot	(TQ 206858)
New Cross Depot	(TQ 360778)
Northfields Depot, Northfields Avenue	(TQ 167789)
Northumberland Park Depot	(TQ 34x88x)
Rickmansworth Station	(TQ 057946)
Stonebridge Park Depot	(TQ 192845)
Upminster Depot	(TQ 570871)
Waterloo T&RSED, Waterloo & City Line	(TQ 309799)
West Ruislip Depot	(TQ 094862)

Locos may also be found temporarily in depots/sidings at -

Aldgate, Arnos Grove, Barking, Brixton (Underground), Edgware, Edgware Road, Elephant & Castle (Underground), Farringdon, High Barnet, High Street Kensington, London Road, Loughton, Moorgate, Parsons Green, Queens Park, South Harrow, Stanmore, Triangle Sidings, Uxbridge, Walthamstow (Underground), Wembley Park Depot, White City, Woodford.

Gauge : 4'8½".

L 11		4w-4wRE	MC		1931/1932 OOU
		Rebuilt	Acton		1964
L 15	69015	4w-4wBE/RE	MC		1970
L 16	69016	4w-4wBE/RE	MC		1970
L 17		4w-4wBE/RE	MC		1970
L 18		4w-4wBE/RE	MC		1970
L 19	69019	4w-4wBE/RE	MC		1970
L 20	64020	4w-4wBE/RE	MC		1964
L 21		4w-4wBE/RE	MC		1964
L 22		4w-4wBE/RE	MC		1965
L 23		4w-4wBE/RE	MC		1965
L 24		4w-4wBE/RE	MC		1965
L 25	64025	4w-4wBE/RE	MC		1965
L 26		4w-4wBE/RE	MC		1965
L 27	64027	4w-4wBE/RE	MC		1965
L 28		4w-4wBE/RE	MC		1965
L 29	64029	4w-4wBE/RE	MC		1965
L 30		4w-4wBE/RE	MC		1965
L 31		4w-4wBE/RE	MC		1965
L 32		4w-4wBE/RE	MC		1965
L 44		4w-4wBE/RE	Don	L44	1973
L 45		4w-4wBE/RE	Don	L45	1974
L 46	73046	4w-4wBE/RE	Don	L46	1974
L 47		4w-4wBE/RE	Don	L47	1974
L 48		4w-4wBE/RE	Don	L48	1974
L 49		4w-4wBE/RE	Don	L49	1974
L 50		4w-4wBE/RE	Don	L50	1974
L 51		4w-4wBE/RE	Don	L51	1974
L 52	73052	4w-4wBE/RE	Don	L52	1974
L 53	73053	4w-4wBE/RE	Don	L53	1974
L 54		4w-4wBE/RE	Don	L54	1974
L 56	49056	4w-4wBE/RE	RYP		1951
L 58	49058	4w-4wBE/RE	RYP		1951
L 59	49059	4w-4wBE/RE	RYP		1951
L 62	85062	4w-4wBE/RE	MC		1985
L 63		4w-4wBE/RE	MC		1985
L 64	85064	4w-4wBE/RE	MC		1985
L 65		4w-4wBE/RE	MC		1985
L 66		4w-4wBE/RE	MC		1985
L 67	85067	4w-4wBE/RE	MC		1986
L 130		4w-4RE	MC		1934	c
		Rebuilt	Acton		1967
L 132		4w-4wRE	Cravens		1960	d
		Rebuilt	Derby		1987

L 133		4w-4wRE	Cravens	1960		d
		Rebuilt	Derby	1987		
L 134		4w-4RE	M	1927		c
		Rebuilt	Acton	1967		
L 135		4w-4RE	MC	1934		c
		Rebuilt	Acton	1967		
L 146		2-2w-2w-2RE	MC	1938	OOU	
		Rebuilt	Acton	1976		
L 147		2-2w-2w-2RE	MC	1938	OOU	
		Rebuilt	Acton	1976		
L 150		2-2w-2w-2RE	MC	1938		a
		Rebuilt	Acton	1978		
L 151		2-2w-2w-2RE	MC	1938		a
		Rebuilt	Acton	1978		
TCC 1		4w-4wRE/EH	MC	1939		
		Rebuilt	Acton	1978		
TCC 5		4w-4wRE	MC	1938		
		Rebuilt	Acton	1978		
2	(3706)	4w-4RER	MC	1935	Pvd	e
7	(3209)	4w-4RER	MC	1932	Pvd	e
12	SARAH SIDDONS	4w-4wRE	VL	1922		
98401		4wBE	Permaquip 001	1987		
-		2-2wBER	Track Supplies NP/1023	1985		
A723 LNW	TMM 774	4wDM R/R Unimog 424131 10 088213 12/985		1982	OOU	
A456 NWX	L84	4wDM R/R Unimog 414121.10.101335 1035/83		1983		
C622 EWT	L85	4wDM R/R Unimog 424121.10.126262 1130/86		1986		
40/246		2w-2PMR	Wkm 9814	1965	Pvd	

a Converted to weedkilling train
c Pilot Motor Cars
d Track Recording Pilot Motor Cars
e Heritage Train

J. MURPHY & SONS LTD,
PLANT DEPOT, HIGHVIEW HOUSE, HIGHGATE ROAD, KENTISH TOWN
Gauge : 2'6".   (TQ 287855)

JM94	JMLM18	4wBE	CE	B1534A	1977
		Rebuilt	CE	B3672	1990
JM95	JMLM16	4wBE	CE	B1534B	1977
		Rebuilt	CE	B3672	1990
JM93	JMLM17	4wBE	CE	B1547B	1977
		Rebuilt	CE	B3672	1990

Gauge : 2'0".

JMLM25		4wBE	CE	B0145A	1973
		Rebuilt	CE	B3786B	1991

26	4wBE	CE	B0145C	1973
	Rebuilt	CE	B3799	1991
LM24	4wBE	CE	B0167	1974
	Rebuilt	CE	B3786A	1991
LM15	4wBE	CE	B3070A	1983
	Rebuilt	CE	B3782	1991
LM14	4wBE	CE	B3070B	1983
	Rebuilt	CE	B3804	1991
LM12	4wBE	CE	B3070C	1983
	Rebuilt	CE	B3804	1991
LM13	4wBE	CE	B3070D	1983
	Rebuilt	CE	B3782	1991
(JMLM)11	4wBE	CE	B3329A	1986
	Rebuilt	CE	B3791	1991
(JMLM)10	4wBE	CE	B3329B	1986
	Rebuilt	CE	B3804	1991
JMLM23 280537	4wBE	GB	420253	1970
	Rebuilt	WR		1983
JMLM19	4wBE	WR	6502	1962
	Rebuilt	WR	10102	1983
JMLM21	4wBE	WR	6503	1962
	Rebuilt	WR	10104	1983
JMLM22 4951	4wBE	WR	6504	1962
	Rebuilt	WR	10106	1983
LM20	4wBE	WR	6505	1962
	Rebuilt	WR	10105	1983
JMLM2	0-4-0BE	WR	M7550	1972
DN04	4wBE	WR	N7605	1973
(JMLM5)	4wBE	WR	N7606	1973
LM03	4wBE	WR	N7607	1973
LM09	4wBE	WR	N7620	1973
LM08	4wBE	WR	N7621	1973

Locos present in yard between contracts.

Gauge : 1'6".

JMLM7	0-4-0BE	WR	M7548 1972
(JMLM6)	0-4-0BE	WR	7617 1973

PLASSER RAILWAY MACHINERY (G.B.) LTD, DRAYTON GREEN ROAD, WEST EALING
Gauge : 4'8½".   (TQ 161809)

-	0-4-0DM	Bg/DC 2724 1963
-	4wDM	Plasser
-	4wDM	Plasser

ROYAL MAIL LETTERS LTD
(Part of London Region of Post Office Letters Ltd)
Locos are kept at :-
    King Edward Building, St Pauls   (TQ   )
    Mount Pleasant Parcels Office, Clerkenwell   (TQ 311823)
    New Western District Office, Rathbone Place (TQ 296814)
Gauge : 2'0".

-		4wRE	EE	601	1926	Pvd
1		4wBE	EE	702	1926	
2		4wBE	EE	703	1926	
3		4wBE	EE	704	1926	
BREAKDOWN No.1		4wRE	EE			a
BREAKDOWN WAGON CAR DEPOT No.2						
		4wRE	EE			a
BREAKDOWN No.3		4wRE	EE			a
66		2w-2-2-2wRE	_(EE	3335	1962	
			(EES	8314	1962	
169		2w-2RE	HE	9134	1982	d
170		2w-2RE	HE	9134	1982	d
01		2w-2-2-2wRE	GB420461/1	1980		
02		2w-2-2-2wRE	GB420461/2	1980		
03		2w-2-2-2wRE	GB420461/3	1980		
04		2w-2-2-2wRE	_(GB 420461/4	1980		
			(HE	9103	1980	
05		2w-2-2-2wRE	_(GB 420461/5	1980		
			(HE	9104	1980	
06		2w-2-2-2wRE	_(GB 420461/6	1980		
			(HE	9105	1980	
07		2w-2-2-2wRE	_(GB 420461/7	1980		
			(HE	9106	1980	
08	GREAT WEST EXPRESS	2w-2-2-2wRE	_(GB 420461/8	1980		
			(HE	9107	1980	
09		2w-2-2-2wRE	_(GB 420461/9	1981		
			(HE	9108	1981	
10		2w-2-2-2wRE	_(GB 420461/10	1981		
			(HE	9109	1981	
11		2w-2-2-2wRE	_(GB 420461/11	1981		
			(HE	9110	1981	
12		2w-2-2-2wRE	_(GB 420461/12	1981		
			(HE	9111	1981	
13		2w-2-2-2wRE	_(GB 420461/13	1981		
			(HE	9112	1981	
14	CAPITAL EXPRESS	2w-2-2-2wRE	_(GB 420461/14	1981		
			(HE	9113	1981	
15		2w-2-2-2wRE	_(GB 420461/15	1981		
			(HE	9114	1981	
16		2w-2-2-2wRE	_(GB 420461/16	1981		
			(HE	9115	1981	
17		2w-2-2-2wRE	_(GB 420461/17	1981		
			(HE	9116	1981	
18		2w-2-2-2wRE	_(GB 420461/18	1981		
			(HE	9117	1981	

19		2w-2-2-2wRE	_(GB 420461/19 1981				
			(HE 9118 1981				
20		2w-2-2-2wRE	_(GB 420461/20 1981				
			(HE 9119 1981				
21		2w-2-2-2wRE	_(GB 420461/21 1981				
			(HE 9120 1981				
22		2w-2-2-2wRE	_(GB 420461/22 1981				
			(HE 9121 1981				
23		2w-2-2-2wRE	_(GB 420461/23 1981				
			(HE 9122 1981				
24		2w-2-2-2wRE	_(GB 420461/24 1981				
			(HE 9123 1981				
25		2w-2-2-2wRE	_(GB 420461/25 1981				
			(HE 9124 1981				
26		2w-2-2-2wRE	_(GB 420461/26 1981				
			(HE 9125 1981				
27		2w-2-2-2wRE	_(GB 420461/27 1982				
			(HE 9126 1982				
28		2w-2-2-2wRE	_(GB 420461/28 1982				
			(HE 9127 1982				
29		2w-2-2-2wRE	_(GB 420461/29 1982				
			(HE 9128 1982				
30		2w-2-2-2wRE	_(GB 420461/30 1982				
			(HE 9129 1982				
31		2w-2-2-2wRE	_(GB 420461/31 1982				
			(HE 9130 1982				
32	CITY OF LONDON	2w-2-2-2wRE	_(GB 420461/32 1982				
92			(HE 9131 1982				
33	GREAT EAST EXPRESS	2w-2-2-2wRE	_(GB 420461/33 1982				
			(HE 9132 1982				
34		2w-2-2-2wRE	_(GB 420461/34 1982				
			(HE 9133 1982				
752		2w-2-2-2wRE	EE	752 1930	OOU	c	
-		2w-2-2-2wRE	EE	753 1930		b	
754		2w-2-2-2wRE	EE	754 1930	OOU	e	
35		2w-2-2-2wRE	EE	755 1930			
36		2w-2-2-2wRE	EE	756 1930			
759		2w-2-2-2wRE	EE	759 1930	OOU	c	
37		2w-2-2-2wRE	EE	760 1930			
38		2w-2-2-2wRE	EE	761 1930			
39		2w-2-2-2wRE	EE	762 1930			
763		2w-2-2-2wRE	EE	763 1930	OOU	c	
793		2w-2-2-2wRE	EE	793 1930	OOU	c	
795		2w-2-2-2wRE	EE	795 1930	OOU	c	
797		2w-2-2-2wRE	EE	797 1930	OOU	e	
799		2w-2-2-2wRE	EE	799 1930	OOU	c	
801		2w-2-2-2wRE	EE	801 1930	OOU		
802		2w-2-2-2wRE	EE	802 1930	OOU	c	
804		2w-2-2-2wRE	EE	804 1930	OOU	c	
41		2w-2-2-2wRE	EE	805 1930			
42		2w-2-2-2wRE	EE	806 1930			
810		2w-2-2-2wRE	EE	810 1930	OOU		
43		2w-2-2-2wRE	EE	811 1930			
44		2w-2-2-2wRE	EE	812 1930			

813		2w-2-2-2wRE	EE	813	1930	OOU	c
45		2w-2-2-2wRE	EE	814	1930		
46		2w-2-2-2wRE	EE	815	1930		
816		2w-2-2-2wRE	EE	816	1930	OOU	c
817		2w-2-2-2wRE	EE	817	1930	OOU	c
818		2w-2-2-2wRE	EE	818	1930	OOU	c
47		2w-2-2-2wRE	EE	819	1930		
820		2w-2-2-2wRE	EE	820	1931	OOU	c
-		2w-2-2-2wRE	EE	821	1931		b
822		2w-2-2-2wRE	EE	822	1931	OOU	c
823		2w-2-2-2wRE	EE	823	1931	OOU	e
48		2w-2-2-2wRE	EE	824	1931		
826		2w-2-2-2wRE	EE	826	1931	OOU	c
49		2w-2-2-2wRE	EE	827	1931		
828		2w-2-2-2wRE	EE	828	1931	OOU	f
830		2w-2-2-2wRE	EE	830	1931	OOU	c
925		2w-2-2-2wRE	EE	925	1936	OOU	c
926		2w-2-2-2wRE	EE	926	1936		
50		2w-2-2-2wRE	EE	928	1936		
929		2w-2-2-2wRE	EE	929	1936	OOU	e
930		2w-2-2-2wRE	EE	930	1936	OOU	f
51		2w-2-2-2wRE	EE	931	1936		
932		2w-2-2-2wRE	EE	932	1936	OOU	c

+ Converted to a battery carrier
a Converted to a wagon
b Converted to a passenger car
c Stored in a disused tunnel at Rathbone Place
d Spare power units. May be found running in 501 to 534 or stored in Mount Pleasant Depot
e Stored in a siding under Wimpole Street
f Stored in a siding under High Holborn

TAYLOR WOODROW CIVIL ENGINEERING LTD,
PRECAST FACILITY, RUISLIP ROAD, SOUTHALL
Gauge : 2'0". (TQ 126826)

	SANDY	4wDH	AK	49 1994
	ANNIE	4wDH	Schöma	4415 1980
	LINDA	4wDH	Schöma	5159 1990
	JENNY	4wDH	Schöma	5239 1991
	LINDSAY	4wDH	Schöma	5240 1991
L02	JANE	4wDH	Schöma	5204 1991
L01	ELAINE	4wDH	Schöma	5208 1991
L03	JULIE	4wDH	Schöma	5207 1991
L04	SUSANNE	4wDH	Schöma	
L05	LORRAINE	4wDH	Schöma	5205 1991

TILBURY DOUGLAS CONSTRUCTION LTD, WATERLOO & CITY LINE CONTRACT
Gauge : 4'8½". (TQ 312798)

1	3	4wBE	CE
2	23	4wBE	CE

WALSH BROS (TUNNELLING) LTD, PLANT DEPOT, 9 BARNARD HILL, MUSWELL HILL
Gauge : 1'6". (   )

-	4wBE		CE	B2200B 1979
	Rebuilt		CE	B3990 1993

PRESERVATION SITES

BECKTON COUNCIL, BECKTON
Gauge : 4'8½". (   )

    ROBERT   0-6-0ST OC AE   2068 1933

BRITISH RAIL
Ilford E.M.U. Depot
Gauge : 4'8½".   (TQ 445869)

65217   306 017   4w-4wRER

Old Oak Common Depot
Gauge : 4'8½". (   )

D1015
   WESTERN CHAMPION   C-CDH   Sdn   1962
D9000 (55022)   Co-CoDE   _(EE 2905 1960   +
   ROYAL SCOTS GREY   (VF D557 1960
D9016 (55016)   Co-CoDE   _(EE 2921 1961   +
   GORDON HIGHLANDER   (VF D573 1961

    +   Property of The Deltic 9000 Fund.
        Preserved locomotives stored here between B.R. Open Day appearances, etc.

MIKE BROWN, NORTH HARROW
Gauge : 2'0". (   )

    -                     4wPM   L   26288 1945

JOHN CROSSKEY
Gauge : 2'0". (   )

    -                     4wDM   RH 277265 1949   +
    -                     2w-2PM   Rhiwbach   Dsm

    +   Currently stored elsewhere

ENFIELD TIMBER COMPANY, 1-23 HERTFORD ROAD, ENFIELD HIGHWAY, ENFIELD
Gauge : 1524mm.   (TQ 352966)

792	HEN	0-6-0T	OC	TK	373	1927

FLYING SCOTSMAN SERVICES, SOUTHALL M.P.D., SOUTHALL
Gauge : 4'8½".   (TQ 133798)

35028	CLAN LINE	4-6-2	3C	Elh		1948
60103	FLYING SCOTSMAN	4-6-2	3C	Don	1564	1923
D2447	LORD LEVERHULME	0-4-0DM		AB	388	1953

G.W.R. PRESERVATION GROUP LTD,
SOUTHALL RAILWAY CENTRE, GLADE LANE, SOUTHALL
Gauge : 4'8½".   (TQ 133798)

2885		2-8-0	OC	Sdn	1938
4110		2-6-2T	OC	Sdn	1936
9682		0-6-0PT	IC	Sdn	1949
68078		0-6-0ST	IC	AB	2212 1946
2	WILLIAM MURDOCH	0-4-0ST	OC	P	2100 1949
	BIRKENHEAD	0-4-0ST	OC	RSHN	7386 1948
53233		2-2w-2w-2DMR		MC	1957
53628		2-2w-2w-2DMR		Derby C&W	1958
305.935 ADB 977640					
	(E61463)	4w-4wWE		York	1960
A.E.C. No.1		4wDM		AEC	1938
9117		4wDM		BD	3706 1975
FRANCIS BAILY OF THATCHAM					
ARMY 251		0-4-0DM		RH	390772 1956

KEW BRIDGE STEAM MUSEUM,
KEW BRIDGE MUSEUM STEAM RAILWAY, GREEN DRAGON LANE, BRENTFORD
Gauge : 2'0".   (TQ 188780)

	CLOISTER	0-4-0ST	OC	HE	542 1891
	-	0-4-0ST	IC	Kew	1995
D.L.R.No.1	WENDY	0-4-0ST	OC	WB	2091 1919
2	ALISTER	4wDM		L	44052 c1958

KINGS COLLEGE, STRAND
Gauge : 1'3".   (TQ 308808)

	PEARL	2-2-2	IC	B(C)	1860

LONDON REGIONAL TRANSPORT,
LONDON TRANSPORT MUSEUM, COVENT GARDEN
Gauge : 4'8½".   (TQ 303809)

		4wWT	G	AP	807	1872	
23		4-4-0T	OC	BP	710	1866	
4416		2w-2-2-2wRE		BRC		1939	
		Rebuilt		Acton		1971	+
ESL107		4w-4-4-4wRE	BRCW/Met Amal			1903	
		Rebuilt		Acton		1939	+
4184		4w-4RER		GRC		1924	+
4248		4w-4RER		GRC		1924	
L35		4w-4wBE/RE		GRC		1938	+
4417		2w-2-2-2wRE		GRC		1939	
		Rebuilt		Acton		1971	+
320		4w-4wRER		MC		1927	+
(3693)	L131	4w-4RE		MC		1934	
		Rebuilt		Acton		1967	+
2048		4w-4wRER		MC		1938	+
10012		4w-4wRER		MC		1938	+
11012		4w-4wRER		MC		1938	+
11182		2-2w-2w-2RER		MC		1939	
22679		2w-2-2-2wRER		MC		1952	+
5	JOHN HAMPDEN	Bo-BoRE		VL		1922	

+ Stored at various L.U.L. locations

MUSEUM OF LONDON, LONDON WALL, LONDON EC 2
Gauge : 2'0".   (TQ 322816)

	4w Atmospheric Car	c1865
-		

NORTH WOOLWICH OLD STATION MUSEUM, PIER ROAD, NORTH WOOLWICH
Gauge : 4'8½".   (TQ 433798)

35010	BLUE STAR	4-6-2	3C	Elh		1942	+
45293		4-6-0	OC	AW	1348	1936	+
No.35	RHIWNANT	0-6-0ST	IC	MW	1317	1895	+
No.14	DOLOBRAN	0-6-0ST	IC	MW	1762	1910	a
No.15	RHYL 8310/41	0-6-0ST	IC	MW	2009	1921	a
5	ABERNANT	0-6-0ST	IC	MW	2015	1921	
No.229		0-4-0ST	OC	N	2119	1876	
-		0-6-0ST	OC	P	2000	1942	
BARKING POWER	DUDLEY	4wDM		FH	(329419	48?)	
54256		2w-2-2-2wRER		BRCW		1939	+

+ Not on public display
a Stored at Custom House

S.C. ROBINSON, 47 WAVERLEY GARDENS
Gauge : 2'0".   (TQ 187831)

```
   -                     4wDMF         RH 209429 1943
```

ROYAL AIR FORCE MUSEUM, GRAHAME PARK WAY, HENDON
Gauge : 2'0".   (   )

```
NG 23                    4wBE          BD   3702 1973
                         Rebuilt       AB        1987
A.M.W. No. 165           4wDM          RH 194784 1939        +
```

   + Currently under overhaul at R.A.F. Stanbridge

SEA CONTAINERS LTD, V.S.O.E. c/o BRITISH RAIL, STEWARTS LANE E.M.U. DEPOT
Gauge : 4'8½".   (TQ 288766)

```
3051  S288S  CAR No.88  4w-4wRER      MC          1932
```

SCIENCE MUSEUM, SOUTH KENSINGTON
Gauge : 5'0".   (TQ 268793)

```
"PUFFING BILLY"          4w            VCG Wm.Hedley 1827-1832    +
```

   + Incorporates part of loco of same name built c1814

Gauge : 4'8½".

```
4073  CAERPHILLY CASTLE  4-6-0    4C   Sdn            1923
      "SANS PAREIL"      0-4-0    VC   Hackworth      1829
      ROCKET             0-2-2    OC   RS          19 1829
3327                     4w-4RER       M              1929    +
No.13                    4wRE          MP/BP          1890    a
```

   + In store at M.O.D., A.R.O., Kineton, Warwickshire
   a Carried plates from No.1 until possible identity established c/1990

SOUTHERN EPB GROUP, c/o STRAWBERRY HILL R.S.D. & CARRIAGE DEPOT
Gauge : 4'8½".   (TQ 154720)

```
6259  65373              4w-4RER       Elh           1954
```

STABLES MARKET, CAMDEN LOCK
Gauge : 4'8½".   (   )

```
21147                    4w-4wRER      MC            1949
```

GREATER MANCHESTER

INDUSTRIAL SITES

A.B.B. BRITISH WHEELSET LTD, TRAFFORD PARK WORKS,
ASHBURTON ROAD WEST, TRAFFORD PARK, MANCHESTER
Gauge : 4'8½".   (SJ 779971)

(D3366	08926)	001	0-6-0DE	Derby	1957	
14			0-4-0DM	_(RSH 8089	1959	OOU
				(DC 2654	1959	

ADAMS PEAT PRODUCTS,
FOUR LANE ENDS MILL, FOUR LANE ENDS, off ASTLEY ROAD, IRLAM
Gauge : 2'0".   (SJ 699954)

-	4wDM	L	7954	1936	OOU

AMEY-DONELON,
PLANT DEPOT, CRANFIELD ROAD INDUSTRIAL ESTATE, LOSTOCK, BOLTON
Gauge : 2'0".   (SD 628110)

No.515			4wBE	CE	B3259A	1986
No.516			4wBE	CE	B3259C	1986
No.517			4wBE	CE	B3259B	1986
	T/E 319		4wBE	CE	5238	1966
	T/E 320		4wBE	CE	5868/3	1971
10	T/E 331		4wBE	CE	B0182B	1974
	T/E 332		4wBE	CE	B0182A	1974
	T/E 378		4wBE	CE	5481	1968
-			4wBE	CE	5378	1967	Dsm

Gauge : 1'6".

	T/E 300		4wBE	CE		
	T/E 301		0-4-0BE	WR	N7608	1974
9	T/E 303		4wBE	CE	B0151	1973
5	T/E 304		0-4-0BE	WR	N7609	1974
11	T/E 306		0-4-0BE	Donelon		
15	T/E 307		0-4-0BE	Donelon		
12	T/E 333		4wBE	CE	B0171B	1974
7	T/E 363		4wBEF	CE	B0171C	1974
3	T/E 364		4wBEF	CE	B0171A	1974
2	T/E 372		4wBE	CE	B1570	1978
13	T/E 390	JFD 39	0-4-0BE	Donelon		
16	T/E 405	JFD 50	4wBEF	CE	B0171D	1974
	T/E 425		0-4-0BE	Donelon		
	T/E 429		4wBE	CE	5911C	1972

T/E 430	0-4-0BE	Donelon			
T/E 435	0-4-0BE	Donelon			
T/E 471	4wBE	CE	B2200A	1979	

Locos present in yard between contracts.

ASHTON PACKET BOAT CO LTD, HANOVER STREET NORTH, GUIDE BRIDGE
Gauge : 2'0". (SJ 920978)

-	4wDM	HE	2820	1943
-	4wDM	HE	6012	1960
-	4wDM	MR	22031	1959
-	4wDM	RH	200761	1941

D.C.T. CIVIL ENGINEERING, PLANT DEPOT, PROSPECT HOUSE, GEORGE STREET, SHAW, OLDHAM
Gauge : 2'0". (   )

-	4wBE	CE

GREATER MANCHESTER METRO LTD, QUEENS ROAD DEPOT, CHEETHAM HILL, MANCHESTER
Gauge : 4'8½". (SD 848005)

-	4wDH	_(GECT 5862 1991
		(RFSK V337 1991

JOSE K. HOLT GORDON LTD, SCRAP MERCHANTS, CHEQUERBENT, WESTHOUGHTON
Gauge : 4'8½". (SD 674062)

-	0-6-0ST	OC	AE	1600	1912	OOU

KILROE CIVIL ENGINEERING LTD, PLANT DEPOT, NEWTON ROAD, LOWTON ST MARY'S, near WARRINGTON
Gauge : 2'0". (SJ 632974)

1511	4wBE	CE	5382	1966	
1520	4wBE	CE	B0445	1975	
2143	4wBE	CE	B3611	1989	
-	4wBE	PWRA 0296V.02 1993			
-	4wBE	PWRA 0296V.03 1993			
-	4wBE	PWRA 0296V.04 1993			
S10	4wBE	WR			

Gauge : 1'6".

1291	4wBE	CE	+
S12 1293	4wBE	CE	+
1294	4wBE	CE	+

S11	1517	4wBE	CE	B0122	1973	
-		4wBE	CE			+
-		4wBH	Kilroe			
S1		0-4-0BE	WR			a
S2		0-4-0BE	WR			a
	1293	0-4-0BE	WR			a
	1300	0-4-0BE	WR			a
	1508	0-4-0BE	WR			a
	1514	0-4-0BE	WR			a
	1518	0-4-0BE	WR			a
	2019	0-4-0BE	WR			a

+ Original locos included 5858/1971, B0105.A & B/1973 and B0172/1973
a Original locos included 6600/1962, C6711/1963, N7611/1972 and N7612-N7614/1973

Locos present in yard between contracts.

MANCHESTER SHIP CANAL CO LTD,
MODE WHEEL NEW DEPOT, DANIEL ADAMSON ROAD, WEASTE, SALFORD
& BARTON DOCK LOCO SHED, TRAFFORD PARK
Gauge : 4'8½".   (SJ 791955, 795979)

D6	0-6-0DM	HC	D1191	1960
DH23	4wDH	RR	10226	1965
DH24	4wDH	RR	10227	1965
DH26	4wDH	RR	10229	1965

See also entry under Cheshire.

JOSEPH METCALF LTD
Locos are kept at :-
　　　　C - Chat Moss, Irlam　　　　(SJ 708963)
　　　　T - Twelve Yards Road, Irlam (SJ 715966)
Gauge : 2'0".

-		4wDM	AK	No.5	1979	C
51651		4wDM	LB	51651	1960	T
	KATE	4wDM	MR	7215	1938	

OTIS EURO TRANS RAIL LTD, FREIGHT TERMINAL, LIVERPOOL ROAD, SALFORD
Gauge : 4'8½".   (SJ 823981)

(D2170)	03170	0-6-0DM	Sdn		1960	
(D3977)	08809	0-6-0DE	Derby		1960	
2	TAURUS	0-4-0DM	_(VF	D139	1951	OOU
			(DC	2273	1951	

PIKROSE & CO LTD, WINGROVE & ROGERS DIVISION, DELTA ROAD, AUDENSHAW
(SK 922975)   New PWR locos under construction, and locos for repair, usually present.

QUEGHAN CONSTRUCTION CO LTD, PLANT DEPOT,
QUEGHAN HOUSE, STAMPSTONE STREET, off SHAW ROAD, OLDHAM
Gauge : 1'6".   (SJ   )

-	0-4-0BE	WR	7662	1975
	Rebuilt	WR	10132	1984
-	0-4-0BE	WR	7663	1975
	Rebuilt	WR	10133	1984

Locos present in yard between contracts.

REEF SHAW LTD,
c/o NORTH WEST BLASTING, MORT LANE INDUSTRIAL ESTATE, TYLDESLEY
Gauge : 1'6"/2'0".   (SD 712026)

-	4wBE	CE
-	4wBE	CE
-	4wBE	CE
-	4wBE	CE

Locos stored in other company's yard, between contracts.

IAN V. RILEY ENGINEERING, BURY CAR SHEDS, BURY
Gauge : 4'8½".   (   )
Locos occasionally present for maintenance or repair.

SALDOWN LTD,
CRANFIELD ROAD, LOSTOCK INDUSTRIAL ESTATE, LOSTOCK, BOLTON
Gauge : 2'0".   (SD 650098)

-	4wBE	CE	5640	1969
PLANT No.432/43	4wBE	CE	5866A	1971

S.T.S. CONTAINER BASE LTD, BARTON DOCK ROAD, TRAFFORD PARK
Gauge : 4'8½".   (   )

1/23/94	4wDM	R/R	NNM	1994

THE TRAFFORD PARK COMPANY,
c/o TRAFFORD PARK ESTATES PLC, 'B' JUNCTION, THIRD AVENUE, TRAFFORD PARK
Gauge : 4'8½".   (SJ 794970, SJ 786979)

(D3538) 08423	0-6-0DE	Derby	1958	
(D3780) 08613	0-6-0DE	Derby	1959	
(D3782 08615)	0-6-0DE	Derby	1959	
(D3836) 08669	0-6-0DE	Crewe	1960	
-	6wDH	TH	180V 1967	
-	4wDH	WB	3208 1961	OOU
R.A. LAWDAY	0-6-0DE	YE	2878 1963	

VERNON & ROBERTS LTD, AQUEDUCT WORKS, PEEL STREET, STALYBRIDGE
Gauge : 4'8½".   (SJ 957983)

| | | 4wDM | RH 186309 1937 | OOU |

PRESERVATION SITES

EAST LANCASHIRE RAILWAY PRESERVATION SOCIETY, BURY TRANSPORT MUSEUM
Locos are kept at :-
    Bolton Street Station, Bury   (SD 802107)
    Buckley Wells Shed, Bury   (SD 800103)
    Bury Depot   (SD 799101)
    Castlecroft Road Goods Shed, Bury   (SD 803109)
Gauge : 4'8½".

1439		0-4-0ST	IC	Crewe	842	1862
7229		2-8-2T	OC	Sdn		1935
7828	ODNEY MANOR	4-6-0	OC	Sdn		1950
42765		2-6-0	OC	Crewe	5757	1927
(45337) 5337		4-6-0	OC	AW	1392	1937
(45407) 5407		4-6-0	OC	AW	1462	1937
(45690) 5690	LEANDER	4-6-0	3C	Crewe	288	1936
		Rebuilt		Derby		1973
46428		2-6-0	OC	Crewe		1948
46441		2-6-0	OC	Crewe		1950
47324		0-6-0T	IC	NBH	23403	1926
52322		0-6-0	IC	Hor	420	1896
60007	SIR NIGEL GRESLEY	4-6-2	3C	Don	1863	1937
71000	DUKE OF GLOUCESTER	4-6-2	3C	Crewe		1954
73156		4-6-0	OC	Don		1956
80097		2-6-4T	OC	Bton		1954
92207	MORNING STAR	2-10-0	OC	Sdn		1959
No.1		0-4-0ST	OC	AB	1927	1927
411-388		2-8-0	OC	AL	70284	1942
1 32	GOTHENBURG	0-6-0T	IC	HC	680	1903
No.70	PHOENIX	0-6-0T	IC	HC	1464	1921
-		2-8-0	OC	NBH	24648	1941
1151		0-4-0ST	OC	P	1438	1916
E.L.R. No.1		0-6-0T	OC	RSHN	7683	1951
THE ROYAL ARMY ORDNANCE CORPS						
(D)61 (45112)		1Co-Co1DE		Crewe		1962
(D335) 40135		1Co-Co1DE		_(EE	3081	1961
				(VF	D631	1961
(D345) 40145		1Co-Co1DE		_(EE	3091	1961
				(VF	D641	1961
(D415) 50015	VALIANT	Co-CoDE		_(EE	3785	1968
				(VF	D1156	1968
D832	ONSLAUGHT	B-BDH		Sdn		1960
D1041	WESTERN PRINCE	C-CDH		Crewe		1962
(D)1501 (47402)	GATESHEAD	Co-CoDE		BT	343	1962

(D1705)	47177 SPARROW HAWK		Co-CoDE	BT	467	1965
(D2587)			0-6-0DM	HE	7180	1969
			Rebuild of	HE	5636	1959
D2767			0-4-0DH	NB	28020	1960
			Rebuilt	AB		1968
D2774			0-4-0DH	NB	28027	1960
			Rebuilt	AB		1968
(D2956	01003)		0-4-0DM	AB	398	1956
(D3594)	08479		0-6-0DE	Hor		1958
(D4036)	08868		0-6-0DE	Dar		1960
D5054	(24054)		Bo-BoDE	Crewe		1959
D5518	(31101)		A1A-A1ADE	BT	89	1958
D7076			B-BDH	BPH	7980	1963
(D7612	25901)	25262	Bo-BoDE	Derby		1966
D9019	(55019)		Co-CoDE	_(EE	2924	1961
ROYAL HIGHLAND FUSILIER				(VF	D576	1961
D9531			0-6-0DH	Sdn		1965
E 51813			2-2w+2w-2DMR	BRCW		1961
E 51842			2-2w+2w-2DMR	BRCW		1961
M 65451			4w-4wRER	Wolverton		1959
RDB 975003						
(Sc 79998)	GEMINI		4w-4wBER	Derby C&W		1956
			Rebuilt	Cowlairs		1958
	BENZOLE		4wDM	FH	3438	1950
4002			0-6-0DE	HC	D1076	1959
M.S.C.ENGINEERS No.1						
	CASTLEFIELD		0-6-0DM	HC	D1199	1960
(7069)			0-6-0DM	HL	3841	1935
-			4wDM	MR	9009	1948
JEAN			0-4-0DH	RR	10204	1965
-			4wDH	S	10175	1964

HAIGH RAILWAY, HAIGH HALL COUNTRY PARK, WIGAN
Gauge : 1'3".   (SD 599087)

	GILBERT SWIFT	0-6-2DH	S/O	AK		41	1992
15	W. BROGAN B.E.M.	0-6-0DM		G&S			1961	b

b   Carries plates G&S 15/1959

MOSELEY INDUSTRIAL TRAMWAY AND MUSEUM, THE MARGARET DANYERS COLLEGE,
NORTHDOWNS ROAD, CHEADLE HULME, STOCKPORT
Gauge : 2'0".   (SJ 864871)

"No.1"	THE LADY D	4wDM		MR	8934	1944
3		4wDM		MR	8878	1944
"No.4"	SMELTER	4wDM	S/O	RH	229647	1943
5		4wDM		RH	223667	1943
6		4wPM		MR	9104	1941
7	THE MOSELEY FLYER	4wDM		MR	8663	1941
8		4wPM		KC		c1926

"No.9" 89		4wPM	MR	4565 1928	
"No.10"		4wDM	MR	7522 1948	
"No.11" ALD HAGUE		4wPM	FH	3465 1954	
"No.13"		4wDM	MR	11142 1960	
14 KNOTHOLE WORKER		4wDM	MR	22045 1959	
"No.16" "CATHODE"		4wBE	GB	2960 1959	
"No.17" ANODE		4wBE	GB	420172 1969	
"No.18" 8103 L.C.W.W. 18		4wDM	HE	6299 1964	
19		4wDM	MR	7512 1938	
"No.20"		4wBE	GB	2345 1950	
21 2		4wDM	MR	8669 1941	
23		4wDM	L	52031c1960	c
24 DOROTHY		4wDM	RH	198228 1940	
29		4wDM	RH	195846 1939	
"No.31"		4wPM	L	3834 1931	Dsm
"No.32"		4wDM	LB	52885 1962	
"No.35"					
(DX 68061) TR26 PWM 2214		2w-2DMR	Wkm	4131 1947	
36 6 COMMERCIAL		4wDM	RH	280865 1949	
37		4wDM	RH	260719 1948	
"No.38" 24		4wDM	RH	223749 1944	
"No.39" LR 2832		4wPM	MR	1111 1918	
"No.40" DIODE		0-4-0BE	WR	L1021 1983	b
41 2563 TAMAR		4wPM	OK	2563 1929	
"No.42" 8		4wBEF	MV/BP	989 1955	
CHAUMONT		4wDH	HU	LX1002 1968	
-		4wPM	MR	1369 1918	
MAVIS		4wDM	RH	7002/0967/6 1967	
-		4wDM		Schöma1676 1955	

    a Currently under renovation in Cheadle Hulme
    b Currently under renovation elsewhere
    c Plate reads 25031

THE MUSEUM OF SCIENCE & INDUSTRY IN MANCHESTER,
LIVERPOOL ROAD, CASTLEFIELD, MANCHESTER
Gauge : 5'6". (SJ 831978)

3157		4-4-0	IC	VF	2759 1911

Gauge : 4'8½".

LORD ASHFIELD	0-6-0F	OC	AB	1989 1930	
-	0-4-0VBTram		BP	2734 1886	a
PLANET	2-2-0	OC	MSI	1992	
AGECROFT No.3	0-4-0ST	OC	RSHN	7681 1951	
"NOVELTY"	2-2-0VBWT		VCScience Mus. 1929		+
(27001) ARIADNE 1505	Co-CoWE		Gorton	1066 1954	
-	4wBE		EE	1378 1944	
-	0-4-0DM		JF	4210074 1952	

    + Replica of original loco built 1829, by Braithwaite & Ericsson
    a Currently in store at Sheffield

Gauge : 3'6".

| 2352 | | 4-8-2+2-8-4T | 4C | BP | 6639 | 1930 |

Gauge : 3'0".

| No.3 | PENDER | 2-4-0T | OC | BP | 1255 | 1873 | + |

+ Loco is sectioned to show moving parts

RED ROSE STEAM SOCIETY,
ASTLEY GREEN COLLIERY MUSEUM, ASTLEY, TYLDESLEY
Gauge : 4'8½". (SJ 705998)

| - | | 0-4-0ST | OC | AE | 1563 | 1908 |
| - | | 4wDM | | RH | 244580 | 1946 |

Gauge : 2'6".

| 3 | | 4wBEF | | EE | | | + |
| | NEWTON | 4wDH | | HE | 8975 | 1979 | |

+ One of EE 2417/RSHN 7936 1957, EE 2847/RSHN 8134 1960,
  EE 3163/RSHD 8303 1961, or EE 3426/RSHD 8455 1963.

Gauge : 2'0".

| - | 4wDMF | HE | 8834 | 1978 |
| - | 4wDM | MR | 11218 | 1962 |

SALFORD METROPOLITAN DISTRICT COUNCIL,
GEORGE THORNS RECREATION CENTRE, LIVERPOOL ROAD, IRLAM
Gauge : 4'8½". (SJ 722943)

| 1 | 0-4-0F | OC | P | 2155 | 1955 |

MELVYN THORLEY, 15 BUTTERCUP DRIVE, CROSSBRIDGES, ADSWOOD, STOCKPORT
Gauge : 4'8½". (   )

| PWM 2779 | 2w-2PMR | Wkm | 6878 | 1954 |

Gauge : 2'0".

| - | 4wDM | L | 8022 | 1936 |

MERSEYSIDE

INDUSTRIAL SITES

FORD MOTOR CO LTD, HALEWOOD FACTORY, LIVERPOOL
Gauge : 4'8½".   (SJ 450845, 446843)

2	A35	154885	0-4-0DH	YE	2675	1961
3	A16		0-4-0DH	YE	2679	1962

NORWEST HOLST PLANT LTD, BRIDGE HOUSE, DUNNINGSBRIDGE ROAD, BOOTLE
Gauge : 2'0".   (SJ 365992)

-	4wBE	CE	B2228A 1980
-	4wBE	CE	B2228B 1980
-	4wBE	WR	556801 1988

Locos present in yard between contracts.

SHEPPERD FRAGMENTISERS LTD, ST. HELENS JUNCTION SCRAPYARD, ST. HELENS
Gauge : 4'8½".   (SJ 534932)

-	0-4-0DM	JF	4210085 1953	OOU

PRESERVATION SITES

KNOWSLEY SAFARI PARK, KNOWSLEY HALL, near PRESCOT
Gauge : 1'3".   (SJ 460936)

-	2-6-0DH	S/O	SL 343.2.91	1991

LAKESIDE MINIATURE RAILWAY, MARINE LAKE, SOUTHPORT
Gauge : 1'3".   (SD 331174)

	RED DRAGON	4-4-2	OC	G.Walker/A.J.Moss	1991	+
4468	DUKE OF EDINBURGH	4-6-2DE	S/O	Barlow	1948
No.2510	PRINCE CHARLES	4-6-2DE	S/O	Barlow	1954
	GOLDEN JUBILEE 1911-1961	4-6wDE	S/O	Barlow	1963
	PRINCESS ANNE	6-6wDH		SL	1971

+   Incorporates parts of BL 15/1909

MERSEYSIDE METROPOLITAN COUNTY COUNCIL,
LIVERPOOL MUSEUM, WILLIAM BROWN STREET, LIVERPOOL
Gauge : 4'8½". (SJ 349908)

LION		0-4-2	IC	Todd, Kitson&Laird		1838
M.D. & H.B. No.1		0-6-0ST	OC	AE	1465	1904
No.3		4w-4wRER		BM		1892

NEWTON-LE-WILLOWS COMMUNITY HIGH SCHOOL, NEWTON-LE-WILLOWS
Gauge : 2'6". (   )

(PARKSIDE)	4wDH		HE	8825 1978

PREMIER BRANDS LTD, PASTURE ROAD, MORETON
Gauge : 4'8½". (SJ 262908)

D4	0-4-0DM		HC	D1012 1956

SOUTHPORT PIER RAILWAY, SOUTHPORT
Gauge : 60cm. (SD 335176)

ENGLISH ROSE	4w-4DH		SL	23 1973

SOUTHPORT RAILWAY CENTRE, DERBY ROAD MOTIVE POWER DEPOT, SOUTHPORT
Gauge : 4'8½". (SD 341170)

5193		2-6-2T	OC	Sdn		1934	
	ALEXANDER	0-4-0ST	OC	AB	1865	1926	
No.2		0-4-0F	OC	AB	1950	1928	
	LUCY	0-6-0ST	OC	AE	1568	1909	a
	CECIL RAIKES	0-6-4T	IC	BP	2605	1885	
	KINSLEY	0-6-0ST	IC	HE	1954	1939	
-		0-6-0ST	IC	HE	3155	1944	
193	SHROPSHIRE	0-6-0ST	IC	HE	3793	1953	
GLASSHOUGHTON No.4		0-6-0ST	IC	HE	3855	1954	
19		0-4-0ST	OC	Hor	1097	1910	
	WHITEHEAD	0-4-0ST	OC	P	1163	1908	
-		0-4-0ST	OC	P	1935	1937	
NORTH WESTERN GAS BOARD		0-4-0ST	OC	P	1999	1941	
5		0-6-0ST	OC	P	2153	1954	
1	AGECROFT No.2	0-4-0ST	OC	RSHN	7485	1948	
	ST.MONANS	4wVBT	VCG	S	9373	1947	
D2148)		0-6-0DM		Sdn		1960	
D2189) 03189		0-6-0DM		Sdn		1961	
D2593) D2595		0-6-0DM		HE	7179	1969	
		Rebuild of		HE	5642	1959	
D2870		0-4-0DH		YE	2677	1960	
M)28361(M)		4w-4wRER		Derby C&W		c1939	
-		4wBE		GB	2000	1945	

	MIGHTY ATOM	0-4-0DM	HC	D628	1943
	-	0-4-0DM	HC	D629	1945
	PERSIL	0-4-0DM	JF	4160001	1952
No.46		0-4-0DH	NB	27653	1956
	HARRY LANGFORD	4wDH	TH	123V	1963
STANLOW No.4		0-4-0DH	TH	160V	1966

a Under renovation at Cammell Laird Ltd, Birkenhead

Gauge : 2'0".

12		4wDM	MR	11258	1964

WIRRAL BOROUGH COUNCIL, SHORE ROAD MUSEUM,
SHORE ROAD PUMPING STATION, HAMILTON STREET, BIRKENHEAD
Gauge : 4'8½".   (   )

M28690M
    IVOR T. DAVIES G.M.   4w-4wRER   Derby C&W c1939

Currently in store at B.R. Kirkdale Depot (SJ 347939).

NORFOLK

INDUSTRIAL SITES

BRITISH SUGAR CORPORATION LTD
Cantley Factory
Gauge : 4'8½".   (TG 386034)

1		0-6-0DM	RH	304468	1950	OOU

Saddlebow Factory, South Lynn, Kings Lynn
Gauge : 4'8½".   (TF 609178)   R.T.C.

-		0-4-0DM	RH	327974	1954	OOU

MAY GURNEY & CO LTD, PLANT DEPOT, TROWSE, NORWICH
Gauge : 1'6".   (TG 244071)

-		2w-2BE	Iso	T48	1973
-		2w-2BE	Iso		
-		2w-2BE	Iso		

Locos present in yard between contracts.

MINISTRY OF DEFENCE, ARMY DEPARTMENT,
STANFORD BATTLE AREA, near THETFORD
 See Section Five for full details.

REDLAND AGGREGATES LTD, TROWSE STATION, NORWICH
Gauge : 4'8½". (TG 243071)

		4wDH		TH/S	177C	1967	OOU
	Rebuild of	4wVBT	VCG	S	9401	1950	

PRESERVATION SITES

BRESSINGHAM STEAM PRESERVATION COMPANY,
BRESSINGHAM LIVE STEAM MUSEUM, BRESSINGHAM HALL, near DISS
Gauge : 4'8½". (TM 080806)

(30102)	GRANVILLE	0-4-0T	OC	9E	406	1893
(32662)	662	0-6-0T	IC	Bton		1875
(41966)	80 THUNDERSLEY	4-4-2T	OC	RS	3367	1909
(42500)	2500	2-6-4T	3C	Derby		1934
(46100)	6100 ROYAL SCOT	4-6-0	3C	Derby		1930
		Rebuilt		Crewe		1950
(46233)	6233					
	DUCHESS OF SUTHERLAND	4-6-2	4C	Crewe		1938
(62785)	No.490	2-4-0	IC	Str	836	1894
70013	OLIVER CROMWELL	4-6-2	OC	Crewe		1951
	BLUEBOTTLE	0-4-0F	OC	AB	1472	1916
6841	WILLIAM FRANCIS	0-4-0+0-4-0T	4C	BP	6841	1937
	No.1	0-4-0T	OC	N	4444	1892
	No.25	0-4-0ST	OC	N	5087	1896
377	KING HAAKON 7	2-6-0	OC	Nohab	1164	1919
	MILLFIELD	0-4-0CT	OC	RSHN	7070	1942
5865	PEER GYNT	2-10-0	OC	Schichau	4230	1944
YARD No.12228		0-4-0DH		HE	6975	1968

Gauge : 1'11".   Nursery Line.

No.1643	BRONLLWYD	0-6-0WT	OC	HC	1643	1930
No.316	GWYNEDD	0-4-0STT	OC	HE	316	1883
No.994	GEORGE SHOLTO	0-4-0ST	OC	HE	994	1909
7	TOBY	4wDM	S/O	MR	22210	1964

Gauge : 1'3".   Waveney Valley Railway.

No.1662	ROSENKAVALIER	4-6-2		OC	Krupp	1662	1937
1663	MÄNNERTREU	4-6-2		OC	Krupp	1663	1937
4472	FLYING SCOTSMAN	4-6-2		3C	WP.Stewart		1976
-		4wDH			Frenze		1979

BURE VALLEY RAILWAY (1991) LTD, THE BROADLAND LINE, AYLSHAM
Gauge : 1'3".   (TG 197265)

1	WROXHAM BROAD	2-6-2DH	S/O	G&S		1964	a
	Rebuilt	2-6-4T	OC	WE		1992	
6		2-6-2	OC	WE	12	1994	
7		2-6-2	OC	WE	14	1994	
No.3	BUXTON MILL	4w-4wDH		BVR		1989	
-		4wDM		HE	4556	1954	
	Rebuilt	4wDH		BVR		1994	
7	"TOBY"	4wDM	S/O	LB	51989	1960	

a Carries plates G&S 20/1964

Gauge : 1'8".

-	2-2w-4BEF	GB	6132	1966

THE BYGONE HERITAGE VILLAGE,
FLEGGBURGH (BURGH ST MARGARETS), near GREAT YARMOUTH
Gauge : 4'8½".   (TG 450140)

1928	ALAN GLADDEN	2-6-4T	OC	Nohab 2229	1953
1212		4w-4DMR		EK	1958
No.1		0-4-0DM		JF 20337	1934
LNER 338 900338		2w-2PMR		Wkm 626	1934

Gauge : 2'0".

OLIVER	4wDM	S/O	MR	9869	1953
BANK OF SCOTLAND	4wDH	S/O	SL		1986

G.T. CUSHING, STEAM MUSEUM,
THURSFORD GREEN, THURSFORD, near FAKENHAM
Gauge : 1'10¾".   (TF 980345)   R.T.C.

CACKLER	0-4-0ST	OC	HE	671	1898	OOU

EVERGREEN CHRISTMAS WORLD, WELLE MANOR HALL, NEW ROAD, UPWELL
Gauge : 2'0".   (TF 507027) R.T.C.

-	4wDM	S/O	MR	9774	1953	OOU

THE GREAT EASTERN RAILWAY TRUST (1989) LTD, MID NORFOLK RAILWAY,
COUNTY SCHOOL STATION, NORTH ELMHAM, near DEREHAM
Gauge : 4'8½".   (TF 990227)

	EDMUNDSONS	0-4-0ST	OC	AB	2168	1943
	(PONY)	0-4-0ST	OC	HL	2918	1912
12		0-6-0T	OC	RSHN	7845	1955
51669		2-2w-2w-2DMR		Derby C&W		1960
51849		2-2w-2w-2DMR		Derby C&W		1960
-		0-4-0DM		RH	281266	1950
E.& D.R.C.1						
	COUNTY SCHOOL	0-4-0DH		RH	497753	1963
60225	GEORGE T. RASEY	2w-2PMR		Wkm	1308	1933

GREAT EASTERN TRACTION,
HARDINGHAM STATION, HARDINGHAM, near WYMONDHAM
Gauge : 4'8½".   (TG 050055)

(D3798) 08631	0-6-0DE	Derby		1959
YD No.26656	4wDH	BD	3733	1977
1	0-4-0DM	_(DC	2502	1954
		(RSHN	7815	1954
-	0-4-0DM	_(DC	2566	1955
		(VF	D293	1955
3	0-4-0DM	_(DC	2589	1957
		(RSH	7922	1957
DL 82	0-6-0DH	RR	10272	1967
2	0-4-0DH	_(RSHD	8368	1962
		(WB	3213	1962

PETER HILL, CAISTER CASTLE, near YARMOUTH
Gauge : 4'8½".   (TG 504123)

42	RHONDDA	0-6-0ST	IC	MW	2010	1921

R.& A. JENKINS, FRANSHAM STATION, GREAT FRANSHAM, near SWAFFHAM
Gauge : 4'8½".   (TF 888135)

-	0-6-0ST	OC	HC	1208	1916
-	4wDM		RH	398611	1956

Gauge : 2'0".

-	4wDM	RH	422573	1958

M. MAYES
Gauge : 4'8½".   (   )

-	0-4-0VBT	OC	Cockerill	2525 1907

Loco under renovation at secret location.

MID-NORFOLK RAILWAY SOCIETY, YAXHAM STATION
Gauge : 4'8½".   (TG 003102)

(D8069)	20069		Bo-BoDE	_(EE 2975	1961
				(RSH 8227	1961
(D8306)	20206		Bo-BoDE	_(EE 3687	1967
				(VF D1082	1967

NATIONAL RAILCAR MUSEUM,
c/o RICHARD JOHNSON GRAIN MERCHANTS, SNETTERTON
Gauge : 4'8½".   (   )

(E51118)   2-2w-2w-2DMR GRC   1957

NORTH NORFOLK RAILWAY CO LTD
Locos are kept at :-
            Sheringham   (TG 156430)
            Weybourne   (TG 118419)
Gauge : 4'8½".

(61572)	8572		4-6-0	IC	BP	6488	1928	
			Rebuilt		Malowa Works		1994	
(65462)	564		0-6-0	IC	Str		1912	a
No.100			0-6-0T	OC	AB	2107	1941	
	WISSINGTON		0-6-0ST	IC	HC	1700	1938	
1982	RING HAW		0-6-0ST	IC	HE	1982	1940	
3809			0-6-0ST	IC	HE	3809	1954	
68009			0-6-0ST	IC	HE	3825	1954	
2370			0-6-0F	OC	WB	2370	1929	
No.4	"BIRCHENWOOD"		0-6-0ST	OC	WB	2680	1942	
D3935	08767		0-6-0DE		Hor		1961	
(D5207)	25057		Bo-BoDE		Derby		1963	
D5386	(27066)							
	HOLT PIONEER		Bo-BoDE		BRCW DEL 229		1962	
(D6732)	37032	MIRAGE	Co-CoDE		_(EE	2895	1962	
					(VF	D611	1962	
12131			0-6-0DE		Dar		1952	
51346			2-2w-2w-2DMR		Pressed Steel		1960	
51388			2-2w-2w-2DMR		Pressed Steel		1960	
(E79960)			2w-2DMR		WMD	1265	1958	
E79963			2w-2DMR		WMD	1268	1958	
(3052)	CAR No.291		4w-4wRER		MC		1932	+
N.C.B. 10	1963		0-4-0DH		EES	8431	1963	
	RANSOMES		4wDM		RH	466629	1962	
M. & G. N. No.1			2w-2PMR		Wkm	1521	1934	Dsm
No.2			2w-2PMR		Wkm	1522	1934	Dsm

        +   Now unmotorised
        a   Under restoration at Ian Storey Engineering Ltd, Morpeth

SEDGEFORD STATION
Gauge : 4'8½".   (TF 711374)

60220   2w-2PMR   Wkm   1933

STRUMPSHAW HALL STEAM MUSEUM, STRUMPSHAW HALL, near ACLE
Gauge : 1'11½".   (TF 345065)

No.6	GINETTE MARIE	0-4-0WT	OC	Jung	7509	1937
No.1		4wDM	S/O	MR	7192	1937

Gauge : 1'3".

2	CAGNEY	4-4-0	OC	P.McGarigle	1902

YAXHAM LIGHT RAILWAYS, YAXHAM STATION YARD, YAXHAM, near DEREHAM
Gauge : 1'11½".   (TG 003102)

No.16	ELIN	0-4-0ST	OC	HE	705	1899
Y.P.L.R. No.1		0-4-0VBT	VCG	Potter		1970
No.2	RUSTY	4wDM		L	32801	1948
No.3	PEST	4wDM		L	40011	1954
No.4	GOOFY	4wDM		OK	7688	c1936
No.6	COLONEL					
	LOD/758097	4wDM		RH	202967	1940
No.7		4wDM		RH	170369	1934
No.9		4wDM		RH	202969	1940
No.10	OUSEL	4wDM		MR	7153	1937
No.13		4wDM		MR	7474	1940
No.14	LOD 758375	4wDM		RH	222100	1943
	DOE 3982	4wDM		FH	3982	1962

NORTHAMPTONSHIRE

INDUSTRIAL SITES

BRITISH STEEL PLC, WELDED TUBES DIVISION, WELDON ROAD, CORBY
Gauge : 4'8½".   (SP 909899)   R.T.C.

B.S.C. 2	0-6-0DH	GECT	5395	1974
B.S.C. 3	0-6-0DH	GECT	5365	1972

SIR ROBERT McALPINE & SONS LTD,
PLANT DEPOT, PYTCHLEY LODGE ROAD, KETTERING
Gauge : 2'0".   (SP 865769)

-		4wBE	CE	B4057A 1994
-		4wBE	CE	B4057B 1994
-		4wDH	HE	9342 1994
-		4wDH	HE	9343 1994
-		4wDH	HE	9344 1994
-		4wDH	HE	9345 1994
-		4wBE	PWR	A0296V.01 1992
-		4wBE	PWR	B0367.01 1993

WINSON ENGINEERING LTD,
UNIT 3, FARADAY CLOSE, DRAYTON FIELDS, DAVENTRY
Gauge : 4'8½".   (SP 560640)

-		0-4-0T	OC	HE	1684 1931

Parts of frames of 2' gauge 4wDH FLP HE 8518/AB 632 1977 are here, utilised in a wheel press.

Locomotives under construction and for overhaul/restoration occasionally present.

PRESERVATION SITES

BILLING AQUADROME LTD, BILLING, near NORTHAMPTON
Gauge : 2'0".   (SP 808615)

006		4wDH	S/O	AK	14 1984

CORBY DISTRICT COUNCIL,
EAST CARLTON COUNTRYSIDE PARK AND STEEL HERITAGE CENTRE, CORBY
Gauge : 4'8½".   (SP 834893)

-		0-6-0ST	OC	HL	3827 1934

DAVENTRY DISTRICT COUNCIL, NEW STREET RECREATION GROUND, DAVENTRY
Gauge : 4'8½".   (SP 574624)

"CHERWELL"		0-6-0ST	OC	WB	2654 1942

R. GROOM, RUSHDEN
Gauge : Metre.   (   )

ND 3647		4wDM	MR	22144 1962

IRCHESTER NARROW GAUGE RAILWAY TRUST, IRCHESTER COUNTRY PARK, IRCHESTER
Gauge : Metre. (SP 904659)

	4	CAMBRAI		0-6-0T	OC	Corpet 493	1888
No.85	1	BANSHEE		0-6-0ST	OC	P 1870	1934
No.86	2			0-6-0ST	OC	P 1871	1934
No.87	3	89-12		0-6-0ST	OC	P 2029	1942
	9	THE ROCK		0-4-0DM		HE 2419	1941
ND 3645	10			4wDM		RH 211679	1941
(ED 10)	11			4wDM		RH 411322	1958

Gauge : 3'0".

	14		4wDM	MR 3797 1926
			Rebuild of	MR 1363
	12		0-6-0DM	RH 281290 1949

NORTHAMPTON & LAMPORT RAILWAY PRESERVATION SOCIETY,
NORTHAMPTON STEAM RAILWAY,
PITSFORD & BRAMPTON STATION, CHAPEL BRAMPTON, NORTHAMPTON
Gauge : 4'8½". (SP 735667, 736664)

3862			2-8-0	OC	Sdn	1942
-			0-6-0T	OC	CHR 5374	1959
45	COLWYN		0-6-0ST	IC	K 5470	1933
-			0-4-0ST	OC	P 2104	1950 +
D67	45118					
THE ROYAL ARTILLERYMAN			1Co-Co1DE		Crewe	1962
(D5185	25035)	25735				
CASTELL DINAS BRAN			Bo-BoDE		Dar	1963
(D5310)	26010		Bo-BoDE		BRCW DEL55	1959
D5401	27056		Bo-BoDE		BRCW DEL244	1962
51367	L 205		2-2w-2w-2DMR		Pressed Steel	1959
4002	S 13004 S		4w-4wRER		Elh	1949
No.1			4wDM		RH 275886	1949
764			0-4-0DM		RH 319286	1953
	SIR ALFRED WOOD		0-6-0DM		RH 319294	1953
-			0-4-0DH		TH 146C	1964
		Rebuild of	0-4-0DM		JF 4210018	1950

+ Actually built 1948 but plates are dated as shown

NORTHAMPTONSHIRE IRONSTONE RAILWAY TRUST LTD,
HUNSBURY HILL INDUSTRIAL MUSEUM
Gauge : 4'8½". (SP 735584)

		SIR VINCENT	4wWT	G	AP	8800	1917
		THE BLUE CIRCLE	2-2-0WT	G	AP	9449	1926
7283		YVONNE	0-4-0VBT	OC	Cockerill	2945	1920
	89-94	TRYM	0-4-0ST	OC	HE	287	1883
No.14	89-31	BRILL	0-4-0ST	OC	MW	1795	1912
9365	89-17	BELVEDERE	4wVBT	VCG	S	9365	1946

	MUSKETEER	4wVBT	VCG	S	9369	1946		
-		0-4-0ST	OC	WB	2565	1936		+
	HYLTON	4wDH		FH	3967	1961		
16	89-19	0-4-0DM		HE	2087	1940		
	MABEL I	4wDM		RH	235511	1945	Dsm	a
39	89-32	4wDM		RH	242868	1946		
-		4wDM		RH	321734	1952	Dsm	b

+ Currently under renovation elsewhere
a Engineless service vehicle
b Frame in use as a wagon

Gauge : 2'0".

89-18	4wPM	L	14006	1940

RUSHDEN HISTORICAL TRANSPORT SOCIETY,
THE OLD STATION, STATION APPROACH, RECTORY ROAD, RUSHDEN
Gauge : 4'8½".   (SP 957672)

-	0-4-0ST	OC	AB	2323	1952
-	0-4-0DM		AB	363	1942

Gauge : 2'0".

2 81 A 126	4wDM	MR	7333	1938

WICKSTEED PARK LAKESIDE RAILWAY, KETTERING
Gauge : 2'0".   (SP 883770)

LADY OF THE LAKE	0-4-0DM	S/O	Bg	2042	1931
KING ARTHUR	0-4-0DH	S/O	Bg	2043	1931
CHEYENNE	4wDM	S/O	MR	22224	1966

K. WOOLMER, 15 BAKERS LANE, WOODFORD, KETTERING
Gauge : 2'0".   (SP 969769)

-	4wDM	L	36743	1951

NORTHUMBERLAND

INDUSTRIAL SITES

AYLE COLLIERY CO LTD, AYLE EAST DRIFT, ALSTON
See Section 4 for full details.

BRITISH COAL, NORTHERN GROUP,
ASHINGTON LOCO TRAINING CENTRE, ASHINGTON   (Closed)
Gauge : 2'0".   (NZ 258880)

  L1 TYNESIDE GEORGE
DM1119 2305/54   0-6-0DMF   HC DM1119 1958   OOU

DEPARTMENT OF THE ENVIRONMENT, REDESDALE RANGES MILITARY TARGET RAILWAY
Gauge : 2'6".   (NT 827016)

			2w-2PM	Wkm 3245 1943
			2w-2PM	Wkm 11686 1990
			2w-2PM	Wkm 11687 1990
			2w-2PM	Wkm 11688 1990
			2w-2PM	Wkm 11689 1990

R.J.B. MINING
Bewick Drift Stockyard, Lyne,outh
    See Section 4 for full details.

Ellington Colliery, Ellington
    See Section 4 for full details.

Lynemouth Colliery, Lynemouth
    See Section 4 for full details.

Widdrington Disposal Point, Widdrington
    See Section 4 for full details.

STONEGATE MINING LTD, WHITTLE MINE, NEWTON-ON-THE-MOOR
    See Section 4 for full details.

PRESERVATION SITES

ALLENHEADS HERITAGE CENTRE, ALLENHEADS
Gauge : 2'0".   (NY 859453)

  -                          0-4-0BE   WR

G BARRAS, near HEXHAM
Gauge : 2'6".   (   )

20/109/088   4wDH   CE B1819D 1978

R. CANT, SLAGGYFORD LIGHT RAILWAY, THE ISLAND, SLAGGYFORD, near ALSTON
Gauge : 2'0".   (NY 680523)

3236		0-4-0DM S/O	Bg	3236	1947
-		4wDM	HE	2577	1942
2	AYLE	4wDM	HE	2607	1942

HEATHERSLAW LIGHT RAILWAY CO LTD,
HEATHERSLAW MILL, CORNHILL-ON-TWEED
Gauge : 1'3".   (NT 933385)

THE LADY AUGUSTA	0-4-2	OC	B.Taylor	1989
CLIVE	6wDH		N.Smith	1989

WANSBECK DISTRICT COUNCIL,
WOODHORN MINING MUSEUM, WOODHORN COLLIERY, ASHINGTON
Gauge : 2'6".   (NZ 287884)

-	4wDMF	RH	256314	1949

Gauge : 2'0".

VANE TEMPEST SEAHAM 1993

	4wDM	HE	6348	1975

NOTTINGHAMSHIRE

INDUSTRIAL SITES

BRITISH COAL, MIDLAND GROUP, LOUND HALL TRAINING CENTRE, BEVERCOTES
(Closed)
Gauge : 2'6".   (SK 700728)

-	4w-4wBEF	_(BGB 50/10/001	1987
		(WRL5004F	1987
5	4wBEF	CE	
3	4wDHF	HE 8910	1979

Gauge : 1'7½".

No.2	4wBEF	CE B1804A	1978
-	4wBEF	CE B2278	1981

BRITISH GYPSUM LTD, EAST LEAKE WORKS, EAST LEAKE
Gauge : 4'8½".   (SK 553280)   R.T.C.

-	4wDM	RH	236364	1946	OOU

C. & S. COMMERCIAL SPARES LTD,
PLANT DEALER, WIGSLEY WOOD, CLIFTON LANE, THORNEY, NEWARK
Gauge : 4'8½".   (SK 845708)

| A 1092 | | 4wDM | RH 224354 1945 | OOU |
| SF 364 | | 4wDM | RH 338415 1953 | OOU |

COAL INVESTMENTS LTD, ANNESLEY COLLIERY, NEWSTEAD
    See Section 4 for full details.

NOTTINGHAM SLEEPER CO LTD,
ALPINE INDUSTRIAL PARK, JOCKEY LANE, ELKESLEY, RETFORD
Gauge : 4'8½".   (SK 683764)

	THE TANK	4wDM	FH	2914	1944	Pvd
9135	KESTREL	0-4-0DH	JF	4220021	1962	Pvd
18242		0-4-0DH	JF	422022	1962	OOU
-		0-4-0DH	NB	27876	1959	OOU
No.13D		6wDH	TH	181V	1967	OOU
HEM HEATH 3D		0-6-0DM	WB	3119	1956	OOU

THE PERMANENT WAY EQUIPMENT CO LTD,
1 GILTWAY, GILTBROOK, NOTTINGHAM
Gauge : 4'8½".   (   )

| F511 LRR | 4wDM | R/R | Permaquip | 1989 |
| G276 NAU | 4wDM | R/R | Permaquip | 1989 |

    New Permaquip locos under construction, and locos for repair usually present.

POWERGEN PLC
Cottam Power Station
Gauge : 4'8½".   (SK 816797)

CASTLE DONINGTON POWER STATION
    No.1   0-4-0ST   OC   RSHN 7817 1954

High Marnham Power Station, near Newark
Gauge : 4'8½".   (SK 802712)

    -                0-4-0DH   AB   441 1959

R.J.B. MINING LTD
Bilsthorpe Colliery, Bilsthorpe
        See Section 4 for full details.

Calverton Colliery, Calverton
        See Section 4 for full details

Clipstone Colliery, New Clipstone
   See Section 4 for full details.

Clipstone Equipment Stores, New Clipstone
   See Section 4 for full details.

Harworth Colliery, Bircotes
   See Section 4 for full details.

Thoresby Colliery, Edwinstowe
   See Section 4 for full details.

Welbeck Colliery, Welbeck Colliery Village
   See Section 4 for full details.

PRESERVATION SITES

BERRY HILL PARK, MANSFIELD
Gauge : 2'0".   (SK 552594)

-	4wDM	RH 222068	1943

J. CRAVEN, EAST VIEW, MAIN STREET, WALESBY, NEWARK
Gauge : 3'0".   (SK 684707)

W6/2-2	4wDM	RH 418770	1957	
-	2w-2PMR	Wkm 4091	1946	Dsm
TR 11PWM 2187 A155W	2w-2PMR	Wkm 4164	1948	
-	2w-2PMR	Wkm 9673	1964	

Gauge : 2'0".

-	4wDM	FH 2163	1938

THE GREAT CENTRAL (NOTTINGHAM) LTD
Nottingham Heritage Centre, Mereway, Ruddington, Nottingham
Gauge : 4'8½".   (   )

68088	0-4-0T	IC	Dar (1205?)	1923
-	0-6-0ST	IC	HC 1682	1937
56	0-6-0ST	IC	RSHN 7667	1950
CASTLE DONINGTON POWER STATION				
No.2	0-4-0ST	OC	RSHN 7818	1954

(D4115) 08885		0-6-0DE	Hor		1962
(D8094) 20094		Bo-BoDE	_(EE	3000	1961
			(RSH	8252	1961
(D8135) 20135		Bo-BoDE	_(EE	3606	1966
			(VF	D1005	1966
No.2B		0-4-0DE	RH	449754	1961
-		4wDM	RH	512572	1965
-		0-6-0DE	YE	2895	1964

Rushcliffe Halt, East Leake
Gauge : 4'8½".   (SK 552277)

-		4wDM	MR	2026	1920

PAPPLEWICK PUMPING STATION TRUST, PAPPLEWICK PUMPING STATION,
off LONGDALE LANE, RAVENSHEAD, NOTTINGHAM
Gauge : 2'0".   (SK 583521)

U84	L203N	L 8	4wDM	RH	7002/0567/6 1967

P. ROLLIN, CHURCH STREET, SOUTH LEVERTON, near RETFORD
Gauge : 4'8½".   (SK 783812)

76084	2-6-0	OC	Hor	1957

SAM FAY'S BAR & RESTAURANT,
GREAT NORTHERN CLOSE, LONDON ROAD, NOTTINGHAM
Gauge : 4'8½".   (SK 580392)

-		0-4-0ST	OC	P	1555 1920

A.J. WILSON, 6 TRENTDALE ROAD, CARLTON, NOTTINGHAM
Gauge : 3'0".   (SK 607408)

06/22/6/2		4wDM	RH	224337	1944 +

+ Stored at another, private, location

Gauge : 2'0".

THE WASP	2-2wPM	Wilson	1969

OXFORDSHIRE

INDUSTRIAL SITES

LANSDOWN INTERNATIONAL FACILITIES LTD,
MILTON FREIGHT TERMINAL, MILTON TRADING ESTATE, DIDCOT
Gauge : 4'8½".   (SU 495916)   R.T.C.

```
    -                    0-6-0DH      HE     7276 1972   OOU
```

MINISTRY OF DEFENCE, ARMY RAILWAY ORGANISATION,
BICESTER MILITARY RAILWAY
    See Section Five for full details.

J.M. WALKER, PLANT SALES, LINDSEY FARM, HIGH COGGES, near WITNEY
Gauge : 4'8½".   (SP 380089)

    Locos for resale occasionally present.

PRESERVATION SITES

BLENHEIM PALACE RAILWAY, WOODSTOCK
Gauge : 1'3".   (SP 444163)

```
SIR WINSTON CHURCHILL      0-6-2DH S/O  AK       39  1992
         -                 4-6wDM       Guest        1960
```

CHINNOR & PRINCES RISBOROUGH RAILWAY ASSOCIATION,
CHINNOR CEMENT WORKS, CHINNOR
Gauge : 4'8½".   (SP 756002)

```
(D3018) 08011 HAVERSHAM  0-6-0DE         Derby         1953
   D8568                 Bo-BoDE         CE4365U/69    1963
   51351                 2-2w-2w-2DMR    Pressed Steel 1959
   51397                 2-2w-2w-2DMR    Pressed Steel 1959
           BORIS         0-4-0DM         Bg      3357  1952
     420 459515   IRIS   0-6-0DH         RH    459515  1961
    9024                 2w-2PMR         Wkm     7090  1955
```

CHOLSEY & WALLINGFORD RAILWAY, ST. JOHNS ROAD, WALLINGFORD
Gauge : 4'8½".   (SU 600891)

4247		2-8-0T	OC	Sdn	2637	1916
68006		0-6-0ST	IC	HE	3192	1944
		Rebuilt		HE	3888	1964
(D3190)	08123					
	GEORGE MASON	0-6-0DE		Derby		1955
	CARPENTER	0-4-0DM		FH	3270	1948
A144	PWM 2176	2w-2PMR		Wkm	4153	1946

COTSWOLD WILD LIFE PARK, BURFORD
Gauge : 2'0".   (SP 237084)

No.3	0-4-0DH	S/O	AK	17 1985
001	4wDM	S/O	MR	9976 1954

GREAT WESTERN SOCIETY, DIDCOT RAILWAY CENTRE
Gauge : 7'0¼".   (SU 524906)

FIRE FLY	2-2-2	IC	F.F.P.		1989	+

+ Not yet completed

Gauge : 4'8½".

1338		0-4-0ST	OC	K	3799	1898
1340	TROJAN	0-4-0ST	OC	AE	1386	1897
1363		0-6-0ST	OC	Sdn	2377	1910
1466		0-4-2T	IC	Sdn		1936
3650	BRIAN	0-6-0PT	IC	Sdn		1939
3738		0-6-0PT	IC	Sdn		1937
3822		2-8-0	OC	Sdn		1940
4144		2-6-2T	OC	Sdn		1946
4942	MAINDY HALL	4-6-0	OC	Sdn		1929
5029	NUNNEY CASTLE	4-6-0	4C	Sdn		1934
5051	EARL BATHURST	4-6-0	4C	Sdn		1936
5322		2-6-0	OC	Sdn		1917
5572		2-6-2T	OC	Sdn		1929
5900	HINDERTON HALL	4-6-0	OC	Sdn		1931
6023	KING EDWARD II	4-6-0	4C	Sdn		1930
6024	KING EDWARD I	4-6-0	4C	Sdn		1930
6106		2-6-2T	OC	Sdn		1931
6697		0-6-2T	IC	AW	985	1928
6998	BURTON AGNES HALL					
		4-6-0	OC	Sdn		1949
7202		2-8-2T	OC	Sdn		1934
7808	COOKHAM MANOR	4-6-0	OC	Sdn		1938
70000	BRITANNIA	4-6-2	OC	Crewe		1951
2	"PONTYBEREM"	0-6-0ST	OC	AE	1421	1900
No.5		0-4-0WT	OC	GE		1857
No.1						
BONNIE PRINCE CHARLIE		0-4-0ST	OC	RSHN	7544	1949

(D3771)	08604		0-6-0DE		Derby		1959	
	WD 40	PHANTOM	0-6-0DE		Derby		1959	
(W22W)	No.22		Bo-BoDMR		Sdn		1940	
(5)			0-4-0PM		Derby C&W		1960	
No.26	D26		0-6-0DM		HE	5238	1962	
(A 21 W)			2w-2PMR		Wkm	6892	1954	DsmT
(B 37 W	PWM 3963)		2w-2PMR		Wkm	6948	1955	DsmT

R. HILTON (Deceased), "POPLARS", NORTH MORETON, DIDCOT
Gauge : 1'11½".   (SU 552904)

KIDBROOKE	0-4-0ST	OC	WB	2043	1917	

SHROPSHIRE

INDUSTRIAL SITES

SHROPSHIRE LOCO COLLECTION, near WELLINGTON
Gauge : 4'8½".   (   )

No.1	GLENFIELD		0-4-0CT	OC	AB	880	1902
-			0-4-0ST	OC	AB	2352	1954
	SIRAPITE		4wT	VCG	AP	6158	1906
	HARRY		0-6-0ST	IC	HC	1776	1944
-			0-4-0ST	OC	P	1722	1926
	FRED		0-6-0ST	IC	RSHN	7289	1945
No.57	SAMSON		0-6-0ST	IC	RSHN	7668	1950
	JOYCE		4wT	VCG	S	7109	1927
	BEN		0-6-0F	OC	WB	3019	1952
-			0-4-0DH		AB	478	1963
No.594	20/104/997		0-6-0DH		AB	594	1974
	20/110/706		0-6-0DH		AB	612	1976
No.2	20/110/712		0-6-0DH		AB	616	1977
	20/109/89		0-6-0DH		AB	647	1979
801			Bo-BoDE		AL	77120	1950
-			4wDM		Bg/DC	2107	1937
No.5			0-4-0DM		Bg	3027	1939
6			0-6-0DE		BBT	3021	1951
-			0-4-0DE		BBT	3096	1956
-			0-4-0DE		BBT	3097	1956
TOWER No.2			0-6-0DH		EEV	D911	1964
	63/000/305		0-6-0DH		EEV	D1120	1966
17			0-6-0DH		GECT	5392	1973
DL 15			0-4-0DH		HC	D1344	1965
-			0-6-0DH		HC	D1345	1970
DL 16			0-4-0DH		HC	D1387	1967
-			0-4-0DH		HC	D1388	1970
6678	4/33		0-4-0DH		HE	6678	1968
			Rebuilt		HE		1982

No.7		0-6-0DH	HE	6973	1969
3D	63/000/316	0-6-0DH	HE	7181	1970
-		Bo-BoWE	HL	3682	1927
WARRINGTON No.3		0-4-0DM	JF	22898	1940
-		0-4-0DM	JF	22900	1941
-		0-4-0DM	JF	4000007	1947
	PAUL	0-4-0DH	JF	4220011	1961
-		0-4-0DH	JF	4220034	1965
405	RIVER TAY	0-4-0DH	NB	27426	1955
-		4wDM	RH	299099	1950
-		0-4-0DE	RH	416207	1957
	WINNINGTON	0-4-0DE	RH	416213	1957
102	1 CYNHEIDRE	0-4-0DM	RH	418790	1958
161	301	4wDM	RH	458959	1961
-		0-6-0DH	RR	10240	1965
-		0-6-0DH	RR	10255	1966
-		0-6-0DH	S	10072	1961
109189		0-6-0DH	S	10157	1963
2		4wDH	TH	172V	1966
D13	14814	4wDH	TH	175V	1966
	SUSAN	4wDH	TH	176V	1966
1	28533	4wDH	TH	178V	1967
No.6		4wDH	TH	199V	1969
No.6		0-4-0DH	YE	2676	1959
2444/18		0-6-0DE	YE	2866	1962
-		0-6-0DH	YE	2940	1965
WD ROD 462		4wD			
-		4wD			

Gauge : 2'6".

15/13		4wBEF	_(RSHD	8420	1963
			(EE	3400	1963
15/16		4wBEF	EEV	3493	1964
15/29		4wBEF	EEV	3995	1971
15/22		4wBEF	GECT	5571	1978

PRESERVATION SITES

BRITISH RAIL, TELFORD CENTRAL STATION, TELFORD
Gauge : 4'0".   (SJ 704092)

-	4wG	TU		1987

CAMBRIAN RAILWAYS SOCIETY LTD, OSWESTRY CYCLE & RAILWAY MUSEUM,
STATION YARD, OSWALD ROAD, OSWESTRY
Gauge : 4'8½".   (SJ 294297)

		-	0-6-0ST	OC	AB	885	1900	+
		-	0-4-0ST	OC	BP	1827	1879	
	NORMA		0-6-0ST	IC	HE	3770	1952	
		-	0-4-0ST	OC	P	1430	1916	
	OLIVER VELTOM		0-4-0ST	OC	P	2131	1951	
		-	4wVBT	VCG	S	9374	1947	
53479	L 707		2-2w-2w-2DMR	BRCW			1957	
M 53531	CH 610		2-2w-2w-2DMR	BRCW			1957	
		-	4wDM		FH	3057	1946	
		-	4wDM		FH	3541	1952	
3953	28076	ALPHA	4wDM		FH	3953	1960	
		-	0-4-0DM		HC	D843	1954	
		-	0-6-0DM		HE	3526	1947	

+ On display at SJ 296302

Gauge : 2'0".

81.01	81A06	4wDM	RH	496038	1963
	-	4wDM	RH	496039	1963

DAVE HILLYER, 10 THE TOWNSEND, IGHTFIELD, near WHITCHURCH
Gauge : 4'8½".   (   )

PWM 2185   2w-2PMR   Wkm   4162 1948

IRONBRIDGE GORGE MUSEUM TRUST LTD
Coalbrookdale Museum
Gauge : 4'8½".   (SJ 667048, 668047)

5		0-4-0ST	OC	Coalbrookdale		c1865
	-	0-4-0VBT	VCG	S	6155	1925
	Rebuilt from	0-4-0ST	OC	MW	437	1873
	-	0-4-0VBT	VCG	S	6185	1925
	Rebuilt from 6	0-4-0ST	OC	Coalbrookdale		c1865

c/o National Power Plc, Ironbridge Power Station
Gauge : 3'0".   (SJ 657037)

-	4wG	OC	GKN	1990

SEVERN VALLEY RAILWAY CO LTD
Locos are kept at :-
         Arley, Hereford & Worcester   (SO 800764)
         Bewdley, Hereford & Worcester   (SO 793753)
         Bridgnorth   (SO 715926)
         Hampton Loade   (SO 744863)
         Highley   (SO 749831)
         Kidderminster   (   )
Gauge : 4'8½".

813		0-6-0ST	IC	HC	555	1900
1501		0-6-0PT	OC	Sdn		1949
2857		2-8-0	OC	Sdn	2763	1918
4150		2-6-2T	OC	Sdn		1947
4277		2-8-0T	OC	Sdn	2857	1920
4566		2-6-2T	OC	Sdn		1924
4930	HAGLEY HALL	4-6-0	OC	Sdn		1929
5164		2-6-2T	OC	Sdn		1930
5764		0-6-0PT	IC	Sdn		1929
6960	RAVENINGHAM HALL					
		4-6-0	OC	Sdn		1944
7325		2-6-0	OC	Sdn		1932
7714		0-6-0PT	IC	KS	4449	1930
7802	BRADLEY MANOR	4-6-0	OC	Sdn		1938
7819	HINTON MANOR	4-6-0	OC	Sdn		1939
(42968)	2968	2-6-0	OC	Crewe	136	1934
43106		2-6-0	OC	Dar	2148	1951
45110	R.A.F. BIGGIN HILL	4-6-0	OC	VF	4653	1935
46443		2-6-0	OC	Crewe		1950
THE NATIONAL TRUST CENTENARY 1895-1995						
46521		2-6-0	OC	Sdn		1953
47383		0-6-0T	IC	VF	3954	1926
48773		2-8-0	OC	NBH	24607	1940
(61994)	3442					
THE GREAT MARQUESS		2-6-0	3C	Dar	(1761?)	1938
75069		4-6-0	OC	Sdn		1955
78019		2-6-0	OC	Dar		1954
80079		2-6-4T	OC	Bton		1954
THE LADY ARMAGHDALE		0-6-0T	IC	HE	686	1898
	WARWICKSHIRE	0-6-0ST	IC	MW	2047	1926
WD 600	GORDON	2-10-0	OC	NBH	25437	1943
No.4		0-4-0ST	OC	P	1738	1928
(D431)	50031 HOOD	Co-CoDE		_(EE	3801	1968
				(VF	D1172	1968
(D444)	50044 EXETER	Co-CoDE		_(EE	3814	1968
				(VF	D1185	1968
D821	GREYHOUND	B-BDH		Sdn		1960
D1013	WESTERN RANGER	C-CDH		Sdn		1962
D1062	WESTERN COURIER	C-CDH		Crewe		1963
D3022	(08015)	0-6-0DE		Derby		1953
3586	(08471)	0-6-0DE		Crewe		1958
D5410	(27059)	Bo-BoDE		BRCW	DEL253	1962
D7633	(25283) 25904	Bo-BoDE		BP	8043	1965
12099		0-6-0DE		Derby		1952

M51935		2-2w-2w-2DMR	Derby C&W	1960		
M51941		2-2w-2w-2DMR	Derby C&W	1960		
M52064		2-2w-2w-2DMR	Derby C&W	1960		
11510	SIlVER SPOON	0-4-0DM	RH	281269	1950	
D2957		0-4-0DM	RH	319290	1953	
11509		0-4-0DM	RH	414304	1957	
D2961		0-4-0DE	RH	418596	1957	
(PT 2P)		2w-2PMR	Wkm	1580	1934	
PWM 3189		2w-2PMR	Wkm	5019	1948	DsmT
PWM 3774		2w-2PMR	Wkm	6653	1953	DsmT
DB 965054		2w-2PMR	Wkm	7577	1957	DsmT
(PT 1P TP 49P)		2w-2PMR	Wkm	7690	1957	
(9021) 6		2w-2PMR	Wkm	8085	1958	

TELFORD HORSEHAY STEAM TRUST, TELFORD STEAM RAILWAY,
THE OLD LOCO SHED, BRIDGE ROAD, HORSEHAY, TELFORD
Gauge : 4'8½".   (SJ 675073)

5619		0-6-2T	IC	Sdn		1925
	PETER	0-6-0ST	OC	AB	782	1896
M.P.1		0-4-0F	OC	AB	1944	1927
3		0-4-0ST	OC	P	1990	1940
	F.T. CLAMP	4wVBT	VCG	S	9535	1952
1	TOM	0-4-0DH		NB	27414	1954
D2959		4wDM		RH	382824	1955
	RUSTY	0-4-0DH		RH	525947	1968
(TR36)	PWM 2786 A14W	2w-2PMR		Wkm	6885	1954

Gauge : 2'0".

-		4wVBT	VCG	Kierstead Ltd/AK 1979

SOMERSET

INDUSTRIAL SITES

A.R.C. (SOUTHERN) LTD, WHATLEY QUARRY, near FROME
(Operated by Mendip Rail Ltd)
Gauge : 4'8½".   (ST 733479)

-	4wDH		TH	200V 1968
PRIDE OF WHATLEY	6wDH		TH	V325 1987

COURTAULDS LTD, FILMS AND PACKAGING, BATH ROAD, BRIDGWATER
Gauge : 4'8½".   (ST 309382)   R.T.C.

D2133	0-6-0DM	Sdn	1960

DELTA CIVIL ENGINEERING COMPANY LTD,
TUNNELLING CONTRACTORS, PLANT DEPOT, WYLDS ROAD, BRIDGWATER
Gauge : 2'0".   (ST 304383)

-		4wBH	Decon	1982
-		4wBH	Decon	1986
OX 005		4wBE	WR 5447-04	
OX 006		4wBE	WR 5447-07	
OX 007		4wBE	WR 5447-06	
OX 008		4wBE	WR 5447-03	
OX 009		4wBE	WR 5447-05	

Gauge : 1'6".

OX 002	0-4-0BE	WR N7641	1974
OX 003	0-4-0BE	WR N7615	1973
OX 004	0-4-0BE	WR N7616	1973

Locos present in yard between contracts.

FOSTER YEOMAN QUARRIES LTD,
MEREHEAD STONE TERMINAL, TORR WORKS, SHEPTON MALLET
(Operated by Mendip Rail Ltd)
Gauge : 4'8½".   (ST 693426)

D3044	08032) 33	MENDIP	0-6-0DE	Derby	1954
D3819	08652) 66		0-6-0DE	Hor	1959
	44	WESTERN YEOMAN II	Bo-BoDE	GM798033-1	1980

TAUNTON CIDER COMPANY LTD, SILK MILL, NORTON FITZWARREN, near TAUNTON
Gauge : 4'8½".   (ST 196256)   R.T.C.

-	4wDM	R/R	Unimog	1986

P.C. VALLINS, BLACKMOOR VALE NURSERY, TEMPLECOMBE
Gauge : 2'0".   (ST 706230)

-	4wDM	HE	3621	1947
-	4wDM	Jung	5869	
-	4wDM	L	9256	1937
20	4wPM	L	18557	1942

PRESERVATION SITES

BLATCHFORD LIGHT RAILWAY, EMBOROUGH QUARRY, EMBOROUGH, near WELLS
Gauge : 2'6".   (   )

9 YARD No.24	0-4-0DM	HE	2017	1939		+
ND 3060	0-4-0DM	HE	2398	1941		+
YARD No.1075	4wDM	HE	7447	1976		+
-	4wDM	HE	7450	1976		+
YARD No.1074	4wDM	HE	7451	1976		+
-	4wDM	RH	398101	1956		

+ Currently in store

A private railway, not open to the public.

CRICKET ST. THOMAS WILDLIFE PARK, near CHARD
Gauge : 1'3".   (ST 376086)

-	0-6-2DH	S/O	AK	51	1995
SAINT THOMAS	4w-4wDH		Guest		1957

EAST SOMERSET RAILWAY CO LTD,
WEST CRANMORE RAILWAY STATION, SHEPTON MALLET
Gauge : 4'8½".   (ST 664429)

1450		0-4-2T	IC	Sdn		1935
6634		0-6-2T	IC	Sdn		1928
47493		0-6-0T	IC	VF	4195	1927
68846		0-6-0ST	IC	SS	4492	1899
75029	THE GREEN KNIGHT					
		4-6-0	OC	Sdn		1954
92203	BLACK PRINCE	2-10-0	OC	Sdn		1959
1398	LORD FISHER	0-4-0ST	OC	AB	1398	1915
1719	LADY NAN	0-4-0ST	OC	AB	1719	1920
705		0-4-0ST	OC	AB	2047	1937
32110		0-6-0T	IC	Bton		1877
4101		0-4-0CT	OC	D	4101	1901
W38	PWM 3764	2w-2PMR		Wkm	6643	1953

Gauge : 3'6".

390	4-8-0	OC	SS	4150	1896	
-	2w-2PM		Ford		1938	+

+ Currently stored at David Shepherds home

ALAN GARTELL, COMMON LANE, YENSTONE, near TEMPLECOMBE
Gauge : 2'0".   (ST 718218)

No.5		4wDH	AK	No.10	1983	
-		4wDH	AK	20R	1986	
		Rebuild of	RH	283513	1949	
No.3		4wDM	Eclipse			
No.1	AMANDA	4wDM	LB	55070	1966	
		Rebuilt	Gartell	1001	1987	
No.4	ALISTAIR	4wDM	RH	201790	1940	
No.2	ANDREW	4wDH	RH	512994	1965	

C. HEAL, UNITY FARM HOLIDAY CENTRE, COAST ROAD, BERROW
Gauge : 1'6".   (ST 295538)

125	4w-4wPM	A.R.Deacon	1975

ANDREW JOHNSTON, WEDMORE
Gauge : 2'0".   (   )

	TOBY	4wPM		D.Carter		1986	+
	-	4wDM	S/O	MR	8727	1941	

+ Stored at another, private, location

MENDIP DISTRICT COUNCIL, WELSHMILL ADVENTURE PLAYGROUND, FROME
Gauge : 4'8½".   (ST 778486)

-	4wVBT	VCG S	9387	1948

**P.D. NICHOLSON, CROSSING KEEPERS LODGE,
87 WHITSTONE ROAD, SHEPTON MALLET**
Gauge : 2'0".   (   )

-	4wPM	FH	1747	1931	+
-	4wPM	R.Thomas		1941	

+ Currently in private store

SOMERSET & AVON RAILWAY COMPANY LTD
Locos are kept at :-
    Mells Road, near Kilmersden   (ST 718512)
    Radstock   (ST 691546)
Gauge : 4'8½".

89-20	4wDM	RH	386875	1955	
1	4wDH	TH/S	133C	1963	+
2	4wDH	TH/S	136C	1964	
-	0-6-0DE	YE	2641	1957	

```
         TR12    (PWM 2188) A156W   2w-2PMR        Wkm   4165  1948
         TR7     A33M                2w-2PMR       Wkm   8503  1960

            +  Carries plate 133V in error

Gauge : 2'0".

         6299                        4wPM          L     6299  1935
```

SOMERSET & DORSET RAILWAY MUSEUM TRUST, WASHFORD STATION
Gauge : 4'8½".   (ST 044412)

```
         (53808) 88                  2-8-0    OC   RS    3894  1925
                 ISABEL              0-6-0ST  OC   HL    3437  1919
                 KILMERSDON          0-4-0ST  OC   P     1788  1929
                 -                   4wDM          RH  210479  1942
```

Gauge : 2'0".

```
                 -                   4wDM          L    42319  1956
```

SOUTH WEST MAIN LINE STEAM CO,
THE YEOVIL COUNTRY RAILWAY, YEOVIL JUNCTION
Gauge : 4'8½".   (   )

```
                 PECTIN              0-4-0ST  OC   P     1597  1921
         D2062   (03062)             0-6-0DM       Don         1959
```

VOBSTER LIGHT RAILWAY, RADSTOCK
Gauge : 4'8½".   (ST 691546)

```
         4151                        2w-2PMR       Wkm   4151  1948
```

Gauge : 3'0".

```
                 -                   2w-2PMR       Wkm   4810  1948
                 -                   2w-2PMR       Wkm   4813  1948   Dsm
```

Gauge : 2'0".

```
                 -                   4wPM          FH    1830  1933
                 -                   4wDM          FH    2025  1937
         2201                        4wDM          FH    2201  1939
                 -                   4wDM          MR    8756  1942
                 -                   4wDM          MR   22070  1960         +
         69                          4wDM          RH  264252  1952
         B.R. 85049                  4wDM          RH  393325  1956
                 -                   4wDM          RH  487963  1963
```

            + Currently under renovation in Surrey

WEST SOMERSET RAILWAY CO
Locos are kept at :-
          Bishops Lydeard   (ST 164290)
          Dunster   (SS 996447)
          Minehead   (SS 975463)
          Williton Goods Yard   (ST 085416)
Gauge : 4'8½".

3205		0-6-0	IC	Sdn	1946	
3850		2-8-0	OC	Sdn	1942	
4160		2-6-2T	OC	Sdn	1948	
4561		2-6-2T	OC	Sdn	1924	
5542		2-6-2T	OC	Sdn	1928	+
6412		0-6-0PT	IC	Sdn	1934	
No.1		0-4-0F	OC	WB 2473	1932	
D120	(45108)	1Co-Co1DE		Crewe	1961	
(D449)	50149 DEFIANT	Co-CoDE		_(EE 3819	1968	
				(VF D1190	1968	
(1010)	D1035					
	WESTERN YEOMAN	C-CDH		Sdn	1962	
D)2205		0-6-0DM		_(VF D212	1953	
				(DC 2486	1953	
D2271		0-6-0DM		_(RSH 7913	1957	
				(DC 2615	1957	
(D4018)	08850 CAMBRIDGE	0-6-0DE		Hor	1961	
D7017	WILLITON	B-BDH		BPH 7911	1961	
D7018		B-BDH		BPH 7912	1961	
D9526		0-6-0DH		Sdn	1964	
D9551		0-6-0DH		Sdn	1965	
W 50413		2-2w-2w-2DMR		PR B38848	1958	
51663		2-2w-2w-2DMR		Derby C&W	1960	
E)51485		2-2w-2w-2DMR		Cravens	c1959	
51852		2-2w-2w-2DMR		Derby C&W	1960	
51887		2-2w-2w-2DMR		Derby C&W	1960	
P 5104						
R.O.F. BRIDGWATER No.1		0-4-0DH		AB 578	1972	
R.O.F. BRIDGWATER No.2						
6321		0-4-0DH		AB 579	1972	
No.57	689/167	0-6-0DH		RR 10214	1964	
(A37W)		2w-2PMR		Wkm (85021960?)		

+ Currently under renovation at Severn Valley Railway Co Ltd, Shropshire

WESTONZOYLAND ENGINE TRUST,
WESTONZOYLAND PUMPING STATION, near BRIDGWATER
Gauge : 2'0".   (ST 340328)

-		4wDM	L 34758	1949
87030	30	4wDM	MR 40S310	1968

STAFFORDSHIRE

INDUSTRIAL SITES

AMEC CONSTRUCTION, PLANT DEPOT, COLD MEECE, SWYNNERTON, STONE
Gauge : 2'0".   (SJ 850325)

	No.		Type	Builder	Works No.	Date
	263022		4wBE	CE	5955A	1972
S177	263.020		4wBE	CE	B0111A	1973
S178	263.043		4wBE	CE	B0111B	1973
S179	263.040		4wBE	CE	B0111C	1973
	263051		4wBE	CE	B0119B	1973
S191	263023		4wBE	CE	B0131A	1973
	263052		4wBE	CE	B0142B	1973
S200	263017		4wBE	CE	B0152A	1973
S204	263018		4wBE	CE	B0152/2A	1973
S205	263019		4wBE	CE	B0152/2B	1973
S206	263006		4wBE	CE	B0152	1973
S207	193007		4wBE	CE	B0152-1	1973
S208	263044		4wBE	CE	B0152/4	1973
S213	263024		4wBE	CE	B0183A	1974
S232	263025		4wBE	CE	B0459A	1975
S237	263008		4wBE	CE	B0471A	1975
S238	263009		4wBE	CE	B0471B	1975
S241	263.026		4wBE	CE	B0471E	1975
S242	263.027		4wBE	CE	B0471F	1975
			Rebuilt	CE	B3480/1A	1988
	263.021		4wBE	CE	B0465	1974
S261	263.028		4wBE	CE	B0941A	1976
S263	263.029		4wBE	CE	B0941C	1976
S264	263.030		4wBE	CE	B0948.1	1976
S265	263.031		4wBE	CE	B0948.2	1976
S271	263.032		4wBE	CE	B0952.2	1976
S275	263.033		4wBE	CE	B0957B	1976
			Rebuilt	CE	B3480/1B	1988
S278	263.048		4wBEF	CE	B0958.1	1976
S279	263.049		4wBEF	CE	B0958A	1976
	263 062		4wBEF	CE	B1547A	1977
S287	263050		4wBEF	CE	B1551A	1977
S289	263.042		4wBEF	CE	B1551B	1977
S290	263.012 (193012)		4wBEF	CE	B1551C	1977
S291	263.011		4wBEF	CE	B1552	1977
	263 077		4wBE	CE	B1559	1977
			Rebuilt	CE	B3214B	1985
	263 075		4wBE	CE	B3642A	1990
			Rebuilt	CE	B3766A	1991
	263 073		4wBE	CE	B3642B	1990
			Rebuilt	CE	B3766B	1991
	263 076		4wBE	CE	B3766C	1991
	263 074		4wBE	CE	B3766D	1991

1		4wBE	CE			
2		4wBE	CE			
5		4wBE	CE			
6		4wBE	CE			
8		4wBE	CE			
9		4wBE	CE			
12		4wBE	CE			

Gauge : 1'6".

EL7	263 064		4wBE	CE	5373/1	1967
EL8			4wBE	CE	5740	1970
EL9	263 070		4wBE	CE	5740/2	1970
EL10	263 065		4wBE	CE	5464	1968
EL11			4wBE	CE	5373/2	1967
EL14	263 063		4wBE	CE	5953A	1972
EL15	263 072		4wBE	CE	5953B	1972
EL17	263 068		4wBE	CE	B0110B	1973
EL36W	263 067	PN 66/8/1	4wBE	CE	5920	1972
EL37W	263 066	66/6/1	4wBE	CE	5827	1970
S104	263.013		4wBE	CE	5792B	1970
S106	263.014		4wBE	CE	5792D	1970
S128	263001		4wBE	CE	5882A	1971
S138	263.002		4wBE	CE	5911B	1972
S141	263.004		4wBE	CE	5926A	1972
S142	263.005		4wBE	CE	5926C	1972
S143	263047		4wBE	CE	5926D	1972
S146	263015		4wBE	CE	5926/A	1972
S147	263.016		4wBE	CE	5926/2	1972

Locos present in yard between contracts.

BRITISH STEEL PLC, SECTIONS, PLATES AND COMMERCIAL STEELS,
SHELTON WORKS, FORGE LANE, ETRURIA, STOKE-ON-TRENT
Gauge : 4'8½".   (SJ 864478)

011	VALIANT	0-6-0DH	RR	10213	1964		+
No.69	4044/23	0-6-0DE	YE	2708	1959	OOU	
No.1	2444/16	0-6-0DE	YE	2753	1959	OOU	
	JANUS	0-6-0DE	YE	2772	1960		
	"WEASEL"	0-4-0DE	YE	2783	1960	OOU	
	ATLAS	0-6-0DE	YE	2787	1961		
	LUDSTONE	0-6-0DE	YE	2868	1962		
	"BADGER"	0-4-0DE	YE	2869	1962	OOU	

+   Carries plate TH V334/1988 in error;
    on hire from R.F.S.(E) Ltd, Doncaster, South Yorkshire.

COAL INVESTMENTS LTD
Hem Heath Colliery, Trentham
        See Section 4 for full details.

Silverdale Colliery, Silverdale
See Section 4 for full details.

G.E.C. ALSTHOM T & D TRANSMISSION SWITCHGEAR LTD, MAIN WORKS, STAFFORD
Gauge : 4'8½".   (SJ 932221)   R.T.C.

-	0-4-0DE	RH	424841 1960	OOU

MARCROFT ENGINEERING, STOKE WORKS, WHIELDON ROAD, FENTON, STOKE-ON-TRENT
(A Division of CAIB U.K. Ltd)
Gauge : 4'8½".   (SJ 881439)

-	0-4-0DH	AB	559 1970	
RS 206	4wDH	FH	3952 1960	OOU
-	4wDH	TH	182V 1967	
-	0-4-0DE	YE	2687 1958	

PRESERVATION SITES

C. ADAMS
Gauge : 4'8½".   (   )

CRANFORD No.2	0-6-0ST	OC	WB	2668 1942

ALTON TOWERS RAILWAY, ALTON TOWERS, near LEEK
Gauge : 2'0".   (SK 075437)

ALTONIA	0-4-0DM	S/O	Bg	1769 1929
Rebuilt	0-4-0DH	S/O	BES	1992
THE TRENTHAM EXPRESS	0-4-0DM	S/O	Bg	2085 1934
THE TRENTHAM FLYER	0-6-0DM	S/O	Bg	3014 1938
Rebuilt	0-6-0DH	S/O	BES	1993

BASS MUSEUM, HORNINGLOW STREET, BURTON-ON-TRENT
Gauge : 4'8½".   (SK 248374)

No.9	0-4-0ST	OC	NR	5907 1901
20	4wDM		KC	1926

CHASEWATER LIGHT RAILWAY AND MUSEUM COMPANY,
THE COLLIERY LINE, CHASEWATER PLEASURE PARK, BROWNHILLS
Gauge : 4'8½".   (SK 034070)

3	COLIN McANDREW	0-4-0ST	OC	AB	1223 1911
No.8	INVICTA	0-4-0ST	OC	AB	2220 1946
431		0-6-0ST	OC	HC	431 1895

10		0-6-0T	OC	HC	1822	1949
4	3568 ASBESTOS	0-4-0ST	OC	HL	2780	1909
No.11	ALFRED PAGET	0-4-0ST	OC	N	2937	1882
-		0-4-0ST	OC	P	917	1902
	LITTLE LADY	0-4-0ST	OC	P	1903	1936
5		4wVBT	VCG	S	9632	1957
51370		2-2w-2w-2DMR		Pressed Steel		1960
W51372		2-2w-2w-2DMR		Pressed Steel		1960
51412		2-2w-2w-2DMR		Pressed Steel		1960
-		0-4-0DM		JF 4100013		1948
37	TOAD	0-4-0DH		JF 4220015		1962
-		4wDM		KC	1612	1929
1		4wPM		MR	1947	1919
97457		0-4-0DE		RH 458641		1963

CHATTERLEY WHITFIELD MINING MUSEUM, TUNSTALL   (Closed)
Gauge : 2'6".   (SJ 883531)

3	TOM	4wBEF	Bg	3555	1961
2	CW 1986 111 JERRY	4wBEF	Bg	3578	1961
8		4wBEF	Bg	3608	1965
4		4wBEF	EE			+
11		4wBEF	_(EE	3223	1962
			(RSHD 8344		1962

+ One of EE 2417/RSHN 7936 1957, EE 2847/RSHN 8134 1960,
  EE 3163/RSHD 8303 1961, or EE 3426/RSHD 8455 1963

FOXFIELD LIGHT RAILWAY SOCIETY, FOXFIELD STEAM RAILWAY
Locos are kept at :-
    Blythe Bridge (Caverswall Road) Station,
    Blythe Bridge, near Stoke-on-Trent   (SJ 957421)
    Site of former Foxfield Colliery, near Dilhorne   (SJ 976446)
Gauge : 4'8½".

-		0-4-0ST	OC	AB	1964	1929
BOOT'S No.1		0-4-0F	OC	AB	1984	1930
	LITTLE BARFORD	0-4-0ST	OC	AB	2069	1939
AVONSIDE No.3		0-6-0ST	OC	AE	1919	1924
	WHISTON	0-6-0ST	IC	HE	3694	1950
	WIMBLEBURY	0-6-0ST	IC	HE	3839	1956
No.6		0-4-0ST	OC	R.Heath		c1886
	MOSS BAY	0-4-0ST	OC	KS	4167	1920
	HENRY CORT	0-4-0ST	OC	P	933	1903
2	LION	0-4-0ST	OC	P	1351	1914
1	"IRONBRIDGE"	0-4-0ST	OC	P	1803	1933
No.11		0-4-0ST	OC	P	2081	1947
	ROKER	0-4-0CT	OC	RSHN	7006	1940
No.6	LEWISHAM	0-6-0ST	OC	WB	2221	1927
	HAWARDEN	0-4-0ST	OC	WB	2623	1940

ARMY 201	B1	61/30289	0-4-0DM		AB	362	1942
MEAFORD POWER STATION LOCOMOTIVE No.4							
			0-6-0DH		AB	486	1964
123	A7	15548 32838	0-4-0DM		_(EE	1188	1941
					(DC	2157	1941
-			4wBE		EE	788	1930
-			4wBE/WE		EE	1130	1939
	ROM RIVER		6wDM		KS	4421	1929
	HELEN		4wDM		MR	2262	1923
	CORONATION		0-4-0DH		NB	27097	1953
242915	"HERCULES"		4wDM		RH	242915	1946	+
RS 154			0-4-0DM		RH	395305	1956
	GAS OIL		4wDM		RH	408496	1957
-			4wDH		TH/S	103C	1960
		Rebuild of	4wVBT	VCG	S	9390	1949
WOLSTANTON No.3							
	N.C.B. 63.000.366		0-6-0DM		WB	3150	1959
	BAGNALL		4wDH		WB	3207	1961
(900332)			2w-2PMR		Wkm	497	1932
(PWM 2204)			2w-2PMR		Wkm	4121	1946	Dsm
PWM 2807	(B170W)		2w-2PMR		Wkm	4985	1949
	F.L.R.		2w-2PMR		Wkm	7139	1955
A 34 W			2w-2PMR		Wkm	8501	1960	a

+ Rebuilt from 2' gauge
a Currently kept at owners address

HIMLEY MODEL VILLAGE, HIMLEY HALL, HIMLEY
Gauge : 60cm.   (SO 883911)

No.4	2w-2FER	AK/Parry	1991
No.6	2w-2FER	AK/Parry	1993
-	2w-2FER	Parry	1989

LIME KILN WHARFE INDUSTRIAL RAILWAY,
LIME KILN BASIN, WHITEBRIDGE LANE, STONE
Gauge : 2'0".   (SJ 894345)

LOD 758227	4wDM	MR	8813	1943
LOD 758019	4wDM	MR	8820	1943
-	4wDM	RH	191679	1938

MARSTONS BREWERY LTD, BOTTLE YARD, SHOBNALL, BURTON-ON-TRENT
Gauge : 4'8½".   (SK 232233)

-	0-4-0DM	Bg	3410	1955

Locomotive is not on public display

MILL MEECE PUMPING STATION PRESERVATION TRUST LTD,
MILL MEECE PUMPING STATION, COTES HEATH, near ECCLESHALL
Gauge : 2'0".   (SJ 831339)

		4wDM	L	39419	1953	OOU

NORTH STAFFORDSHIRE RAILWAY CO (1978) LTD,
CHEDDLETON RAILWAY CENTRE, CHEDDLETON STATION, near LEEK
Gauge : 4'8½".   (SJ 983519)

(44422)	4422		0-6-0	IC	Derby		1927	+
80136			2-6-4T	OC	Bton		1956	
	EFFICIENT		0-4-0ST	OC	AB	1598	1918	
52	JOSIAH WEDGWOOD		0-6-0ST	IC	HE	3777	1952	
2			0-6-2T	IC	Stoke		1923	
D2070			0-6-0DM		Don		1959	
D2334	33		0-6-0DM		_(RSH	8193	1961	
					(DC	2715	1961	
D3420	(08350)		0-6-0DE		Crewe		1957	
(D6513)	33102	SOPHIE	Bo-BoDE		BRCW DEL105	1960		
(D6574)	33056							
	THE BURMA STAR		Bo-BoDE		BRCW DEL178	1961		
D7672	(25322	25912)						
	TAMWORTH CASTLE		Bo-BoDE		Derby		1967	
53455			2-2w-2w-2DMR	BRCW			1957	
53517			2-2w-2w-2DMR	BRCW			1957	

+   Currently working at other locations

STAFFORDSHIRE LOCOMOTIVES
(Locos are in store at a number of private locations)
Gauge : 4'8½".   (   )

No.5		0-6-0DH	AB		484	1963
	Rebuilt		AB			1977
No.6		0-6-0DH	AB		485	1963
	Rebuilt		AB			1978
DERBYSHIRE STONE		4wDM	FH		1891	1934
63.000.441						
WESTERN ENTERPRISE		6wDE	GECT		5421	1977
63.000.443						
WESTERN PROGRESS		6wDE	GECT		5468	1977
63.000.445						
WESTERN QUEEN		6wDE	GECT		5480	1979
-		0-4-0DH	JF		4210001	1949

Gauge : 2'6".

-		4wBEF	Bg	3557	1961
No.1		4wDH	SMH	101T022	1982

THE STAFFORDSHIRE NARROW GAUGE SOCIETY LTD, AMERTON RAILWAY,
AMERTON WORKING FARM, STOWE-BY-CHARTLEY, near WESTON, STAFFORD
Gauge : 2'6".   (SJ 993278)

		4wDM	RH 441948 1959	+
		4wDM	RH 476112 1962	+
15		4wDM	RH 506491 1964	+

+ Currently under renovation elsewhere

Gauge : 2'0".

	ISABEL	0-4-0ST OC	WB 1491 1897
	DREADNOUGHT	0-4-0DM S/O	Bg 3024 1939
	-	4wDM	MR 7471 1940
87033		4wDM	MR40SD501 1975
ND 6507		4wDM	RH 221623 1943

SUFFOLK

INDUSTRIAL SITES

JOHN APPLETON ENGINEERING,
13A MASTERLORD INDUSTRIAL PARK, STATION ROAD, LEISTON
(TM 440628)   A works with locos occasionally present for restoration.

FELIXSTOWE DOCK & RAILWAY CO LTD, FELIXSTOWE
Gauge : 4'8½".   (TM 285331)

D3489 HO200
    COLONEL TOMLINE   0-6-0DE   Dar   1958

S.B.S. SPARES LTD,
GRAVEL PIT, VALLEY FARM, off HADLEIGH ROAD, SPROUGHTON, IPSWICH
Gauge : 4'8½".   (TM 116433)

           -                         0-4-0DM   HC   D697 1950   OOU

PRESERVATION SITES

**EAST ANGLIA TRANSPORT MUSEUM SOCIETY,
EAST SUFFOLK LIGHT RAILWAY, CHAPEL ROAD, CARLTON COLVILLE, LOWESTOFT**
Gauge : 2'0".   (TM 505903)

No.1	4wDM	MR	5902	1932	Dsm	+
No.2	4wDM	MR	5912	1934		
No.4	4wDM	RH	177604	1936		

+ Converted to a brake van

THE MID SUFFOLK LIGHT RAILWAY
Gauge : 4'8½".   (   )

| - | | 0-6-0ST | OC | HC | 1604 | 1928 |

PLEASUREWOOD HILLS AMERICAN THEME PARK, CORTON ROAD, LOWESTOFT
Gauge : 4'8½".   (TM 545965)

| - | 4wDM | RH | 305315 | 1952 |

Gauge : 2'0".

| 97 | C.P.HUNTINGTON | 4w-2-4wPH S/O | Chance | 73 5097-24 | 1973 |
| 167 | ANNIE OAKLEY | 4w-2-4wPH S/O | Chance | 79.50167.24 | 1979 |

**STEAM TRACTION LTD, c/o WEBB TRUCK EQUIPMENT,
ACTON PLACE INDUSTRIAL ESTATE, ACTON, near SUDBURY**
Gauge : 1524mm.   (TL 883455)

794	0-6-0T	OC	TK	350	1925
(1008)	4-6-2	OC	LO	157	1948
1016	4-6-2	OC	TK	946	1955
1060	2-8-2	OC	LO	172	1954
1077	2-8-2	OC	Jung	11787	1953
1134	2-8-0	OC	TK	531	1946
1144	2-8-0	OC	TK	571	1948
1157	2-8-0	OC	Frichs	403	1949

SURREY

INDUSTRIAL SITES

R. MARNER, HORSEHILL FARM, NORWOOD HILL, HORLEY
Locos under renovation here occasionally.

REDLAND BRICKS LTD, BEARE GREEN BRICKWORKS, GRAYLANDS, HORSHAY (Closed)
Gauge : 2'0". (   )

-	4wBE	Red(T)		1980	OOU

N.J. WHATLEY, 10 WESTON WAY, PYRFORD, WOKING
gauge : 4'8½". (   )

F247 SJV	4wDM	R/R	SRS	435	1993

PRESERVATION SITES

J.L. BUTLER, 5 HEATH RISE, GROVE HEATH, RIPLEY
Gauge : 60cm.   (TQ 046557)

3		0-4-0DM	Dtz	19531	c1941
12	ARCHER	4wDM	MR	4709	1936
11	BARGEE	4wDM	MR	8540	1940

CHESSINGTON WORLD OF ADVENTURES,
CHESSINGTON RAILROAD, LEATHERHEAD ROAD, CHESSINGTON
Gauge : 2'0".   (TQ 172625)

1863	C.P.HUNTINGTON	4w-2-4wPH	S/O Chance (76 50141 24 1976?)
1863	166		
	C.P.HUNTINGTON	4w-2-4wPH	S/O Chance 79 50166 24 1979

J. CROSSKEY, SURREY LIGHT RAILWAY
Gauge : 2'0". (   )

No.1		0-4-0ST	OC	HE	1429	1922	
-		4wDM		MR	20073	1950	
2		4wDM		RH	174535	1936	OOU
4		4wDM		RH	177642	1936	
22		4wDM		RH	226302	1944	
24		4wDM		RH	382820	1955	
3		2-4wBE		WR	887	1935	Dsm
6	AMENE	4wBE		WR	D6912	1964	

Locos are kept at a private location.

H. FRAMPTON-JONES, near WOKING
Gauge : 2'0". (   )

-	4wDM	MR	8756	1942

M. HAYTER, No 1 HEATHER VIEW COTTAGES, SHORTFIELD COMMON, FRENSHAM, FARNHAM
Gauge : 2'0".   (SU 843423)

-	2w-2PM	Wkm	2981	1941
-	2w-2PM	Wkm	3032	1941

JACKMANS GARDEN CENTRE, MAYFORD, near WOKING
Gauge : 1'3".   (SU 996564)

TOBY	4wDM	S/O	L	10498	1938

DAVID JEFFCOT, HASLEMERE
Gauge : 2'0".   (   )

-	4wDM	MR	22235	1965

MOLE VALLEY DISTRICT COUNCIL, LEISURE CENTRE, WATER PARK, LEATHERHEAD
Gauge : 4'8½".   (TQ 164558)

-	0-6-0ST	OC	HL	3837	1934

OLD KILN LIGHT RAILWAY, THE OLD KILN AGRICULTURAL MUSEUM, THE REEDS, REEDS ROAD, TILFORD, near FARNHAM
Gauge : 2'0".   (SU 858434)

	PAMELA	0-4-0ST	OC	HE	920	1906
M.N.No.1	ELOUISE	0-6-0WT	OC	OK	9998	1922
-		4wDM		FH	2528	1941
-		4wDM		HE	1944	1939
-		4wPM		MR	5297	1931
	EAGLE	4wDM		MR	5713	1936
	PHOEBE	4wDM		MR	8887	1944
-		4wDM		MR	8981	1946
-		4wDM		RH	177639	1936
	RED DWARF	4wDM		RH	181820	1936
-		4wDM		RH	392117	1956
"L12"		4wDM		Wkm	3031	1941
	SUE	2w-2PMR		Wkm	3287	1943

P. RAMPTON & FRIENDS, BURGATE FARM, VANN LANE, HAMBLEDON
Gauge : 60cm.   (TQ 001381)

RENISHAW 4	0-4-4-0T	VCG	AE	2057	1931
-	0-4-0WT	OC	Borsig	5913	1908

7	SOTILLOS	0-6-2T	OC	Borsig	6022	1906
1	SABERO	0-6-0T	OC	Couillet	1140	1895
2	SAMELICES	0-6-0T	OC	Couillet	1209	1898
3	OLLEROS	0-6-0T	OC	Couillet	1318	1900
-		2-6-2+2-6-2T	4C	Hano	10634	1928
101		0-4-2T	OC	Hen	16073	1918
102		0-4-0T	OC	Hen	16043	1918
103		0-4-0T	OC	Hen	16045	1918
6	LA HERRERA	0-6-0T	OC	Sabero		c1937
No.3	CONQUEROR	0-6-2T	OC	WB	2192	1922
RENISHAW 5		0-4-4-0T	OC	WB	2545	1936
-		0-4-2T	OC	WB	2895	1948
No.18		4wDE		DK		c1918

Gauge : 2'0".

38		4-6-2	OC	WB	2457	1932
41		4-6-2	OC	WB	2460	1932

Some of the locos are stored at another, unknown, location.

THORPE PLEASURE PARK, STAINES ROAD, CHERTSEY
(A member of the R.M.C. Group)
Gauge : 2'0".   (TQ 027685)   Treasure Island Railway

TIR 002	4wDH	S/O	AK	11	1984

Gauge : 2'0".   (TQ 035681)   Canada Creek Railway

89	4-4-0DH	S/O	SL139/1.2.89	1989
89	4-4-0DH	S/O	SL139/2.1.89	1989
-	4-4-0DH	S/O	SL 606.3.94	1994

WOKING MINIATURE RAILWAY SOCIETY, MIZENS FARM, CHERTSEY ROAD, WOKING
Gauge : 3'2¼".   (TQ 012619)

No.5	WILLIAM FINLAY	0-4-0T	OC	FJ	173L	1880

EAST SUSSEX

INDUSTRIAL SITES

BRITISH GYPSUM MOUNTFIELD ROADSTONE LTD, MOUNTFIELD
Gauge : 4'8½".   (TQ 730199)   R.T.C.

1	545/001	4wDH	TH	183V	1967
2	5450 002	4wDH	TH	184V	1967

PRESERVATION SITES

BLUEBELL RAILWAY CO LTD
Locos are kept at :-
        Horsted Keynes, West Sussex   (TQ 372293)
        Sheffield Park   (TQ 403238)
Gauge : 4'8½".

3217	(9017)							
	EARL OF BERKELEY	4-4-0	IC	Sdn		1938		
30064		0-6-0T	OC	VIW	4432	1943		
30096)	96 NORMANDY	0-4-0T	OC	9E	396	1893		
30120)	120	4-4-0	IC	9E	572	1899		
30541)	541	0-6-0	IC	Elh		1939		
30583	No.488	4-4-2T	OC	N	3209	1885		
30830		4-6-0	OC	Elh		1930		
30847)	847	4-6-0	OC	Elh		1936		
30928)	No.928 STOWE	4-4-0	3C	Elh		1934		
31027)	No.27 PRIMROSE	0-6-0T	IC	Afd		1910		
31178		0-6-0T	IC	Afd		1910		
31263)	No.263	0-4-4T	IC	Afd		1905		
31323)	323 BLUEBELL	0-6-0T	IC	Afd		1910		
31592)	No.592	0-6-0	IC	Longhedge		1901		
31618)	No.1618	2-6-0	OC	Bton		1928		
31638		2-6-0	OC	Afd		1931		
32473)	473 BIRCH GROVE	0-6-2T	IC	Bton		1898		
32636	FENCHURCH	0-6-0T	IC	Bton		1872		
32655)	55 STEPNEY	0-6-0T	IC	Bton		1875		
33001)	C1	0-6-0	IC	Bton		1942		
34023	BLACKMOOR VALE	4-6-2	3C	Bton		1946		
34059								
	SIR ARCHIBALD SINCLAIR	4-6-2	3C	Bton		1947		
35027	PORT LINE	4-6-2	3C	Elh		1948		
58850)	27505	0-6-0T	OC	Bow	181	1880		
73082	CAMELOT	4-6-0	OC	Derby		1955		
75027		4-6-0	OC	Sdn		1954		
78059		2-6-0	OC	Dar		1956		
80100		2-6-4T	OC	Bton		1955		
92240		2-10-0	OC	Crewe		1958		
24	STAMFORD	0-6-0ST	OC	AE	1972	1927		
No.3	BAXTER	0-4-0T	OC	FJ	158	1877		
No.4	SHARPTHORN	0-6-0ST	IC	MW	641	1877		
	BRITANNIA	4wPM		H	957	1926	a	
-		2w-2PMR		Syl	14384			
TR 16	(PWM 3951 B25)	2w-2PMR		Wkm	6936	1955		
6944	PWM 3959	2w-2PMR		Wkm	6944	1955		
1		2w-2PMR		Wkm	6952	1955		
900855)		2w-2PMR		Wkm	6967	1954	b	
-		2w-2PMR		Wkm	7445	1956	DsmT	
(TR 39	B45W DB 965564)							
	PWM 4306	2w-2PMR		Wkm	7509	1956		

```
PW1     PWM 4310
(TR 20   B49    DB 965563)   2w-2PMR      Wkm  7513  1956
           -                 2w-2PMR      Wkm  7581  1956   DsmT
           -                 2w-2PMR      Wkm        1932           +
           -                 2w-2PMR      Wkm               DsmT
```

+ Carries plate Wkm 7581/1956
a Runs on propane gas
b Carries plate Wkm 7445/1956

BRIGHTON RAILWAY MUSEUM, PRESTON PARK, BRIGHTON
Gauge : 4'8½".   (TQ 302061)

```
3845                          2-8-0       OC   Sdn         1942      a
34046   BRAUNTON              4-6-2       3C   Bton        1946      a
        GENERAL STEAM NAVIGATION
35011                         4-6-2       3C   Elh         1944      a
D3255                         0-6-0DE          Derby       1956
D3261   13261                 0-6-0DE          Derby       1956      a
3053    (CAR No.92)           4w-4wRER         MC          1932
3053    (CAR No.93)           4w-4wRER         MC          1932
           -                  0-4-0DM          RH  260754  1950
        BESSIE                0-4-0DM          RH  260755  1950
```

a Stored in Hove Goods Yard (TQ 308056)

BRITISH ENGINEERIUM, GOLDSTONE PUMPING STATION, HOVE
Gauge : 1'6½".   (TQ 285066)

```
No.1                          2-2-2       IC   RSC         1860
```


BRITISH RAIL, BRIGHTON E.M.U. DEPOT, BRIGHTON
Gauge : 4'8½".   (TQ 307056)

```
4732  _(S 12795               4w-4wRER         Elh         1951
       (S 12796               4w-4wRER         Elh         1951
```


DRUSILLA'S ZOO PARK, BERWICK, near EASTBOURNE
Gauge : 2'0".   (TQ 524050)

```
2   BILL                      4wDM             MR    9409  1948
    LAYLA                     4wDM             MR   22236  1965
3   EMILY                     4wDM       S/O   RH  226294  1943
```


FORT FUN, ROYAL PARADE, EASTBOURNE
Gauge : 1'3".   (TQ 632005)

```
       -                      4wRE       S/O
```

THE GREAT BUSH RAILWAY, TINKERS PARK, HADLOW DOWN, near UCKFIELD
Gauge : 2'0".   (TQ 538241)

2	SEZELA No.2	0-4-0T	OC	AE		1720	1915	
6	SEZELA No.6	0-4-0T	OC	AE		1928	1923	
1	AMINAL	4wDM		MR			c1931	
		Rebuilt		Ludlay Brick				
4	MILD	4wDM		MR		8687	1941	
5	ALPHA	4wDM		RH	183744		1937	
14	ALBANY	4wDM		RH	213840		1941	
20		0-4-0BE		WR		4634	1951	OOU
21		4wBE		WR		5035	1954	Dsm
No.22	LAMA	4wBE		WR		5033	1953	
23		0-4-0BE		WR	M7534		1972	Dsm
No.24	TITCH	0-4-0BE		WR	M7535		1972	
No.25	WOLF	4wDM		MR		7469	1940	

HASTINGS DIESELS LTD,
ST LEONARDS WEST MARINA RAILWAY DEPOT, BRIDGE WAY, ST. LEONARDS
Gauge : 4'8½".   (TQ 775084)

(D400)	50050	FEARLESS	Co-CoDE	_(EE	3770	1967
				(VF	D1141	1967
D435	(50035)	ARK ROYAL	Co-CoDE	_(EE	E3805	1968
				(VF	D1176	1968
(D6528)	33111		Bo-BoDE	BRCW	DEL120	1960
(D6533)	33115)	83301	Bo-BoDE	BRCW	DEL125	1960
E5001	(71001)		Bo-BoRE	Don		1958
3142	_(11161		4w-4wRER	Elh		1937
	(11201		4w-4wRER	Elh		1937
	11187		4w-4wRER			1937
1001	S 60001		4w-4wDER	Elh		1957
1013	S 60018					
	TUNBRIDGE WELLS		4-4wDER	Elh		1957
	S 60019		4w-4wDER	Elh		1957

LAVENDER LINE PRESERVATION SOCIETY,
ISFIELD STATION, STATION ROAD, ISFIELD, near UCKFIELD
Gauge : 4'8½".   (TQ 452171)

No.945	ANNIE	0-4-0ST	OC	AB		945	1904	+
	SPARKEY	0-4-0ST	OC	AB		2315	1951	
68012		0-6-0ST	IC	HE		3193	1944	
		Rebuilt		HE		3887	1964	
15224		0-6-0DE		Afd			1949	
51342		2-2w-2w-2DMR		Pressed Steel			1960	
51384		2-2w-2w-2DMR		Pressed Steel			1960	
51655		2-2w-2w-2DMR		Derby C&W			1960	
51677		2-2w-2w-2DMR		Derby C&W			1960	
15		0-4-0DM		AB		354	1941	
		Rebuilt		Bicester			1957	

16	No.16		0-4-0DM	_(VF	5257	1945
				(DC	2176	1945

+ Carries plate AB 1987/1930

**TUNBRIDGE WELLS & ERIDGE RAILWAY PRESERVATION SOCIETY LTD,
SPA VALLEY RAILWAY**
Eridge Station, Eridge Road, Eridge Green, Tunbridge Wells
Gauge : 4'8½".   (TQ 542364)

(D419)	50019	RAMILLIES	Co-CoDE	_(EE	3789	1968
				(VF	D1160	1968

Groombridge Station
Gauge : 4'8½".   (TQ 533372)

-		0-4-0DM	_(RSHN	7924	1959
			(DC	2591	1959
No.4		4wDH	S	10007	1959

VOLKS ELECTRIC RAILWAY, BRIGHTON
Gauge : 2'8½".   (TQ 326035)

1		4wRE	VER/MV	1926	
2		4wRE	VER/MV	1910	
3		4wRE	VER/MV	1892	
4		4wRE	VER/MV	1892	
5		4wRE	VER/MV	1901	
6		4wRE	VER/MV	1901	
7		4wRE	VER/MV	1901	
8		4wRE	BE	1898	
		Rebuilt	BE	c1911	
		Rebuilt	Bton Corp	1950	OOU
9		2w-2wRE	BE	1898	
		Rebuilt	BE	c1911	
		Rebuilt	Bton Corp	1953	OOU

WEST SUSSEX

INDUSTRIAL SITES

NOMIX CHAPMAN LTD, HORSHAM RAILWAY SIDINGS, HORSHAM
Gauge : 4'8½".   (   )

	CHT 720V		4wDM	R/R	Unimog

TUNNEQUIP LTD, NOWHURST LANE, BROADBRIDGE HEATH, HORSHAM
Gauge : 1'6".   (TQ 133325)

-	4wBH	Tunnequip	1980
-	4wBH	Tunnequip	1980
-	4wBH	Tunnequip	1980

PRESERVATION SITES

JOHN BARTON
Gauge : 2'6".   (   )

11	YARD No.26 ND 6506	0-4-0DM	HE	2019	1939

HOLLYCOMBE STEAM & WOODLAND GARDEN SOCIETY,
HOLLYCOMBE STEAM COLLECTION, IRON HILL, LIPHOOK
Gauge : 4'8½".   (SU 852295)

50	COMMANDER B	0-4-0ST	OC	HL	2450	1899

Gauge : 3'0".

	"EXCELSIOR"	2-2-0WT	G	AP	1607	1880

Gauge : 2'0".

70	CALEDONIA	0-4-0WT	OC	AB	1995	1931
38	JERRY M.	0-4-0ST	OC	HE	638	1895
16	JACK	4wDM		RH	203016	1940

NATIONAL RAILWAY MUSEUM, c/o BRITISH RAIL, WEST WORTHING E.M.U. DEPOT
Gauge : 4'8½".   (TQ 307056)

2090	(S 10656)	4w-4wRER	Lancing/Elh	1937

SOUTHERN INDUSTRIAL HISTORY CENTRE TRUST,
AMBERLEY MUSEUM, HOUGHTON BRIDGE, AMBERLEY, ARUNDEL
Gauge : 3'2¼".   (TQ 031122)

1	TOWNSEND HOOK	0-4-0T	OC	FJ	172L	1880	a
	MONTY	4wDM		OK	7269	1936	+

+ Currently under renovation in Woking
a Under restoration at Eastleigh Technical College, Hampshire

Gauge : 3'0".

	SCALDWELL	0-6-0ST	OC	P	1316	1913

Gauge : 2'11".

-	4wDM	MR	10161	1950	

Gauge : 2'0".

	BARBOUILLEUR	0-4-0T	OC	Decauville	1126	1950
4	POLAR BEAR	2-4-0T	OC	WB	1781	1905
5	PETER	0-4-0ST	OC	WB	2067	1918
808		2w-2-2-2wRE		EE	808	1931
-		4wDM		FH	1980	1936
-		0-4-0DMF		HC	DM686	1948
THAKEHAM TILES No.3		4wDM		HE	2208	1941
-		4wDM		HE	3097	1944
THAKEHAM TILES No.4		4wDM		HE	3653	1948
74		4wDM		HE		
	PELDON	4wDM		JF	21295	1936
-		4wPM		L	35421	1949
-		4wPM		MR	872	1918
		Rebuilt		MR	3720	1925
3101		4wPM		MR	1381	1918
27		4wDM		MR	5863	1934
	IBSTOCK	4wDM		MR	11001	1956
6193	REDLAND	4wDM		OK	6193	1937
7741	THE MAJOR	4wDM		OK	7741	1937
-		4wDM		RH	166024	1933
18		4wDM		RH	187081	1937
12		4wDM		R&R	80	1937
-		4wBE		WR	4998	1953
2	50	4wBE		WR	5031	1953
-		4wBE		WR	(5034	1953?)
-		0-4-0BE		WR	T8033	1979
-		2w-2PMR		Wkm	3403	1943

Gauge : 1'10".

23	0-4-0T	IC	Spence		1920

Gauge : 1'8".

-	4wDM	L	33937	1949	Dsm

TYNE & WEAR

INDUSTRIAL SITES

HALL & BLENKINSOPP LTD,
HETTON LYONS INDUSTRIAL ESTATE, HETTON-LE-HOLE
Gauge : 3'0".   (NZ 357470)

No.6	BR/M/306	0-4-0DMF	HE	3613 1948

PORT OF SUNDERLAND AUTHORITY, SOUTH DOCKS, SUNDERLAND
Gauge : 4'8½".   (NZ 410573, 411578)

-	0-4-0DE	RH 395294	1956
P.S.A. No.22	0-4-0DE	RH 416210	1957

PORT OF TYNE AUTHORITY, TYNE DOCK, SOUTH SHIELDS
Gauge : 4'8½".   (NZ 350658)   R.T.C.

58	0-4-0DE	RH 381755	1955	OOU

THURSDALE ENGINEERING LTD, THURSDALE, near BOWBURN
Workshops (NZ 303360) with locos under repair usually present.

TYNE WEAR METRO, SOUTH GOSFORTH CAR SHEDS, NEWCASTLE-UPON-TYNE
Gauge : 4'8½".   (NZ 250686)

BL1		4wBE/WE		HE	9174	1989
BL2		4wBE/WE		HE	9175	1989
BL3		4wBE/WE		HE	9176	1989
	F794 MCH	4wDM	R/R	Permaquip		1992
	D640 JWW	4wDM	R/R	Unimog		1987
	F171 DUA	4wDM	R/R	Unimog1188	1988

PRESERVATION SITES

BOWES RAILWAY CO LTD, SPRINGWELL
Gauge : 4'8½".   (NZ 285589)

No.22	No.85	0-4-0ST	OC	AB	2274	1949
	W.S.T.	0-4-0ST	OC	AB	2361	1954
No.77	NORWOOD	0-6-0ST	OC	RSHN	7412	1948
613	20/110/709	0-6-0DH		AB	613	1977
		Rebuilt		AB		1986
101		4wDM		FH	3922	1959
-		0-4-0DH		HE	6263	1964
No.503	2668/503	0-6-0DH		HE	6614	1965

Gauge : 2'6".

B03	20/122/514	4w-4wDHF	HE	8515	1981

Gauge : 2'0".

2207/458	4wBEF	_(EE	2476	1958
		(RSHN7980	1958
2116/286	0-6-0DMF	HC	DM842	1954

METRORAIL EXPRESS, METROLAND, METRO CENTRE, DUNSTON, near GATESHEAD
Gauge : 1'6".   (NZ 211628)

-		4-4-0RE	S/O	SL321.11.90	1990	
-	4w-4+4w-4wRE	S/O	SSt		1988	Pvd

TANFIELD RAILWAY PRESERVATION SOCIETY, MARLEY HILL
Gauge : 4'8½".   (NZ 207573)

-		0-6-0ST	OC	AB	1015	1904	
No.6		0-4-2ST	OC	AB	1193	1910	
No.17		0-6-0T	OC	AB	1338	1913	
32		0-4-0ST	OC	AB	1659	1920	
	WELLINGTON	0-4-0ST	OC	BH	266	1873	
No.3		0-4-0WT	OC	EB	37	1898	
	IRWELL	0-4-0ST	OC	HC	1672	1937	
38		0-6-0T	OC	HC	1823	1949	
-		0-4-0ST	OC	HL	2711	1907	
		Rebuilt		DL		1956	
No.2		0-4-0ST	OC	HL	2859	1911	
	STAGSHAW	0-6-0ST	OC	HL	3513	1927	
COAL PRODUCTS No.3		0-6-0ST	OC	HL	3575	1923	
-		0-4-0ST	OC	HL	3732	1928	
-		0-6-0F	OC	HL	3746	1929	
-		0-4-0CT	OC	RSHN	7007	1940	
	LYSAGHT'S	0-6-0ST	OC	RSHD	7035	1940	
49	9103/49	0-6-0ST	IC	RSHN	7098	1943	
PROGRESS		0-6-0ST	IC	RSHN	7298	1946	
SIR CECIL A. COCHRANE		0-4-0ST	OC	RSHN	7409	1948	
No.44	9103/44	0-6-0ST	OC	RSHN	7760	1953	
38		0-6-0ST	OC	RSHN	7763	1954	
21		0-4-0ST	OC	RSHN	7796	1954	
-		0-6-0ST	OC	RSHN	7800	1954	
No.16		0-6-0ST	OC	RSHN	7944	1957	
No.3		0-4-0ST	OC	RWH	2009	1884	
No.4		4wVBT	VCG	S	9559	1953	
No.20	TANFIELD	0-6-0ST	IC	WB	2779	1945	
(DB 965071)		2w-2PMR		Wkm	7586	1957	
DB 965097	68044	2w-2PMR		Wkm	7612	1957	
	F.G.F.	0-4-0DH		AB	552	1968	
9		Bo-BoWE		AEG	1565	1913	
No.2		0-4-0DE		AW	D22	1933	
-		2w-2DHR		Bg	3565	1962	
-		4wWE		GB	2508	1955	Dsm
-		4wWE		GB	2509	1955	Dsm
	2111/125	0-6-0DH		HE	6612	1965	
No.6		0-6-0DH		JF	4240010	1960	
L2		0-4-0DE		RH	312989	1952	
No.35		0-4-0DE		RH	418600	1958	
-		0-4-0DM		RSHN	6980	1940	
3		Bo-BoWE		RSHN	7078	1944	
-		0-4-0DM		RSHN	7901	1958	
E10		4wWE		Siemens	862	1913	

Gauge : 3'6".

M2		4-6-2	OC	RSHD 7430	1951

Gauge : 2'6".

-		4wBEF		CE B1886B	1980

Gauge : 60cm.

No.11 ESCUCHA		0-4-0T	OC	BH 748	1883

Gauge : 2'0".

No.2		4wBEF	CE B3141B	1984
25		4wBEF	_(EE 2848	1960
			(RSHN8201	1960
4	DM1067	0-6-0DMF	HC DM1067	1959
2305/54	TYNESIDE GEORGE	0-6-0DMF	HC DM1119	1958
No.5	2201/266	0-6-0DMF	HC DM1170	1960
No.1		4wDHF	HE 7332	1974
-		4wDM	LB 53162	1962
-		4wDM	LB 54781	1965
-		4wDM	RH 244487	1946
-		4wDM	RH 323587	1952
-		0-4-0BE	WR	1972
-		0-4-0BE	WR	

TYNE & WEAR JOINT MUSEUMS SERVICE
Stephenson Railway Museum, Middle Engine Lane, near Chirton
Gauge : 4'8½".   (NZ 323693)

A.No.5		0-6-0PT	IC	K 2509	1883
1313		4-6-0	OC	Motala 586	1917
ASHINGTON No.5					
	JACKIE MILBURN	0-6-0ST	OC	P 1970	1939
	BILLY	0-4-0	VC	RS A4	1826
THOMAS BURT M.P. 1837-1922					
401		0-6-0ST	OC	WB 2994	1950
(D2078) 03078		0-6-0DM		Don	1959
THE KINGS OWN YORKSHIRE LIGHT INFANTRY					
(D9002) 55002		Co-CoDE		_(EE 2907	1960
				(VF D559	1960
12098		0-6-0DE		Derby	1952
3267	DE 900730	4w-4wRER			1904
10		0-6-0DM		Consett	1958
4		Bo-BoWE		Siemens457	1909

Museum locos work services for the North Tyneside Steam Railway.

Washington "F" Pit Museum, Washington New Town
Gauge : 2'0". (NZ 303574)

-	0-4-0DMF	RH 392157 1956

WARWICKSHIRE

INDUSTRIAL SITES

MILLER CONSTRUCTION LTD, PLANT DEPOT, WATLING STREET, RUGBY
Gauge : 2'0".   (SP 533788)

L 18	432/29	4wBE	CE 5446 1968
L 19		4wBE	CE 5481/3 1968
L 21		4wBE	CE B0987.1 1976
L 20		4wBE	CE B0987.2 1976
L 22	L2	4wBE	Omam0901-11990
L 23	L1	4wBE	Omam0901-21990
L 24	L3	4wBE	Omam0901-31990
L 25	L5	4wBE	Omam0901-41990
L 26	L4	4wBE	Omam0901-51990

Gauge : 1'6".

L 10	4wBE	CE 5827 1970
L 11	4wBE	CE 5920 1972
L 12	4wBE	CE 5965A 1973
L 13	4wBE	CE 5965B 1973
L 14	4wBE	CE 5965C 1973
L 15	4wBE	CE B0109A 1973
L 16	4wBE	CE B0109B 1973
L 17	4wBE	CE 5431 1968

Locos present in yard between contracts.

MINISTRY OF DEFENCE, ARMY RAILWAY ORGANISATION
Kineton Depot
   See Section Five for full details.

Long Marston Depot
   See Section Five for full details.

PRISON SERVICE COLLEGE,
NEWBOLD REVEL, STRETTON-UNDER-FOSSE, near RUGBY
Gauge : 2'0".   (SP 455808)

-	4wDM	L 33651 1949	Pvd

R.J.B. MINING LTD, DAW MILL COLLIERY, OVER WHITACRE
        See Section 4 for full details.

SEVERN LAMB LTD, ARDEN INDUSTRIAL ESTATE, TYTHING ROAD, ALCESTER
(SP 097587)
New miniature locos under construction & locos in for repair usually present.

SHEPPARD (GROUP) LTD, GEORGE COHEN, MIDLANDS DIVISION,
METAL MERCHANTS AND PROCESSORS, KINGSBURY
(Part of European Metal Recycling)
Gauge : 4'8½".   (SP 219969)

KINGSBURY	4wDH	S	10059	1961

WHITE WAGTAIL LTD,
SCRAPYARD, GUN RANGE FARM, SHILTON LANE, SHILTON, near COVENTRY
Gauge : 4'8½".   (SP 389838)

(D2141) 03141	0-6-0DM	Sdn		1960	OOU
(D2145) 03145	0-6-0DM	Sdn		1961	OOU
-	0-4-0DH	NB	27814	1958	OOU
-	0-4-0DH	NB	27940	1959	OOU

PRESERVATION SITES

THE 1857 SOCIETY, COVENTRY STEAM RAILWAY CENTRE,
ROWLEY ROAD, BAGINTON, COVENTRY
Gauge : 4'8½".   (SP 354751)

-	0-4-0F	OC	AB	1772	1922	
NORTH GAWBER No.6 AREA	0-6-0T	OC	HC	1857	1952	
-	4wPM		FH	2895	1944	
-	0-4-0DM		HC	D604	1936	
-	4wDM		RH	235515	1945	Dsm
MAZDA	0-4-0DE		RH	268881	1949	
-	4wDM		RH	349038	1954	

HATTON COUNTRY WORLD, DARK LANE, HATTON
Gauge : 2'6".   (SP 235664)

SPINNING JENNY	4wDH	HE	8819	1979

NORTH WARWICKSHIRE RAILWAY SOCIETY,
PINGLES PLEASURE GROUNDS, off AVENUE ROAD, NUNEATON
Gauge : 2'0".   (SP 365908)

SYBIL MARY	0-4-0ST	OC	HE	921	1906	Dsm +
-	4wDM		MR	5881	1935	+
T2 PIONEER	4wDM		MR	8739	1942	
-	4wDM		MR	9411	1948	+

+ Currently in store at Leamington Spa, Warwickshire

P. WESTMACOTT, 13 ALCESTER ROAD, STUDLEY
Gauge : 1'11½".   (SP 074639)

-	0-6-0T	OC	AB	1578	1918

WEST MIDLANDS

INDUSTRIAL SITES

ALBRIGHT & WILSON LTD, CHEMICAL MANUFACTURERS, OLDBURY
Gauge : 4'8½".   (SO 994883)

017 SARAH	0-4-0DH	S	10089	1962	+
RFS 019	0-4-0DH	S	10120	1963	+

+ Loco on hire from R.F.S.(E) Ltd, Doncaster, South Yorkshire

ANGLO-CHARRINGTON,
PENSNETT SOLID FUEL TERMINAL, PENSNETT TRADING ESTATE, SHUT END
Gauge : 4'8½".   (SO 903898)

(D2853) 02003	0-4-0DH	YE	2812	1960	OOU
(D2868) SAM	0-4-0DH	YE	2851	1961	OOU

BRITISH STEEL PLC, ENGINEERING STEELS,
ALLEN ROWLAND & CO LTD, STATION WORKS, WARWICK ROAD, TYSELEY
Gauge : 4'8½".   (SP 109840)

-	0-4-0DE	YE	2855	1961
-	0-4-0DE	YE	2858	1961

COAL INVESTMENTS LTD, COVENTRY COLLIERY, KERESLEY
    See Section 4 for full details.

COAL PRODUCTS LTD, COVENTRY HOME FIRE PLANT, KERESLEY
   See Section 4 for full details.

J.J. GALLAGHER & CO LTD,
PLANT DEPOT, ARMOURY CLOSE, LITTLE GREEN LANE, BIRMINGHAM
Gauge : 1'6".   (SP 097864)

-		4wBE	CE	5956	1972	
-		4wBE	CE	B0922A	1975	
-		4wBE	CE	B0922B	1975	

   Locos present in yard between contracts.

G.E.C. ALSTHOM LTD, WASHWOOD HEATH ASSEMBLY PLANT, WASHWOOD HEATH
Gauge : 4'8½".   (SP 103889)

008		0-4-0DH	EEV	D1122	1966	a
HL 1006		0-6-0DH	HE	6294	1965	+
-		0-4-0DH	HE	7259	1971	
		Rebuilt	HE	9286	1987	
	PETER	0-4-0DH	HE	7424	1978	
57		0-6-0DH	S	10053	1961	

   Also new MC railcars under construction usually present.
 + On hire from R.M.S. LocoTec, West Yorkshire
 a On hire from R.F.S.Vehicles, South Yorkshire

HUDSONS OF DUDLEY LTD, CANAL STREET WORKS, BRIERLEY HILL
Gauge : 4'8½".   (SO 924882)

VBZ	4wDM	HE	5306	1958	OOU

W.T. HUNT, c/o HUNT BROS (OLDBURY) LTD, WEST BROMWICH LANE, OLDBURY
Gauge : 1'3".   (SO 989899)

No.1	SUTTON BELLE	4-4-2	OC	Cannon	1933	Pvd
			Rebuilt	TG Hunt	1953	
No.2	SUTTON FLYER	4-4-2	OC	Cannon/TG Hunt	1950	Pvd
No.3	PRINCE OF WALES	4-4-2	OC	BL	11 1908	Pvd
-		4-4wPM		G&S	1946	Pvd

   Locos in store.

J.P.M. PARRY & ASSOCIATES LTD,
CORNGREAVES TRADING ESTATE, OVEREND ROAD, CRADLEY HEATH
Gauge : 2'0".   (SO 948853)

-		2w-2BER	J.Peat		OOU
	Rebuilt	2w-2FER	Parry	1991	

ROUND OAK RAIL LTD, BRIERLEY HILL
Gauge : 4'8½".   (SO 925879)

No.10	0-4-0DE	YE	2883	1963	
-	0-4-0DH	RR	10202	1964	
-	0-4-0DH	S	10098	1962	+

+ Carries plate S 10099

ROVER GROUP LTD
Cofton Hackett Factory
Gauge : 4'8½".   (SP 011764)

LAURA	0-6-0DH	HE	8805	1978

Longbridge Works, Birmingham
Gauge : 4'8½".   (SP 009775, 011774)

RACHAEL	0-6-0DH	HE	7003	1971	
44	0-6-0DH	HE	7396	1974	+
EMMA	0-6-0DH	HE	8902	1978	
LICKEY	0-6-0DH	RR	10221	1965	
LONGBRIDGE	4wDH	TH	276V	1977	
FRANKLEY	4wDH	TH	283V	1978	

+ On hire from Wilmott Bros (Plant Services) Ltd, Derbyshire

SEVERN TRENT WATER PLC, TAME DIVISION
Locos are kept at :-
    Lagoon Works, Water Orton   (SP 159913)   R.T.C.
    Minworth Main Depot & Workshops (SP 156917)   R.T.C.
Gauge : 2'0".

PLANT No.34	IVOR	4wDM	MR40SD502 1975	OOU
748		4wDM	MR40SD503 1975	OOU
PLANT No.27	8740B	4wDM	SMH 40SD515 1979	OOU
739		4wDM	SMH 40SD516 1979	OOU

STONE BROTHERS, 41 ROUND ROAD, COSELEY, BILSTON, WOLVERHAMPTON
Gauge : 2'6".   (   )

YARD No.B48	ND 3306	2w-2BE	GB	3545	1948

TARMAC CONSTRUCTION LTD, WARD STREET, ETTINGSHALL, WOLVERHAMPTON
Gauge : 4'8½".   (SO 935966)

81		4wDM	R/R Unimog 4271151W166200 1991
PN 538009	83	4wDM	R/R Unimog 4271151W166228 1991

M.A. ENGINEERING LTD., TYBURN ROAD, ERDINGTON, BIRMINGHAM
New locos under construction, and locos for repair, occasionally present.

B.E.S. STEEL REROLLING, CABLE STREET, WOLVERHAMPTON
A subsidiary of United Engineering Steels Ltd)
Gauge : 2'0".   (SO 925977)

| No.2 | | 4wBE | | WR C6716 1963 |
| No.1 | | 4wBE | | WR C6717 1963 |

RESERVATION SITES

BIRMINGHAM MUSEUMS & ART GALLERY,
BIRMINGHAM MUSEUM OF SCIENCE & INDUSTRY, NEWHALL STREET, BIRMINGHAM
Gauge : 4'8½".   (SP 064874)

| 46235 | CITY OF BIRMINGHAM | 4-6-2 | 4C | Crewe | 1939 |

Gauge : 2'8".

| | (SECUNDUS) | 0-6-0WT | OC | B&S | | 1874 |

Gauge : 2'0".

| No.56 | (LORNA DOONE) | 0-4-0ST | OC | KS | 4250 | 1922 |
| | LEONARD | 0-4-0ST | OC | WB | 2087 | 1919 |

ROBIN GORE
Gauge : 90cm.   (   )

| | - | | 0-4-0WT | OC | OK | 5102 | 1912 |

C.P. PROPERTIES LTD, PENSNETT TRADING ESTATE, SHUT END
Gauge : 4'8½".   (SO 900894, 901897)

2025	WINSTON CHURCHILL					
		0-6-0ST	IC	MW	2025	1923
	-	4wDM		RH	215755	1942

STANDARD GAUGE STEAM TRUST, BIRMINGHAM RAILWAY MUSEUM,
THE STEAM DEPOT, WARWICK ROAD, TYSELEY, BIRMINGHAM
Gauge : 4'8½".   (SP 105841)

1420		0-4-2T	IC	Sdn	1933
3803		2-8-0	OC	Sdn	1939
4920	DUMBLETON HALL	4-6-0	OC	Sdn	1929
4983	ALBERT HALL	4-6-0	OC	Sdn	1931

	EARL OF MOUNT EDGCUMBE						
5043		4-6-0	4C	Sdn		1936	
5080	DEFIANT	4-6-0	4C	Sdn		1939	
7029	CLUN CASTLE	4-6-0	4C	Sdn		1950	
7752		0-6-0PT	IC	NBQ	24040	1930	
(7760)	L90	0-6-0PT	IC	NBQ	24048	1930	
7820	DINMORE MANOR	4-6-0	OC	Sdn		1950	
9600		0-6-0PT	IC	Sdn		1945	
45699	(GALATEA)	4-6-0	3C	Crewe	297	1936	
(46115)	6115 SCOTS GUARDSMAN	4-6-0	3C	NBQ	23610	1927	
(46201)	6201 PRINCESS ELIZABETH	4-6-2	4C	Crewe	107	1933	
	No.1 CADBURY	0-4-0T	OC	AE	1977	1925	
411	144	2-8-0	OC	BLW	72080	1945	
	HENRY	0-4-0ST	OC	HL	2491	1901	
6		0-4-0ST	OC	P	2004	1941	
No.670		2-2-2	IC	Tyseley		1989	+
2996	VICTOR	0-6-0ST	OC	WB	2996	1951	
(D318	97408) 40118	1Co-Co1DE		_(EE	2853	1961	
				(RSH	8148	1961	
(D443)	50043 EAGLE	Co-CoDE		_(EE	3813	1968	
				(VF	D1184	1968	
(D3029)	08021) 13029	0-6-0DE		Derby		1953	
800		0-4-0PM		Bg	800	1920	
-		4wDM		RH	279597	1949	

+ Not yet completed

Gauge : 1'11½".

	No.1 K	0-4-0+0-4-0T	4C	BP	5292	1909	

Gauge : 1'3".

	COUNT LOUIS	4-4-2	OC	BL	32	1923	+

+ Currently under renovation at T.M.A. Engineering

WILTSHIRE

INDUSTRIAL SITES

BATH & PORTLAND STONE LTD, MONKS PARK MINE, CORSHAM
Gauge : 2'6".   (ST 878682)

8		4wBE		GB	2920	1958

Loco works underground.

**BLUE CIRCLE CEMENT,
WESTBURY BUSINESS UNIT (CEMENT WORKS), TROWBRIDGE ROAD, WESTBURY**
Division of Blue Circle Industries Plc)
Gauge : 4'8½".   (ST 885527)

		0-4-0DH	EEV	8449	1965	
-		0-6-0DH	TH	278V	1978	

COOPERS (METALS) LTD, BRIDGE HOUSE, GIPSY LANE WORKS, GIPSY LANE, SWINDON
Part of European Metal Recycling)
Gauge : 4'8½".   (SU 165860)

2022	(03022)	0-6-0DM	Sdn		1958	+
396	LEMANIS	0-6-0DE	YE	2761	1959	a

+ On hire from Swindon & Cricklade Railway Society
a Usually stabled at Rover Group Ltd, Swindon

E.C.C. CALCIUM CARBONATES LTD, BROADLANDS QUARRY, QUIDHAMPTON, SALISBURY
Gauge : 4'8½".   (SU 114314)

	0-4-0DH	_(RSHD8367	1962
		(WB 3212	1962

MINISTRY OF DEFENCE, AIR FORCE DEPARTMENT
Chilmark Depot   (Closed)
Gauge : 4'8½".   (ST 982302)

Also uses M.O.D., A.R.O. locos.
See Section Five for full details.

MINISTRY OF DEFENCE, ARMY RAILWAY ORGANISATION, TIDWORTH DEPOT
See Section Five for full details.

MINISTRY OF DEFENCE, TUNNEL QUARRY, BOX
Gauge : 60cm.   (   )

WD No.1		4wDM	RH	179009	1936	OOU
-		4wDM	RH	(17901119 36?)		OOU

HARE STONE COMPANY, CHILMARK MINE, M.O.D., A.F.D. CHILMARK DEPOT
Gauge : 2'0".   (ST 976312)

-	4wDM	MR	9932	1972
	Rebuilt	AK		1988

ROVER GROUP LTD, MANUFACTURING DIVISION,
SWINDON BODY PLANT, BRIDGE END ROAD, STRATTON ST MARGARET, SWINDON
Gauge : 4'8½".   (SU 168869)

4		0-4-0DH	JF	4220017	1961
1	SUZIE				
R.F.S. HIRE LOCO 014		0-4-0DH	S	10119	1962	+
	SIMON				
R.F.S. HIRE LOCO 012		0-4-0DH	S	10120	1963	+

+ On hire from R.F.S. Engineering Ltd, South Yorkshire

MRS. WHITES GARDEN LTD, NURSERY
Gauge : Monorail.   (   )

-	2a-2DH	AK	M001	1988

PRESERVATION SITES

LITTLECOTE HOUSE, near HUNGERFORD
Gauge : 1'3".   (SU 307703)

CROMWELL	4wDH	AK	13R	1984
Rebuilt from	4wDM	RH	452280	1960

LONGLEAT LIGHT RAILWAY, LONGLEAT, WARMINSTER
Gauge : 1'3".   (ST 808432)

3	DOUGAL	0-6-2T	OC	SL		1970
4	LENKA	4-4wDHR		Longleat		1984
5	CEAWLIN	2-8-2DH	S/O	Longleat		1989
	Rebuilt from	2-8-0DH	S/O	SL	75 356	1975

RAIL & MARINE ENGINEERING LTD, THINGLEY, near CHIPPENHAM
Gauge : 4'8½".   (ST 900707)

4121		2-6-2T	OC	Sdn		1937
4141		2-6-2T	OC	Sdn		1946
4953	PITCHFORD HALL	4-6-0	OC	Sdn		1929
34053	SIR KEITH PARK	4-6-2	3C	Bton		1947
TkH 4015		0-6-0T	OC	CHR	4015	1954
(D417)	50017	Co-CoDE		_(EE	3787	1968
				(VF	D1158	1968
D2119	(03119) LINDA	0-6-0DM		Sdn		1959
D3462	(08377)	0-6-0DE		Dar		1957
D7523	(25173)					
	JOHN F KENNEDY	Bo-BoDE		Derby		1965

SCIENCE MUSEUM, ANNEXE, WROUGHTON, near SWINDON
Gauge : 2'0".   (SU 131790)

807		2w-2-2-2wRE	EE	807	1931

Gauge : 1'11½".

-		0-4-0DM	HE	4369	1951

Loco not on public display.

SWINDON & CRICKLADE RAILWAY SOCIETY,
BLUNSDON ROAD STATION, near SWINDON
Gauge : 4'8½".   (SU 110897)

No.	Name	Type	Cyls	Builder	Works No.	Date
5637		0-6-2T	IC	Sdn		1925
7903	FOREMARKE HALL	4-6-0	OC	Sdn		1949
1	RICHARD TREVITHICK	0-4-0ST	OC	AB	2354	1954
1371	MERLIN/MYRDDIN	0-4-0ST	OC	P	1967	1939
(D2152)	03152	0-6-0DM		Sdn		1960
	WOODBINE	0-4-0DM		JF	21442	1936
-		0-4-0DM		JF	4210082	1953
-		0-4-0DM		JF	4210137	1958
-		2w-2PMR		Wkm	8089	1958

SWINDON LOCOMOTIVE CARRIAGE & WAGON WORKS LTD,
SWINDON WORKS 20 SHOP, SWINDON
Gauge : 4'8½".   (   )

No.	Name	Type	Cyls	Builder	Works No.	Date
4248		2-8-0T	OC	Sdn		1916
4612		0-6-0PT	IC	Sdn		1942
5952	COGAN HALL	4-6-0	OC	Sdn		1935
7812	ERLESTOKE MANOR	4-6-0	OC	Sdn		1939
7821	DITCHEAT MANOR	4-6-0	OC	Sdn		1950
34067	TANGMERE	4-6-2	3C	Bton		1947
35009	SHAW SAVILL	4-6-2	3C	Elh		1942
	FONMON	0-6-0ST	OC	P	1636	1924

SWINDON RAILWAY WORKSHOPS LTD,
SWINDON WORKS HERITAGE CENTRE, SWINDON
Gauge : 4'8½".   (   )

D249		0-4-0WT	OC	KS	3063	1918

THAMESDOWN BOROUGH COUNCIL, ARTS & RECREATION GROUP, MUSEUMS
DIVISION, GREAT WESTERN RAILWAY MUSEUM, FARINGDON ROAD, SWINDON
Gauge : 7'0¼".   (SU 145846)

	NORTH STAR	2-2-2	IC	Sdn	1925	+

+ Replica, incorporating parts of the original, RS 150/1837

Gauge : 4'8½".

2516		0-6-0	IC	Sdn	1557	1897
6000	KING GEORGE V	4-6-0	4C	Sdn		1927
9400		0-6-0PT	IC	Sdn		1947
(W4W)	No.4	4w-2w+2DMR		(AEC(852004?)		1934
				(PR B3550		1934
A38W		2w-2PMR		Wkm	8505	1960

THE COLLEGE, SWINDON, DEPARTMENT OF ENGINEERING,
NORTH STAR SITE, NORTH STAR AVENUE, SWINDON
Gauge : 1'2".   (SU 148855)

NORTH STAR   2-2-2   IC   Sdn C.   1978

THE UNDERGROUND QUARRY CENTRE, PICKWICK QUARRY, PARK LANE, CORSHAM
Gauge : 2'6".   (ST 855702)

-                    4wDM   RH 359169 1953

Gauge : 2'0".

-                    4wDM   MR 60S318 1964   a +

+ Brake column is stamped 11164 in error
a Property of Tapegrey Ltd, in store

P.S. WEAVER, NEW FARM, LACOCK, near CORSHAM
Gauge : 1'9".   (ST 899691)

-                    0-4-0VBT VCG P.Weaver   1978

NORTH YORKSHIRE

INDUSTRIAL SITES

A.B.B. TRANSPORTATION LTD, YORK WORKS, HOLGATE ROAD, YORK
Gauge : 4'8½".   (SE 585518)

D3236	(08168)		0-6-0DE	Dar	1956	OOU
(D4014	08846)	D4144	0-6-0DE	Hor	1961	
(D4173	08943)	002	0-6-0DE	Dar	1962	

B.O.C.M. PAULS LTD, OLYMPIA MILLS, BARLBY ROAD, SELBY
Gauge : 4'8½".   (SE 624326, 625327)

-	0-4-0DM	JF 4200003	1946
-	4wDM	R/R S&H 7501	1966
-	4wDM	R/R Unimog 12/993	1982

BRITISH SUGAR CORPORATION LTD, POPPLETON FACTORY, YORK
Gauge : 4'8½".   (SE 576531)   R.T.C.

-	0-4-0DM	RH 395304	1956	OOU

NATIONAL POWER PLC, FERRYBRIDGE POWER STATION
Gauge : 4'8½".   (SE 482252)

No.1 PAD 18	0-4-0DH	AB	473	1961

PLASMOR LTD,
CONCRETE BLOCK MANUFACTURERS, HECK WORKS, GREEN LANE, GREAT HECK
Gauge : 4'8½".   (SE 597213)

-	0-4-0DH	JF 4220038	1966

P.T.L. (c.e.) LTD, PLANT DEPOT, DALTON AIRFIELD INDUSTRIAL ESTATE, DALTON, near THIRSK
Gauge : 48cm.   (   )

-	2w-2BE	Iso	T1	1972
-	2w-2BE	Iso	T8	1972
-	2w-2BE	Iso	T9	1972
-	2w-2BE	Iso	T10	1972
-	2w-2BE	Iso	T53	1974
-	2w-2BE	Iso	T64	1974
-	2w-2BE	Iso		
-	2w-2BE	Iso		
-	2w-2BE	(Iso?)		

Locos present in yard between contracts.

R.J.B. MINING LTD
Gasgoine Wood Colliery, South Milford
    See Section 4 for full details.

Kellingley Colliery, Kellingley
    See Section 4 for full details.

Kellingley Training Centre, Knottingley
    See Section 4 for full details.

North Selby Colliery
   See Section 4 for full details.

Riccall Colliery, Riccall
   See Section 4 for full details.

Stillingfleet Colliery
   See Section 4 for full details.

Whitemoor Colliery
   See Section 4 for full details.

Wistow Colliery
   See Section 4 for full details.

SELBY STORAGE & FREIGHT COMPANY LTD,
(MEMBER OF POTTER GROUP), RAIL DISTRIBUTION CENTRE, SELBY
Gauge : 4'8½".   (SE 629322)

	HERCULES	0-4-0DM	RH	281271	1950
-		0-6-0DH	RR	10220	1965

TILCON LTD, SWINDEN LIMEWORKS, GRASSINGTON, near SKIPTON
Gauge : 4'8½".   (SD 983614)

(D3067)	08054					
	201277	M 414	0-6-0DE	Dar		1953
12083	201276	M 413	0-6-0DE	Derby		1950
	CRACOE		6w-6wDH	RFS	067/GA/57000/001	1994

WESTMINSTER PLANT CO LTD,
PLANT DEPOT, THORPE ARCH INDUSTRIAL ESTATE, WETHERBY
(A member of the Costain Group)
Gauge : 1'6"/2'0".   (SE 443467)

045	4wBE	CE	5882C	1971
046	4wBE	CE	5911A	1972
-	4wBE	CE	5940A	1972
-	4wBE	CE	5961B	1972
-	4wBE	CE	5961C	1972
-	4wBE	CE	5961D	1972
-	4wBE	CE	B0107A	1973
-	4wBE	CE	B0107B	1973
-	4wBE	CE	B0107C	1973
-	4wBE	CE	B0113A	1973
-	4wBE	CE	B0113B	1973
-	4wBE	CE	B0119A	1973
-	4wBE	CE	B0119C	1973

		4wBE	CE B0142C 1973
-		4wBE	CE B0166 1974
4		4wBE	(USA ?)
-		4wBE	(USA ?)

Locos present in yard between contracts.

PRESERVATION SITES

EMBSAY STEAM RAILWAY, EMBSAY STATION, EMBSAY, near SKIPTON
Gauge : 4'8½".   (SE 007533)

No.22			0-4-0ST	OC	AB	2320	1952	
No.8			0-6-0ST	OC	HC	1450	1922	
SLOUGH ESTATES LTD No.5			0-6-0ST	OC	HC	1709	1939	
No.140			0-6-0T	OC	HC	1821	1948	
AIREDALE No.3			0-6-0ST	IC	HE	1440	1923	
S112	SPITFIRE		0-6-0ST	IC	HE	2414	1941	
No.7	BEATRICE		0-6-0ST	IC	HE	2705	1945	
S 134	WHELDALE		0-6-0ST	IC	HE	3168	1944	
S 121	PRIMROSE No.2		0-6-0ST	IC	HE	3715	1952	
No.69			0-6-0ST	IC	HE	3785	1953	
N.C.B.MONCKTON No.1	No.6		0-6-0ST	IC	HE	3788	1953	
9	ANNIE		0-4-0ST	OC	P	1159	1908	
68005			0-6-0ST	IC	RSHN	7169	1944	
o.4			0-4-0ST	OC	RSHN	7661	1950	
-			4wVBT	VCG	S	7232	1927	
No.3			0-4-0ST	OC	YE	2474	1949	
D2203			0-6-0DM		_(VF	D145	1952	
					(DC	2400	1952	
(D9513)	N.C.B. 38		0-6-0DH		Sdn		1964	
-			4wDMR		Leyland/Derby C&W RB004		1984	
MEAFORD POWER STATION	LOCO No.1							
			0-4-0DH		AB	440	1958	
-			4wDM		Bg/DC	2136	1938	Dsm
No.36			0-6-0DM		HC	D1037	1958	
	H.W. ROBINSON		0-4-0DM		JF	4100003	1946	
-			4wDM		RH	294263	1950	
887			4wDM		RH	394009	1955	
DB 965095			2w-2PMR		Wkm	7610	1957	

Gauge : 2'6".

			0-6-0DMF		HC(DM1140 1959?)		
754	2-11-41B		4wDM		SMH	60SD754	1980
-			4wDM		SMH	60SD755	1980

Gauge : 2'0".

		4wPM	L	9993	1938	+
-		4wPM	L	10225	1938	

P 1215		4wDM	MR	5213	1930
-		4wDM	MR	8979	1946
-		4wDM	RH	175418	1936 Dsm
Y.W.A. L2		4wDM	RH		

+ Currently under renovation at Barnoldswick, near Colne

NEIL CLAYTON, c/o CLAYTON EXPRESS, FISHER GREEN, RIPON
Gauge : 3'0".   (SE 319708)

-	4wDM	MR	40S280	1968

Gauge : 1'11½".

No.8	4wDM	L	50191	1957

FLAMINGOLAND, FLAMINGO PARK ZOO, KIRBY MISPERTON, near PICKERING
Gauge : 1'3".   (SE 778800)

278	7	2-8-0DH	S/O	SL	1/84	1984

GREAT YORKSHIRE RAILWAY PRESERVATION SOCIETY,
DERWENT VALLEY LIGHT RAILWAY, MURTON, near YORK
Gauge : 4'8½".   (SE 650524)

No.8		0-4-0ST	OC	AB	2369	1955
-		0-4-0ST	OC	P	2103	1950
	ORMSBY	0-4-0DM		JF	22077	1938
	CHURCHILL	0-4-0DM		JF	4100005	1947
-		0-4-0DM		JF	4200022	1948
DS 48	RYAN	4wDM		RH	305306	1952
-		0-4-0DM		RH	327964	1953
DS 48	JIM	4wDM		RH	417892	1959
No.4	OCTAVIUS ATKINSON	4wDM		RH	466630	1962

LIGHTWATER VALLEY LEISURE LTD, LIGHTWATER VALLEY FARM, RIPON
Gauge : 1'3".   (SE 285756)

No.102	JOHN	4-4-2	OC	A.Barnes	103	1924
	LITTLE GIANT	4-4-2	OC	BL	10	1905
111	YVETTE	4-4-0	OC	E.A.Craven		1946
278	7	2-8-0DH	S/O	SL	17/6/79	1979

NATIONAL RAILWAY MUSEUM, LEEMAN ROAD, YORK
Gauge : 7'0¼".   (SE 594519)

	IRON DUKE	4-2-2	IC	Resco	1985	+

+ Incorporates parts of RSHN 7135/1944

Gauge : 4'8½".

	ROCKET	0-2-2	OC	RS	4089	1934	+ a
	THE AGENORIA	0-4-0	VC	Foster Rastrick		1829	
No.1		4-2-2	OC	Don	50	1870	
No.3		0-4-0	IC	Bury		1846	
66	AEROLITE	2-2-4T	IC	Ghd		1869	
82	BOXHILL	0-6-0T	IC	Bton		1880	
214	GLADSTONE	0-4-2	IC	Bton		1882	
251		4-4-2	OC	Don	991	1902	
No.563		4-4-0	OC	9E	380	1893	
673		4-2-2	IC	Derby		1897	
790	HARDWICKE	2-4-0	IC	Crewe	3286	1892	
No.1275		0-6-0	IC	D	708	1874	
1621		4-4-0	IC	Ghd		1893	
1868		2-2-2	OC	Crewe	20	1845	
2818		2-8-0	OC	Sdn	2122	1905	
(3717)	3440						
	CITY OF TRURO	4-4-0	IC	Sdn	2000	1903	
4003	LODE STAR	4-6-0	4C	Sdn	2231	1907	
(30245)	245	0-4-4T	IC	9E	501	1897	
(30925)	925 CHELTENHAM	4-4-0	3C	Elh		1934	
(31737)	737	4-4-0	IC	Afd		1901	
34051	WINSTON CHURCHILL						
		4-6-2	3C	Bton		1946	
35029	ELLERMAN LINES	4-6-2	3C	Elh		1949	a
(41000)	1000	4-4-0	3C	Derby		1902	
(42700)	2700	2-6-0	OC	Hor		1926	
(45000)	5000	4-6-0	OC	Crewe	216	1934	
46229							
	DUCHESS OF HAMILTON	4-6-2	4C	Crewe		1938	
(49395)	9395	0-8-0	IC	Crewe	5662	1921	
(50621)	1008	2-4-2T	IC	Hor	1	1889	
(60022)	4468 MALLARD	4-6-2	3C	Don	1870	1938	
(60800)	4771						
	GREEN ARROW	2-6-2	3C	Don	1837	1936	
(62660)	BUTLER HENDERSON						
506		4-4-0	IC	Gorton		1920	
(63601)	102	2-8-0	OC	Gorton		1912	
(65567)	No.8217	0-6-0	IC	Str		1905	
(68633)	87	0-6-0T	IC	Str	1249	1904	
92220	EVENING STAR	2-10-0	OC	Sdn		1960	
IMPERIAL No.1		0-4-0F	OC	AB	2373	1956	
BAUXITE No.2		0-4-0ST	OC	BH	305	1874	
-		0-6-0ST	IC	HE	3696	1950	
	ROCKET	0-2-2	OC	Loco EntNo.2		1979	
No.15	EUSTACE FORTH	0-4-0ST	OC	RSHN	7063	1942	
	FRANK GALBRAITH	4wVBT	VCG	S	9629	1957	
-		4-8-4	OC	VF	4674	1935	
D200	(40122)	1Co-Co1DE		_(EE	2367	1958	
				(VF	D395	1958	
(D433)	50033 GLORIUS	Co-CoDE		_(EE	3803	1968	
				(VF	D1174	1968	
D1023	WESTERN FUSILIER	Co-CoDH		Sdn		1963	

(D2090)	03090	0-6-0DM	Don		1960	
D2860		0-4-0DH	YE	2843	1960	
13079	(D3079 08064)	0-6-0DE	Dar		1954	
D8000	(20050)	Bo-BoDE	_(EE	2347	1957	
			(VF	D375	1957	
26020	(76020)	Bo-BoWE	Gorton	1027	1951	
(26500)	No.1	Bo-BoWE/RE	BE		1905	
(E3036)	84001	Bo-BoWE	NB	27793	1960	
252001	41001	Bo-BoDE	Crewe		1972	c
M49006		Bo-BoWE	Derby		1977	b
APT-E	PC1/PC2	4w-4w-4wArtic GTE	Derby		1972	
61		4w-4wRER	EE	1151	1940	
	DELTIC	Co-CoDE	EE	2007	1955	
(DS 75)	75S	4wRE	Siemens	6	1898	
No.1	(BEL 2)	4wBE	Stoke		1917	
8143	1293	4w-4RER	MV/MC		1925	
11179	3131	4w-4RER	EE/Elh		1938	
28249		4w-4wRER	Oerlikon M.C.		1915	
W51562		2-2w-2w-2DMR	Derby C&W		1959	
W51922		2-2w-2w-2DMR	Derby C&W		1960	
RDB 975874	LEV 1	4wDMR	Leyland		1978	
-		0-4-0DE	AW	D21	1933	
-		4wPM	MR	4217	1931	
-		0-6-0DM	RSHN	7746	1954	c
960209		2w-2PMR	Wkm	899	1933	

+ Replica of loco in original condition as built in 1829
a Loco is sectioned
b Currently under overhaul at A.B.B. Crewe
c In store at M.O.D. Kineton, Warwickshire

Gauge : 900mm.

RA 36	4wBE/WE	HE	9423	1990

Gauge : 3'0".

719	0-6-0DMF	HC	DM719	1950

Gauge : 2'0".

809	2w-2-2-2wRE	EE	809	1931	+
-	4w Atmospheric Car			c1865	

+ Built 1931 but originally carried plates dated 1930

Gauge : 1'11½".

No.3 LIVINGSTON THOMPSON	0-4-4-0T 4C	Boston Lodge		1885

Gauge : 1'6".

WREN	0-4-0STT OC	BP	2825	1887

Gauge : 1'4½".

-		2-4-0	OC	Young	1856

Some locomotives are usually under renovation, or stored, in the Museum Annexe at Leeman Road Goods Station and at the N.C.L. Depot, York.
Certain locos will be used on 'Special Runs' and also exhibited at other sites.

NORTH BAY RAILWAY,
NORTHSTEAD MANOR GARDENS, NORTH BAY, SCARBOROUGH
Gauge : 1'8".   (TA 035898)

1931	NEPTUNE	4-6-2DH	S/O	HC	D565	1931
1932	TRITON	4-6-2DH	S/O	HC	D573	1932

NORTH YORKSHIRE MOORS RAILWAY HISTORICAL RAILWAY TRUST LTD
Locos are kept at :-
    Goathland   (NZ 836013)
    Grosmont   (NZ 828049, 828053)
    Levisham   (SE 818909)
    New Bridge   (SE 803854)
    Pickering   (SE 797842)
Gauge : 4'8½".

3814		2-8-0	OC	Sdn		1940	
6619		0-6-2T	IC	Sdn		1928	
30825		4-6-0	OC	Elh		1927	Dsm
30841		4-6-0	OC	Elh		1936	
30926	REPTON	4-4-0	3C	Elh		1934	
34010	SIDMOUTH	4-6-2	3C	Bton		1945	+
34027	TAW VALLEY	4-6-2	3C	Bton		1946	
44767	GEORGE STEPHENSON	4-6-0	OC	Crewe		1947	
5428	(45428)						
	ERIC TREACY	4-6-0	OC	AW	1483	1937	
(62005)	2005	2-6-0	OC	NBQ	26609	1949	
(63395)	No.2238	0-8-0	OC	Dar		1918	
(63460)	No.901	0-8-0	3C	Dar		1919	
(65894)	2392	0-6-0	IC	Dar		1923	
69023	JOEM	0-6-0T	IC	Dar	2151	1951	
75014		4-6-0	OC	Sdn		1951	
80135		2-6-4T	OC	Bton		1956	
2253		2-8-0	OC	BLW	69496	1944	
No.3180	ANTWERP	0-6-0ST	IC	HE	3180	1944	
No.29		0-6-2T	IC	K	4263	1904	
90775		2-10-0	OC	NBH	25438	1943	
No.3672	DAME VERA LYNN	2-10-0	OC	NBH	25458	1944	
No.5		0-6-2T	IC	RS	3377	1909	
(D427)	50027 LION	Co-CoDE		_(EE	3797	1968	
				(VF	D1168	1968	

D2207		0-6-0DM	_(VF	D208	1953	
			(DC	2482	1953	
(D3723) 08556		0-6-0DE	Dar		1959	
D5032 (24032)						
	HELEN TURNER	Bo-BoDE	Crewe		1959	
(D)5061) 24061 (97201)		Bo-BoDE	Crewe		1960	
D7029		B-BDH	BPH	7923	1962	
D7541 (25191) THE DIANA		Bo-BoDE	Derby		1965	
D7628 (25278) SYBILLA		Bo-BoDE	BP	8038	1965	
DEPARTMENTAL LOCOMOTIVE No.16						
		0-4-0DM	_(EE	1195	1941	
			(DC	2164	1941	
12139 REDCAR		0-6-0DE	EE	1553	1948	
No.21		0-4-0DM	JF	4210094	1954	
1		4wDM	RH	421419	1958	
No.1 RON ROTHWELL		4wDH	TH	129V	1963	
No.2		4wDH	TH	131V	1963	
STANTON No.44		0-4-0DE	YE	2622	1956	
-		2w-2PMR	Wkm	417	1931	DsmT
No.1		2w-2PMR	Wkm	578	1932	
-		2w-2PMR	Wkm	1305	1933	DsmT
7 KEN		2w-2PMR	Wkm	7565	1956	
3 FRANK (DB 965053)		2w-2PMR	Wkm	7576	1956	
4 (DB 965108)		2w-2PMR	Wkm	7623	1957	
-		2w-2PMR	Wkm			DsmT

+ Currently under renovation at Cargo Fleet

REGIONAL RAILWAYS NORTH EAST,
THE POPPLETON NURSERY LIGHT RAILWAY, (G. WARNER), YORK
Gauge : 2'0".   (SE 558536)

7494 ALNE		4wDM	MR	7494	1940
		Rebuilt	BREL York		1991
-		4wDM	RH	187105	1937

R. STEWART, GREAT AYTON
Gauge : 2'0".   (   )

-		4wDM	L	11410	1939

SOUTH YORKSHIRE

INDUSTRIAL SITES

A.B.B. CUSTOMER (DONCASTER) LTD, DONCASTER WORKS, DONCASTER
Gauge : 4'8½".   (   )

(D3849) 08682	0-6-0DE	Hor		1959
(D3991) 08823	0-6-0DE	Derby		1960

AMALGAMATED CONSTRUCTION CO LTD, MINING & CIVIL ENGINEERS,
WHALEY ROAD, BARUGH, BARNSLEY
Gauge : 2'0".   (SE 320085)

2		4wDMF	RH	249565	1947

BALFOUR BEATTY RAILWAY ENGINEERING LTD,
PLANT DEPOT, COLEFORD ROAD, TINSLEY PARK, SHEFFIELD
Gauge : 4'8½".   (SK 399883)

	KKL 253P		2-2wDM	R/R	Ford	c1975	a
20	425		0-6-0DH		HE	7016 1971	b
			Rebuilt		YEC	L101 1990	
	-		4wDH		TH	170V 1966	
PLANT No. 424	Q144 BAU		4wDM	R/R			
			Unimog	4271151W164328		1990	
PLANT No. 423	Q166 BCH		4wDM	R/R	Unimog		

Plant depot with locos present between contracts.
a Converted lorry
b On contract work in Singapore from 02/12/94

BOOTH ROE METALS LTD, SCRAP MERCHANTS,
CLARENCE METAL WORKS, ARMER STREET, ROTHERHAM
Gauge : 4'8½".   (SK 421924)

No.491		0-6-0DH	AB	491	1964	OOU
D4		0-6-0DH	EEV	D1194	1967	
D5		0-6-0DH	EEV	D1195	1967	
-		0-6-0DM	HC	D810	1953	OOU
No.12		0-6-0DH	(HE	6295	1965	
			(YEC	L111	1992	
D 24	PLANT No. 72241	4wDH	RR	10241	1966	OOU
		Rebuilt	TH	247V	1973	
GEC 1		0-4-0DE	RR	10254	1967	OOU
PEASLEY No.1		0-4-0DE	YE	2653	1957	OOU

Yard with locos for scrap usually present.

BRITISH STEEL PLC, ALDWARKE WORKS, ROTHERHAM
Gauge : 4'8½".   (SK 447951, 449953, 449962, 451954, 452963, 456957, 459958)

	-		0-4-0ST	OC	RSH	7020	1941	Dsm	a
31	624/83		0-6-0DE		YE	2904	1964	
32	624/84		0-6-0DE		YE	2935	1964	
34	624/86		0-6-0DE		YE	2947	1965	
93			0-6-0DE		YE	2889	1962	
94			0-6-0DE		YE	2890	1962	
95			0-6-0DE		YE	2891	1963	
97			0-6-0DE		YE	2906	1963	

a Frame used for weighbridge testing

COAL INVESTMENTS LTD, MARKHAM MAIN COLLIERY, ARMTHORPE
    See Section 4 for full details.

COOPERS (METALS) LTD, (Incorporating Marple & Gillot),
EAST COAST ROAD, ATTERCLIFFE, SHEFFIELD
(Part of European Metal Recycling)
Gauge : 4'8½".   (SK 373888)

CLAUDE THOMPSON	0-4-0DM	JF	4210142	1958
-	4wDH	TH	140V 1964	OOU
-	0-6-0DE	YE	2748 1959	

DAVY INTERNATIONAL, PRINCE OF WALES ROAD, DARNALL, SHEFFIELD
Gauge : 4'8½".   (SK 395875)

7600	4wDH	TH/S	189C	1967
Rebuild of	4wVBT	VCG S	9536	1952

HATFIELD COAL CO LTD, HATFIELD COLLIERY, STAINFORTH
    See Section 4 for full details.

LEVINGTON HORTICULTURE,
HATFIELD PEAT WORKS, STAINFORTH MOOR ROAD, THORNE, DONCASTER
Gauge : 3'0".   (SE 713084)

S 25 SIMBA	4wDH	RH	432661 1959	
	Rebuilt	Swan	c1985	
S 20 S/A/No.04868	4wDH	Schöma	5129 1990	
H 23 H11376 H/A/No.04913	4wDH	Schöma	5130 1990	
-	4wDH	Schöma	5131 1990	a
-	4wDH	Schöma	5132 1990	a
H 24 H11021 H/A/No.00762	4wDM	SMH	40SD527 1983	+

+ Also carries plate MR 40S378
a Slave units for use with master units 5129 & 5130

MONCKTON COKE & CHEMICAL CO LTD,
LUND HILL LANE, ROYSTON, near BARNSLEY
Gauge : 4'8½".   (SE 376120)

03-03-PO300	4wWE	GB	420452-2 1979

NATIONAL GRID PLC, NORTH WEST AREA,
WOODHEAD CABLE TUNNEL, DUNFORD BRIDGE & WOODHEAD
Gauge : 2'0".   (SK 114998, SE 156022)

-	4wDH	AK	46 1993
-	4wBE	CE	5843 1971

QUALTER HALL & CO LTD, JOHNSON STREET, BARNSLEY
   Locos under construction and repair occasionally present

B.F.S. (E) LTD,
B.F.S. LOCOMOTIVES, DONCASTER WORKS, HEXTHORPE ROAD, DONCASTER
Gauge : 4'8½".   (SE 569031)

D3102	08077)	007	JAMES	0-6-0DE	Derby	1955	
D3225)	08157	009		0-6-0DE	Dar	1955	
D3232	08164)	002		0-6-0DE	Dar	1956	
			PRUDENCE				
D3401	08331)	001		0-6-0DE	Derby	1957	
			TERENCE				
OCO No.19							
D3763	08596)	006		0-6-0DE	Derby	1959	
D3911	08743)	008		0-6-0DE	Crewe	1960	
D3932	08764)	003		0-6-0DE	Hor	1961	
			FLORENCE				
D3953	08785)	004		0-6-0DE	Derby	1960	
			CLARENCE				
D4042	08874)	005		0-6-0DE	Dar	1960	
D8088	20088)	2017	37	Bo-BoDE	_(RSH 8246	1961	
					(EE 2994	1961	
D8105	20105)	2016	36	Bo-BoDE	_(RSH 8263	1961	
					(EE 3011	1961	
D8145	20145)	2019	39	Bo-BoDE	_(VF D1015	1966	
					(EE 3616	1966	
D8159	20159)	2010		Bo-BoDE	_(VF D1029	1966	
					(EE 3630	1966	
D8194	20194)	2006	6	Bo-BoDE	_(VF D1070	1967	
					(EE 3675	1967	
008	016			0-4-0DH	EEV D1122	1966	
010				0-4-0DH	EEV D1228	1967	
015	PLUTO			4wDM	_(FH 3658	1953	
					(RescoL112		
013	EDDIE			0-4-0DH	GECT 5576	1979	
011	VALIANT			0-6-0DH	RR 10213	1964	
				Rebuilt	TH	1988	a
012	SIMON			0-4-0DH	S 10089	1962	
014	SUZIE			0-4-0DH	S 10119	1962	
(017)	019	(SARAH)		0-4-0DH	S 10120	1963	

a   Carries plate TH V334/1988 in error

   Locos under construction and repair usually present;
   Locos are also hired out to various concerns.

R.J.B. MINING LTD,
Maltby Colliery, Maltby
   See Section 4 for full details.

Rossington Colliery, Rossington
See Section 4 for full details.

SOUTH YORKSHIRE SUPERTRAM LTD, NUNNERY SUPERTRAM DEPOT, SHEFFIELD
Gauge : 4'8½".   (SK 374878)

M992 NNM	4wDM	R/R	IZU	1995

TICKHILL PLANT LTD, PLANT DEPOT, APY HILL LANE, TICKHILL, near DONCASTER
Gauge : 2'0".   (SK 583931)

MBS 002	4wBE	WR	4817	1951
MBS 008	0-4-0BE	WR	5157	1953
MBS 010	0-4-0BE	WR	5244	1954
MBS 323	4wBE	WR	5115	1953
MBS 324	4wBE	WR	5316	1955
MBS 347	4wBE	WR	H7067	1968
MBS 348	0-4-0BE	WR	H7049	1968
MBS 521	4wBE	WR	1199	1938

Gauge : 1'6".

MBS 213	0-4-0BE	WR	6703	1962
MBS 432	0-4-0BE	WR	H7185	1968
MBS 433	0-4-0BE	WR	4320	1950
MBS 492	0-4-0BE	WR	2063	1941
MBS 493	0-4-0BE	WR	6131	1959
MBS 494	0-4-0BE	WR		
MBS 520	0-4-0BE	WR	7068	1968

Locos present in yard between hirings.

TRACKWORK LTD, THOM LANE, LONG SANDALL, DONCASTER
Gauge : 4'8½".   (SE 606069)

-	4wDM	RH 398616	1956
CHARLES	4wDM	RH 417889	1958

TRAFALGAR HOUSE CONSTRUCTION (TUNNELLING),
c/o AGENT PLANT GROUP LTD, PIPERING LANE (EAST), BENTLEY, DONCASTER
(Member of Trafalgar House Group of Companies)
Gauge : 2'6".   (SE 563056)

	70217		4wBE	CE	B0145.D 1973
No.1	70301	15	4wBE	CE	
			Rebuilt	CE	B3923 1992
No.2	70302	7	4wBE	CE	
	70303		4wBE	SIG	

Gauge : 2'0".

4	70213		4wBE		CE	B0132.B 1973
			Rebuilt		CE	B3995 1993
	70304		4wBE		CE	B3074 1983
			Rebuilt		CE	B4116 1995
	70305		4wBE		CE	

U.E.S. STEELS STOCKSBRIDGE
STOCKSBRIDGE WORKS, STOCKSBRIDGE, SHEFFIELD
A Division of United Engineering Steels Ltd)
Gauge : 4'8½".   (SK 260990, 267992)

No.1	714/37	4wDM	Robel	21.12 RK3	1969
No.30		0-6-0DE	YE	2750	1959
No.33		0-6-0DE	YE	2740	1959
34		0-6-0DE	YE	2594	1956
35		0-6-0DE	YE	2635	1957
36		0-6-0DE	YE	2739	1959
37		0-6-0DE	YE	2736	1959

STOCKSBRIDGE RAILWAY CO

38		0-6-0DE	YE	2798	1961

YORKSHIRE ENGINE COMPANY LTD,
UNIT A3, TEMPLEBOROUGH ENTERPRISE PARK, BOWBRIDGE CLOSE, ROTHERHAM
Gauge : 4'8½".   (   )

-		0-4-0DM	(AB	370	1945
			(YEC	L128	1993
-		0-6-0DH	(EEV	D1199	1967
			(YEC	L127	1993
-		4wDM	(FH	3777	1956
			(YEC	L110	1992
RS 58	TEESMAID	4wDH	(FH	3958	1961
			(YEC	L118	1992
-		0-6-0DH	RH	468045	1963
		Rebuilt	YEC	L109	1992
-		0-6-0DH	RH	468046	1963
		Rebuilt	YEC	L106	1992
-		6wDH	(RR	10274	1968
			(YEC	L130	1994
	HESPERUS	0-4-0DH	_(S	10128	1963
			(YEC	L142	1995
-		0-6-0DH	(S	10160	1963
			(YEC	L131	1994
-		0-6-0DH	(S	10161	1963
			(YEC	L132	1994
-		0-6-0DH	(TH	261V	1976
			(YEC	L124	1993

Gauge : 2'0".

-	4wDM	(MR			
		(YEC	L102	1991
-	4wDM	MR			
	Rebuilt	YEC	L104	1991

Locos for repair/overhaul/resale & hire occasionally present.
Some locos are stored at another, private, location.

PRESERVATION SITES

BARNSLEY METROPOLITAN BOROUGH COUNCIL,
"ELSECAR AT BARNSLEY", ELSECAR HERITAGE CENTRE, WOMBWELL
Gauge : 4'8½".   (SE 390003)

| EARL FITZWILLIAM | 0-6-0ST | OC | AE | 1917 | 1923 |
| - | 4wDH | | RH | 544996 | 1968 |

Gauge : 2'2".

| - | 4wDM | RH | 382808 | 1955 |

P. BRIDDON
Gauge : 2'0".   (   )

| - | 4wDM | OK | (34441930?) |

S. HARRISON & SONS (TRANSPORT) LTD,
310 SHEFFIELD ROAD, TINSLEY, SHEFFIELD
Gauge : 4'8½".   (SK 399910)

| - | 0-4-0ST | OC | AB | 2217 | 1947 |
| No.3 | 0-4-0ST | OC | AB | 2360 | 1954 |

KELHAM ISLAND INDUSTRIAL MUSEUM, off ALMA STREET, SHEFFIELD
Gauge : 4'8½".   (SK 352882)

| 1 | 0-4-0DE | YE | 2481 | 1950 | + |

+ Not on public display

SOUTH YORKSHIRE RAILWAY PRESERVATION SOCIETY,
MEADOWHALL SIDINGS, Off BARROW ROAD, WINCOBANK, SHEFFIELD
Gauge : 4'8½".   (SK 390917)

No.7			0-4-0ST	OC	HC	1689	1937
-			0-6-0T	OC	HC	1884	1955
-			0-6-0ST	IC	HE	3183	1944
-			4wVBT	VCG	S	9596	1955
(D213)	40013	ANDANIA	1Co-Co1DE		_(EE	2669	1959
					(VF	D430	1959
D2020)	03020	F134L	0-6-0DM		Sdn		1958
D2037)	03037		0-6-0DM		Sdn		1959
D2066)	03066		0-6-0DM		Don		1959
D2094)	03094		0-6-0DM		Don		1960
D2099)	03099		0-6-0DM		Don		1960
D2134	03134)	6G1 6G2	0-6-0DM		Sdn		1960
D2139)			0-6-0DM		Sdn		1960
D2180)	03180		0-6-0DM		Sdn		1962
D2197)	03197		0-6-0DM		Sdn		1961
D2199	1		0-6-0DM		Sdn		1961
D2229	No.5		0-6-0DM		_(VF	D278	1955
					(DC	2552	1955
D2246)			0-6-0DM		_(RSH	7865	1956
					(DC	2578	1956
D2284			0-6-0DM		_(RSH	8102	1960
					(DC	2661	1960
D2302)			0-6-0DM		_(RSH	8161	1960
					(DC	2683	1960
D2310			0-6-0DM		_(RSHN	8169	1960
					(DC	2691	1960
D2324)			0-6-0DM		_(RSH	8183	1961
					(DC	2705	1961
D2337	No.3	DOROTHY	0-6-0DM		_(RSH	8196	1961
					(DC	2718	1961
D2420	97804)	06003	0-4-0DM		AB	435	1959
D2854			0-4-0DH		YE	2813	1960
D2867)	DIANE		0-4-0DH		YE	2850	1960
D2953			0-4-0DM		AB	395	1955
D2996	07012)		0-6-0DE		RH	480697	1962
D2997	07013)		0-6-0DE		RH	480698	1962
D3000)	13000		0-6-0DE		Derby		1952
D3019)			0-6-0DE		Derby		1953
D3023	(08016)						
	GEOFF L WRIGHT		0-6-0DE		Derby		1953
D3201)	08133	No.1 LOCO	0-6-0DE		Derby		1955
D3378)	08308	LANGWITH	0-6-0DE		Derby		1957
D3476			0-6-0DE		Dar		1957
D3551)	08436	BEIGHTON	0-6-0DE		Derby		1958
D3662)	08507		0-6-0DE		Don		1958
D4038)	08870	MILLHOUSES	0-6-0DE		Dar		1960
D4092)	CHRISTINE		0-6-0DE		Dar		1962
D4166)	08936		0-6-0DE		Dar		1962
D5335)	26035		Bo-BoDE		BRCW	DEL80	1959
D5338)	26038		Bo-BoDE		BRCW	DEL83	1959

(D8096) 20096		Bo-BoDE	_(RSH	8254	1961	
			(EE	3002	1961	
(D9500)		0-6-0DH	Sdn		1964	
D9502		0-6-0DH	Sdn		1964	
12074		0-6-0DE	Derby		1950	
12082		0-6-0DE	Derby		1950	
(12088)		0-6-0DE	Derby		1951	
53556 N682		2-2w-2w-2DMR	BRCW		1958	
ARMY 220 B11 SA		0-4-0DM	AB	359	1941	
-		0-4-0DM	AB	361	1942	
HOTWHEELS		0-6-0DM	AB	422	1958	
-		4wDM	FH	3817	1956	
NCB 44		0-6-0DH	HE	6684	1968	
No.48		0-6-0DH	HE	7279	1972	
No.2 TRX 10		4wDM	RH	432479	1959	
-		0-6-0DH	S	10180	1964	
-		0-4-0DH	TH	102C	1960	
Rebuild of		0-4-0DM	JF	4200019	1947	
No.47		0-6-0DH	TH	249V	1974	
B.S.C.2		0-4-0DE	YE	2480	1950	
20		0-4-0DE	YE	2688	1959	
-		4wDMR	Wkm	9688	1965	
-		2w-2DM				

Mr WEBB, SHEFFIELD
Gauge : 2'0".   (   )

-	4wDM	MR	8994	9146

WEST YORKSHIRE

INDUSTRIAL SITES

COBRA RAILFREIGHT LTD, WAKEFIELD DEPOT
Gauge : 4'8½".   (SE 341204)

(D4038) 08870					
MILLHOUSES	0-6-0DE	Dar		1960	+

+ On hire from South Yorkshire Railway Preservation Society, Sheffield, South Yorkshire

CROSSLEY EVANS LTD, METAL PROCESSORS, STATION ROAD, SHIPLEY
Gauge : 4'8½".   (SE 148372)

PRINCE OF WALES	0-4-0DH	HE	7159	1969	
-	4wDM	RH	284838	1950	OOU
9 BETH	4wDM	RH	425483	1958	OOU
109	0-4-0DH	S	10118	1962	

THE HUNSLET ENGINE CO LTD, JACK LANE, LEEDS   (Closed)
Subsidiary of Qualter Hall & Co Ltd)
Gauge : 4'8½".   (SE 305321)

		0-6-0DH	HE	8977	1980
-		Rebuilt	HE	9307	1992

Locos under construction & repair usually present.

PLASMOR LTD, CONCRETE BLOCK MANUFACTURERS,
WOMERSLEY ROAD, KNOTTINGLEY
Gauge : 4'8½".   (SE 503228)

-		4wDH	Plasmor	c1972	OOU

PRORAIL, HORBURY JUNCTION WORKS, WAKEFIELD
Gauge : 4'8½".   (SE 306176)

L.J. BREEZE	6wDH	RR	10275	1969

R.J.B. MINING LTD, PRINCE OF WALES COLLIERY, PONTEFRACT
See Section 4 for full details.

R.M.S. LOCOTEC LTD, VANGUARD WORKS, BRETTON STREET, DEWSBURY
Gauge : 4'8½".   (SE 249200)

(D3179)	08113	H 017	0-6-0DE	Derby		1955	
(D3538)	08423	H 011	0-6-0DE	Derby		1958	
(D3765)	08598	H 016	0-6-0DE	Derby		1959	
(D4035)	08867	HL1007	0-6-0DE	Dar		1960	
(D8107	20107)	H 010 2013	Bo-BoDE	(RSH	8265	1961	
				(EE	3013	1961	
	H 018		0-4-0DH	HC	D1279	1963	
	HL1006		0-6-0DH	HE	6294	1965	
	H005		0-6-0DH	HE	6295	1965	
	H 015		0-6-0DH	HE	7410	1976	
	H 014		0-6-0DH	RR	10262	1967	+
	H 013		0-6-0DH	RR	10286	1969	
	H 012		0-6-0DH	RR	10289	1970	
	H001		4wDH	S	10003	1959	
	H003		4wDH	S	10070	1961	
	H002		4wDH	S	10164	1963	
	HL 1009	IBURNDALE	0-6-0DE	YE	2725	1958	
	HL 1008	KILDALE	0-6-0DE	YE	2741	1959	
	H 004		0-4-0DE	YE	2732	1959	

+   Carries plate RR 10287

Locos for repair/overhaul/resale and hire usually present.

THYSSEN (GB) GROUP OF COMPANIES, THYSSEN TUNNELLING LTD,
PLANT DEPOT, LANGTHWAITE GRANGE INDUSTRIAL ESTATE,
SOUTH KIRBY, PONTEFRACT
Gauge : 2'0".   (SE 457108)

-	4wBEF	_(BGB 18/4/001	1984		
		(WRL3032F	1984		
-	4wBEF	_(BGB 18/4/002	1987		
		(WR544201	1987		
-	4wBEF	CE B3086	1984		

VICKERS DEFENCE SYSTEMS LTD,
ROYAL ORDNANCE FACTORY, CROSSGATES, LEEDS
Gauge : 4'8½".   (SE 371346)   R.T.C.

-	4wDM	FH	3918	1959	OOU

PRESERVATION SITES

AIRE VALLEY RAILWAY, LEEDS
Gauge : 2'6".   (   )

No.2	4wDM	RH 7002/0767/6 1965

Gauge : 2'0".

-	4wDM	LB	54684	1965
5	4wDM	RH	280866	1949
1	4wDM	RH	304439	1950

CITY OF BRADFORD METROPOLITAN COUNCIL,
WEST YORKSHIRE TRANSPORT MUSEUM,
LUDLAM STREET DEPOT, MILL LANE, BRADFORD
Gauge : 4'8½".   (SE 164322)

No.1	4wBE/WE	EE	905	1935

CITY OF BRADFORD METROPOLITAN COUNCIL ART GALLERIES & MUSEUMS,
BRADFORD INDUSTRIAL & HORSES AT WORK MUSEUM,
MOORSIDE MILLS, MOORSIDE ROAD, BRADFORD
Gauge : 4'8½".   (SE 184353)

NELLIE	0-4-0ST OC	HC	1435	1922

Gauge : 2'0".

-	4wDM	(FH	3627 1953?)

UREKA !, THE CHILDRENS MUSEUM LTD, DISCOVERY ROAD, HALIFAX
Gauge : 4'8½".   (SE 097247)

| No.96 | | 0-4-0DM | | HE | 2641 | 1941 |

AN D. HOWITT, SPRINGHILL FARM, DONCASTER ROAD, CROFTON
Gauge : 4'8½".   (   )

| - | | 0-4-0ST | OC | P | 1370 | 1915 |

KEIGHLEY & WORTH VALLEY LIGHT RAILWAY LTD
Locos are kept at :-
    Haworth   (SE 034371)
    Ingrow   (SE 058399)
    Oakworth   (SE 052389)
    Oxenhope   (SE 032355)
Gauge : 4'8½".

5775		0-6-0PT	IC	Sdn		1929
30072		0-6-0T	OC	VIW	4446	1943
34092	CITY OF WELLS	4-6-2	3C	Bton		1949
41241		2-6-2T	OC	Crewe		1949
43924		0-6-0	IC	Derby		1920
45212		4-6-0	OC	AW	1253	1935
45305) 5305						
ALDERMAN A.E. DRAPER		4-6-0	OC	AW	1360	1937
45596	BAHAMAS	4-6-0	3C	NBQ	24154	1935
		Rebuilt		HE	5596	1968
47279		0-6-0T	IC	VF	3736	1924
48431		2-8-0	OC	Sdn		1944
51218		0-4-0ST	OC	Hor	811	1901
52044		0-6-0	IC	BP	2840	1887
58926) 1054		0-6-2T	IC	Crewe	2979	1888
68077		0-6-0ST	IC	AB	2215	1947
75078		4-6-0	OC	Sdn		1956
78022		2-6-0	OC	Dar		1954
80002		2-6-4T	OC	Derby		1952
No.2258	TINY	0-4-0ST	OC	AB	2258	1949
752		0-6-0ST	IC	BP	1989	1881
402	LORD MAYOR	0-4-0ST	OC	HC	402	1893
31	HAMBURG	0-6-0T	IC	HC	679	1903
No.1704	NUNLOW	0-6-0T	OC	HC	1704	1938
118	BRUSSELS	0-6-0ST	IC	HC	1782	1945
	BELLEROPHON	0-6-0WT	OC	HF	C	1874
5820		2-8-0	OC	Lima	8758	1945
1210	SIR BERKELEY	0-6-0ST	IC	MW	1210	1891
52		0-6-2T	IC	NR	5408	1899
-		0-4-0CT	OC	RSHN	7069	1942
63	CORBY	0-6-0ST	IC	RSHN	7761	1954
90733		2-8-0	OC	VF	5200	1945
D2511		0-6-0DM		HC	D1202	1961
(D3336 08266) 13336		0-6-0DE		Dar		1957

D5209	(25059)	Bo-BoDE	Derby		1963
D8031	(20031)	Bo-BoDE	_(EE	2753	1959
			(RSH	8063	1959
M50928		2-2w-2w-2DMR	Derby C&W		1959
M51565		2-2w-2w-2DMR	Derby C&W		1959
E79962		4wDMR	WMD	1267	1958
(E79964)		4wDMR	WMD	1269	1958
D 226	VULCAN	0-6-0DE	_(EE	2345	1956
			(VF	D226	1956
23	MERLIN	0-6-0DM	HC	D761	1951
32	HUSKISSON	0-6-0DM	HE	2699	1944
AUSTIN'S No.1		0-4-0DM	P	5003	1961
	JAMES	0-4-0DE	RH	431763	1959
950021		2w-2PMR	Wkm	590	1932
-		2w-2PMR	Wkm		DsmT

KIRKLEES LIGHT RAILWAY CO LTD, CLAYTON WEST, near HUDDERSFIELD
Gauge : 1'3".   (SE 258112)

	FOX	2-6-2T	OC	B.Taylor	1987
	BADGER	0-6-4ST	OC	B.Taylor	1991
2		2-6-2	OC	Fairbourne No.4	1990
7		2-2wPH	S/O	B.Taylor	1991
	JAY	4wDH		B.Taylor	1992

LEEDS CITY COUNCIL, DEPARTMENT OF LEISURE SERVICES,
LEEDS INDUSTRIAL MUSEUM, ARMLEY MILLS, CANAL ROAD, LEEDS
Gauge : 4'8½".   (SE 275342)

(GWR 252)	0-6-0	IC	EW		1855	Dsm
ELIZABETH	0-4-0ST	OC	HC	1888	1958	
"HODBARROW"	0-4-0ST	OC	HE	299	1882	
R.A.F.No.111 ALDWYTH	0-6-0ST	IC	MW	865	1882	
-	4wBE		GB	1210	1930	
	Rebuilt		HE	9146	1987	
-	0-4-0WE		GB	2543	1955	
SOUTHAM 2	0-4-0DM		HC	D625	1942	
B16	0-4-0DM		HE	2390	1941	
-	0-4-0DM		JF	22060	1937	
No.10	0-4-0DM		JF	22893	1940	

Gauge : 3'6".

PIONEER	0-6-0DMF	HC	DM634	1946
-	0-6-0DMF	HC	DM733	1950

Gauge : 3'0".

"LORD GRANBY"	0-4-0ST	OC	HC	633	1902
4057	0-6-0DMF		HE	4057	1953
-	2-4-0DM		JF	20685	1935

Gauge : 2'11".

-	4wDM	HC	D571	1932

Gauge : 2'8".

H 881	0-4-0DMF	HE	3200	1945

Gauge : 2'6".

	JUNIN	2-6-2DM	HC	D557	1930
20018		0-4-0DMF	HE	3411	1947
		4wBE	HT	9728	1985

Gauge : 2'1½".

No.5	0-4-0DMF	HE	4019	1949

Gauge : 2'0".

3	(CHEETAL)	0-6-0WT	OC	JF	15991	1923
	BARBER	0-6-2ST	OC	TG	441	1908
	FAITH	0-4-0DMF		HC	DM664	1952
-		0-4-0DMF		HC	DM749	1949
12		0-6-0DMF		HC	DM803	1954
-		0-4-0DMF		HC	DM1164	1959
1368		4wDMF		HC	DM1368	1965
1		0-4-0DMF		HE	2008	1939
-		4wDM		HE	2959	1944
8		4wDMF		HE	4756	1954
-		0-4-0DMF		HE	5340	1957
2		0-4-0DMF		HE	6048	1961
-		4wDM		HU	36863	1929
21294	LAYER	4wDM		JF	21294	1936
3		4wDM		RH	381704	1955

Gauge : 1'6".

	JACK	0-4-0WT	OC	HE	684	1898
5A	4	4wBE		GB	1325	1933
-		4wBE		GB	1326	1933	Dsm

P.N. LOWE, ABBEY LIGHT RAILWAY, BRIDGE ROAD, KIRKSTALL, LEEDS
Gauge : 2'0".   (SE 262357)

No.736		0-4-0PM		BgC	736	1917
No.760		0-4-0PM		BgC	760	1918	Dsm
-		4wBE		GB	2848	1957
No.2		4wDM		HE	2463	1944
		Rebuilt		ALR	No.2	1983
-		4wPM		HU	39924	1924	Dsm
No.1	LOWECO	4wDM		L	20449	1942
		Rebuilt		ALR	No.1	1978

			4wPM		MH	A110	1925	Dsm
3	ODIN		4wDM		MR	5859	1934	
		Rebuilt			ALR	No.3	1989	
No.4	DRUID		4wDM		MR	8644	1941	
No.10	79/190		4wDM		OK	5926	1935	
No.4	VULCAN		4wDM		RH	198287	1940	
-			4wDM		RH	235654	1946	

MIDDLETON RAILWAY TRUST, TUNSTALL ROAD, HUNSLET, LEEDS
Gauge : 4'8½".   (SE 305310)

68153	59		4wVBT	VCG	S	8837	1933	
No.1	LUCY		0-4-0VBT	OC	Cockerill	1625	1890	
No.53	WINDLE		0-4-0WT	OC	EB	53	1909	
No.1310			0-4-0T	IC	Ghd	(38?)	1891	
Nr.385			0-4-0WT	OC	Hartmann	2110	1895	
	HENRY DE LACY II		0-4-0ST	OC	HC	1309	1917	
67			0-6-0T	IC	HC	1369	1919	
	MIRVALE		0-4-0ST	OC	HC	1882	1955	
BROOKES No.1			0-6-0ST	IC	HE	2387	1941	
6	PERCY		0-4-0ST	OC	HL	3860	1935	
	"ARTHUR"		0-6-0ST	IC	MW	1601	1903	
	JOHN BLENKINSOP		0-4-0ST	OC	P	2003	1941	
	WILLIAM		4wVBT	VCG	S	9566	1956	
-			0-4-0ST	OC	WB	2702	1943	
-			0-4-0DE		_(BT	91	1958	
					(BP	7856	1958	
	MARY		0-4-0DM		HC	D577	1932	
	CARROLL		0-4-0DM		HC	D631	1946	
L.M.S. 7401	"JOHN ALCOCK"		0-6-0DM		HE	1697	1932	
	"COURAGE"		4wDM		HE	1786	1935	
-			0-4-0DM		JF	3900002	1945	
ROWNTREE No.3			4wDM		RH	441934	1960	
-			4wDH		RR	10252	1966	
-			4wDH		TH/S	138C	1964	
		Rebuild of	4wVBT	VCG	S	9584	1955	
(DE 320467	DB 965049)		2w-2PMR		Wkm	7564	1956	
-			2w-2PMR		Wkm			DsmT

T. STANHOPE, ARTHINGTON STATION, near LEEDS
Gauge : 2'0".   (SE 257445)

		4wPM	T.Stanhope	1994
-				

Gauge : 1'3".

No.2	ROSS CASTLE	2-8-0GasH	S/O SL	15.5.78	1978

YORKSHIRE MINING MUSEUM TRUST, YORKSHIRE MINING MUSEUM,
CAPHOUSE COLLIERY, NEW ROAD, OVERTON, WAKEFIELD
Gauge : 4'8½".   (SE 253164)

9	0-6-0ST OC	YE	2521	1952
-	0-6-0DH	HE	7307	1973

Gauge : 3'0".

BEM 401	0-6-0DMF	HC DM1120	1958
BEM 403	0-4-0DMF	HE	3614	1948
-	0-6-0DMF	HE	4816	1955
BEM 404	4wDHF	HE	8505	1981

Gauge : 2'6".

KIRSTIN	4w-4wDHF	GMT 0592	1981
STEPHANIE	4w-4wDHF	GMT 0593	1981
746	0-4-0DMF	HC DM746	1951
748	0-4-0DMF	HC DM748	1951
1356	0-4-0DMF	HC DM1356	1965

Gauge : 2'4".

| - | 4wBEF | Atlas 2463 | 1944 |
| - | 4wDM | RH 375347 | 1954 |

Gauge : 2'3".

| - | 4wDHF | HE | 8831 | 1978 |
| CAPHOUSE FLYER | 4wDHF | HE | 8832 | 1978 |

Gauge : 2'2".

-	4wDM	HE	6273	1965
HOUGHTON MAIN FLYER	4wDM	HE	7274	1973
-	4wDH	HE	7530	1977

Gauge : 2'1½".

| - | 4wDM | RH 379659 | 1955 |

Gauge : 2'0".

| - | 0-4-0DMF | HC DM655 | 1949 |
| - | 4wDMF | RH 441424 | 1960 |

SECTION 2 : SCOTLAND

BORDERS	232
CENTRAL	232-235
DUMFRIES & GALLOWAY	235-236
FIFE	236-238
GRAMPIAN	239
HIGHLAND	240-241
LOTHIAN	241-244
ORKNEY	244
STRATHCLYDE	245-252
TAYSIDE	253
WESTERN ISLES/ COMHAIRLE NAN EILEAN	254

+ No known locomotives exist.

BORDERS

INDUSTRIAL SITES

BOOTHBY & PENICUIK PEAT CO LTD,
WHIM MOSS, LAMANCHA STATION, COWDENBURN, near LEADBURN
Gauge : 2'0".   (NT 206531)

    See entry under Lothian Region for details of locos.

PRESERVATION SITES

BORDERS NARROW GAUGE RAILWAY COMPANY, near HAWICK
Gauge : 2'0".   (NT 512178)

| - | 0-6-0DMF | HC | DM804 | 1951 |

DR. R.P. JACK, THE STATION, EDDLESTON
Gauge : 2'0".   (NT 242471)

| - | 4wDM | HE | 2927 | 1944 |

G. MANN, SAUGHTREE STATION
Gauge : 4'8½".   (   )

| - | 4wDM | RH | 275882 | 1950 |

CENTRAL

INDUSTRIAL SITES

B.P. OIL GRANGEMOUTH REFINERY LTD, GRANGEMOUTH REFINERY
Gauge : 4'8½".   (NS 942817, 944814, 952822)

10		0-6-0DH	AB	600	1976
11		0-6-0DH	AB	649	1980
2	144-2	0-6-0DH	EEV	D917	1965
		Rebuilt	AB		1981
		Rebuilt	HAB	6694	1990
3	144-3	0-6-0DH	EEV	D1232	1968
		Rebuilt	AB		1980
9		0-6-0DH	HE	7304	1972
12		0-6-0DH	TH	290V	1980

COAL CONTRACTORS LTD,
ROUGHCASTLE OPENCAST SITE, TAMFOURHILL ROAD, CAMELON, FALKIRK
Gauge : 4'8½". (NS 845796)

| | | 4wDM | FH | 3716 | 1955 | |

TYNEGOLD EXPLORATION LTD, CONONISH FARM, near TYNDRUM
Gauge : 2'0". (NN 292286) (On care and maintenance basis).

5		4wBE	CE	B2905	1981	+
		Rebuilt	CE	B3550A	1988	
6		4wBE	CE	B2983	1983	
		Rebuilt	CE	B3550B	1988	
-		4wBE	WR			
		Rebuilt	WR	556001	1988	

+ Plate reads B2903

HUMAX PEAT L. & P. PEAT PRODUCTS LTD,
LETHAM MOSS WORKS, near AIRTH STATION
Gauge : 2'0". (NS 871867)

-	4wDM	LB	53225	1962	
-	4wDM	MR	5402	1932	
-	4wDM	MR	21505	1955	
-	4wDM	MR	40S343	1969	Dsm

SINCLAIR HORTICULTURAL LTD, GARDRUM MOSS, SHIELDHILL, near FALKIRK
Gauge : 3'0". (NS 885757)

-		4wDM	MR	60S362	1968
-		4wDM	MR	60S382	1969
212		4wDM	RH	394022	1956
213	L 2	4wDM	RH		

PRESERVATION SITES

FALKIRK DISTRICT COUNCIL, DEPARTMENT OF LIBRARIES & MUSEUMS,
MUSEUM WORKSHOP, ABBOTSINCH COURT, 7 - 11 ABBOTSINCH ROAD,
ABBOTSINCH INDUSTRIAL ESTATE, GRANGEMOUTH
Gauge : 4'8½". (   )

| No.1 | 0429 | 0-4-0DM | JF | 22902 | 1943 |

L. HUGHS, WHITE COTTAGE, CALLANDER
Gauge : 2'0". (NN 633080)

| | | 4wDM | MR | 22237 | 1965 |

SCOTTISH RAILWAY PRESERVATION SOCIETY,
BO'NESS & KINNEIL RAILWAY, BO'NESS STATION, UNION STREET, BO'NESS
Gauge : 4'8½".   (NT 003817)

44871	SOVEREIGN	4-6-0	OC	Crewe		1945
(55189)	419	0-4-4T	IC	St Rollox		1908
(62469)	No.256					
	GLEN DOUGLAS	4-4-0	IC	Cowlairs		1913
(62712)	No.246					
	MORAYSHIRE	4-4-0	3C	Dar (1391?)		1928
(65243)	No.673 MAUDE	0-6-0	IC	N	4392	1891
68095		0-4-0ST	OC	Cowlairs		1887
80105		2-6-4T	OC	Bton		1955
3	LADY VICTORIA	0-6-0ST	OC	AB	1458	1916
No.3	CLYDESMILL	0-4-0ST	OC	AB	1937	1928
B.A.CO.LTD No.3		0-4-0ST	OC	AB	2046	1937
THE WEMYSS COAL CO LTD No.20						
		0-6-0T	IC	AB	2068	1939
(No.6)		0-4-0CT	OC	AB	2127	1942
No.17		0-4-0ST	OC	AB	2296	1950
24		0-6-0T	OC	AB	2335	1953
	CITY OF ABERDEEN	0-4-0ST	OC	BH	912	1887
No.17		0-6-0ST	IC	HE	2880	1943
N.C.B. No.19		0-6-0ST	IC	HE	3818	1954
No.5		0-6-0ST	IC	HE	3837	1955
	SIR JOHN KING	0-4-0ST	OC	HL	3640	1926
No.13	KELTON FELL	0-4-0ST	OC	N	2203	1876
(No.1)	(LORD ROBERTS)	0-6-0T	IC	NR	5710	1902
	RANALD	4wVBT	VCG	S	9627	1957
	DENIS	4wVBT	VCG	S	9631	1958
No.7		0-6-0ST	IC	WB	2777	1945
(D421)	50021 RODNEY	Co-CoDE		_(EE	3791	1968
				(VF	D1162	1968
(D1970)	47643	Co-CoDE		Crewe		1965
(D3558)	08443	0-6-0DE		Derby		1958
(D5304)	26004	Bo-BoDE		BRCW	DEL49	1958
(D5324)	26024	Bo-BoDE		BRCW	DEL69	1959
(D5347)	27001	Bo-BoDE		BRCW	DEL190	1961
D5351	(27005)	Bo-BoDE		BRCW	DEL194	1961
(D7585)	25235	Bo-BoDE		Dar		1964
(D8020)	20020	Bo-BoDE		_(EE	2742	1959
				(RSH	8052	1959
(D9524)	14901	0-6-0DH		Sdn		1964
Sc51017	126 413	2-2w-2w-2DMR		Sdn		1958
(Sc51043)		2-2w-2w-2DMR		Sdn		1958
No.1		0-6-0DM		AB	343	1941
-		2w-2DM		Arrols		c1966
F.82		4wBE		EE	1131	1940
	TEXACO	0-4-0DM		JF	4210140	1958
-		0-4-0DH		NB	27415	1954
	KILBAGIE	4wDM		RH	262998	1949
DS 3		4wDM		RH	275883	1949
DS 4	P 6687	0-4-0DE		RH	312984	1951
-		4wDM		RH	321733	1952

DS 6		0-4-0DE	RH 421439	1958
-		0-4-0DE	RH 423658	1958
-		0-4-0DE	RH 423662	1958
88/003		4wDM	RH 506500	1965
70213		2w-2PMR	Wkm 6049	
-		2w-2PMR	Wkm 10482	1970

Gauge : 3'0".

-		0-4-0T	OC	AB 840	1899
-		4wDH		MR110U082	1970

DUMFRIES & GALLOWAY

INDUSTRIAL SITES

BRITISH NUCLEAR FUELS PLC, CHAPELCROSS WORKS, ANNAN
Gauge : 5'4".   (NY 216695)

No.1	4301/G/0001	4wDM	RH 411320	1958
No.2	4301/G/0002	4wDM	RH 411321	1958

IMPERIAL CHEMICAL INDUSTRIES PLC,
PETROCHEMICALS AND PLASTICS DIVISION,
DUMFRIES WORKS, DRUNGANS, DUMFRIES
Gauge : 4'8½".   (NX 947751)

DUMFRIES No.1	0-6-0DM	AB 385	1952

J. & P. PEAT LTD
Ireca Moss, near Annan
Gauge : 2'0".   (NY 223712)

-	4wDM	AK 6	1981

Nutberry Works, Eastriggs
Gauge : 2'0".   (NY 249671)

-	4wDM	AK 7	1982
-	4wDM	FH 3756	1955
-	4wDM	MR 40S383	1971
-	4wDM	RH 211641	1941

MINISTRY OF DEFENCE, ROYAL ORDNANCE FACTORY, EASTRIGGS
   See Section Five for full details.

STOCKTON HAULAGE LTD, STRANRAER DEPOT, STRANRAER
Gauge : 4'8½".   (   )

1	BESSEMER BOY	4wDE	Moyse	1464 1979	OOU

J. WALKER, SCRAP MERCHANT, SHAWHILL STATION YARD, ANNAN
Gauge : 4'8½".   (NY 201664)

244		0-4-0DH	TH 130C 1963	OOU
	Rebuild of	0-4-0DM	JF 22971 1942	

FIFE

INDUSTRIAL SITES

MINISTRY OF DEFENCE, NAVY DEPARTMENT
Royal Naval Armament Depot, Crombie
Gauge : 4'8½".   (NT 04x84x)

01 RN 17	4wDM R/R		
	Unimog 4721002W152 6851989		

Royal Naval Dockyard, Rosyth
(Operated by Babcock-Thorn)
Gauge : 4'8½".   (NT 108821)

236		0-4-0DM	(AB 372 1945	
			(YEC L123 1994	
250		0-4-0DH	HE 9045 1980	
251		0-4-0DH	HE 9046 1980	
1	YARD No.DP35	0-4-0DM	RH 313390 1952	
-		4wDM R/R	Unimog 1990	

T. MUIR, SCRAP MERCHANTS, EASTER BALBEGGIE, near THORNTON
Gauge : 4'8½".   (NT 291962)

No.3		0-4-0ST	OC	AB	946 1902	OOU
No.22		0-4-0ST	OC	AB	1069 1906	OOU
No.10		0-6-0T	OC	AB	1245 1911	OOU
-		0-4-0ST	OC	AB	1807 1923	OOU
No.47		0-4-0ST	OC	AB	2157 1943	OOU
No.15		0-6-0ST	IC	AB	2183 1945	OOU
No.6		0-4-0ST	OC	AB	2261 1949	OOU
No.7		0-4-0ST	OC	AB	2262 1949	OOU
-		0-4-0ST	OC	GR	272 1894	OOU
-		4wDM		RH	235521 1945	OOU

Gauge : 2'8".

-	4wDM		RH 506415 1964	OOU

Gauge : 2'6".

| | 0-4-0DH | RH 476133 | 1967 | OOU |

Gauge : 2'0".

| 554 H 643 | 0-4-0DMF | HE 3286 | 1945 | Dsm |

THOS MUIR HAULAGE & METALS LTD, KIRKCALDY
Gauge : 4'8½". (NT 282926)

| No.2 HP 515 | 0-4-0DH | AB 515 | 1966 | OOU |
| No.12 H 662 | 0-4-0DH | NB 27732 | 1957 | OOU |

NORTH SEA METALS LTD, THE BAY, INVERKEITHING
(Leased from Forth Ports Authority)
Gauge : 4'8½". (NT 127823)   R.T.C.

| | 0-4-0DM | JF 4210138 | 1958 | OOU |

SCOTTISH COAL CO
Castlebridge Colliery, Kincardine
   See Section 4 for full details.

Westfield Disposal Point, Kinglassie
   See Section 4 for full details.

SCOTTISH GRAIN DISTILLERS LTD,
CAMERON BRIDGE DISTILLERY, WINDYGATES, LEVEN
Gauge : 4'8½". (NO 348001)

| | 0-6-0DH | EEV D1193 | 1967 |

SCOTTISH POWER PLC
Kincardine Power Station   (Closed)
Gauge : 4'8½". (NS 923887)

| 8010 H/P 54 5 | 0-4-0DE | RH 402801 | 1956 | OOU |

Methil Power Station
Gauge : 4'8½". (NO 382001)

No.1 HP 299	0-4-0DH	AB 516	1966	
	0-4-0DE	RH 431764	1960	
	0-4-0DE	RH 449753	1961	

TULLIS RUSSELL & CO LTD, AUCHMUTY MILLS, GLENROTHES
Gauge : 4'8½".   (NO 276017)

| | 4wDM | R/R | Unilok | 2195 | 1988 |

PRESERVATION SITES

J. CAMERON, B.R. THORNTON JUNCTION DEPOT, near KIRKCALDY
Gauge : 4'8½".   (NT 298974)

60009
 UNION OF SOUTH AFRICA   4-6-2   3C   Don   1853 1937

CARNEGIE DUNFERMLINE TRUST, PITTENCRIEFF PARK, DUNFERMLINE
Gauge : 4'8½".   (NT 086872)

-   0-4-0ST   OC   AB   1996 1934

FIFE REGIONAL COUNCIL, LOCHORE MEADOWS COUNTRY PARK, LOCHORE
Gauge : 4'8½".   (NT 172963)

No.30   0-4-0ST   OC   AB   2259 1949

KINGDOM OF FIFE PRESERVATION SOCIETY,
c/o SCOTTISH POWER PLC, METHIL POWER STATION
Gauge : 4'8½".   (NO 522080)

10	0-4-0ST	OC	AB	1890 1926
No.21	0-4-0ST	OC	AB	2292 1951
(D5340) 26040	Bo-BoDE		BRCW DEL85	1959
400 RIVER EDEN	0-4-0DH		NB	27421 1955
N.C.B. No.10	0-6-0DH		NB	27591 1957
No.4 NORTH BRITISH	4wDM		RH	421415 1958
-	0-4-0DH		RH	506399 1964

NORTH EAST FIFE DISTRICT COUNCIL, DEPARTMENT OF RECREATION,
RIO-GRANDE MINIATURE RAILWAY,
CRAIGTOUN COUNTRY PARK, near ST. ANDREWS
Gauge : 1'3".   (NO 482141)

278   IVOR   2-8-0DH   S/O   SL   R8 1976

GRAMPIAN

INDUSTRIAL SITES

CAPTAIN J. HAY OF HAYFIELD, DELGATIE CASTLE, TURRIFF, ABERDEEN
Gauge : 2'0".   (NJ 754507)

-		4wDM	LB	52610	1961

PRESERVATION SITES

ABERDEEN CITY COUNCIL, SEATON PARK, ABERDEEN
Gauge : 4'8½".   (NJ 943092)

-		0-4-0ST	OC	AB	2239	1947

ALFORD VALLEY RAILWAY CO LTD, ALFORD
Gauge : 2'0".   (NJ 579159)

	SACCHARINE	0-4-2T	OC	JF	13355	1912	
A.V.R. No.1	HAMEWITH	4wDM		L	3198	c1930	
-		4wDM		MR	5342	1931	Dsm
-		4wDM		MR	9215	1946	Dsm
	THE BRA'LASS	4wDM	S/O	MR	9381	1948	
	JOHN C	4wDM	S/O	MR	22129	1962	
87022		4wDM		MR	22221	1964	

BANFF & BUCHAN DISTRICT COUNCIL LEISURE & RECREATION DEPARTMENT
FRASERBURGH MINI-RAILWAY
Gauge : 2'0".   (NK 001659)

677	KESSOCK KNIGHT	4wDM	S/O	LB	53541	1963

BANFFSHIRE ROLLING STOCK LTD, KEITH & DUFFTOWN RAILWAY, DUFFTOWN
Gauge : 4'8½".   (NJ 323414)

140.001 55500	4wDMR	Derby C&W/	
		Leyland (R2.001)	1981
140.001 55501	4wDMR	Derby C&W/	
		Leyland (R2.002)	1981
00 NZ 65	4wDH	CE B1844	1979

HIGHLAND

INDUSTRIAL SITES

ARJO WIGGINS PLC, FORT WILLIAM MILL, ANNAT POINT, CORPACH, FORT WILLIAM
Gauge : 4'8½".   (NN 083766)

DANBYDALE	0-6-0DE	YE	2714	1958

DEPARTMENT OF THE ENVIRONMENT, FORT GEORGE RANGE, INVERNESS
Gauge : 60cm.   (NH 775568, 774569)

-	2w-2PM	Wkm 11682	1990
-	2w-2PM	Wkm 11683	1990

MINISTRY OF DEFENCE,
ARMY RAILWAY ORGANISATION, GLEN DOUGLAS, near ARROCHAR
See Section Five for full details.

PRESERVATION SITES

COUNTESS OF SUTHERLAND, DUNROBIN STATION, near BRORA
Gauge : 2'0".   (NC 849013)

BRORA	0-4-0PM S/O	Bg	1797	1930
	Rebuilt	Bg	2083	1934

F. ROACH, ROGART STATION, near GOLSPIE
Gauge : 4'8½".   (NC 725020)

M 55967 (M 51610)	2-2w-2w-2DMR	Derby C&W	1959

STRATHSPEY RAILWAY CO LTD
Locos are kept at :-
        Aviemore   (NH 898131)
        Boat of Garten   (NH 943189)
Gauge : 4'8½".

(45025)	5025	4-6-0	OC	VF	4570	1934	
46512		2-6-0	OC	Sdn		1952	+
(57566)	828	0-6-0	IC	St Rollox		1899	
No.20		0-6-0ST	OC	AB	1833	1924	
No.17		0-6-0T	IC	AB	2017	1935	
-		0-4-0ST	OC	AB	2020	1936	
48	9103/48	0-6-0ST	IC	HE	2864	1943	

No.60		0-6-0ST	IC	HE	3686	1948
No.9	9114/9 CAIRNGORM	0-6-0ST	IC	RSHN	7097	1943
D3605)	08490	0-6-0DE		Hor		1958
D5302)	26002	Bo-BoDE		BRCW	DEL47	1958
D5394	(27050)	Bo-BoDE		BRCW	DEL237	1962
Sc 52008		2-2w-2w-2DMR		Derby	C&W	1960
-		0-4-0DH		AB	517	1966
INTER	VILLAGE 12-5	4wDM		MR	5763	1957
No.14		0-4-0DH		NB	27549	1956
010	CLAN	0-4-0DM		RH	260756	1950
	QUEEN ANNE	4wDM		RH	265618	1948
No.39	MADALENE	0-4-0DM		RH	304471	1951
813	CALE	2w-2PMR		Wkm	1288	1933

+ Currently under renovation at I. Storey, Hepscott, near Morpeth

LOTHIAN

INDUSTRIAL SITES

BLUE CIRCLE INDUSTRIES PLC, OXWELLMAINS CEMENT WORKS, DUNBAR
Gauge : 4'8½".   (NT 708768)

No.1	ADAM	4wDH	S	10022	1959	
No.2		4wDH	RR	10266	1967	
No.3		4wDH	S	10006	1959	OOU
1		4wDH	RR	10247	1966	OOU
2		4wDH	RR	10248	1966	OOU
3		4wDH	RR	10249	1966	OOU
3		4wDH	S	10021	1959	
-		4wDH	S	10033	1960	Dsm

BOOTHBY & PENICUIK PEAT CO LTD
Locos are kept at :
  A - Auchencorth Moss, Lothian   (NT 193562)
  S - Springfield Moss, Springfield Road,
      Wellington Reformatory, near Leadburn   (NT 233567)
  W - Whim Moss, Lamancha Station, Cowdenburn,
      near Leadburn, Borders.   (NT 206531)
Gauge : 2'6".

23		4wDH	AB	556	1970	S
26	LOCO No.26	4wDH	AB	560	1971	S

Gauge : 2'0".

		4wDM	LB			A	+
	-	4wDM	MR	8738	1942	W	
81 A 138		4wDM	RH	462365	1960	A	
	-	4wDM	MR	22253	1965	A	
	-	4wDH	AK	No.8	1982	W	

+ Either 52726/1961 or 55730/1968

MONKTONHALL MINEWORKERS LTD, MONKTONHALL COLLIERY, MILLERHILL
See Section 4 for full details.

SCOTTISH COAL CO, LONGANNET COLLIERY
See Section 4 for full details.

PRESERVATION SITES

ALMOND VALLEY HERITAGE CENTRE, MILLFIELD, LIVINGSTON
Gauge : 2'6".   (NT 034667)

05/576			4wDH	AB	557	1970
	OIL COMPANY No.2		4wWE	BLW	20587	1902
20			4wBE	BV	612	1972
13	3583		4wBEF	GB	1698	1940
YARD No.B10		ND 3059	0-4-0DM	HE	2270	1940
7330			4wDM	HE	7330	1973
	-		4wDM	SMH	40SPF522	1981

EAST LOTHIAN DISTRICT COUNCIL,
PRESTONGRANGE MINING MUSEUM, PRESTONPANS
Gauge : 4'8½".   (NT 374737)

No.6		0-4-0ST	OC	AB	2043	1937	
17		0-4-0ST	OC	AB	2219	1946	
No.7	PRESTONGRANGE	0-4-2ST	OC	GR	536	1914	
-		4wDH		EEV	D908	1964	
No.1	TOMATIN	4wDM		MR	9925	1963	
No.33		4wDM		RH	221647	1943	
No.2	GEORGE EDWARDS	4wDM		RH	398613	1956	+
-		4wDM		RH	458960	1962	

+ Carries plate 398163 in error

Gauge : 2'0".

N.C.B. No.10	4wDM	HE	4440	1952

**MIDLOTHIAN DISTRICT COUNCIL, DANDERHALL CHILDRENS RECREATION PARK,
EDMONSTONE ROAD, DANDERHALL**
Gauge : 4'8½".   (NT 308698)

N.C.B. No.29   0-4-0ST   OC   AB   1142 1908

POLKEMMET COUNTRY PARK, WHITBURN
Gauge : 4'8½".   (NS 924649)

   No.8 DARDANELLES   0-6-0ST   OC   AB   1175 1909   +

   + Carries plate AB 1296/1912 in error

D. RITCHIE & FRIENDS
Gauge : 3'0".   (   )

   -                          4wDM   RH 466591 1961

Gauge : 2'6".

   -                          4wDM   RH 189992 1938
   -                          4wDM   RH 242916 1946
   -                          4wDM   RH 273843 1949
   10553   0-4-0DM   RH 338429 1955
   P 9303   YARD No.1018   4wBE   VE   7667

Gauge : 2'0".

   -                          4wDM   HE   2654 1942
            TERRAS   4wDM   MR   7189 1937
   CCC 51   4wDM   MR   7330 1938
   -                          4wDM   MR   9982 1954
   -                          4wDM   RH 179005 1936
   -                          4wDM   RH 249530 1947

ROYAL MUSEUM OF SCOTLAND
Chambers Street, Edinburgh
Gauge : 5'0".   (NT 258734)

   "WYLAM DILLY"   4w VCG Wm Hedley 1827-1832 +

   + Incorporates parts of loco of same name built c1814

Gauge : 1'7".

   WYLAM DILLY   4w VCG RSM   1885

Granton Store, Edinburgh
Gauge : 4'8½".   (   )

(ELLESMERE)	0-4-0WT	OC	H(L)	244	1861

SCOTTISH MINING MUSEUM,
RAIL & MINING HERITAGE CENTRE, LADY VICTORIA COLLIERY, NEWTONGRANGE
Gauge : 4'8½".   (NT 332638)

No.21	0-4-0ST	OC	AB	2284	1949

Gauge : 3'6".

TRAINING LOCO No.2	0-6-0DMF		HE	4074	1955

Gauge : 2'6".

-	4wBE		CE	5871A	1971

Locos not on public display.

ORKNEY

PRESERVATION SITES

SCAPA FLOW VISITOR CENTRE, LYNESS, HOY
Gauge : Metre.   (   )

ND 3646	4wDM		RH	210961	1941

Gauge : 2'6".

ND 3305 B40	4wBE		WR	3805	1948

Gauge : 60cm.

AD 27	4wDM		RH	229633	1944

STRATHCLYDE

INDUSTRIAL SITES

ANGLO SCOTLAND, MOSSEND COAL DEPOT, BELLSHILL
Gauge : 4'8½".   (NS 749605)

| 4764 | C2/29 | | 0-4-0DM | JF | 4210126 | 1957 | OOU |

ARNOTT YOUNG & COMPANY LTD, ROTHESAY DOCK, CLYDEBANK
Yard (   ) with locos for scrap occasionally present.

BRITISH ROLLMAKERS CORPORATION LTD, COATBRIDGE WORKS, COATBRIDGE
(Member of Sheffield Forgemasters Ltd)
Gauge : 4'8½".   (NS 738643)

48		0-4-0DH	GECT	5575	1979	
SENTINEL No.1						
PLANT No.0911255		4wDH	S	10002	1959	Dsm
PLANT No.0911563		4wDH	S	10026	1960	OOU +

+ Carries plate S 10043

BRITISH STEEL PLC,
STRIP PRODUCTS DIVISION, RAVENSCRAIG WORKS, MOTHERWELL
(Closed)
Gauge : 6'9½".   (NS 778562)   Used in Strip Mill.

| - | | 4wBE | GB | 6064 | 1962 | OOU | |

Gauge : 4'8½".

1		0-6-0DH	S	10151	1964	OOU	a
2		0-6-0DH	RR	10290	1970	OOU	
3		0-4-0WE	RSH	8207	1961	OOU	
4	C.E.W. 1	0-4-0WE	RSH	8298	1962	OOU	
40		6wDH	RR	10265	1967	OOU	
246		0-6-0DH	TH	255V	1975	OOU	
248		0-6-0DH	TH	254V	1975	OOU	
250		0-6-0DH	TH	252V	1974	OOU	
292		0-6-0DH	RR	10292	1971	OOU	
602		0-6-0DH	HE	7190	1970	OOU	
		Rebuilt	AB	6808	1981		
7804		0-4-0WE	RSH	7804	1954	OOU	
CL 8		4wWE	RFSK	334V	1990	OOU	
CL 9		4wWE	RFSK	335V	1990	OOU	
DH 7		0-4-0DH	AB	605	1976	OOU	
DH 8		0-4-0DH	HE	7049	1971	OOU	

DH 9		0-4-0DH	HE	7423	1976	OOU
(DH 10)		0-4-0DH	AB	591	1974	Dsm
(DH 403)		0-4-0DH	HE	7322	1972	OOU
-		0-4-0WE	EEV	5360	1971	OOU
		Rebuilt	AB	6082	1983	
-		0-4-0WE	EEV	5361	1971	OOU
		Rebuilt	AB	6083	1983	
-		0-4-0WE	_(GECT	5370	1973	OOU
			(BD	3684	1973	
-		0-4-0WE	GECT	5574	1979	OOU

a Frame of S 10151 rebuilt by TH with parts of RR 10213

**BRITISH STEEL PLC, SEAMLESS DIVISION,
IMPERIAL WORKS, MARTYN STREET, AIRDRIE**
Gauge : 4'8½".   (NS 752648)   R.T.C.

-	0-4-0DH	EEV	3991	1970

CALEDONIAN PAPER PLC, LONG DRIVE, SHEWALTON, IRVINE
Gauge : 4'8½".   (NS 335354)

-	0-6-0DH	HE	9092	1988

**CASTLE CEMENT (CLYDE) LTD,
GARTSHERRIE WORKS, HOLLANDHURST ROAD, COATBRIDGE**
Gauge : 4'8½".   (NS 730661)

-	0-6-0DH	EEV	3998	1970
-	0-6-0DH	RR	10217	1965

COSTAIN DOW MAC, COLTNESS FACTORY, NEWMAINS
Gauge : 4'8½".   (NS 823553)

No.1		4wDH	HE	7430	1977	
No.2		4wDM	RH	326065	1952	OOU
COSTAIN 1		4wDM	RH	408494	1957	OOU

DEANSIDE TRANSIT LTD, DEANSIDE ROAD, HILLINGTON, GLASGOW
Gauge : 4'8½".   (NS 52x65x)

(D3415	08345)	LOCO 3	0-6-0DE	Derby	1958
(D3562	08447)		0-6-0DE	Derby	1958
(D3896	08728)		0-6-0DE	Crewe	1960
(D3904	08736)	LOCO 4	0-6-0DE	Crewe	1960

DUNSMORE BROS
Plant Yard, Ashgillhead Road, Larkhall
Gauge : 3'0".   (NS 779507)

106	0-4-0DM	HE	6649	1965

Gauge : 2'6".

Wd.875	2w-2BE	GB	3539	

Plant Yard, Strutherhill Industrial Estate, Larkhall
Gauge : 4'8½".   (   )

ND 3644	0-4-0DM	HE	3282	1945

HEWDEN (CONTRACTS) LTD, MOODIESBURN PEAT WORKS, CHRYSTON
Gauge : 2'0".   (NS 705708) R.T.C.

-	4wDM	MR	9846 1952	OOU

HUNSLET-BARCLAY LTD, LOCOMOTIVE BUILDERS,
CALEDONIA WORKS, WEST LANGLANDS STREET, KILMARNOCK
Gauge : 4'8½".   (NS 425382)

-		0-4-0DH	AB	482 1963	
42 592		0-6-0DH	AB	592 1974	
53 000 329	HOLDITCH No.2	0-6-0DH	HE	6663 1969	
53 000 314	HOLDITCH No.1	0-6-0DH	HE	7018 1971	
No.3		0-6-0DH	HE	8976 1979	
		Rebuilt	HE	9306	
-		0-4-0DH	S	10096 1962	OOU
		Rebuilt	_(HE	9061	
			(AB	9254	
DH11		4wDH	TH	267V 1976	
-		0-6-0DH	TH	285V 1979	
		Rebuilt	HAB	1992	

Locos under construction & repair usually present.

I.C.I. EXPLOSIVES, NOBELS EXPLOSIVES COMPANY LTD, ARDEER WORKS
Gauge : 4'8½".   (NS 280408)

-	0-4-0DH	AB	551 1968	OOU
-	4wDH	S	10052 1961	OOU

IRELAND FERROUS LTD, SCRAP DEALERS, LANGLOAN WORKS, COATBRIDGE
Gauge : 4'8½".   (NS 725643)   R.T.C.

		0-4-0DM	HE	3125	1946	Dsm

LITHGOWS LTD, NETHERTON, LANGBANK
Gauge : 2'0".   (NS 393722)

	4wPM	MR	2097	1922	
	4wPM	MR	2171	1922	
No.2	4wDM	MR	8700	1941	OOU

M.C. METAL PROCESSING LTD,
SPRINGBURN WORKS, SPRINGBURN ROAD, GLASGOW
Gauge : 4'8½".   (NS 608668)

(D5301) 26001	Bo-BoDE	BRCW	DEL46	1958	Pvd
(D5300) 26007	Bo-BoDE	BRCW	DEL45	1958	Pvd
(D8189) 20189	Bo-BoDE	_(EE	3670	1967	
		(VF	D1065	1967	
227	0-4-0DM	_(VF	5262	1945	
		(DC	2181	1945	

MINISTRY OF DEFENCE, NAVY DEPARTMENT,
ROYAL NAVAL ARMAMENT DEPOT, GIFFEN, BEITH
Gauge : 4'8½".   (NS 345510)

00 NZ 66	4wDH	BD	3732	1977	OOU

MOTHERWELL BRIDGE & ENGINEERING CO LTD, MOTHERWELL
Gauge : 4'8½".   (NS 747575)

	0-4-0DH	RH	457299	1962	OOU

N.A.T.O. MOORING & SUPPORT DEPOT, FAIRLIE
Gauge : 4'8½".   (NS 209558)

	4wDH	BD	3730	1977

NOBELS EXPLOSIVES CO LTD, ARDEER WORKS
(Subsidiary of I.C.I. Ltd)
Gauge : 2'6".   (NS 290401, 290405)

25		4wDH	AB	562	1971	Dsm
32	05/581	4wDH	AK	18	1985	
05/582		4wDH	AK	21	1987	
05/583		4wDH	AK	22	1987	

RAILCARE LTD, GLASGOW WORKS, SPRINGBURN ROAD, GLASGOW
Gauge : 4'8½".   (NS 605665)

(D3735)	08568	0-6-0DE		Crewe	1959
(D3898)	08730	0-6-0DE		Crewe	1960
2777		4wDM	R/R	Unilok 2091	1982

ROCHE PRODUCTS LTD, DALRY
Gauge : 4'8½".   (NS 295503)

-	4wDH		TH	185V 1967
		Rebuilt	AB	6941 1982

ROYAL ORDNANCE PLC, AMMUNITION DIVISION, BISHOPTON
Gauge : 4'8½".   (NS 438703)

868	0-4-0DM		AB	338 1939	OOU
-	4wDM		FH	3894 1958
		Rebuilt	AB	6930 1988
-	0-4-0DH		_(RSHD8364 1962
			(WB	3209 1962
LOCO No.9	4wDH		TH	277V 1977

Gauge : 2'6".

3	4wDH	HE	8827 1979
4	4wDH	HE	8828 1979
5	4wDH	HE	8829 1979
8	4wDH	HE	8830 1979
10	4wDH	HE	8966 1980
11	4wDH	HE	8968 1980
12	4wDH	HE	8969 1980
13	4wDH	HE	9082 1984
14	4wDH	HE	9081 1984
15	4wDH	HE	9080 1984
16	4wDH	HE	9079 1984

SINCLAIR HORTICULTURAL LTD, RYEFLAT MOSS, CARNWATH, near CARSTAIRS
Gauge : 2'6".   (NS 953478)

JEFFREY	4wDH	AK	19 1985

**STRATHCLYDE PASSENGER TRANSPORT EXECUTIVE,
BROOMLOAN DEPOT, ROBERT STREET, GOVAN**
Gauge : 4'0".   (NS 555655)

L2	4wBE	CE	B0965B 1977
L3	4wBE	CE	B0965A 1977

L4	4wBE	CE	B0186	1974	
	Rebuilt	CE	B3542	1988	
W5	4wBE	CE	B0186	1974	Dsm +
-	4wBE R/R	NNM78101E		1979	
55	4w-4wRER	Oldbury		1901	
	Rebuilt	Govan		1935	Pvd

+ Rebuilt into non-powered permanent way vehicle

M. TURNER & SONS,
DEMOLITION CONTRACTORS, 12 MUIRKIRK ROAD, LUGAR, CUMNOCK
Gauge : 3'6".   (NS 593213)

TRAINING LOCO No.1	0-6-0DMF	HE	4075	1955	OOU

JOHN WOODROW (BUILDERS) LTD, PLANT DEPOT, MAIN STREET, BRIDGE OF WEIR
Gauge : 2'0".   (NS 390656)

-	4wDM	MR	22012	1958	OOU

PRESERVATION SITES

AYRSHIRE RAILWAY PRESERVATION GROUP,
SCOTTISH INDUSTRIAL RAILWAY CENTRE,
MINNIVEY COLLIERY & DUNASKIN SHED, WATERSIDE RAILWAY, DALMELLINGTON
Gauge : 4'8½".   (NS 443083, 475073)

No.16	0-4-0ST	OC	AB	1116	1910	
No.8	0-6-0T	OC	AB	1296	1912	
No.19	0-4-0ST	OC	AB	1614	1918	
3	0-4-0ST	OC	AB	1889	1926	
-	0-4-0F	OC	AB	1952	1928	
No.10	0-4-0ST	OC	AB	2244	1947	
N.C.B.No.23	0-4-0ST	OC	AB	2260	1949	+
No.25	0-6-0ST	OC	AB	2358	1954	
No.1	0-4-0ST	OC	AB	2368	1955	
(12052) MP 228	0-6-0DE		Derby		1949	
(12093) MP 229	0-6-0DE		Derby		1951	
No.1	0-4-0DM		AB	347	1941	
YARD No.AC 118 M3571	0-4-0DM		AB	366	1943	
No.7 144-7	0-4-0DM		AB	399	1956	
-	4wDMR		Donelli Spa	163	1979	
YARD No. 107	0-4-0DM		HE	3132	1944	
-	0-4-0DM		JF	22888	1939	
-	0-4-0DM		JF	4200028	1948	Dsm
-	0-4-0DH		NB	27644	1959	
YARD No. BE 1116 DY322	4wDM		RH	224352	1943	
M/C 324 BLINKIN' BESS	4wDM		RH	284839	1950	
JOHNNIE WALKER	4wDM		RH	417890	1959	
-	0-4-0DM		RH	421697	1959	

		4wDH	S	10012	1959
X 68003	DB 965331	2w-2PMR	Wkm	10179	1968
X 68002	DB 965330	2w-2PMR	Wkm	10180	1968

+ Currently under renovation at HAB, Kilmarnock

Gauge : 3'0".

		4wDH	HE	8816	1981
		4wDM	RH	256273	1948

Gauge : 2'6".

5/579		4wDH	AB	561	1971
7329		4wDM	HE	7329	1973
2		4wDM	RH	183749	1937
No.3		4wDM	RH	210959	1941
No.1		4wDM	RH	211681	1942
1		4wDM	RH	422569	1959

CITY OF GLASGOW'S MUSEUMS AND ART GALLERIES DEPARTMENT, MUSEUM OF TRANSPORT, KELVIN HALL, BUNHOUSE ROAD, GLASGOW

Gauge : 4'8½".   (NS 565663)

103		4-6-0	OC	SS	4022	1894
123		4-2-2	IC	N	3553	1886
(52277) 49						
GORDON HIGHLANDER		4-4-0	IC	NBH	22563	1920
-		0-4-0VBT	VCG	Chaplin	2368	1885
No.1		0-6-0F	OC	AB	1571	1917
9		0-6-0T	OC	NBH	21521	1917
-		2w-2PM		Albion		

Gauge : 4'0".

		4wBE	_(JF	16559	1925
			(WR	583	1927
SUBWAY CAR No.1		4w-4wRER	Oldbury		1896

CLYDE VALLEY COUNTRY ESTATE, CROSSFORD, CARLUKE, near LANARK

Gauge : 60cm.   (NS 831461)

| 1863 | GENERAL ROY | 4w-2-4wDH S/O Chance 64-5031-24 1964 |
| 1 | THOMAS | 4wDM   RH 375696 1954 |

ANDREW DICK & SON (ENGINEERS) LTD, ROSEHALL, COATBRIDGE

Gauge : 4'8½".   (   )

| | | 4wVBT | VCG | S | 9561 | 1953 |

THE LEADHILLS & WANLOCKHEAD RAILWAY SOCIETY, LEADHILLS
Gauge : 2'0".   (NS 888145)

-		0-4-0WT		OK	6335	1913		
1-44-121		0-4-0DMF		HC	DM1002	1956		
1	THE GULLIVER	4wDM		JF	18892	1931		
2	L114LBC KDL7 ELVAN	4wDM		MR	9792	1955		
QE 102-95	LITTLE CLYDE	4wDM		RH	7002/0467/2	1966		
QE 102-94	LUCE	4wDM		RH	7002/0467/6	1966		
	CLYDE	4wDH		HE	6347	1975		
8	8564	4wDM		MR	8564	1940	Dsm	+
K 11129		4wDM		MR	8863	1944	Dsm	
K 11139		4wDM		MR	8884	1944	Dsm	+

+   Converted into a brake van

MONKLANDS DISTRICT COUNCIL,
SUMMERLEE HERITAGE PARK, WEST CANAL STREET, COATBRIDGE CENTRAL
Gauge : 4'8½".   (NS 728655)

No.11			0-4-0ST	OC	GH		1898
No.9			0-6-0T	IC	HC	895	1909
	ROBIN		4wVBT	VCG	S	9628	1957
No.5	2589	W280	0-4-0DH		AB	472	1961
		Rebuilt from	0-4-0DM		AB		1966
-			4wWE		BTH		1908

Gauge : 3'6".

4112	SPRINGBOK	4-8-2+2-8-4T 4C	(BP	7827	1957
			(NBH	27770	1957

ROYAL MUSEUM OF SCOTLAND,
BIGGAR GASWORKS MUSEUM, GASWORKS ROAD, BIGGAR
Gauge : 2'0".   (NT 039376)

5	0-4-0T	OC	AB	988	1903

STRATHCLYDE TRANSPORT MUSEUM,
c/o B.R. SHIELDS TRAINING SCHOOL, GLASGOW
Gauge : 4'8½".   (   )

303048	61824	4w-4wWER	1959

TAYSIDE

INDUSTRIAL SITES

DALMUNZIE RAILWAY, DALMUNZIE HOTEL, DALMUNZIE
Gauge : 2'6".   (NO 091713)

DALMUNZIE	4wPM	MR	2014	1920

DEPARTMENT OF THE ENVIRONMENT, BARRY BUDDON LINKS, near DUNDEE
Gauge : 60cm.   (   )

-	2w-2PM	Wkm	11680	1990
-	2w-2PM	Wkm	11681	1990

PRESERVATION SITES

CALEDONIAN RAILWAY (BRECHIN) LTD,
BRECHIN, near MONTROSE, & BRIDGE OF DUN
Gauge : 4'8½".   (NO 603603, 663587)

46464		2-6-0	OC	Crewe		1950
-		0-4-0ST	OC	AB	807	1897
-		0-4-0ST	OC	AB	1863	1926
-		0-6-0ST	IC	HE	2879	1943
	B.A.CO LTD	0-4-0ST	OC	P	1376	1915
No.6		0-6-0ST	IC	WB	2749	1944
No.16		0-6-0ST	IC	WB	2759	1944
(D2866)		0-4-0DH		YE	2849	1961
D3059	(08046)					
	BRECHIN CITY	0-6-0DE		Derby		1954
(D5314)	26014	Bo-BoDE		BRCW	DEL59	1959
(D5370)	27024 ADB 968028	Bo-BoDE		BRCW	DEL213	1962
(D8056)	20056	Bo-BoDE		_(EE	2962	1961
				(RSH	8214	1961
YARD No.DY326		4wDM		FH	3743	1955
-		4wDM		FH	3747	1955
144-6		0-4-0DM		RH	421700	1959
-		4wDM		RH	458957	1961

JOHN DEWAR & SONS LTD, ABERFELDY DISTILLERY
Gauge 4'8½".   (   )

-	0-4-0ST	OC	AB	2073	1939

WESTERN ISLES / COMHAIRLE NAN EILEAN

INDUSTRIAL SITES

STORNOWAY WATERWORKS, ISLE OF LEWIS
Gauge : 2'0".   (NB 410375)

- 4wPM (MR?) Dsm

SECTION 3 : WALES
ADRAN 3 : CYMRU

CLWYD	256-259
DYFED	259-263
GWENT	263-265
GWYNEDD	266-275
MID GLAMORGAN/ CANOL MORGANNWG	275-276
POWYS	277-278
SOUTH GLAMORGAN/ DE MORGANNWG	278-280
WEST GLAMORGAN/ GORLLEWIN MORGANNWG	280-283

CLWYD

INDUSTRIAL SITES

BRITISH STEEL PLC, COATED PRODUCTS DIVISION, SHOTTON WORKS, DEESIDE
Gauge : 2'6".   (SJ 302704, 305705)   Cold Strip Mill.

No.		Type	Builder		Date	Status
No.1	A	4wBE	GB420330/1		1972	OOU
No.1		4wDHF	HE	9248	1985	
No.2		4wBE	GB420330/2		1972	OOU
No.2		4wDHF	HE	9262	1985	
No.3		4wBE	WR	Q7628	1976	Dsm
4		4wBE	WR	Q7807	1976	
No.5		4wBE	WR	Q7808	1976	
6		4wBE	WR	Q7809	1976	
48		0-6-0DM	HB	D1417	1971	
49		0-6-0DM	HB	D1418	1971	
50		0-6-0DM	HB	D1419	1971	
51		0-6-0DM	_(HE	8847	1981	
			(HCDM1447		1981	

CASTLE CEMENT (PADESWOOD) LTD,
PADESWOOD HALL CEMENT WORKS, BUCKLEY
Gauge : 4'8½".   (SJ 290622)   R.T.C.

No.6	4wDH	RR	10235	1965	OOU
No.7	4wDH	RR	10276	1967	OOU

DEESIDE TITANIUM LTD,
WEIGHBRIDGE ROAD, DEESSIDE INDUSTRIAL PARK, SEALAND, DEESIDE   (Closed)
Gauge : 4'8½".   (SJ 313716)

-	4wDM	R/R Unilok	2186	1982	OOU

MOSTYN DOCKS LTD, MOSTYN DOCK, HOLYWELL
(Subsidiary of Faber Prest Plc)
Gauge : 4'8½".   (SJ 156811)

1	0-4-0DE	YE	2627	1956	OOU
2	0-4-0DE	YE	2819	1960	

R.J.B. MINING LTD, POINT OF AYR COLLIERY, TALACRE
    See Section 4 for full details.

SHOTTON PAPER CO PLC, WEIGHBRIDGE ROAD, SHOTTON, DEESIDE
Gauge : 4'8½". (SJ 303717)

OL 068 F612 VFR   4wDM R/R Unimog 4241261W150799 1989

PRESERVATION SITES

ALYN & DEESIDE DISTRICT COUNCIL,
QUEENSFERRY LEISURE CENTRE, QUEENSFERRY, DEESIDE
Gauge : 4'8½". (SJ 315684)

| 41 | 0-4-0DH | HC D1020 1956 |

ARTHUR DALEY'S JUNK AND JEWELS, OLD STATION YARD, DENBIGH
Gauge : 1'3". (SJ 066656)

| - | 4-4wPM | RH Morse 1939 |

GREENFIELD VALLEY HERITAGE PARK, near GREENFIELD
Gauge : 1'10½". (   )

-	4wDM	RH	
-	4wDM	RH	
-	0-4-0BE	WR	(10801937?)
-	4wBE	WR	

J.B. JOLLY
Gauge : 4'8½". (   )

-	4wDM	MR 1944 1919		+
TR 27	2w-2PMR	Wkm 4132 1947	Dsm	+
DB 965051	2w-2PMR	Wkm(7574?) 1956	Dsm	+
3 (9036)	2w-2PMR	Wkm 8196 1958		+

Gauge : 2'7".

| 4 | 4wDM | MR 5025 1929 | Dsm | + |

Gauge : 60cm.

264	4wPM	MR c1916		
LR 2718	4wPM	MR 997 1918	Dsm	+
-	4wDM	MR 4803 1934		+
A.H. WORTH	4wDM	MR 5852 1933	Dsm	
-	4wDM	MR 8723 1941	Dsm	+
No.9	4wDM	MR 9547 1950		+
-	2w-2PM	Wkm 3030 1941		+

Gauge : 1'11½".

-	4wDM	L	30233	1946	
-	4wPM	MR	6013	1931	
-	4wDM	MR	20558	1955	+

+ These locos are elsewhere for renovation

LLANGOLLEN RAILWAY PLC
Locos are kept at :
    Llangollen Shed   (SJ 212422)
    Llangollen Station   (SJ 215422)
    Berwyn Loop   (SJ 195432)
    Glyndyfrdwy   (SJ 150428)
    Pentrefelin Sidings   (SJ 209432)
Gauge : 4'8½".

2859		2-8-0	OC	Sdn	2765	1918	
4936	KINLET HALL	4-6-0	OC	Sdn		1929	
5199		2-6-2T	OC	Sdn		1934	+
5532		2-6-2T	OC	Sdn		1928	
6430		0-6-0PT	IC	Sdn		1937	
7754		0-6-0PT	IC	NBQ	24042	1930	
7822	FOXCOTE MANOR	4-6-0	OC	Sdn		1950	
44806		4-6-0	OC	Derby		1944	
(47298)	7298	0-6-0T	IC	HE	1463	1924	
76079	TREVOR T. JONES						
	CASTELL DINAS BRAN	2-6-0	OC	Hor		1957	
80072		2-6-4T	OC	Bton		1953	
1243		0-6-0T	OC	HC	1243	1917	
No.1	DARFIELD No. 1	0-6-0ST	IC	HE	3783	1953	
5459	AUSTIN 1	0-6-0ST	IC	K	5459	1932	
KD6.463		2-8-0	OC	Lima		1942	
(D147)	46010	1Co-Co1DE		Derby		1961	
BIRKENHEAD SOUTH 1879-1985							
D2162	(03162)	0-6-0DM		Sdn		1960	
D3265	(08195)	0-6-0DE		Derby		1956	
(D5081)	24081	Bo-BoDE		Crewe		1960	
D7629	(25279)	Bo-BoDE		BP	8039	1965	
CHIRK CASTLE/CASTELL Y WAUN							
(D7663	25313) 25213	Bo-BoDE		Derby		1966	
(D8142)	20142	Bo-BoDE		_(EE	3614	1966	
				(VF	D1013	1966	
M 50454		2-2w-2w-2DMR		BRCW		1957	
M 50528		2-2w-2w-2DMR		BRCW		1957	
M 51618		2-2w-2w-2DMR		Derby C&W		1959	
M 51907	LO 262	2-2w-2w-2DMR		Derby C&W		1960	
M 53447	CH 610	2-2w-2w-2DMR		BRCW		1957	
D 2	ELISEG	0-4-0DM		JF	22753	1939	
DR 90005		4wDMR		Matisa PV6	627	1967	
	PILKINGTON	0-4-0DE		YE	2782	1960	
D2899		0-4-0DE		YE	2854	1961	

+ Currently under renovation at M.O.D. Long Marston, Warwicks

JOHN PERKINS, "PLATFORM THREE", COLWYN BAY RAILWAY STATION
Gauge : 4'8½".   (SH 852793)

1		0-6-0T	OC	HC	1864	1952

RHYL MINIATURE RAILWAY, RHYL
Gauge : 1'3".   (SJ 003805)

	JOAN	4-4-2	OC	A.Barnes	101	1920
No.104		4-4-2	OC	A.Barnes	104	1928 +
	(CLARA)	0-4-2DM	S/O	G&S		1961
KD1		4-4w-4-4w-4DER	RRS			1983

+ Currently at another, unknown, location

RHYL TOWN COUNCIL // CYNGOR TREF Y RHYL, RHYL STATION, RHYL
Gauge : 1'3".   (SJ 009812)

106	BILLY	4-4-2	OC	A.Barnes	106	1934

Not currently on public display.

SLATE MINE MUSEUM // CHWAREL LLECHI WYNNE,
WYNNE QUARRY, GLYN CEIRIOG
Gauge : 2'0".   (SJ 199379)

-		4wDM	HE	2024	1940
26		4wDM	MR	8720	1941
	BEAR	4wDM	RH	339209	1952

DYFED

INDUSTRIAL SITES

AMMAN PLANT LTD, near USTEAD COLLIERY, GLANAMMAN, near AMMANFORD
Gauge : 2'6".   (   )

-	4wBE	CE	
-	4wDM	RH 441945	1959
63.000.324	4wDM	RH 7002/0867/3	1967

BETWS MINE, AMMANFORD
   See Section 4 for full details.

BRITISH STEEL PLC, TINPLATE DIVISION, TROSTRE WORKS, LLANELLI
Gauge : 4'8½".   (SS 531994)

506	0-4-0DE	BT/WB 3071	1954
507	0-4-0DE	BT/WB 3072	1954

CELTIC ENERGY LTD, COED BACH DISPOSAL POINT, KIDWELLY
   See Section 4 for full details.

ELF REFINERY LTD, HERBRANDSTON, MILFORD HAVEN
Gauge : 4'8½".   (SM 888085)

-	0-6-0DH	EEV	D1198	1967
	Rebuilt	YEC	L122	1993
-	4wDH	TH	286V	1979

GULF OIL REFINING LTD, WATERSTON, near MILFORD HAVEN
Gauge : 4'8½".   (SM 935055)

(D2046)	0-6-0DM	Don		1958
	Rebuilt	HE	6644	1967
219	4wDH	TH	193V	1968
207	4wDH	TH	214V	1969
	Rebuilt	HAB	6651	1990
245	0-4-0DH	TH	239V	1971

MINISTRY OF DEFENCE, NAVY DEPARTMENT,
ROYAL NAVAL ARMAMENT DEPOT, TRECWN
Gauge : 2'6".   (SM 970325)

ND 10493	T 0006		4wDM	BD	3764	1983	OOU
ND 10554	A 7		4wDH	BD	3779	1983	OOU
ND 10555	T 0008	OONZ 34	4wDH	BD	3780	1983	OOU
ND 10556	T 0009		4wDH	BD	3781	1983	OOU
ND 10557	T 0010	OONZ 36	4wDH	BD	3782	1983	OOU
ND 10570	T 0011	OONZ 37	4wDH	BD	3783	1984	OOU
ND 10571	T 0012		4wDH	BD	3784	1984	OOU
ND 3307	YARD No.B 49		2w-2BE	GB	3546	1948	OOU
ND 3308	YARD No.B 50	N1	2w-2BE	GB	3547	1948	OOU

THE NATIONAL TRUST, DOLAUCOTHI GOLD MINES, PUMPSAINT
Gauge : 1'10½".   (SN 666404)

-	4wBE	WR	899	1935	OOU
-	0-4-0BE	WR	5311	1955	

WELSH WATER PLC, SOLVA SEWAGE WORKS, SOLVA HARBOUR
Gauge : 60cm.   (   )

      BRADSHAW   2-2-0BE

PRESERVATION SITES

BRECON MOUNTAIN RAILWAY CO LTD,
VALE OF RHEIDOL LIGHT RAILWAY // LEIN FACH CWM RHEIDOL, ABERYSTWYTH
Gauge : 1'11½".   (SN 587812)

7	OWAIN GLYNDWR	2-6-2T	OC	Sdn	1923	
8	LLYWELYN	2-6-2T	OC	Sdn	1923	
9	PRINCE OF WALES	2-6-2T	OC	DM	2 1902	a
10		0-6-0DH		BMR	002 1987	+
68804		2w-2DMR		Permaquip 005 1985		
-		2w-2PMR		Wkm 10943 1976		

+ Built with parts supplied by BD
a Possibly a new loco built by Sdn in 1924

DYFED COUNTY COUNCIL,
SCOLTON MANOR MUSEUM & COUNTRY PARK, SCOLTON, near HAVERFORDWEST
Gauge : 4'8½".   (SM 991222)

MARGARET
GWENDRAETH RAILWAY CO No.2
No.1378 KIDWELLY   0-6-0ST IC   FW   410 1878
A 123 W   2w-2PMR   Wkm 3361 1942

GWILI RAILWAY CO LTD // Y RHEILFFORDD GWILI CYF
Locos are kept at :-
      Bronwydd Arms   (SN 417239)
      Cynwyl Elfed Station (SN 386264)
      Llwyfan Cerrig   (SN 405258)
      Pensarn, Carmarthen (SN 413193)
Gauge : 4'8½".

ROSYTH No.1		0-4-0ST	OC	AB	1385 1914	a
1680	SIR JOHN	0-6-0ST	OC	AE	1680 1914	
-		0-6-0ST	OC	HC	1885 1955	
	GUNBY	0-6-0ST	IC	HE	2413 1941	
21		0-6-0ST	OC	HL	3931 1938	
71516	WELSH GUARDSMAN /					
	GWARCHODWR CYMREIG	0-6-0ST	IC	RSHN	7170 1944	
SWANSEA VALE No.1		4wVBT	VCG	S	9622 1958	a
(12061)		0-6-0DE		Derby	1949	
-		0-4-0DM		HC DM1246 1961		

	DYLAN THOMAS	0-4-0DH	NB	27654	1956	a
114		0-4-0DH	NB	27878	1962	
	"FOLLY"	4wDM	RH	183062	1937	
	IDRIS	4wDM	RH	207102	1941	
	SWANSEA JACK	4wDM	RH	393302	1955	a
394014		4wDM	RH	394014	1956	
	TRECATTY	0-6-0DM	RH	421702	1959	
02101	"NELLIE"	0-4-0DE	YE	2779	1960	
B154W	PWM 2222	2w-2PMR	Wkm	4139	1947	+

+ Undergoing renovation at Brynteg School, Bridgend
a Owned by Y Clwb Rheil Cymru

LLANELLI BOROUGH COUNCIL // CYNGOR BWRDEISTREF LLANELLI,
Kidwelly Industrial Museum // Amgueddfa Diwydiannol Cydweli, Llangadog, Kidwelly
Gauge : 4'8½". (SN 422078)

-		0-4-0ST	OC	AB	1081	1909
-		0-6-0ST	OC	P	2114	1951
No.2		0-4-0DM		AB	393	1954

Gauge : 2'0".

-	4wDM	RH	398063	1956
	Rebuilt	ESCA		1986

Pembrey Country Park // Parc Wledig Pen-Bre, Pembrey
Gauge : 2'0". (SN 402004)

MERLIN	4wDH	S/O	HU	LX1001	1968

LLANELLI & DISTRICT RAILWAY PRESERVATION SOCIETY,
GREAT MOUNTAIN RAILWAY, CYNHEIDRE
Gauge : 4'8½". (SN 495071)

51134	2-2w-2w-2DMR	Derby C&W	1958	+
W51135	2-2w-2w-2DMR	Derby C&W	1958	+
W51147	2-2w-2w-2DMR	Derby C&W	1958	+
51148	2-2w-2w-2DMR	Derby C&W	1958	+

+ Currently in store at Coed Bach D.P.

MILFORD HAVEN MUSEUM, OLD CUSTOM HOUSE,
SYBIL WAY, NELSON QUAY, MILFORD MARINA, MILFORD HAVEN
Gauge : 4'8½". (SM 898059, 901058)

(D2113 03113)	0-6-0DM	Don	1960

OAKWOOD ADVENTURE AND LEISURE COMPLEX, CANASTON BRIDGE, NARBERTH
Gauge : 60cm.   (SN 072124)   Nutty Jakes Gold Mine

-		4w-4wRE S/O	SL275/1.5.901990				
-		4w-4wRE S/O	SL275/2.5.901990				

Gauge : 1'3".

	LORNA	4-4wDHR	Goold		1989	
	LINDY-LOU	2-8-0DH S/O	SL	7218	1972	
	LENKA	4w-4DHR	SL	7322	1973	+
278		2-8-0PH S/O	SL	R9	1976	

+ 4-wheel power unit incorporates the main frames of 4wDM L 7280/1936

TEIFI VALLEY RAILWAY // RHEILFFORDD DYFFRYN TEIFI CCC,
VALE OF TEIFI NARROW GAUGE RAILWAY, HENLLAN, near LLANDYSUL
Gauge : 2'0".   (SN 357406)

	ALAN GEORGE	0-4-0ST OC	HE	606	1894	
1	GEORGE B	0-4-0ST OC	HE	680	1898	+
-		4wDM	HE	2433	1941	
-		4wDM	MR	7126	1936	
-		4wDM	MR	11111	1959	

+ Currently under restoration elsewhere

GWENT

INDUSTRIAL SITES

ALPHA STEEL LTD, CORPORATION ROAD, NEWPORT
Gauge : 4'8½".   (ST 334846)   R.T.C.

		0-4-0DM	RH	252686	1949	OOU
-		0-4-0DM	RH	252686	1949	OOU

A.R.C. SOUTH WALES LTD, MACHEN QUARRY, near NEWPORT
Gauge : 4'8½".   (ST 223886)

-	4wDH	FH	3890	1959	OOU
-	4wDH	RR	10222	1965	

BRITISH AEROSPACE DEFENCE LTD, GLASCOED, USK
Gauge : 4'8½".   (SO 345016)   R.T.C.

-	0-4-0DH	_(RSHD	8365	1962	OOU
		(WB	3210	1962	
R.O.F. No.4	4wDH	TH	292V	1980	OOU

Dyfed
Gwent

BRITISH STEEL PLC, STRIP PRODUCTS DIVISION, LLANWERN WORKS, NEWPORT
Gauge : 4'8½".   (ST 385863)

101	153/1521	0-6-0DH	EEV	D1246	1968	OOU
103	153/1523	0-6-0DH	EEV	D1248	1968	OOU
302	153/1529	0-6-0DH	GECT	5379	1972	
305	153/1532	0-6-0DH	GECT	5382	1973	
306	153/1533	0-6-0DH	GECT	5383	1973	
D.E.1	153/2503	6wDE	GECT	5409	1976	
D.E.2	153/2504	6wDE	GECT	5410	1976	
D.E.3	153/2505	6wDE	GECT	5411	1976	
D.E.4	153/2506	6wDE	GECT	5412	1976	
D.E.5	153/2507	6wDE	GECT	5413	1976	
1		0-4-0WE	GB	2998	1961	
2		0-4-0WE	Llanwern		1977	
-		0-4-0WE	GB	2999	1961	
-		0-4-0WE	GECT	5389	1973	
-		0-4-0WE	GECT	5390	1973	

BRITISH STEEL PLC, TINPLATE DIVISION, EBBW VALE WORKS, EBBW VALE
Gauge : 4'8½".   (SO 173070, 174073, 174078)

LAURA	0-6-0DH	HAB	6767	1990	+
	Rebuild of	AB	646	1979	
TRACEY	0-6-0DH	HAB	6768	1990	+
	Rebuild of	AB	659	1982	
GILLIAN	0-6-0DH	HAB	6769	1990	+
	Rebuild of	AB	660	1982	
-	2w-2PMR	Wkm	9359	1963	

+   Loco property of Hunslet-Barclay Ltd, Kilmarnock, Strathclyde

ERECTION & WELDING SERVICES LTD, ORB WORKS, NEWPORT
Gauge : 4'8½".   (ST 323862)

-	4wDH	RR	10198	1965

NATIONAL POWER PLC, USKMOUTH POWER STATION, WEST NASH, NEWPORT
Gauge : 2'0".   (ST 331840)   Pleasure Line.

USKMOUTH No.3	4wDM	HE	6013	1961	Pvd

PRESERVATION SITES

BLAENAVON MUSEUM TRUST,
BIG PIT MINING MUSEUM, BIG PIT COLLIERY SITE, BLAENAVON
Gauge : 2'0".   (SO 236088)

3		0-4-0DMF	HE	6049 1961
15/10		4wBEF	_(EE	3147 1961
			(RSHD	8289 1961

PONTYPOOL & BLAENAVON RAILWAY COMPANY (1983) LTD,
PONTYPOOL & BLAENAVON RAILWAY, BLAENAVON
Gauge : 4'8½".   (SO 237093)

2874		2-8-0	OC	Sdn	2780 1918
3855		2-8-0	OC	Sdn	1942
4253		2-8-0T	OC	Sdn	2640 1917
5668		0-6-2T	IC	Sdn	1926
5967	BICKMARSH HALL	4-6-0	OC	Sdn	1937
9629		0-6-0PT	IC	Sdn	1946
NORA No.5	6	0-4-0ST	OC	AB	1680 1920
1823	HARRY	0-4-0ST	OC	AB	1823 1924
No.8		0-6-0ST	IC	RSHN	7139 1944
		Rebuilt		HE	3880 1961
51942	L 233	2-2w-2w-2DMR	Derby C&W		1960
52044		2-2w-2w-2DMR	Derby C&W		1960
53632		2-2w-2w-2DMR	Derby C&W		1958
C 0120		0-4-0DH	EEV	D1205	1967
106	153/1526	0-6-0DH	EEV	D1226	1967
104	LLANWERN	0-6-0DH	EEV	D1249	1968
		Rebuilt	GECT		1975
-		4wDM	FH	3832	1957
-		4wDH	FH	4006	1963
170		0-8-0DH	HE	7063	1971
R.T.No.1	R.T.I.	0-6-0DM	JF	22497	1938
-		4wDH	S	10083	1961
PWM 3962		2w-2PMR	Wkm	6947	1955

Gauge : 2'6".

NV 60006		0-8-0T	Resita

GWYNEDD

INDUSTRIAL SITES

ANGLESEY ALUMINIUM METAL LTD, PENRHOS WORKS, HOLYHEAD
Gauge : 4'8½".   (SH 264807)

56-007		0-4-0DH	HE	7183 1970

A.R.C. AGGREGATES LTD, PENMAENMAWR GRANITE QUARRIES
Gauge : 3'0".   (SH 701758) R.T.C.

(PENMAEN)	0-4-0VBT VC	DeW		1878	Dsm +

+ Loco dumped on Level Two

ASSOCIATED OCTEL CO LTD, AMLWCH
Gauge : 4'8½".   (SH 446936)

-	0-4-0DH	HE	7460 1977
1	4wDM	RH	321727 1952

GREAVES WELSH SLATE CO LTD
Llechwedd Slate Quarries, Blaenau Ffestiniog
Gauge : 2'0".   (SH 702468) R.T.C.

-	4wDM	RH	174542 1935	OOU

Maen Offeren Slate Quarry, Blaenau Ffestiniog
Gauge : 2'0".   (SH 713467, 716465)   (Some locos work underground)

-	4wBE	CE	5688/2 1969	
-	4wDM	RH	174536 1936	OOU
-	4wDM	RH	175127 1935	OOU
-	4wBE	WR	918 1936	OOU
-	4wBE	WR		

NATIONAL POWER PLC, DOLGARROG POWER STATION
Gauge : 1'11½".   (SH 771675)

No.9 DOLGARROG	4wDM	MR	22154 1962	Pvd

SNOWDONIA LEISURE PLC,
CLOGAU ST DAVIDS GOLD MINE, BONTDDU, near DOLGELLAU
Gauge : 2'0".   (SH 667195, 672201)

-	4wBE		WR	M7556	1972
		Rebuilt	WR	10114	1984

Mine & locos operated on lease by R & A Gunn.

WELSH GOLD, GWYNFYNNYDD & BEDDCOED GOLD MINE,
COED-Y-BRENIN FOREST, GANLLWYD, near DOLLGELLAU
Gauge : 1'11½".   (SH 737281)

27	4wBE	CE	B2944I	1982
-	0-4-0BE	WR	G7179	1967
-	0-4-0BE	WR	S7950	1978

WINCILATE LTD, ABERLLEFENNI SLATE QUARRIES, ABERLLEFENNI
Gauge : 2'3".   (SH 769102)

-	4wBE	CE	B0457	1974

WINSON ENGINEERING LTD, UNITS 3/4 GRIFFIN INDUSTRIAL ESTATE,
PENRHYNDEUDRAETH, near PORTHMADOG
Gauge : 4'8½".   (SH 614394)

-	0-6-0T	OC	HC	1731	1942

Locomotives for overhaul/restoration occasionally present.

PRESERVATION SITES

BUTLINS PWLLHELI HOLIDAY WORLD, PENYCHAIN
Gauge : 2'0".   (SH 434363)

C.P.HUNTINGTON	4w-4wDH S/O	Chance	78-50157-24	1978

CONWY VALLEY RAILWAY MUSEUM //
AMGUEDDFA RHEILFFORDD DYFFRYN CONWY, BETWS-Y-COED
Gauge : 1'3".   (SH 796565)

70000	BRITANNIA	4-6-2	OC	TMA	8733	1988	+

+ Begun by Longfleet Eng. in 1968; completed by TMA. Plate reads 1987

CORRIS RAILWAY SOCIETY // CYMDEITHAS RHEILFFORDD CORRIS, MAESPOETH
Gauge : 2'6".   (SH 753069)

2	0-4-0DM	HE	2266	1940

Gauge : 2'3".

No.5	ALAN MEADEN	4wDM	MR	22258	1965
	CORRIS	4wDH	RH	518493	1966

FFESTINIOG MOUNTAIN TOURIST CENTRE LTD
Blaenau Ffestiniog
Gauge : 2'0".   (SH 703458)

2207	4wDM	HE	2207	1941

Craft Centre, Site of Braich Goch Quarry, Upper Corris
Gauge : 2'4".   (SH 751077)

CORRIS 398102	4wDM	RH	398102	1956

Narrow Gauge Railway Centre, Gloddfa Ganol Slate Mine, Blaenau Ffestiniog
Gauge : Metre.   (SH 693470, 697473, 695471)

50823 1915	4wPM	RP	50823	1915

Gauge : 3'0".

LLANFAIR	0-4-0VBT	VC	DeW		1895
3930044	4wDM		JF	3930044	1950
C37	2w-2PMR	Locospoor B7821E			
105H006	4wDH		MR	105H006	1969
1082	0-4-0DM		Ruhr	1082c	1936
(C13)	2w-2PMR		Wkm	2449	1938	Dsm
C 18 4808	2w-2PMR		Wkm	4808	1948
(C26)	2w-2PMR		Wkm	4816	1948	Dsm

Gauge : 2'6".

984	THE WEE PUG	0-4-0T	OC	AB	984	1903
2209		4wDM		HE	2209	1941
45913		4wPM		HU	45913	1932
YD No.988 No.235729		4wDM		RH	235729	1944

Gauge : 2'0".

14005	STEAM TRAM	4wVBT	G	L	14005	1940	
	Rebuilt from	4wPM				1969	
No.3114		0-4-0ST	OC	KS	3114	1918	
BRUSH No.16303		4wBE		BE	16303c1917		
774	OAKELEY	0-4-0PM		BgC	774	1919	
	BREDBURY	2w-2PM		Bredbury	c1954		
-		0-4-0DM		Dtz	25708c1931		
No.1568		4wPM		FH	1568	1927	
-		4wPM		FH	1881	1934	
-		4wPM		FH	3424	1949	Dsm
-		4wDM		FH	4008	1963	
-		4wBE		GB	1840	1942	
-		4wPM		H	982	1930	Dsm
D564		4wDM		HC	D564	1930	
2666		4wDM		HE	2666	1942	
-		4wDM		HE	6018	1961	
	RAIL TAXI	4-2-0PMR		R.P.Morris		1967	
-		4wDM		MR	22128	1961	
87025	L201N 22238 921	4wDM		MR	22238	1965	
PLANT No.87028		4wDM		MR	40S308	1967	
PLANT No.87032 40S412	L202N	4wDM		MR	40S412	1973	
164350		4wDM		RH	164350	1933	
198297		4wDM		RH	198297	1939	
-		4wDM		RH	235711	1945	
ZM 32		4wDM		RH	416214	1957	
	SPONDON	4wBE		Spondon		1926	
	THAKEHAM	4wPM		Thakeham	c1950		
640	WELSH PONY	4wWE		WR	640	1926	
1298		0-4-0BE		WR	1298	1938	

Gauge : 60cm.

-	0-6-0T	OC	KS	2442	1915	
3010	0-6-0T	OC	KS	3010	1916	
3014	0-6-0T	OC	KS	3014	1916	
No.646	0-4-0PM		BgC	646	1918	
-	4wDM		HE	1835	1937	
4470	4wPM		OK	4470	1930	
211647	4wDM		RH	211647	1941	

Gauge : 1'11½".

-	4wDM	Festiniog Rly	1974

Gauge : 1'10¾".

	KATHLEEN	0-4-0VBT VC	DeW	1877

Gauge : 1'6".

551		4wBE	WR	551 1924

269   Gwynedd

THE FESTINIOG RAILWAY CO // RHEILFFORDD FFESTINIOG
Locos are kept at :-
　　　　Boston Lodge Shed & Works　(SH 584379, 585378)
　　　　Ffestiniog Railway Museum,
　　　　Porthmadog Goods Shed　　(SH 571384)
　　　　Glan-Y-Pwll Depot　　　　　(SH 693461)
　　　　Minffordd P.W. Depot　　　 (SH 599386)
　　　　Porthmadog Station　　　　 (SH 571384)
Gauge : 1'11½".

　　　　　　MOUNTAINEER
No.LR 10003　W.D.1265　　2-6-2T　　OC　AL(C)57156 1916
　　-　　　　　　　　　　 2-6-0 　　OC　BLW 15511 1897
No.10　MERDDIN EMRYS　　0-4-4-0T　4C　Boston Lodge 1879
　　　　　　　　　　　　　Rebuilt　　　Boston Lodge 1988
EARL OF MERIONETH /
　IARLL MEIRIONNYDD　　　0-4-4-0T　4C　Boston Lodge 1979
DAFYDD LLOYD GEORGE /
　DAVID LLOYD GEORGE　 　0-4-4-0T　4C　Boston Lodge 1992
No.2　PRINCE　　　　　　　0-4-0STT　OC　GE　(199?) 1863
　　　　　　　　　　　　　Rebuilt　　　Boston Lodge 1979
No.1　PRINCESS　　　　　　0-4-0STT　OC　GE　(200?) 1863
　　　PALMERSTON　　　　 0-4-0STT　OC　GE　　　　1864
　　　　　　　　　　　　　Rebuilt　　　Boston Lodge 1910
　　　　　　　　　　　　　Rebuilt　　　Boston Lodge 1933
No.5　WELSH PONY/
　　　MERLEN GYMREIG　　 0-4-0STT　OC　GE　(234?) 1867
　　　LILLA　　　　　　　　0-4-0ST　 OC　HE　　554 1891
　　　BLANCHE　　　　　　 2-4-0STT　OC　HE　　589 1893
　　　LINDA　　　　　　　　2-4-0STT　OC　HE　　590 1893
　1　 BRITOMART　　　　　 0-4-0ST　 OC　HE　　707 1899
　　　SGT MURPHY　　　　　0-6-0T　　OC　KS　 3117 1918
　　　　　　　　Rebuilt　　 0-6-2T　　OC　WE　　　 1991
No.6　MONARCH　　　　　　 0-4-4-0T　4C　WB　 3024 1953
　　　CASTELL HARLECH/
　　　HARLECH CASTLE　　　0-6-0DH　　　 BD　 3767 1983
　　　MOELWYN　　　　　　 2-4-0DM　　　 BLW 49604 1918　　　　b
　　　CRICCIETH CASTLE　　0-6-0DH　　　 Boston Lodge 1995
　　　ASHOVER　　　　　　 4wDM　　　　　FH　 3307 1948
　　　UPNOR CASTLE　　　　4wDM　　　　　FH　 3687 1954
　　　CONWAY CASTLE /
　　　CASTELL CONWY　　　 4wDM　　　　　H　　3831 1958
　2　　　　　　　　　　　　B-BDH　　　　 Funkey　　1968
　-　　　　　　　　　　　　B-BDH　　　　 Funkey　　1968
　　　MOEL HEBOG　　　　　0-4-0DM　　　　HE　 4113 1955
　L8　HAROLD　　　　　　　4wDM　　　　　HE　 7195 1974
No.LR 10550　MARY ANN　　 4wDM　　　　　MR　(590? 1917)　+
　R/4 "JANE"　　　　　　　 4wDM　　　　 MR　 8565 1940　OOU
No.6　THE COLONEL　　　　 4wDM　　　　　MR　 8788 1943
JGF 2　THE LADY DIANA　　 4wDM　　　　　MR　21579 1957
MPU9　149　　　　　　　　　4wDM　　　　　MR　22119 1961　Dsm　a
　1543　　　　　　　　　　 2w-2PMR　　　 Wkm　1543 1934

+ Carries plate 507/1917
a In use as a winch wagon at Glan-y-Pwll
b Currently under renovation in Yorkshire

GWYNEDD & CLWYD BAY RAILWAY SOCIETY, NORTH WALES TRAMWAY MUSEUM, TAL-Y-CAFN GOODS YARD, near LLANDUDNO JUNCTION
Gauge : 1'3".   (SH 787716)

7	LNWR 2529		4wPM	L	20886	1941
-			2-2wPH	Owen		c1989
		Rebuilt	2-2wPM	Owen		1992

INIGO JONES & CO LTD, TUDOR SLATE WORKS, GROESLON, near PENYGROES
Subsidiary of Wincilate Ltd)
Gauge : 2'3".   (SH 471551)

-		4wBE	LMM	

NARROW GAUGE RAILWAY MUSEUM TRUST, WHARF STATION, TYWYN
Gauge : 2'0".   (SH 586004)

No.2		0-4-0WT OC	KS	721	1901

Gauge : 1'10¾".

GEORGE HENRY	0-4-0VBT VC	DeW		1877
ROUGH PUP	0-4-0ST OC	HE	541	1891
JUBILEE 1897	0-4-0ST OC	MW	1382	1897

Gauge : 1'10".

13		0-4-0T IC	Spence		1895

Gauge : 1'6".

DOT		0-4-0WT OC	BP	2817	1887
PET		0-4-0ST IC	Crewe		1865

NATIONAL MUSEUM OF WALES // AMGUEDDFA CHWARELI GOGLEDD CYMRU, WELSH SLATE MUSEUM, GILFACHDDU, LLANBERIS
Gauge : 1'11½".   (SH 586603)

(GELLI)	0-4-0VBT VC	DeW		1893	Dsm
UNA	0-4-0ST OC	HE	873	1905	
-	4wBE	BE		1917	
-	4wPMR	Oakeley			
-	4wDM	RH	175414	1936	

THE NATIONAL TRUST, INDUSTRIAL RAILWAY MUSEUM,
PENRHYN CASTLE // CASTELL PENRHYN, LLANDEGAI, near BANGOR
Gauge : 4'8½".   (SH 603720)

	Name	Type	Cyl	Builder	Works No.	Date	
	HAWARDEN	0-4-0ST	OC	HC	526	1899	
	VESTA	0-6-0T	IC	HC	1223	1916	
No.1		0-4-0WT	OC	N	1561	1870	
	HAYDOCK	0-6-0T	IC	RS	2309	1876	+

+ Works plate reads 1879

Gauge : 4'0".

| | FIRE QUEEN | 0-4-0 | OC | AH | | 1848 |

Gauge : 3'0".

| KETTERING FURNACES No.3 | 0-4-0ST | OC | BH | 859 | 1885 |
| (WATKIN) | 0-4-0VBT | VC | DeW | | 1893 |

Gauge : 1'11½".

| | ACORN | 4wDM | | RH | 327904 | 1951 |

Gauge : 1'10¾".

| | CHARLES | 0-4-0ST | OC | HE | 283 | 1882 |
| | HUGH NAPIER | 0-4-0ST | OC | HE | 855 | 1904 |

JAMES PRINGLE WOOLLEN MILLS, WEAVERS,
HOLYHEAD ROAD, LLANFAIRPWLLGWYNGYLL, ANGELSEY
Gauge : 1'3".   (   )

| | RAILWAY QUEEN | 4-4-2 | OC | A.Barnes | 102 | 1922 |
| | MICHAEL | 4-4-2 | OC | A.Barnes | 105 | 1930 |

QUARRY TOURS LTD, LLECHWEDD SLATE MINE, BLAENAU FFESTINIOG
Gauge : 2'0".   (SH 699468)

		Type	Cyl	Builder	Works No.	Date	
	-	4wBE		BEV	308	1921	
	-	4wBE		BEV	323	1921	
(No.4)	THE ECLIPSE	0-4-0WE		Greaves		1927	
	Rebuild of	0-4-0ST	OC	WB	1445	1895	
	THE COALITION	0-4-0WE		Greaves		1930	
	Rebuild of	0-4-0ST	OC	WB	1278	1890	
	-	4wPM		Greaves		c1936	
MBS 387		4wBE		LMM	1053	1950	
MBS 236		4wBE		LMM	1066	1950	
	-	4wBE		WR	C6765	1963	+
LE/12/65		4wBE		WR	C6766	1963	
	-	4wBE		WR			

		4wBE		WR			

+ Carries plate E6807/1965 in error

RHEILFFORDD LLYN PADARN, CYFYNGEDIG // LLANBERIS LAKE RAILWAY LTD, GILFACHDDU, LLANBERIS
Gauge : 1'11½".   (SH 586603)

No.1	ELIDIR	0-4-0ST	OC	HE	493	1889	
No.2	THOMAS BACH	0-4-0ST	OC	HE	849	1904	
No.3	DOLBADARN	0-4-0ST	OC	HE	1430	1922	
-		4wDM		MR	7927	1941	Dsm
No.11	GARRET	4wDM		RH	198286	1940	
No.10	BRAICH	4wDM		RH	203031	1941	
No.8	YD No.AD689						
	TWLL COED	4wDM		RH	268878	1952	
-		4wDMF		RH	425796	1958	Dsm
No.7		4wDMF		RH	441427	1961	
No.19	LLANELLI	4wDM		RH	451901	1961	

RHEILFFORDD LLYN TEGID CYF // BALA LAKE RAILWAY LTD, LLANUWCHLLYN
Gauge : 1'11½".   (SH 881300)

No.3	HOLY WAR	0-4-0ST	OC	HE	779	1902
	MAID MARIAN	0-4-0ST	OC	HE	822	1903
	TRIASSIC	0-6-0ST	OC	P	1270	1911
	BOB DAVIES	4wDH		_(BD	3776	1983
				(YEC	L125	1993
-		4wDM		FH	2544	1942
-		4wDM		HE	1974	1939
-		4wDM		L	34025	1949
-		4wDM		MR	5821	1934
-		4wDM		RH	189972	1938
	CHILMARK	4wDM		RH	194771	1939
	INDIAN RUNNER	4wDM		RH	200744	1940
No.11	CERNYW	4wDM		RH	200748	1940
-		4wDM		RH	283512	1949
D1087	MEIRIONNYDD	4w-4wDH		SL	22	1973

SNOWDON MOUNTAIN RAILWAY LTD, LLANBERIS
Gauge : 2'7½".   (SH 582597)

2	ENID	0-4-2T OC	R/A	SLM	924	1895
3	WYDDFA	0-4-2T OC	R/A	SLM	925	1895
4	SNOWDON	0-4-2T OC	R/A	SLM	988	1896
5	MOEL SIABOD	0-4-2T OC	R/A	SLM	989	1896
6	PADARN	0-4-2T OC	R/A	SLM	2838	1922
7	RALPH	0-4-2T OC	R/A	SLM	2869	1923
8	ERYRI	0-4-2T OC	R/A	SLM	2870	1923
9	NINIAN	0-4-0DH	R/A	HE	9249	1986
10	YETI	0-4-0DH	R/A	HE	9250	1986

11	PERIS	0-4-0DH R/A	_(HAB	775	1991	
			(HE	9305	1991	
12		0-4-0DH R/A	HE	9312	1992	
21		2-2w-4DER	HPE		1995	
22		2-2w-4DER	HPE		1995	
-		2-2w-4DER	HPE		1995	

On all locos drive is through the rack gear, with the "driving wheels" free to rotate on their axles.

TALYLLYN RAILWAY CO //Y RHEILFFORDD TALYLLYN, TYWYN
Gauge : 2'3". (SH 590008) (Loco shed at Pendre Station)

No.1	TALYLLYN	0-4-2ST	OC	FJ	42	1865		
No.2	DOLGOCH	0-4-0WT	OC	FJ	63	1866		
No.3	SIR HAYDN	0-4-2ST	OC	HLT	323	1878		
No.4	EDWARD THOMAS	0-4-2ST	OC	KS	4047	1921		
No.6	DOUGLAS	0-4-0WT	OC	AB	1431	1918		
No.7	TOM ROLT	0-4-2T	OC	Pendre		1991		
	Built using parts of			AB	2263	1949		
-		0-4-0DM		HE	4135	1950	Dsm	b
No.9	ALF	0-4-0DM		HE	4136	1950		
6292		4wDH		HE	6292	1967	Dsm	a
DIESEL No.5	MIDLANDER	4wDM		RH	200792	1940		
DIESEL No.8	MERSEYSIDER	4wDH		RH	476108	1964		
-		4wDH		RH	476109	1964	Dsm	
(19)		2w-2PMR		Towyn		1952	Dsm	+
	TOBY	2w-2PMR		Towyn		1954		

+ Converted into a flat wagon
a Frames utilised in a hydraulic press
b Stored at Brynglas Station (SH 628031)

R. WATSON-JONES, WOODLANDS, 36 Y-BERLLAN, DINGLE ROAD, PENMAENMAWR
Gauge : 3'0".   (   )

-	4wDM	RH	202987	1941

WELSH HIGHLAND LIGHT RAILWAY (1964) LTD // RHEILFFORDD UCHELDIR CYMRU, GELERT FARM, PORTHMADOG
Gauge : 2'6".   (SH 571393)

05/573	SAND CASTLE	4wDH	AB	554	1970
		Rebuilt	AB	6613	1987
	GOWRIE				
05/574	CLOPPA CASTLE	4wDH	AB	555	1970

Gauge : 2'0".
Y GWIRFODDOLWR (THE VOLUNTEER)

SEZELA No.4		0-4-0T	OC	AE	1738	1915
120	NG15 BEDDGELERT	2-8-2	OC	FB	2667	1951

No.1	RUSSELL	2-6-2T	OC	HE	901	1906
	PEDEMOURA	0-6-0WT	OC	OK	10808	1924
No.7	KAREN	0-4-2T	OC	P	2024	1942
	SINEMBE	4-4-0T	OC	WB	2287	1926
	PROSPECTON	4-4-0T	OC	WB	2819	1946
No.3	MOEL TRYFAN	0-4-2T	OC	WB	3023	1953
	GELERT	0-4-2T	OC	WB	3050	1953
		Rebuilt		WE		1991
58		0-6-0DH		AUG	23387	1979
PKP LYd 2	60 ERYRI	0-6-0DH		AUG	23389	1977
PKP LYd 2	069 94401	1W				
	SNOWDON RANGER	0-6-0DH		AUG	24051	1980
No.5		4wDM		HE	6285	1968
482	WEIGHTON	4wDH		HE	7535	1977
59105	VILLAGE IDIOT	0-4-0DMF		HE		1947 +
36	CNICHT	4wDM		MR	8703	1941
6	JONATHAN	4wDM		MR	11102	1959
4	ANN MARIE	4wDM		MR	60S333	1966
9	KATHERINE	4wDM		MR	60S363	1968
1	GLASLYN	4wDM		RH	297030	1952
		Rebuilt		W.H.R.		1981
2	KINNERLEY	4wDM		RH	354068	1953
L5	FRAMPTON	4wDM		RH	370555	1953
59106	1 VILLAGE PEOPLE	4wDMF		RH	481552	1962

+ Either 3510 or 3512

MID GLAMORGAN

INDUSTRIAL SITES

COAL PRODUCTS LTD, CWM COKING PLANT, LLANTWIT FARDRE
   See Section 4 for full details.

FORD MOTOR CO LTD, BRIDGEND FACTORY
Gauge : 4'8½".   (SS 935783)

LH 02528		0-6-0DH	HC	D1377	1966
		Rebuilt	(HE	9039	1979
			(YEC	L108	1992

PRESERVATION SITES

BRECON MOUNTAIN RAILWAY CO LTD // RHEILFFORDD MYNYDD BRYCHEINIOG, PANT
   For details see entry under Powys.

CAERPHILLY RAILWAY SOCIETY LTD, HAROLD WILSON INDUSTRIAL ESTATE, VAN ROAD, CAERPHILLY
Gauge : 4'8½".   (ST 163865)

	FORESTER	0-4-0ST	OC	AB	1260	1911
	VICTORY	0-4-0ST	OC	AB	2201	1945
	DESMOND	0-4-0ST	OC	AE	1498	1906
28		0-6-2T	IC	Cdf	306	1897
No.2	HAULWEN	0-6-0ST	IC	VF	5272	1945
		Rebuilt		HE	3879	1961
(D2178)	2	0-6-0DM		Sdn		1962
-		0-6-0DH		HE	5511	1960
	DEIGHTON	0-4-0DE		YE	2731	1959

DARE VALLEY COUNTRY PARK, DARE VALLEY RAILWAY, ABERDARE
Gauge : 3'0".   (SN 985025)

-	0-4-0DMF	HC DM1314	1963

MID GLAMORGAN COUNTY COUNCIL//CYNGOR SIR CANOL MORGANNWG, NANTYMOEL NURSERY SCHOOL, WAUNLLWYD TERRACE, NANTYMOEL, OGMORE VALE
Gauge : 2'9½".   (SS 936923)

-	4wDM	RH 496040	1963

RHONDDA HERITAGE PARK, LEWIS MERTHYR, COED COE ROAD, TREHAFOD
Gauge : 4'8½".   (ST 040912)

-	4wDM	RH 441936	1960

Gauge : 3'0".

5/390/001	0-4-0DMF	HE 6696	1966

MICHAEL J STOKES, LITTLE WEST NARROW GAUGE GARDEN RAILWAY, LITTLE WEST RESIDENTIAL HOME, SOUTHERNDOWN near BRIDGEND
Gauge : 2'0".   (SS 877739)

No.4	LITTLE OWL	2w-2DM	MJ.Stokes	1986

POWYS

PRESERVATION SITES

BRECON MOUNTAIN RAILWAY CO LTD // RHEILFFORDD MYNYDD BRYCHEINIOG
PONTSTICILL STATION & PANT STATION (MID GLAMORGAN)
Gauge : 1'11½".   (SO 063120)

2		4-6-2	OC	BLW	61269	1930	
77		2-6-2+2-6-2T	4C	Hano	10629	1928	
4	SAN JUSTO	0-4-2ST	OC	HC	639	1902	
5	SANTA ANA	0-4-2ST	OC	HC	640	1902	
	SYBIL	0-4-0ST	OC	HE	827	1903	
-		0-4-0VBT	VC	H&B			
GRAF SCHWERIN-LÖWITZ		0-6-2WT	OC	Jung	1261	1908	
No.9		0-4-0WT	OC	OK	12722	1936	
-		0-4-0VBT	VC	Redstone		1905	
-		0-6-0DH		BMR	001	1987	+
	RHYDYCHEN	4wDM		MR	11177	1961	

+ Built from parts supplied by BD

CRAFT CENTRE, ERWOOD RAILWAY STATION, ERWOOD, near BUILTH WELLS
Gauge : 4'8½".   (SO 089439)

600	0-4-0DM	JF	22878	1939	

RHIW VALLEY LIGHT RAILWAY, LOWER HOUSE, MANAFON, near WELSHPOOL
Gauge : 1'3".   (SJ 143028)

POWYS	0-6-2T	OC	SL	20	1973
MONTY	4wPM		Jaco/H.Brunning		1989

WELSHPOOL & LLANFAIR LIGHT RAILWAY PRESERVATION CO LTD,
LLANFAIR CAEREINION
Gauge : 2'6".   (SJ 107069)

(822)	THE EARL	0-6-0T	OC	BP	3496	1902	
823	THE COUNTESS	0-6-0T	OC	BP	3497	1902	
No.8	DOUGAL	0-4-0T	OC	AB	2207	1946	
-		2-6-2T	OC	AT	2369	1948	
10	699.01						
	SIR DREFALDWYN	0-8-0T	OC	FB	2855	1944	
No.14	SLR 85 1954	2-6-2T	OC	HE	3815	1954	
No.12	JOAN	0-6-2T	OC	KS	4404	1927	
No.7	CHATTENDEN						
YD No.AD690		0-6-0DM		Bg/DC	2263	1949	
43		0-4-0DM		HE	2245	1941	Dsm a

No.11	FERRET				
	YARD No.86	0-4-0DM	HE	2251	1940
"No.16"	ND 3082				
	SCOOBY/SCWBI	0-4-0DM	HE	2400	1941
-		4wDM	RH 191680	1938	Dsm
-		2w-2PMR	Wkm 2904	1940	

a In use as a mobile compressor

SOUTH GLAMORGAN

INDUSTRIAL SITES

ALLIED STEEL & WIRE LTD, CASTLE & TREMORFA WORKS AND ROD MILL, CARDIFF
Gauge : 4'8½".   (ST 196757, 209761, 210757)

10		0-4-0DH	EEV D1228	1967	+
40		6wDE	GECT 5478	1979	
52	43	0-6-0DH	S 10139	1962	
D1		6wDH	TH 296V	1981	
379	CAERLEON	0-6-0DE	YE 2620	1956	
391	ASTOLAT	0-6-0DE	YE 2630	1956	
380		0-6-0DE	YE 2640	1957	OOU
390	AMESBURY	0-6-0DE	YE 2756	1959	a
372	BAMBOROUGH	0-6-0DE	YE 2760	1959	
398	CALLEVA	0-6-0DE	YE 2769	1959	

+ On hire from R.F.S. Engineering Ltd
a Carries plate YE 2758/1959 in error

Locos are leased from Wilmott Bros (Plant Services) Ltd, Ilkeston, Derbyshire.

Gauge : 2'0".   (ST 208759)

-	2w-2CE	AS&W	1990

BLUE CIRCLE INDUSTRIES PLC, ABERTHAW CEMENT WORKS
Gauge : 4'8½".   (ST 033675)   R.T.C.

125	4wDH	TH 213V 1969

DOW CORNING LTD, CARDIFF ROAD, BARRY
Gauge : 4'8½".   (ST 142685)

DC 27584	4wDM R/R Trackmobile 31713.104	1992
14412	4wDM R/R Unilok 2183	1982

NATIONAL POWER PLC, ABERTHAW POWER STATION
Gauge : 4'8½".   (ST 024658)

		0-6-0DM	EES	8199	1963	OOU
-		0-6-0DM	P	5014	1959	Pvd

PRESERVATION SITES

BUTETOWN HISTORIC RAILWAY SOCIETY LTD,
WALES RAILWAY CENTRE, BUTE ROAD, CARDIFF
Gauge : 4'8½".   (ST 192749)

52/001						
		0-4-0F	OC	AB	1966	1929
	SIR GOMER	0-6-0ST	OC	P	1859	1932
	PRIDE OF GWENT	0-6-0DM		HC	D1186	1959
		Rebuilt		HE	8526	
107		0-6-0DH		NB	27932	1959

COLONEL NICHOLSON, c/o ALLIED STEEL & WIRE LTD, CASTLE WORKS, CARDIFF
Gauge : 4'8½".   (   )

(D429)	50029	RENOWN	Co-CoDE	_(EE	3799	1968
				(VF	D1170	1968
(D430)	50030	REPULSE	Co-CoDE	_(EE	3800	1968
				(VF	D1171	1968

NATIONAL MUSEUM OF WALES, INDUSTRIAL AND MARITIME MUSEUM, //
AMGUEDDFA CENEDLAETHOL CYMRU, AMGUEDDFA DIWYDIANNOL A MOROL,
BUTE CRESCENT, BUTETOWN, CARDIFF
Gauge : 4'8½".   (ST 192745)

-		0-4-0F	OC	AB	2238	1948
P.D. No.10		0-6-0ST	IC	HC	544	1900
-		0-4-0ST	OC	RSHN	7705	1952

Gauge : 4'4".

		4wG	NMW	1981

Gauge : 3'0".

		4wDM	RH	187100	1937	+

+   Currently under renovation elsewhere

Gauge : 2'0".

4		4wBE	GB	

VALE OF GLAMORGAN RAILWAY CO, former NATIONAL WELSH BUS DEPOT, BARRY
Gauge : 4'8½".   (   )

2861		2-8-0	OC	Sdn	2767	1918
4115		2-6-2T	OC	Sdn		1936
5227		2-8-0T	OC	Sdn		1924
5539		2-6-2T	OC	Sdn		1928
6686		0-6-2T	IC	AW	974	1928
7927	WILLINGTON HALL	4-6-0	OC	Sdn		1950
44901		4-6-0	OC	Crewe		1945
48518		2-8-0	OC	Don		1944
80150		2-6-4T	OC	Bton		1956
92245		2-10-0	OC	Crewe		1958

WHITMORE BAY PROMENADE, BARRY ISLAND
Gauge : 4'8½".   (ST 115665)

5538	2-6-2T	OC	Sdn	1928

WEST GLAMORGAN

INDUSTRIAL SITES

B.P. CHEMICALS LTD, BAGLAN BAY WORKS
Gauge : 4'8½".   (SS 744924)

ZZ44	0-6-0DH	EEV	D3989	1970
ZZ67	0-6-0DH	EEV	D4003	1971

B.P. OIL LLANDARCY REFINERY LTD, LLANDARCY
Gauge : 4'8½".   (SS 718960)

5	0-6-0DH	TH	157V	1965	
6	0-6-0DH	TH	194V	1968	
7	0-6-0DH	TH	230V	1971	OOU
8	0-6-0DH	TH	246V	1973	

BRITISH STEEL PLC, STRIP PRODUCTS DIVISION,
PORT TALBOT WORKS, PORT TALBOT
Gauge : 4'8½".   (SS 773885, 775861, 781871)

1	4wWE	_(BD	3748	1979	
		(GECT5476		1979	
2	4wWE	_(BD	3749	1979	
		(GECT5477		1979	
6	0-4-0WE	GB	2802	1958	
6A	0-4-0WE	GB			c
	Rebuilt	RFSK	V338	1991	

F	0-4-0WE	GB	2801	1958			
19	4wDE	BBT	3003	1951	Dsm	b	
20	4wDE	BBT	2972	1953	Dsm	b	
501	0-4-0DE	BBT	3066	1954	OOU	a	
503	0-4-0DE	BBT	3068	1954	OOU		
504	0-4-0DE	BBT	3069	1954	OOU	a	
505	0-4-0DE	BBT	3070	1954	OOU	d	
509	0-4-0DE	BT	3099	1956			
511	0-4-0DE	BT	3101	1956	OOU	a	
512	0-4-0DE	BT	3102	1956	OOU	+	a
513	0-4-0DE	BT	3103	1957	OOU	+	a
514	0-4-0DE	BT	3120	1957	OOU	+	a
803	Bo-BoDE	AL	77777	1950	OOU	d	
901	Bo-BoDE	BBT	3063	1955			
902	Bo-BoDE	BBT	3064	1955			
903	Bo-BoDE	BBT	3065	1955			
904	Bo-BoDE	_(BT	92	1957			
		(WB	3137	1957			
905	Bo-BoDE	_(BT	93	1957			
		(WB	3138	1957			
906	Bo-BoDE	_(BT	94	1957			
		(WB	3139	1957			
07	Bo-BoDE	_(BT	95	1957			
		(WB	3140	1957			
08	Bo-BoDE	_(BT	96	1957			
		(WB	3141	1957			
09	Bo-BoDE	_(BT	97	1957			
		(WB	3142	1957			
910	Bo-BoDE	_(BT	98	1957			
		(WB	3143	1957			
951	Bo-BoDE	BT	3111	1957			
952	Bo-BoDE	BT	3112	1957	OOU		
953	Bo-BoDE	BT	3113	1957			

+ Converted to slave units for use with locos 501/8/9/10/11
a Stored in Refractories Engineering Department (SS 777867)
b Converted to a Brake Tender Runner
c Either GB 2591/1955 or 2737/1956
d In store at Crane Shed

BRITON FERRY (SHIPPING SERVICES) LTD,
NEATH CARGO TERMINAL, GIANTS GRAVE, BRITON FERRY
Gauge : 4'8½".   (SS 735948)

-	0-4-0DH	NB	28038	1961

CELTIC ENERGY LTD
Gwaun-cae-Gurwen Disposal Point
    See Section 4 for full details.

Onllwyn Distribution Centre
    See Section 4 for full details.

FORD MOTOR CO LTD, CRYMLYN BURROWS, SWANSEA
Gauge : 4'8½".   (SS 696932)

P624 TS   4wDH   TH   163V 1966   OOU

MARCROFT ENGINEERING, PORT TENNANT WORKS
(A Division of CAIB U.K. Ltd)
Gauge : 4'8½".   (SS 681933)

              JACK LEE   0-4-0DM   _(Bg   3590 1962
                                            (YEC L107 1992
                -                4wDM   FH   3951 1961

PRESERVATION SITES

SWANSEA INDUSTRIAL & MARITIME MUSEUM,
COAST LINES WAREHOUSE, SOUTH DOCKS, SWANSEA
Gauge : 4'8½".   (SS 659927)

              SIR CHARLES   0-4-0F   OC   AB   1473 1916
     1426   0-6-0ST OC   P   1426 1916
                          Incorporates parts of P   1187
                -              0-4-0DM   RSHD/WB7910 1963   +

     +   Currently in store elsewhere

SWANSEA VALE RAILWAY PRESERVATION SOCIETY, LLANSAMLET, SWANSEA
Locos are kept at :
         Six Pit Junction   (SS 682968)
         Upper Bank Works   (SS 670954)
Gauge : 4'8½".

     4270   2-8-0T   OC   Sdn   2850 1919
     9642   0-6-0PT IC   Sdn   1946
        LLANTANAM ABBEY   0-6-0ST OC   AB   2074 1939
           -                   0-6-0ST IC   HE   3829 1955
     M.N.C.No.1   P 00 26   0-4-0ST OC   P   1345 1914
     712   4wDE   BT/WB 2974 1953
     12514   0-6-0DM   HC   D1254 1962
                               Rebuilt   HE   8522 1975
         2   SAMLET   0-4-0DH   NBQ   27941 1961
     No.1   4wDM   RH   476143 1963
           -                   0-4-0DE   RH   544998 1969

THE VALE OF NEATH RAILWAY SOCIETY, DULAIS FACH ROAD, TONNA
Gauge : 4'8½".   (SS774993)

                -              4wDM   RH   312433 1951

WEST GLAMORGAN COUNTY COUNCIL // CYNGOR SIR GORLLEWIN MORGANNWG,
CEFN COED COLLIERY MUSEUM // AMGUEDDFA GWAITH GLO CEFN COED,
BLAENANT COLLIERY, CRYNANT
Gauge : 4'8½".   (SN 786034)

    CEFN COED   0-6-0ST   IC   HE   3846 1956

Gauge : 2'0".

    -               4wDH   HE   8812 1978

SECTION 4 : UK COAL INDUSTRY

Following the privatisation of the coal industry at the end of 1994, it has been decided, for the first time, to put together all locations in one entry, which comprise of the former British Coal sites and the private mines.

The opportunity has also been taken to include all known locomotives, both surface and underground, which are shown in separate entries for clarity.

This section is sequenced by name of mine within mine owner sequence. The mine owners operate in the following counties :-

Ayle Colliery Co Ltd	286	Northumberland
Betws Anthracite Ltd	287	Dyfed
Celtic Energy Ltd	287	Dyfed, West Glamorgan
Coal Investments Ltd	288-289	Nottinghamshire, Staffordshire, West Midlands, South Yorkshire
Coal Products Ltd	289	West Midlands, Mid Glamorgan
Hatfield Coal Ltd	290	South Yorkshire
Monktonhall Mineworkers Ltd	290	Lothian
R.J.B. Mining Ltd	291-303	Derbyshire, Leicestershire, Northumberland, Nottinghamshire, Warwickshire, North Yorkshire, South Yorkshire, West Yorkshire, Clwyd
Scottish Coal Co	303-304	Fife, Lothian
Stonegate Mining Ltd	304	Northumberland

AYLE COLLIERY CO LTD

AYLE COLLIERY CO LTD, AYLE EAST DRIFT, ALSTON, NORTHUMBERLAND
Gauge : 2'6".   (NY 728498) (Surface)

15/PLB6 152183		4wBEF	CE	5074 1965	
15PLB15 15/19	No.5097	4wBEF	CE	5097 1966	
15/27		4wBEF	CE	B0909B 1976	
6/41		0-4-0BE	WR	6133 1959	Dsm
6/43		4wBE	WR	6297 1960	Dsm
6/44		0-4-0BE	WR	6595 1962	Dsm
6/44		0-4-0BE	WR	C6710 1963	Dsm
6/46		0-4-0BE	WR	6593 1962	Dsm

Gauge : 2'0".   (Surface & Underground)

-		4wBE	CE	5667 1969	
EL 16		4wBE	CE	5667 1969	Dsm
UG 10		4wBE	CE	5667 1969	
-		4wBEF	CE		
-		4wBEF	CE		
-		4wBEF	GB	2382 1953	Dsm
-		4wDMF	HE	3496 1947	Dsm
-		4wDMF	HE	4569 1956	OOU
-		0-4-0DMF	HE	4991 1955	OOU
-	Rebuilt	4wDMF	Ayle	1977	
LE/12/75 P17271		4wBE	WR	E6807 1965	
-		0-4-0BE	WR	P7664 1975	
-		0-4-0BE	WR	P7731 1975	

Gauge : 1'10".   (Surface)

-	4wBE	WR	5655 1956	Dsm

Gauge : 1'7½".   (Surface)

-	0-4-0BE	WR	D6754 1964	Dsm

Gauge : 1'6".   (Surface)

4	4wBE	CE	5712 1969
16 82	4wBE	CE	B3132B 1984

BETWS ANTHRACITE LTD.

BETWS MINE, AMMANFORD, DYFED
Gauge : 400mm.   (SN 638124)   Becorit 'Roadrailer' Trapped Rail System.
                              (Underground)

No.2	390/2	2adDHF	BGB 50/400/406 1976
No.5	390/5	2adDHF	BGB 50/400/420 1978
No.6	390/6	2adDHF	BGB 100/400/001R1988
No.7	390/7	2adDHF	BGB 100/400/0071984

CELTIC ENERGY LTD

Headquarters : Farm Road, Aberaman, Aberdare, Mid Glamorgan CF44 6LX

COED BACH DISPOSAL POINT, KIDWELLY, DYFED
Gauge : 4'8½".   (SN 424059)   (Surface)

390445		0-6-0DH	GECT	5402	1975	OOU	
H 005		0-6-0DH	HE	6295	1965		+
H 015		0-6-0DH	HE	7410	1976		+

+ On hire from RMS Locotec Ltd, Dewsbury, West Yorkshire.

GWAUN-CAE-GURWEN DISPOSAL POINT,
GWAUN-CAE-GURWEN, WEST GLAMORGAN
Gauge : 4'8½".   (SN 713120)   (Surface)

| (D3765) | 08598 | H 016 | 0-6-0DE | Derby | | 1959 | + |
| H 013 | | | 0-6-0DH | RR | 10286 | 1969 | + |

+ On hire from R.M.S. Locotec, Dewsbury, West Yorkshire

ONLLWYN DISTRIBUTION CENTRE, ONLLWYN, WEST GLAMORGAN
Gauge : 4'8½".   (SN 843105)   (Surface)

| H 014 | 0-6-0DH | RR | 10262 | 1967 | + |
| H 001 | 4wDH | S | 10003 | 1959 | + |

+ On hire from R.M.S. Locotec, Dewsbury, West Yorkshire

COAL INVESTMENTS LTD
Headquarters : 2 Savoy Court, Strand, London WC2R OEZ

ANNESLEY COLLIERY, NEWSTEAD, NOTTINGHAMSHIRE
Gauge : 2'1½".   (SK 516534)   (Underground)

		4wBEF	CE	B3187	1985
-		4wBEF	CE	B3483	1988
-		0-6-0DMF	HE	6607	1966
-		0-6-0DMF	HE	6608	1965
-		0-6-0DMF	HE	6609	1965
-		0-6-0DMF	HE	7418	1974

COVENTRY COLLIERY, KERESLEY, WEST MIDLANDS
Gauge : 2'0".   (SP 322843)   (Underground)

No.9		4wBEF	CE	B0989	1976
No.10	No.2	4wBEF	CE	B1582	1978
No.11	No.4	4wBEF	CE	B1852	1979
No.12		4wBEF	CE	B2918	1981
No.5		4wBEF	CE	B3167	1985
-		4wBEF	CE	B3304	1986
-		4wBEF	CE	B3379	1987
-		4wBEF	CE	B3516	1988

HEM HEATH COLLIERY, TRENTHAM, STAFFORDSHIRE
Gauge : 2'6".   (SJ 884423)   (Surface)

No.2		4wDH	SMH101T023	1985	OOU

Gauge : 2'6".   (Underground)

13/18	No.4	4wBEF	BD	3673	1970
15/17	No.8	4wBEF	BD	3675	1971
13/9		4wBEF	Bg	3503	1958
13/12		4wBEF	Bg	3504	1958
13/8	No.8	4wBEF	Bg	3505	1958
13/13	No.13	4wBEF	Bg	3543	1960
13/14	No.14	4wBEF	Bg	3544	1960
13/15		4wBEF	Bg	3545	1960
6/12	No.4	4wBEF	Bg	3579	1961
6/14	No.6	4wBEF	Bg	3581	1961
13/17	No.17	4wBEF	Bg	3606	1964
-		4wBEF	CE	B0906	1976
-		4wBEF	CE	B1840	1979
-		4wBEF	CE	B3153	1984
-		4wBEF	_(EE	1963	1954
			(Bg	3381	1954
8/6		4wBEF	EEV	3495	1964
8/7		4wBEF	EEV	3840	1967
8/11	13/11	4wBEF	GECT	5420	1977

MARKHAM MAIN COLLIERY, ARMTHORPE, SOUTH YORKSHIRE
Gauge : 2'0".   (SE 616046)   (Underground)

		4wBEF	CE	B3563A	1989
M/M/4	390/MM/M/2545	0-4-0DMF	HC	DM751	1949
	390/MM/M/2569	0-6-0DMF	HC	DM796	1952
	390/T/M/3050	0-6-0DMF	HC	DM928	1955
	390/MM/M/2504	0-6-0DMF	HC	DM1092	1957
	390/MM/M/2668	0-6-0DMF	HC	DM1126	1958
	390/MM/M/2618	0-4-0DMF	HE	3608	1948
	390/MM/M/2630	0-4-0DMF	HE	3609	1948
	390/MM/M/2643	0-4-0DMF	HE	3610	1948

SILVERDALE COLLIERY, SILVERDALE, STAFFORDSHIRE
Gauge : 2'6".   (SJ 813468)   (Underground)

-	4wBEF	GB	2963	1959
-	4wBEF	GB	2964	1959

COAL PRODUCTS LTD

COVENTRY HOME FIRE PLANT, KERESLEY, WEST MIDLANDS
Gauge : 4'8½".   (SP 318845)   (Surface)   R.T.C.

C.P.L.No.1	0-6-0DH	RR	10239	1965	OOU
C.P.L.No.2	0-6-0DH	S	10148	1963	OOU
C.P.L.No.3	0-6-0DH	S	10150	1963	OOU

CWM COKING PLANT, LLANTWIT MAJOR, MID GLAMORGAN
Gauge : 4'8½".   (ST 066865)   (Surface)

-	0-6-0DH	HE	7305	1973	
	Rebuilt	TH		1985	OOU
2	0-4-0WE	GB	2180	1948	
3	0-4-0WE	GB	2690	1957	
1	0-4-0WE	GB	2691	1957	

HATFIELD COAL CO LTD

HATFIELD COLLIERY, STAINFORTH, SOUTH YORKSHIRE
Gauge : 2'0".   (SE 654113)   (Underground)

-		4wBEF	CE B1574A	1978
-		4wBEF	CE B1574D	1978
5		4wBEF	CE B3249A	1986
No.5		4wBEF	CE B3518	1988
-		4w-4wBEF	CE B3603	1990
No.6		4wBEF	CE B3618	1990
No.111	390/HA/M/0717 No.14	0-6-0DMF	HC DM717	1951
No.114	390/HA/M/0786 No.17	0-6-0DMF	HC DM786	1953
	390/MM/M/2581	0-6-0DMF	HC DM797	1953
	390/MM/M/2593	0-6-0DMF	HC DM798	1953
	390/MM/M/2606	0-6-0DMF	HC DM799	1953
No.19	390/HA/M/0932	0-6-0DMF	HC DM932	1956
No.101	390/HA/M/0980 No.21	0-6-0DMF	HC DM980	1955
No.20	390/HA/M/0981	0-6-0DMF	HC DM981	1956
No.22	390/HA/M/0986	0-6-0DMF	HC DM986	1956
	390/4	0-4-0DM	HC DM1080	1957
	390/T/M/3057	0-6-0DMF	HC DM1108	1959
	390/5	0-4-0DM	HC DM1167	1959
	390/6	0-4-0DM	HC DM1168	1959
	390/14	0-6-0DM	HC DM1410	1969
	390/13	0-6-0DM	HC DM1411	1969
	-	0-6-0DMF	_(HC DM1444 (HE 8844	1980 1980
	390/7501	0-6-0DM	_(HE 7432 (HC DM1425	1976 1976

MONKTONHALL MINEWORKERS LTD

MONKTONHALL COLLIERY, MILLERHILL, LOTHIAN
Gauge : 3'0".   (NT 323702)   (Underground)

BL/109	12/48959	0-4-0DMF	HC DM1294 1962	
BL/107	12/48960	0-4-0DMF	HC DM1295 1962	
BL/113	12/48958	0-4-0DMF	HC DM1320 1964	
	10/100904	0-4-0DMF	HC DM1406 1968	
	-	4wDHF	_(HE 8801 1982 (AB 636 1982	OOU

R.J.B. MINING LTD
Headquarters : Harworth Park, Blyth Road, Harworth, Nottinghamshire DN11 8DB

ASFORDBY COLLIERY, LEICESTERSHIRE
Gauge : 2'6".   (SK 727207)   (Underground)

No.3	PL 3		4wBEF	CE	B2933	1981
			Rebuilt	CE	B3393B	1987
			Rebuilt	CE	B3697	1990
No.3			4wBEF	CE	B3482A	1988
No.2			4wBEF	CE	B3482B	1988

BEWICK DRIFT STOCKYARD, LYNEMOUTH, NORTHUMBERLAND
Gauge : 3'0".   (NZ 299925)   (Surface)

No.1	9307/110		4wBE	CE	5921	1972	
	20/110/738		4wDHF	CE	B0190	1974	
			Rebuilt	CE	B2293	1983	OOU
No.3	20/030/22		4wBE	CE	B1561	1977	
No.3	20/220/32		4wBEF	CE	B3042	1983	OOU
No.2	20/270/34		4wBE	CE	B3060	1983	
	20/110/39		4wBEF	CE	B3464B	1988	OOU
			Rebuilt	CE	B3996/3	1994	
No.7	20/123/999	No.17	0-6-0DMF	HC	DM781	1953	OOU

BILSTHORPE COLLIERY, BILSTHORPE, NOTTINGHAMSHIRE
Gauge : 2'4".   (SK 653617)   (Underground)

-			4wBEF	CE	B3092A	1984
-			4wBEF	CE	B3092B	1984
-			4wBEF	CE	B3093A	1984
-			4wBEF	CE	B3093B	1984
No.1	BB2	70330	4w-4wBEF	CE	B3224A	1985
-			4wBEF	CE	B3328	1987
-			4wBEF	CE	B3364A	1987
-			4wBEF	CE	B3364B	1987

CALVERTON COLLIERY, CALVERTON, NOTTINGHAMSHIRE
Gauge : 2'0".   (SK 603505)   (Underground)

No.3	87127		4wBEF	CE	B0427	1975
No.4	1387		4wBEF	CE	B2239A	1980
2B	164/374		4wBEF	CE	B3100A	1984
1B	164/373		4wBEF	CE	B3100B	1984
3B	164/375		4wBEF	CE	B3155B	1984
No.1	20651		4w-4wBEF	CE	B3335	1987
-			4w-4wBEF	CE	B3732	1991
No.5	164/150		0-6-0DMF	HC	DM1310	1963
No.14	820/11859	No.9	4wDHF	HE	7519	1977

No.2	164/200		4wDHF	HE	8909	1979
No.7	164/312		4wDHF	HE	8911	1980
No.3			4wDHF	HE	8980	1980
No.4	164/323		4wDHF	HE	8984	1981
No.21	820/18612	No.9	4wDHF	HE	9048	1981
No.5	164/346		4wDHF	HE	9055	1982
No.6			4wDHF	HE	9056	1982
No.1	138876		4wBEF	HE	9155	1991
No.2	138877		4wBEF	HE	9156	1991

Gauge : 400mm.   Becorit 'Roadrailer' Trapped Rail System.

No.1	No.11	2adDHF	BGB 50/400/414 1979
No.7	No.17	2adDHF	BGB 50/400/418 1980
			Rebuilt BGB 50/400/446 1986
No.3	No.13	2adDHF	BGB 50/400/438 1983
No.2	No.12	2adDHF	BGB 50/400/439 1983
No.5	No.15	2adDHF	BGB 50/400/440 198x
No.4	No.14	2adDHF	BGB 50/400/442 1985
No.6	No.16	2adDHF	BGB 50/400/443 1986

CLIPSTONE COLLIERY, NEW CLIPSTONE, NOTTINGHAMSHIRE
Gauge : 400mm.   (SK 594632)   Becorit Roadrailer Trapped Rail System.
(Underground)

22714		1adBEF	BGB 25/400/001 1986
-		1adBEF	BGB 25/400/002 1987
22719		1adBEF	BGB 25/400/003 1987
22677		1adCHF	BGB 30/400/003 1983
-		2adDHF	BGB 50/400/001 1989
24982	No.2	2adDHF	BGB 50/400/407 1978
24981	No.1	2adDHF	BGB 50/400/408 1977
390/3	No.3	2adDHF	BGB 50/400/413 1978
24987	No.3	2adDHF	BGB 50/400/422 1980
			Rebuilt BGB 50/400/445 1985
24698	No.4	2adDHF	BGB 50/400/427 1980
			Rebuilt BGB 50/400/441 1985
24699	No.5	2adDHF	BGB 50/400/428 1980
22680	No.6	2adDHF	BGB 50/400/436 1982
22658	No.7	2adDHF	BGB 50/400/437 1982
390/4		2adDHF	BGB 50/400/535 1978
22862		2adDHF	BGB 100/400/002 1981
164/353	No.3	2adDHF	BGB 100/400/003 1982
22691		2adDHF	BGB 100/400/004 1983
164/364	No.5	2adDHF	BGB 100/400/005 1983
22693		2adDHF	BGB 100/400/006 1984
22776		2adDHF	BGB 100/400/008 1984
22770		2adDHF	BGB 100/400/009 1985
22779		2adDHF	BGB 100/400/010 1986
22774		2adDHF	BGB 100/400/012 1986
22784		2adDHF	BGB 100/400/013 1987

CLIPSTONE EQUIPMENT STORES, NEW CLIPSTONE, NOTTINGHAMSHIRE
Gauge : 2'4".   (SK 593633) (Surface)

No.27	06174	No.29	4wBEF	CE	B3044	1983
-			4wBEF	CE	B3501	1990

DAW MILL COLLIERY, OVER WHITACRE, WARWICKSHIRE
Gauge : 3'0".   (SP 257902) (Underground)

No.1		4wBEF	CE	B0990A	1976
No.2		4wBEF	CE	B0990B	1976
No.3		4wBEF	CE	B1839	1979
No.4		4wBEF	CE	B3040A	1983
No.5		4wBEF	CE	B3040B	1983
-		4wBEF	CE	B3201A	1985
-		4wBEF	CE	B3201B	1985
-		4wBEF	CE	B3517	1988
	LAURA	4w-4wBEF	HE	9310	1992
	LINZI	4w-4wBEF	HE	9311	1992

ELLINGTON COLLIERY, ELLINGTON, NORTHUMBERLAND
Gauge : 3'0".   (NZ 283917) (Underground)

No.1	20/110/38		4wBEF	CE	B3464A	1988
			Rebuilt	CE	B3996/1	1993
No.2	20/110/41		4wBEF	CE	B3464D	1988
			Rebuilt	CE	B3996/2	1993
	600001		4w-4wBEF	CE	B3669	1990
No.9	9215/8	No.19	0-6-0DMF	HC	DM662	1951
No.2	9306/98	No.12	0-6-0DMF	HC	DM1025	1957
No.1	9215/13	No.11	0-6-0DMF	HC	DM1058	1957
No.8	9306/103	No.18	0-6-0DMF	HC	DM1270	1961
No.4	9306/108 No.14 3C		0-6-0DMF	HC	DM1274	1961
No.6	9306/86	No.16	0-6-0DMF	HC	DM1422	1972
No.5	20/105/624 No.15					
	No.8		0-6-0DMF	_(HC	DM1439	1978
				(HE	8821	1978
	20/122/581		4w-4wDHF	_(HE	8509	1981
				(AB	655	1981
No.3	20/122/964		4w-4wDHF	_(HE	8510	1981
				(AB	656	1981
No.4	20/122/965		4w-4wDHF	_(HE	8511	1981
				(AB	657	1981
No.21	20/123/387	BO-4	4w-4wDHF	_(HE	8513	1981
				(AB	654	1981
BO-1	20/108/625		4w-4wDHF	_(HE	8514	1980
				(AB	650	1980
No.2	20/122/519		4w-4wDHF	_(HE	8516	1981
				(AB	652	1981
No.7	20/124/713		4w-4wDHF	HE	9095	1985
No.8	20/125/082					
	BOB DODDS		4w-4wDHF	HE	9226	1985
No.9	20/125/101	M.T.R.	4w-4wDHF	HE	9227	1986

GASCOIGNE WOOD COLLIERY, SOUTH MILFORD, NORTH YORKSHIRE
Gauge : 2'6".   (SE 525318) (Surface)

			4wBEF	CE	B3340	1987

Gauge : 2'6".   (Underground)

No.9	1-43-209	No.4	4wBEF	CE	B3075C	1983
	(TANDEM LOCO)		_(4w-4wBEF	CE	B3289A	1986
			(4w-4wBEF	CE	B3289B	1986
No.31	1-43-95		4w-4wBEF	CE	B3467	1988
No.32			4w-4wBEF	CE	B3850	1992
No.1	1-44-260	ANDREA	4w-4wDHF	GMT		1983
No.2	1-44-261	LINDSEY	4w-4wDHF	GMT		1983
No.3	1-44-262	AMANDA	4w-4wDHF	GMT		1983
No.4	1-44-263	NICHOLA	4w-4wDHF	GMT		1984
No.5	1-44-264	NADINE	4w-4wDHF	GMT		1983
No.6	1-44-265	ANNA	4w-4wDHF	GMT		1984
No.7	1-44-258					
	1-44-266	CLAIRE	4w-4wDHF	GMT		1984

HARWORTH COLLIERY, BIRCOTES, NOTTINGHAMSHIRE
Gauge : 2'6".   (SK 627913) (Underground)

		4wDHF	CE	B1530	1977
No.1		4wBEF	CE	B1831A	1979
		Rebuilt	CE	B3290	1986
No.2		4wBEF	CE	B1831B	1979
-		4wBEF	CE	B3155A	1984
-		4wBEF	CE	B3157A	1984
		Rebuilt	CE	B3570	1989
-		4wBEF	CE	B3157B	1984
		Rebuilt	CE	B3532	1988
-		4wBEF	CE	B3249B	1986
11B	297/154	4w-4wBEF	CE	B3322A	1987
10B	297/029	4w-4wBEF	CE	B3322B	1987
12B		4w-4wBEF	CE	B3322C	1987
-		4wBEF	CE	B3410	1988
-		4wBEF	CE	B3411	1988
14B	297/305	4w-4wBEF	CE	B3502A	1989
15B	297/315	4w-4wBEF	CE	B3502B	1989
-		4wBEF	CE	B3634A	1990
-		4wBEF	CE	B3634B	1990
-		4w-4wBEF	CE	B3689A	1991
-		4w-4wBEF	CE	B3689B	1991
-		4w-4wBEF	CE	B3689C	1991
-		4w-4wBEF	CE	B3800A	1991
-		4w-4wBEF	CE	B3800B	1991
-		4w-4wBEF	CE	B3800C	1991
PL 1		4wBEF	CE		
PL 2		4wBEF	CE		
-		4wBEF	_(EE	2083	1955
			(Bg	3435	1955

			4wBEF	_(EE	2301	1956
-				(Bg	3437	1956
-			4wBEF	_(EE	2521	1957
				(RSHN	7963	1957
15/20			4wBEF	EEV	3768	1966
No.1	820/32099		0-6-0DMF	HC	DM724	1949
No.2	820/32100		0-6-0DMF	HC	DM725	1949
No.3	820/32101		0-6-0DMF	HC	DM726	1949
No.4	820/32102	PHILLIP	0-6-0DMF	HC	DM727	1949
No.5	820/32103		0-6-0DMF	HC	DM729	1949
No.6	820/34204		0-6-0DMF	HC	DM1309	1963
-			0-6-0DMF	_(HE	8848	1981
				(HC	DM1448	1981
-			0-6-0DMF	_(HE	8849	1982
				(HC	DM1449	1982
-			0-6-0DMF	_(HE	8850	1982
				(HC	DM1450	1982
-			4wBEF				+
-			4wBEF				+

+ Locos not positively identified, but are two of the following :-
EE 2086/Bg 3434/1955; EE 2300/Bg 3436/1956; EE 2522/RSHN 7964/1958;
GECT 5424/1976.

KELLINGLEY COLLIERY, KELLINGLEY, NORTH YORKSHIRE
Gauge : 2'6".   (SE 527233)   (Underground)

	P3		4wBEF	CE	B1574G	1978
			Rebuilt	CE	B3864A	1992
No.2	1.43.102		4wBEF	CE	B3168	1985
No.3	1.43.101		4w-4wBEF	CE	B3198A	1985
-			4w-4wBEF	CE	B3198B	1985
No.1	ML54		4wBEF	CE	B3262	1986
No.3	1.43.104		4wBEF	CE	B3266	1986
No.2	1-43-96		4wBEF	CE	B3530A	1989
No.1	1-43-97		4wBEF	CE	B3530B	1989
-			4w-4wBEF	CE	B3602A	1990
-			4wBEF	CE	B3649A	1990
-			4wBEF	CE	B3649B	1990
No.3	1.43.98		4wBEF	CE	B3644	1990
-			4w-4wBEF	CE	B3656	1990
No.4	1.43.103		4w-4wBEF	CE	B3773A	1991
No.1	1.43.296		4w-4wBEF	CE	B3832A	1992
-			4w-4wBEF	CE	B3875	1992
-			6w-6wBEF	CE	B3961	1994
No.2	1.43.100		4w-4wBEF	CE	B3963	1993
-			4wBEF	CE		
			Rebuilt	CE	B4023	1994
No.4	1-43-81	No.1	4wBEF	GB	6081	1964
			Rebuilt	GB	420435	1977
No.2	1-43-82		4wBEF	GB	6082	1964
No.4	1-43-92		4wBEF	GB	6083	1964
			Rebuilt	GB	420099	1968

No.11	1-43-91	4wBEF	GB	6135	1965	
No.10	1-43-90	4wBEF	GB	6136	1965	
	1-44-166	0-6-0DMF	_(HC	DM1426	1977	
			(HE	7486	1977	
	1-44-46	0-6-0DMF	_(HC	DM1434	1979	
			(HE	8582	1979	
	1-44-47	0-6-0DMF	_(HC	DM1441	1979	
			(HE	8841	1979	
	1-44-163	4wDHF	HE	7381	1976	
	1-44-164	4wDHF	HE	7383	1976	
No.4	1-44-177	4wDHF	HE	7490	1980	
	1-44-168	4wDHF	HE	7521	1977	
	1-44-170	0-6-0DMF	HE	8575	1978	
	1-44-174	0-6-0DMF	HE	8577	1978	
	1-44-180	4wDHF	HE	8833	1978	
No.3	1-44-176	4wDHF	HE	8953	1978	
No.10	1-44-183	4wDHF	HE	8990	1982	
-		4wDHF	HE	9212	1987	

Becorit Heavy Duty Suspended Monorail System.

1-46-41		BGB 916/6/001	1979
1-46-42		BGB 916/6/002	1983
1-46-43		BGB 916/6/003	1983
1-46-44		BGB 916/6/004	1983

Gauge : 2'6"..   (Surface)

No.6	1-43-86	4wBEF	GB	6121	1965	Dsm
No.107	1-44-155	0-60DMF	HC	DM675	1949	OOU
No.1	1-44-178	4wDHF	HE	7488	1977	OOU
No.2	1-44-173	4wDHF	HE	7489	1977	OOU
	1-44-171	4wDHF	HE	8560	1978	OOU
	1-44-169	0-6-0DMF	HE	8574	1978	OOU
	1-44-172	0-6-0DMF	HE	8576	1978	OOU

KELLINGLEY TRAINING CENTRE, KELLINGLEY, NORTH YORKSHIRE
(Site operated by the Hunslet Engine Co Ltd)
Gauge : 3'0".   (SE 529231)   (Surface)

	ML60		0-6-0DMF	HB DM1421	1972	Dsm

Gauge : 2'6".   (Surface)

No.5	1-44-68		0-6-0DMF	_(HE	8583	1979	
				(HC	DM1435	1979	
No.1	1-44-251	8566	4wDHF	_(HE	8566	1981	
				(AB	618	1981	
	1-44-161A		4wDHF	_(HE	8802	1987	
				(AB	637	1987	
P 89			4wBEF	HE	9157	1992	+

+   Property of The Hunslet Engine Co Ltd

LYNEMOUTH COLLIERY, LYNEMOUTH, NORTHUMBERLAND
Gauge : 4'8½".   (NZ 301904)   (Surface)

2100/521		0-6-0DH	AB	584	1973
		Rebuilt	AB	6718	1987
		Rebuilt	HAB	6917	1990
20/110/711		0-6-0DH	AB	615	1977
		Rebuilt	AB	6719	1987

MALTBY COLLIERY, MALTBY, SOUTH YORKSHIRE
Gauge : 2'6".   (SK 550925)   (Surface)

No.1	SL1	4wBEF	CE	B3434A	1987

Gauge : 2'6"..   (Underground)

No.1	524/61	4wBEF	CE	B1574B	1978
No.29	524/124	4wBEF	CE	B1575E	1978
		Rebuilt	CE	B3245	1986
No.23	524/111	4wBEF	CE	B1575C	1978
No.24	524/115	4wBEF	CE	B2238A	1980
No.25	524/116	4wBEF	CE	B2238B	1980
No.26	524/121	4wBEF	CE	B2964A	1982
No.27	524/122	4wBEF	CE	B2964B	1982
No.30	524/67	4wBEF	CE	B3101B	1984
No.28	524/123	4wBEF	CE	B3142B	1984
No.2	SL2	4wBEF	CE	B3434B	1987
No.40		4w-4wBEF	CE	B3797	1992
-		4w-4wBEF	CE	B3830B	1992
No.33	524/118	4wDHF	HE	7455	1979
No.32	524/117	4wDHF	HE	7456	1979
No.36	390/75	4wDHF	HE	8507	1984

NORTH SELBY COLLIERY, NORTH YORKSHIRE
Gauge : 2'6".   (SE 646442)   (Underground)

-		4wBEF	CE	B1575B	1978
		Rebuilt	CE	B3133	1985
	1.43.231	4wBEF	CE	B3330	1987
	1.43.42B	4w-4wBEF	CE	B3627	1990
-		4w-4wBEF	CE	B3934	1993
No.10	1-44-86A	4wDHF	HE	9054	1981

OXCROFT DISPOSAL POINT, STANFREE, near CLOWNE, DERBYSHIRE
Operated by Powell Duffryn Coal Preparation Ltd)
Gauge : 4'8½".   (SK 469741)   (Surface)

890249	0-6-0DH	GECT	5352	1971
823391	0-6-0DH	GECT	5391	1973
-	0-6-0DH	HE	8979	1979

297   R.J.B.

POINT OF AYR COLLIERY, TALACRE, CLWYD
Gauge : 2'0".   (SJ 127837)   (Underground)

-		4wBEF	CE	B0498.2	1977	
		Rebuilt	CE	B4000	1994	
-		4wBEF	CE	B0498.3	1977	
		Rebuilt	CE	B3942	1993	
-		0-4-0DMF	HE	7374	1973	
-		0-4-0DMF	HE	7375	1973	
-		0-4-0DMF	HE	7376	1973	
-		0-4-0DMF	HE	7379	1974	
No.1		4wDMF	RH	481551	1962	
No.3	BALA	4wDMF	RH	481553	1962	
No.7		4wDMF	RH	497759	1963	
No.9		4wDMF	RH	497762	1963	
No.13		4wDMF	RH	506495	1964	
No.14		4wDMF	RH	506496	1964	
No.15		4wDMF	RH	506914	1964	

PRINCE OF WALES COLLIERY, PONTEFRACT, WEST YORKSHIRE
Gauge : 3'0".   (SE 451226)   (Surface)

-		4wBEF	CE	B2959B	1982	Dsm

Gauge : 2'6".   (Surface)

	1-44-84A					
	FOGGWELL FLYER	4wDHF	_(HE	8567	1981	OOU
			(AB	621	1981	
No.14	1-44-87A					
	BULLFROG'S BULLET	4wDHF	_(HE	8568	1981	OOU
			(AB	622	1981	

Gauge : 2'6".   (Underground)

No.2	1-43-202	4wBEF	CE	B2935B	1981
		Rebuilt	CE	B3118B	1983
	1-44-1	4wBEF	CE	B3113B	1985
		Rebuilt	CE	B3308	1986
	1-43-43A	4wBEF	CE	B3193A	1985
		Rebuilt	CE	B3555	1989
	1.43.45A	4wBEF	CE	B3193B	1985
-		4w-4wBEF	CE	B3248	1986
	SK/M/5018	4w-4wBEF	CE	B3267	1986
No.3	1-43-41A	4wBEF	CE	B3433	1988
No.4	1-43-42A	4wBEF	CE	B3439	1988
	1.43.44A	4w-4wBEF	CE	B3538	1989
	1.43.41B	4wBEF	CE	B3635	1990
	22.60.5493	4w-4wBEF	CE	B3832B	1992
No.17	PM/M/2	0-4-0DMF	HC	DM747	1951
No.8	PM/M/4	0-4-0DMF	HC	DM890	1955
No.15	1-44-45	0-6-0DMF	_(HC	DM1433	1978
			(HE	8581	1978

No.1	1-43-41		4wBEF	HE	9135	1986	
No.2	1-43-42		4wBEF	HE	9136	1986	

auge : 2'1".   (Surface)

-		4wBEF	CE	B3200/1	1985	OOU

auge : 2'0".   (Surface)

-		4wBEF	CE	B3249A	1986	OOU

CCALL COLLIERY, RICCALL, NORTH YORKSHIRE
auge : 2'6".   (SE 635368)   (Surface)

-		4wDH	HE	8971	1979

auge : 2'6".   (Underground)

No.5	1-43-205	P4	4wBEF	CE	B3001B	1982
No.8	1-43-208	P1	4wBEF	CE	B3052B	1983
	1-43-281	P2	4wBEF	CE	B3072C	1983
	1-43-282	P3	4wBEF	CE	B3072D	1983
	ML51		4wBEF	CE	B3104A	1985
			Rebuilt	CE	B3338	1986
	1-43-283	B1	4w-4wBEF	CE	B3172	1985
H	821/61161		4w-4wBEF	CE	B3252A	1986
	(TANDEM LOCO)		_(4w-4wBEF	CE	B3252C	1986
			(Rebuilt	CE	B4063	1994
			(4w-4wBEF	CE	B3773B	1991
			(Rebuilt	CE	B4063	1994
5	ML55		4wBEF	CE	B3269	1986
	1-43-284	B2	4w-4wBEF	CE	B3291B	1986
	1-43-285	B4	4w-4wBEF	CE	B3313A	1987
	1-43-286	B5	4w-4wBEF	CE	B3324A	1987
	1.43.287		4w-4wBEF	CE	B3332A	1987
	1.43.288		4w-4wBEF	CE	B3407	1988
B9	(TANDEM LOCO)		_(4w-4wBEF	CE	B3914	1993
			(4w-4wBEF	CE	B3927	1993
-			4w-4wBEF	CE	B3818	1992
	1.43.290		4w-4wBEF	HE	9313	1993
-			4w-4wBEF	HE	9314	1993

ROSSINGTON COLLIERY, ROSSINGTON, SOUTH YORKSHIRE
Gauge : 2'0".   (SK 601985) (Underground)

	-		4wBEF	CE	B1574C	1978
			Rebuilt	CE	B3864B	1992
	Bo-Bo1		4w-4wBEF	CE	B3602B	1990
	-		4wBEF	CE	B3645A	1990
	-		4wBEF	CE	B3645B	1990
	-		4w-4wBEF	CE	B3794	1991
	KATIE		4w-4wBEF	GMT		1987
	TRACEY		4w-4wBEF	GMT		1987
No.9		390/R/M/2096	0-6-0DMF	HC	DM801	1954
T1		390/T/M/3036	0-6-0DMF	HC	DM840	1954
T2		390/T/M/3043	0-6-0DMF	HC	DM841	1954
No.14		390/R/M/2156	0-6-0DMF	HC	DM929	1955
No.16		390/R/M/2180	0-6-0DMF	HC	DM933	1956
No.17		390/R/M/2192	0-6-0DMF	HC	DM934	1956
No.19		390/R/M/2216	0-6-0DMF	HC	DM936	1956
	-		0-6-0DMF		_(HC DM1442	1980
					(HE 8842	1980
	-		0-6-0DMF		_(HC DM1443	1980
					(HE 8843	1980

STILLINGFLEET COLLIERY, NORTH YORKSHIRE
Gauge : 2'6".   (SE 606407) (Underground)

No.1	1-43-221		4wBEF	CE	B3000B	1982
No.2	1-43-204)_					
No.4	1-43-222)		4wBEF	CE	B3001A	1982
No.3	1-43-223		4wBEF	CE	B3051B	1983
No.7	1-43-224		4w-4wBEF	CE	B3071D	1984
No.8	1-43-225		4w-4wBEF	CE	B3162B	1985
	-		4w-4wBEF	CE	B3252B	1986
No.2	1-44-252		4wDHF	HE	8958	1981
No.3	1-44-253		4wDHF	HE	8959	1981
No.4	1-44-221)_					
No.5	1-44-254)		4wDHF	HE	8962	1982
No.5	1-44-223)_					
No.9	1-44-255)		4wDHF	HE	8963	1982
	1.44.245		4wDHF	HE	8993	1988
No.6	1-44-256	No.10	4wDHF	HE	9057	1981
No.6	1-44-222)_					
No.7	1-44-257)		4wDHF	HE	9058	1981
No.6	1-44-206)_					
	1.44.257		4wDHF	HE	9075	1986
	1.44.258		4wDHF	HE	9290	1989
	1.44.225		4wDHF	HE	9308	1993
	1.44.224		4wDHF	HE	9309	1993

THORESBY COLLIERY, EDWINSTOWE, NOTTINGHAMSHIRE
Gauge : 3'0".   (SK 636676)   (Underground)

E2	74832		4wBEF	CE B1504A	1977
			Rebuilt	CE B3156	1984
E3	74835		4wBEF	CE B1504B	1977
			Rebuilt	CE B3239	1985
E1	74813		4wBEF	CE B1504C	1977
			Rebuilt	CE B3102	1984
E5	74485		4wBEF	CE B1843A	1979
E4	74427		4wBEF	CE B1843B	1979
E6	73431		4wBEF	CE B1850A	1979
E7	73433		4wBEF	CE B1850B	1979
E10	76123		4wBEF	CE B2273A	1981
E11	76138		4wBEF	CE B2273B	1981
E9	76158		4wBEF	CE B2274A	1981
E8	76159		4wBEF	CE B2274B	1981
E12	71365		4wBEF	CE B2986A	1982
E14	71364		4wBEF	CE B2986B	1982
E16	72434		4wBEF	CE B3045A	1983
E15	72430		4wBEF	CE B3045B	1983
No.2	70331		4w-4wBEF	CE B3224B	1985
No.3	70332		4w-4wBEF	CE B3224C	1985
-			4w-4wBEF	CE B3352A	1987
			Rebuilt	CE B3478	1988
No.4	70724		4w-4wBEF	CE B3352B	1987
			Rebuilt	CE B3565	1989
-			4w-4wBEF	CE B3477A	1989
-			4w-4wBEF	CE B3477B	1989
-			4w-4wBEF	CE B3591	1990
No.1	71262		0-6-0DMF	HC DM648	1949
No.5	71266		0-6-0DMF	HC DM652	1949
No.7	71268		0-6-0DMF	HC DM654	1949
No.11	71878		0-6-0DMF	HC DM1014	1956
No.10	71724		0-6-0DMF	HC DM1035	1956
No.14	71213		0-6-0DMF	HC DM1404	1968
No.17	38103	M2	0-6-0DMF	HE 3329	1946
No.8	71269		0-6-0DMF	HE 3392	1947
No.9	38109	No.15	0-6-0DMF	HE 3522	1948
No.4	71802		0-6-0DMF	HE 7373	1974
No.6	71803		0-6-0DMF	HE 7413	1975
No.2	71801		0-6-0DMF	HE 7414	1975
No.18	71810		0-6-0DMF	HE 7415	1975
A1	72920		4wBERF	TH SE107	1979
A2	72427		4w-4wBERF	TH SE117	1983

WELBECK COLLIERY, WELBECK COLLIERY VILLAGE, NOTTINGHAMSHIRE
Gauge : 2'4".   (SK 582704)   (Underground)

No.2B	87830		4wBEF	CE B2205A	1980
No.3B	87829		4wBEF	CE B2205B	1980
No.4B	84800	4	4wBEF	CE B3034A	1983
No.5B	84801	5	4wBEF	CE B3034B	1983

301   R.J.B.

			4wBEF	CE	B3161	1985
-			4wBEF	CE	B3234	1985
No.6			4w-4wBEF	CE	B3246	1986
-			4wDHF	CE	B3270A	1986
-			4wDHF	CE	B3270B	1986
-			4wDHF	CE	B3270C	1986
-			4wDHF	CE	B3270D	1986
-			4wDHF	CE	B3270E	1986
No.9			4w-4wBEF	CE	B3362B	1987
			Rebuilt	CE	B3723	1991
No.10			4w-4wBEF	CE	B3363A	1987
No.11			4w-4wBEF	CE	B3363B	1987
-			4w-4wBEF	CE	B3445	1988
No.2	820/45106		0-4-0DMF	HC	DM771	1950
No.4	820/45105		0-4-0DMF	HC	DM772	1950
No.1	820/45104		0-4-0DMF	HC	DM773	1950
No.6	820/24690		0-6-0DMF	HC	DM970	1956
No.5	820/24691		0-6-0DMF	HC	DM971	1957
No.3	820/24692		0-6-0DMF	HC	DM1011	1957
No.4	820/55033	No.8	0-6-0DMF	HC	DM1287	1962
No.7	820/55489	No.9	0-6-0DMF	HC	DM1332	1964
	87828		4wBERF	TH	SE108	1979

WHITEMOOR COLLIERY, NORTH YORKSHIRE
Gauge : 2'6".   (SE 665358)   (Underground)

			4wBEF	CE	B3051A	1983
No.6	1-43-206		4wBEF	CE	B3051A	1983
No.7	1-43-207		4wBEF	CE	B3052A	1983
			Rebuilt	CE	B3455	1988
No.1	1-43-241		4wBEF	CE	B3072A	1983
No.2	1-43-242		4w-4wBEF	CE	B3162C	1985
No.3	1-43-243		4w-4wBEF	CE	B3291A	1986
No.4	1-43-244		4w-4wBEF	CE	B3313B	1987
	1.43.245		4w-4wBEF	CE	B3332B	1987
-			4w-4wBEF	CE	B3830A	1992
	1.43.246		4w-4wBEF	CE	B3839A	1992
-			4w-4wBEF	CE	B3839B	1992
	1.44.267	THOMAS	4wDMF	HE	9270	1987
	1.44.266	GORDON	4wDMF	HE	9271	1987
H 12	1.44.244		4wDHF	HE	9292	1990
	1.44.243		4wDHF	HE	9294	1991

WIDDRINGTON DISPOSAL POINT, WIDDRINGTON, NORTHUMBERLAND
(Operated by Johnson Ltd)
Gauge : 4'8½".   (NZ 237957)   (Surface)

(D3984   08816)   0-6-0DE   Derby   1960   +

　　+ On hire from South Yorkshire Railway Preservation Society, Sheffield, South Yorkshire

WISTOW COLLIERY, NORTH YORKSHIRE
Gauge : 2'6".   (SE 573354)   (Underground)

No.16	1-43-215		4w-4wBEF	CE B3071A	1984
No.14	1-43-213		4w-4wBEF	CE B3071B	1984
No.15	1-43-214		4w-4wBEF	CE B3071C	1984
No.12	1-43-212		4wBEF	CE B3072B	1983
No.11	1-43-211		4wBEF	CE B3075A	1983
No.10	1-43-210		4wBEF	CE B3075B	1983
-			4wBEF	CE B3135A	1986
No.17	1-43-216		4w-4wBEF	CE B3162A	1985
No.18	1-43-217		4w-4wBEF	CE B3324B	1987
	TANDEM LOCO		_(4w-4wBEF	CE B3604	1989
			(4w-4wBEF	CE B3709	1991
-			4wBEF	CE B3772	1991
	1.43.218		4w-4wBEF	CE B3817	1992
	1.43.219		4w-4wBEF	CE B3900	1993
No.1	1-44-201		4wDHF	HE 8960	1981
No.2	1-44-202		4wDHF	HE 8961	1981
No.3	1-44-203		4wDHF	HE 9059	1983
No.10	1-44-259	1.44.207	4wDHF	HE 9060	1983
No.4	1-44-204		4wDHF	HE 9073	1986
No.5	1-44-205		4wDHF	HE 9074	1986
-			4wDHF	HE 9213	1987
	1.44.208		4wDHF	HE 9291	1990
	1.44.206A		4wDHF	HE 9293	1990

SCOTTISH COAL CO
Headquarters : Mining (Scotland) Ltd, 160 Glasgow Road, Corstorphine,
Edinburgh EH12 8UT.

CASTLEBRIDGE COLLIERY, KINCARDINE, FIFE
Gauge : 2'6".   (NZ 978900)   (Underground)

-	4wBEF	CE B3325A	1987
-	4wBEF	CE B3325B	1987
-	4wBEF	CE B3464C	1988
-	4wBEF	CE B3601	1989

Gauge : 2'6".   (Surface)

-	4wDHF	HE 7384	1976
-	4wDHF	HE 8561	1978

LONGANNET COLLIERY, LOTHIAN
Gauge : 500mm.   (NS 943862)   UMM 'Mineranger' System
(Underground)

11/35661		UMM 32.01 1971
11/35925		UMM 32.02 1972

R.J.B.
Scottish Coal

WESTFIELD DISPOSAL POINT, KINGLASSIE, FIFE
(Operated by Crouch Mining Co)
Gauge : 4'8½".   (NT 196983)   (Surface)

| 11348/C W.L.No.1 | 4wDH | RR | 10268 | 1967 |
| 11348/L W.L.No.2 | 4wDH | RR | 10269 | 1967 |

STONEGATE MINING LTD

STONEGATE MINING LTD, WHITTLE MINE, NEWTON-ON-THE-MOOR, NORTHUMBERLAND
Gauge : 2'0".   (NU 175062) (Underground)

2474	P.L.No.2207/458	4wBEF	_(EE	2474	1958
			(RSHN7942		1958
2527		4wBEF	_(EE	2527	1957
			(RSHN8046		1957

SECTION 5 : MINISTRY OF DEFENCE
ARMY RAILWAY ORGANISATION

Locomotives are used at the following locations; those depots marked + normally work their traffic with permanent local stock but also use Army Railway Organisation locomotives as the occasion demands (see entry under appropriate County).

Depot types are :-

B.A.D.	Base Ammunition Depot.
C.A.D.	Central Ammunition Depot.
C.O.D.	Central Ordnance Depot.
C.V.D.	Central Vehicle Depot.
D.O.E.	Department of the Environment.
P.E.E.	Proof & Experimental Establishment.
R.O.F.	Royal Ordnance Depot.

Locations :-

	BMR	(SP 581203)	C.O.D. Bicester Military Railway, Oxfordshire.
	ER	(NY 246656)	R.O.F. East Riggs, Dumfries & Galloway.
	ESK	(SD 083927)	P.E.E. Eskmeals, Cumbria.
	GD	( )	Glen Douglas, near Arrochar, Highland.
	KIN	(SP 373523, 374524)	B.A.D. Kineton, Warwickshire.
	LM	(SP 153473, 155476)	Engineer Resources, Long Marston, near Stratford-Upon-Avon, Warwickshire. R.T.C.
	LON	(NY 355676)	C.A.D. Longtown, Cumbria.
	LUD	(SU 261507)	C.V.D. Ludgershall, Wiltshire.
	LUL	( )	Lulworth Ranges, East Lulworth, Dorset.
+	LYD	(TR 033198)	D.O.E. Lydd Gun Ranges, Lydd, Romney Marsh, Kent. (n.g. only)
	MCH	(SU 395103)	Marchwood Military Port, Hampshire.
+	RAD	(SJ 784545)	Royal Ordnance Plc, Radway Green, Alsager, Cheshire.
	SHO	(TM 946856)	P.E.E. New Ranges, Shoeburyness, Southend-on-Sea, Essex.
	SHO (PA)	( )	"Project Avocet", Defence Test & Evaluation Organisation, Shoeburyness, Essex.
	STA	( )	Stanford Battle Area, near Thetford, Norfolk.

Gauge : 4'8½".

	INDOMITABLE							
(D426	50026)	89426	Co-CoDE	_(EE	3796	1968	BMR	+
				(VF	D1167	1968		
(D2144	03144)							
	WESTERN WAGGONER		0-6-0DM	Sdn		1961	LM	a
(D6552)	33034		Bo-BoDE	BRCW	DEL154	1961	LUD	+
(D6588)	33203		Bo-BoDE	BRCW	DEL159	1962	LUD	+

42	OVERLORD		0-4-0DM	AB	357	1941	OOU	KIN
234			0-4-0DM	AB	370	1945	OOU	
252	D RIVER SARK		4wDH	TH	270V	1977		LON
253	RIVER EDEN		4wDH	TH	271V	1977		LON
254			4wDH	TH	272V	1977		BMR
255	MULBERRY		4wDH	TH	273V	1977		MCH
256	MARLBOROUGH		4wDH	TH	274V	1977		MCH
257	TELA		4wDH	TH	275V	1978		LUD
258	RIVER ESK		4wDH	TH	298V	1981		LON
259			4wDH	TH	299V	1981		BMR
260			4wDH	TH	300V	1982		KIN
261			4wDH	TH	301V	1982		LUD
262			4wDH	TH	302V	1982		LON
263	McMULLEN		4wDH	TH	303V	1982		MCH
264	B RIVER ESK		4wDH	TH	306V	1983		LUD
265			4wDH	TH	307V	1983		KIN
266	MULBERRY		4wDH	TH	308V	1983		ER
267			4wDH	TH	309V	1984		ER
268	MARCHWOOD		4wDH	TH	310V	1984		MCH
269			4wDH	TH	311V	1984		LON
270	GREENSLEEVES		4wDH	TH	V318	1987		BMR
271	STOREMAN		4wDH	TH	V324	1987		BMR
272	ROYAL PIONEER		4wDH	TH	V320	1987		BMR
273	EDGEHILL		4wDH	TH	321V	1987		KIN
274	WAGGONER		4wDH	TH	322V	1987		KIN
275	SAPPER		4wDH	TH	V323	1988		BMR
276	CONDUCTOR		4wDH	TH	V319	1988		BMR
277	KINETON		4wDH	TH	V332	1988		KIN
278	COPPICE		4wDH	TH	V333	1988		KIN
ARMY 412	C2SA ND 10491		0-4-0DH	NBL	27647	1959		LM
ARMY 413	C2SA ND 10490		0-4-0DH	NBL	27648	1959		LM
421			0-6-0DH	RH	459516	1961	Dsm	BMR
422			0-6-0DH	_(RH	459517	1961		BMR
				(YEC	L119	1992		
423	CROMWELL		0-6-0DH	RH	459518	1961		BMR
424			0-6-0DH	RH	459520	1961	OOU	SHO
425	RIVER TAY		0-6-0DH	RH	459519	1961		SHO
428	A		0-6-0DH	_(RH	466617	1961		BMR
				(YEC	L114	1992		
429	C RIVER ANNAN		0-6-0DH	RH	466618	1961		BMR
430			0-6-0DH	RH	466621	1961		BMR
431								
	MUNCASTER CASTLE		0-6-0DH	RH	466622	1962	OOU	ESK
432			0-6-0DH	RH	466623	1962		BMR
433			0-6-0DH	RH	468043	1963		SHO
434	MILLOM CASTLE		0-6-0DH	RH	468044	1963		ESK
440	RIVER EDEN		0-6-0DH	RH	468041	1962		b
9106			2w-2DMR	DC	2326	1950	DsmT	KIN
9108			2w-2DMR	DC	2328	1950	DsmT	KIN
(9116)			2w-2DMR	CE	5427	1968	DsmT	BMR
9120			4wDMR	BD	3709	1975		LON
9121			4wDMR	BD	3710	1975		LON
-			4wDMR	BD	3712	1975	DsmT	KIN
9128	2		4wDMR	BD	3744	1976	OOU	LON

9129		4wDMR	BD	3745	1976		KIN
9150		4wDMR	BD	3746	1976		KIN
9222		2w-2PMR	Wkm	8199	1959	DsmT	KIN
9246		4wDMR	Bg/DC	1894	1950	DsmT	KIN
9247		4wDMR	Bg/DC	1896	1950	DsmT	KIN
9248		2w-2DMR	DC	1895	1950	DsmT	SHO
	YSM YARD No.3081						
	JINGLING GEORDIE	4wDM	FH	3778	1956		LM
	YARD No.3082	4wDM	FH	3779	1956		LM
	ANNA	4wRE	Wkm	11547	1987		LUL
	FIONA	4wRE	Wkm	11548	1987		LUL
	BELLA	4wRE	Wkm	11549	1987		LUL
	DEBBIE	4wRE	Wkm	11550	1987		LUL
	ENID	4wRE	Wkm	11551	1987		LUL
	CLAIRE	4wRE	Wkm	11552	1987		LUL
	-	4wDMR	Wkm	11621	1986		LUL
52 RN 36		4wDM R/R	Unimog	2660.10	1978		GD

+ Privately preserved - stored on M.O.D. premises
a Property of Territorial Army
b On hire to Stirling Metro-Rail, London

Gauge : 2'6".

YARD No.1066	RAMBO	4wBEF	CE	BO483	1976	SHO(PA)
YARD No.1067	PREDATOR	4wBEF	CE	BO483	1976	SHO(PA)
	TERMINATOR	4wBEF	CE	BO483	1976	SHO(PA)

Gauge : 60cm.

NG 47			4wDH	BD	3699	1973	ER
3700	NG 48		4wDH	BD	3700	1973	ER
NG 50			4wDH	AB	719	1987	ER
NG 51			4wDH	AB	720	1987	ER
NG 52			4wDH	AB	721	1987	ER
NG 53			4wDH	AB	764	1988	ER
NG 54			4wDH	AB	765	1988	ER
LOD 758035	FRED	GT 40	4wDM	MR	8856	1944	LYD
34			4wDH	HE	7009	1971	LYD
35			4wDH	HE	7010	1971	LYD
			Rebuilt	AB	6941	1988	
AD 36	GALLOWAYS		4wDH	HE	7011	1971	LYD
37			4wDH	HE	7012	1971	LYD
			Rebuilt	AB	6014	1988	
38			4wDH	HE	7013	1971	LYD
NG 46			4wDH	BD	3698	1973	ER
NG 49			4wDH	BD	3701	1973	ER
-			4wDM	RH			OOU	LM

SECTION 6 : IRELAND

ULSTER

ANTRIM	310
ARMAGH	311
DOWN	311-312
FERMANAGH	+
LONDONDERRY	312-313
TYRONE	313

+ No known locomotives exist.

REPUBLIC OF IRELAND

CARLOW	+
CAVAN	+
CLARE	314
CORK	314-315
DONEGAL	315-316
DUBLIN	316
GALWAY	317-318
KERRY	318
KILDARE	318-319
KILKENNY	+
LEITRIM	319-320
LEIX/LAOIS	320
LIMERICK	+
LONGFORD	321
LOUTH	+
MAYO	321
MEATH	321
MONAGHAN	+
OFFALY	322
ROSCOMMON	323
SLIGO	+
TIPPERARY	323
WATERFORD	324
WESTMEATH	324-325
WEXFORD	325
WICKLOW	+

+ No known locomotives exist.

BORD na MONA   326-333

ULSTER

ANTRIM

INDUSTRIAL SITES

BULRUSH PEAT CO LTD, RANDALSTOWN
Gauge : 75cm.

2		4wDM	MR 40S307 1967	
-		4wDH	Schöma 4979 1988	
-		4wDH	Schöma 4980 1988	+

+ Slave unit for use with 4979

PRESERVATION SITES

RAILWAY PRESERVATION SOCIETY OF IRELAND, WHITEHEAD DEPOT
Gauge : 5'3".

171	SLIEVE GULLION	4-4-0	IC	BP	5629	1913
		Rebuilt		Dundalk	42	1938
461		2-6-0	IC	BP	6112	1922
No.85	MERLIN	4-4-0	3C	BP	6733	1932
No.27	LOUGH ERNE	0-6-4T	IC	BP	7242	1949
4		2-6-4T	OC	Derby		1947
186		0-6-0	IC	SS	2838	1879
No.3	R.H. SMYTH	0-6-0ST	OC	AE	2021	1928
23		4wDM		FH	3509	1951
4		4wDM		RH	382827	1955
1		4w-4wDMR		NCC		1933
-		4wDM	R/R	Unilok	A114c	1965

SHANES CASTLE RAILWAY, SHANES CASTLE, RANDALSTOWN ROAD, ANTRIM (Closed)
Gauge : 3'0".

No.3	SHANE	0-4-0WT	OC	AB	2265	1949
	NANCY	0-6-0T	OC	AE	1547	1908
No.1	TYRONE	0-4-0T	OC	P	1026	1904
No.6	RORY	4wDH		MR	102T007	1974
No.4		4wDH		SMH	102T016	1976
-		2w-2PMR		Wkm	7441	1956

ARMAGH

PRESERVATION SITES

DEPARTMENT OF THE ENVIRONMENT (N.I.), COUNTRYSIDE AND WILDLIFE BRANCH,
BIRCHES PEATLANDS PARK, DERRYHUBBERT ROAD, DUNGANNON
Gauge : 3'0".

-		4wDH	AK	44	1993
-		4wDM	FH	3719	1954
HENRY HEAL		4wDM	Schöma	1727	1955

DOWN

INDUSTRIAL SITES

HARLAND & WOLFF LTD, QUEENS ISLAND SHIPYARD, BELFAST
Gauge : 5'3".

No.79	4wBE/RE	EE	517	1921	OOU

PRESERVATION SITES

DOWNPATRICK AND ARDGLASS RAILWAY PROJECT,
DOWNPATRICK STEAM RAILWAY, DOWNPATRICK
Gauge : 5'3".

No.3	GUINNESS	0-4-0ST	OC	HC	1152	1919
-		0-4-0T	OC	OK	12475	1934
-		0-4-0T	OC	OK	12662	1935
(G613)		4wDH		Dtz	57226	1962
G617		4wDH		Dtz	57229	1961
421	W.F. GILLESPIE O.B.E.	6wDH		Inchicore		1962
E432		6wDH		Inchicore		1962

ULSTER FOLK & TRANSPORT MUSEUM, CULTRA, HOLYWOOD
Gauge : 5'3".

30		4-4-2T	IC	BP	4231	1901
93		2-4-2T	IC	Dundalk	16	1895
800	MAEVE	4-6-0	3C	Inchicore		1939
74	DUNLUCE CASTLE	4-4-0	IC	NBQ	23096	1924
No.1		0-6-0ST	OC	RS	2738	1891

E2	(8178)		2w-2DMR	AEC		1928
			Rebuilt	Dundalk		1933
R3	(RDB 977020)		4wDMR	BREL/Leyland		1981

Gauge : 3'0".

2		0-4-0Tram OC	K		T84	1883
2	BLANCHE	2-6-4T	OC	NW	956	1912
2		0-4-0T	OC	P	1097	1906
2	KATHLEEN	4-4-0T	OC	RS	2613	1887
1	"PUP"	2-2-0PMR		A&O		1906
11	PHOENIX	4wDM		AtW	114	1928
		Rebuilt		Dundalk		1932
3		2-4w-2PMR		DC	1518	1926
10		0-4-0+4wDMR		WkB		1932 +

+ Now unmotorised

Gauge : 2'0".

-	4wDM	FH	3449	1950
-	4wDM	HE	3127	1943
-	4wPM	MR	246	1916
-	4wDM	MR	9202	1946

Gauge : 1'10".

20	0-4-0T	IC	Spence	1905

LONDONDERRY

INDUSTRIAL SITES

BULRUSH PEAT CO LTD
Locos are kept at :-
    B - Newferry Road, Bellaghy, Magherafelt
    T - Tyanee
Gauge : 75cm.

3	4wDM	MR 22220	1964	T
1	4wDM	MR 40S309	1968	B
-	4wDH	Schöma 4978	1988	B
-	4wDH	Schöma 4992	1988	B +

+ Slave unit for use with 4978

PRESERVATION SITES

DERRY CITY COUNCIL, HERITAGE & MUSEUM SERVICE,
FOYLE VALLEY RAILWAY COMPANY, LONDONDERRY
Gauge : 3'0".

No.4	MEENGLASS	2-6-4T	OC	NW	828	1907
6	COLUMBKILLE	2-6-4T	OC	NW	830	1907
No.2		4wDM		MR	11039	1956
12		0-4-0+4wDMR	WkB/Dundalk			1934
18		0-4-0+4wDMR	WkB/Dundalk			1940

TYRONE

INDUSTRIAL SITES

ULSTER MINERALS LTD, CURRAGHINALT, near GORTIN
Gauge : 2'0".

-	4wBE	WR	525801 1988	OOU
	Rebuild of WR (G7125 1967?)			

Site on care and maintenance basis from 3/1989.

REPUBLIC OF IRELAND

CLARE

INDUSTRIAL SITES

ELECTRICITY SUPPLY BOARD, SHANNON NAVIGATION MAINTENANCE YARD, KILLALDE
Gauge : 2'0".

No.1	4wDM	HE	7340	1972	OOU
-	4wDM	HE	7341	1972	OOU
2	4wDM	HE	7342	1972	OOU

PRESERVATION SITES

IARNROD EIREANN, ENNIS STATION
Gauge : 3'0".

| 5 | 0-6-2T | OC | D | 2890 | 1892 | Pvd |

CORK

INDUSTRIAL SITES

IRISH STEEL HOLDINGS LTD, HAULBOWLINE ISLAND, COBH
Gauge : 4'8½".

-	4wDM	R/R	Unilok 1997	1980	OOU
2	4wDM	R/R	Unilok 2218	1984	
-	4wDM	R/R	Unilok 3045	1987	

PRESERVATION SITES

CLONAKILTY MODEL VILLAGE
Gauge : 5'3".

| 1 | 4wDM | RH 305322 | 1951 |

GREAT SOUTHERN RAILWAY PRESERVATION SOCIETY COMPANY LTD, MALLOW
Gauge : 5'3".

131		4-4-0	IC	NR	5757	1901
No.4		4wDM		RH	252843	1948
2		4wDM		RH	312425	1951
	JZA 979	4wDM		Scammell		1960
2509		0-4-0 + 4wDMR		WkB		1947

IARNROD EIREANN, CORK (KENT) STATION
Gauge : 5'3".

36		2-2-2	IC	Bury	1848

FOSMINIAN FATHERS, UPTON, INNISHANNON
Gauge : 2'0".

-		4wDM	S/O	RH	264244	1949

DONEGAL

INDUSTRIAL SITES

GLENTIES TURF CO-OP SOCIETY LTD, ARDARA ROAD, GLENTIES
Gauge : 2'0".

-	4wDM	RH	243387	1946
LM26	4wDM	RH	248458	1946
M264	4wDM	RH	371535	1954
M198	4wDM	RH	398076	1956
M263	4wDM	RH	7002/0600-1	1968
(C16)	2w-2PMR	Wkm	4806 1948	Dsm

J. TOBIN, DOMESTIC PEAT SUPPLIES, BELLANAMORE, near FINTOWN   (Closed)
Gauge : 2'0".

-		4wPM	MR	7944 1943	Dsm

PRESERVATION SITES

CUMANN TRAENACH na GAELACHTA LAR, FITOWN STATION
Gauge : 3'0".

LM 77 H		4wDM	RH	329680 1952

Cork
Donegal

SOUTH DONEGAL RAILWAY RESTORATION SOCIETY,
BALLYBOFEY, near STRANORLAR
Gauge : 3'0".

    No.5 DRUMBOE   2-6-4T   OC   NW   829 1907

DUBLIN

INDUSTRIAL SITES

GUINNESS BREWING (IRELAND), ST. JAMES GATE BREWERY, DUBLIN
(Member of Guinness Plc)
Gauge : 1'10".   R.T.C.

17	0-4-0T	IC	Spence	1902	Pvd
-	4wDM		FH		Dsm
-	4wDM		FH		OOU
-	4wDM		FH		OOU
-	4wDM		FH		OOU

    FH's are four of 3068/1947; 3255/1948; 3444/1950, 3446/1950, 3447/1950.

IARNROD EIREANN
Inchicore Works, Dublin
Gauge : 5'3".

    B113   Bo-BoDE   Inchicore   1950   Pvd

    Loco set aside for possible preservation; and stored at this location.

Pearse Station, Dublin
Gauge : 5'3".

721	2w-2DMR	Hugh Philips Eng	1992
714	2w-2DMR	Wkm 8920	1962
713	2w-2DMR	Wkm 8917	1962

PRESERVATION SITES

TRINITY COLLEGE, O'REILLY CENTRE, DUBLIN
Gauge : 1'9".

        -                  0-6-0   IC   T.Kennan   1855

GALWAY

INDUSTRIAL SITES

ATTYMON PEAT CO-OP SOCIETY LTD,
Site near ATHENRY
Gauge : 3'0".

LM 17E	4wDM	RH 242901 1946	
LM 34	4wDM	RH 252239 1947	
LM 38E	4wDM	RH 252246 1947	
LM 346	4wDM	SMH 60SL747 1980	
C 63	4wPMR	BnM 1972	OOU

Clonkeen Works
Gauge : 3'0".

LM 41E	4wDM	RH 252252 1947	
LM 164Q	4wDM	RH 392152 1956	
C55	2w-2PMR	Wkm 7680 1957	OOU

BORD NA MONA.
Derryfadda // Doire Fhada
This site, which is closed for production, is 2 miles south west of Ballyforan on the road from Ballyforan to Kilglass.
 For loco details see separate Section.

GALWAY METAL CO, ORANMORE
Gauge : 5'3".   R.T.C.

(K 801)	0-8-0DH	MAK 800028 1954	Dsm

UNILOKOMOTIVE LTD, INTERNATIONAL DIVISION, MERVUE INDUSTRIAL ESTATE, GALWAY
New locomotives under construction occasionally present.

PRESERVATION SITES

GALWAY MINIATURE RAILWAY, (LEISURELAND EXPRESS), SALTHILL, GALWAY
Gauge : 1'3".

382	0-8-0DH S/O	SL 73 35 1973	

WESTRAIL (TUAM) LTD, TUAM STATION, TUAM
Gauge : 5'3".

90	0-6-0T	IC	Inchicore	1875
E428	6wDH		Inchicore	1962
No.3	0-4-0DM		RH 395302	1956

KERRY

PRESERVATION SITES

THE TRALEE/DINGLE STEAM RAILWAY COMPANY LTD, BLENNERVILLE, near TRALEE
Gauge : 3'0".

| No.5T | 2-6-2T | OC | HE | 555 | 1892 |
| LM 92L | 4wDM | | RH | 371967 | 1954 |

KILDARE

INDUSTRIAL SITES

BORD NA MONA
Ballydermot // Baile Dhiarmada
Site is 1½ miles north of Rathnagan on the road from Kildare to Edenderry.
Serves B.S.L. Allenwood and Irish C.E.C.A.
    For loco details see separate Section.

Gilltown Landsale
Site is south of the Donadea to Timahoe road at Derryvarroge.
    For loco details see seperate Section.

Kilberry // Cill Bheara
Site is 3 miles north west of Athy on Monasterevin road.
Serves Kilberry Fertiliser Factory.
    For loco details see separate Section.

Lullymore // Loilgheach Mor
Site is 3 miles from Allenwood on Edenderry road.
    For loco details see separate Section.

Timahoe // Tigh Mochua
Site is 3 miles west of Prosperous on the Clane to Edenderry road, at the village of Corduff.
Serves B.S.L. Allenwood.
    For loco details see separate Section.

Ummeras //
Site is 4 miles north of Monasterevin on the road from Monasterevin to Bracknagh.
For loco details see separate Section.

BORD SOLATHAIR AN LEACTREACHAIS,
ALLENWOOD SOD-PEAT BURNING POWER STATION, NAAS   (Closed)
Gauge : 3'0".

-	4wDM	RH 249526	1947
4	4wDM	RH 300518	1950
3	4wDM	RH 314222	1951
2	4wDM	RH 314223	1951
1	4wDM	RH 326051	1952

E. KENNY, ROBERTSTOWN
Gauge : 3'0".

-	4wDM	HE	6075 1961	Dsm

Used as a workbench.

No.1 MAINTENANCE COMPANY, IRISH ARMY, CURRAGH
Gauge : 2'0".

-	4wDM	MR	8970 c1945

PRESERVATION SITES

THE STEAM MUSEUM, LODGE PARK, HERITAGE YARD, STRAFFAN
Gauge : 1'10".

-	0-4-0T	IC	Spence	1912

LEITRIM

PRESERVATION SITES

IRISH NARROW GAUGE TRUST AND THE CAVAN & LEITRIM RAILWAY CO LTD,
DROMOD STATION, DROMOD
Gauge : 5'3".

712	2w-2PMR	Wkm	8919 1962

Kildare
Leitrim

Gauge : 3'0".

1	DROMOD		0-4-2ST	OC	KS	3024	1916	
		Rebuilt	0-4-2T	OC	AK		1993	
F511	DINMOR		4wDM		JF	3900011	1947	
9			4wDH		MR	115U093	1970	
LM 15			4wDM		RH	198326	1940	+
(LM 87)			4wDM		RH	329696	1952	
LM 350			4wDM		SMH	60SL748	1980	
C 11			2w-2PMR		BnM			
C 47			4wPMR		BnM	3		
C 42			2w-2PMR		Wkm	7129	1955	
C 56			2w-2PMR		Wkm	7681	1957	+

+ Currently stored at Cahir, Co. Tipperary

Gauge : 2'0".

-	4wDM	HE	2659	1942

LEIX / LAOIS

INDUSTRIAL SITES

BORD NA MONA
Coolnamona // Cúil Na Moná
Site is 3½ miles south of Portlaoise on the road to Abbeyleix.
Serves the Coolnamona Fertiliser Factory.
    For loco details see separate Section.

PRESERVATION SITES

IRISH STEAM PRESERVATION SOCIETY, STRADBALLY HALL, STRADBALLY
Gauge : 3'0".

No.2		0-4-0WT	OC	AB	2264	1949	
	NIPPY	4wDM		FH	2014	1936	
-		4wDM		HE	2280	1941	Dsm
4		4wDM		RH	326052	1952	

STRADBALLY STEAM MUSEUM, STRADBALLY
Gauge : 1'10".

15	0-4-0T	IC	Spence	1912	+

+ Carries plate dated 1895, in error

LONGFORD

INDUSTRIAL SITES

BORD NA MONA,
Mountdillon // Cnoc Dioluin
Site is 2 miles east of Lanesborough on the N63 road to Longford, and consists of the Mountdillon, Derryaroge, Begnagh, Derryad, Derryaghan & Corlea Bogs.
Locos are also outstationed at Lanesborough Power Station.
    For loco details see separate Section.

MAYO

INDUSTRIAL SITES

BORD NA MONA,
Bangor Erris // Beannchar Iorrais
Site is 2 miles west of Bangor off the road to Belmullet, on the minor road to Srahmore.
    For loco details see separate Section.

Tionnsca Abhainn Einne
Site is 9 miles west of Crossmolina on the road to Belmullet.
This, the Oweninny River Project, usually referred to as "T.A.E.", is now known as Oweninny Works.
Serves B.S.L. Bellacorick.
    For loco details see separate Section.

PRESERVATION SITES

WESTPORT HOUSE & CHILDRENS ZOO, WESTPORT HOUSE COUNTRY ESTATE, WESTPORT
Gauge : 1'3".

-	2-6-0DH	S/O	SL 80.10.89 1989

MEATH

INDUSTRIAL SITES

TARA MINES LTD, NAVAN
(Subsidiary of Outokumpu Zinc)
Gauge : 5'3".

148010	10	280 GZM	4wDM	R/R	Unilok	3028 c1987

OFFALY

INDUSTRIAL SITES

BORD NA MONA
Bellair // Baile Ard
Site is 3 miles north of Ballycumber on the road between Ballycumber and Moate.
    For loco details see separate Section.

Blackwater // Uisce Dubh
Site is 1½ miles east of Shannonbridge on the road to Cloghan, and consists of the Blackwater, Kilmacshane, Garryduff, Lismanny & Culliaghmore Bogs.
Serves B.S.L. Shannonbridge.
    For loco details see separate Section.

Boora // Buarach
Site is 6 miles east of Cloghan on the Tullamore road, and consists of the Noggusboy, Derries, Turraun, Pollagh, Oughter, Boora, Derrybrat, Drinagh & Clongawney More Bogs.
Serves B.S.L. Ferbane and Derrinlough Briquetting Plant.
    For loco details see separate Section.

Clonsast // Cluain Sosta
Site is 3 miles north of Portarlington on the road to Rochfortbridge, and consists of the Clonsast, Derrylea, Derryounce & Garryhinch Bogs.
    For loco details see separate Section.

Derrygreenagh // Doire Dhraigneach
Site is 2 miles south of Rochfortbridge on the Rhode road, and consists of the Derryhinch, Drumman, Derryarkin, Ballybeg, Cavemount, Esker, Mount Lucas, Ballycon, Derrycricket & Cloncreen Bogs.
Serves B.S.L. Rhode and Croghan Briquetting Plant.
    For loco details see separate Section.

Lemanaghan // Liath Manchain
Site is at Ferbane, off the Birr to Athlone road.
    For loco details see separate Section.

BORD SOLATHAIR AN LEACTREACHAIS,
PORTARLINGTON SOD-PEAT BURNING POWER STATION   (Closed)
Gauge : 3'0".

2	4wDM	RH 249525	1947	OOU
3	4wDM	RH 279604	1949	OOU
-	4wDM	RH 422566	1958	OOU

CLONMACNOIS AND WEST OFFALY RAILWAY, BORD NA MONA -
THE IRISH TURF BOARD, BLACKWATER WORKS, SHANNONBRIDGE
Gauge : 3'0".

LM 323	0-4-0DM	HE 8924	1979
LM 111	4wDM	RH 379079	1954

ROSCOMMON

PRESERVATION SITES

D CUNNINGHAM, ROOSKEY
Gauge : 2'0".

| | | 4wDM | L | 8023 1936 |

TIPPERARY

INDUSTRIAL SITES

BORD NA MONA
Littleton (Ballydeath) // Baile Dhaith
Site is 1½ miles south of Littleton, near Thurles.
Serves Littleton Briquetting Factory.
    For loco details see separate Section.

Templetouhy // Teampall Tuaithe
Site is 3 miles south east of Templetouhy on the Templemore to Urlingford road.
Serves B.S.L. Littleton.
    For loco details see separate Section.

TIPPERARY ANTHRACITE, LICKFINN, BALLINUNTY, THURLES
Gauge : 2'0". (Closed)

| | | 4wBE | CE B0145B 1973 | OOU | + |

+ Plate reads BO145D

PRESERVATION SITES

IRISH TRACTION GROUP, CARRICK-ON-SUIR
Gauge : 5'3".

B103	A1A-A1ADE	BRCW DEL22 1956
G601	4wDH	Dtz 56118 1956
G611	4wDH	Dtz 57225 1962
G616	4wDH	Dtz 57227 1961
226	Bo-BoDE	MV 972 1956
231	Bo-BoDE	MV 977 1956
No.1	0-6-0DH	EEV D1266 1969
No.2	0-6-0DH	EEV D1267 1969
No.3	0-6-0DH	EEV D1268 1969

WATERFORD

PRESERVATION SITES

TRAMORE MINIATURE RAILWAY, TRAMORE
Gauge : 1'3".

278		2-8-0PH	S/O SL	22	1973

WESTMEATH

INDUSTRIAL SITES

BORD NA MONA
Ballivor // Baile Iomhair
Site is 6 miles west of Ballivor on road from Trim to Mullingar.
      For loco details see separate Section.

THE COOLNAGAN PEAT CO LTD, COOLE
Gauge : 3'0".

LM 35	4wDM	RH 252240 1947	
LM 50	4wDM	RH 259190 1948	
LM 51	4wDM	RH 259191 1948	
LM 70	4wDM	RH 259756 1948	
LM 89	4wDM	RH 329700 1952	OOU
LM 172	4wDM	RH 402984 1956	OOU
LM 255	0-4-0DM	Dtz 57838 1965	
LM 341	4wDM	SMH60SL740 1980	
C 48	4wPMR	BnM 4	OOU
C 73	4wPMR	BnM 1972	OOU
C 77	2w-2PMR	BnM 1972	

      Locos leased from Bord na Mona.

MIDLAND IRISH PEAT MOSS LTD, RATHOWEN, near MULLINGAR
Locos are kept at :-
      L - Landsale Yard & Tippler, south east side of Rathaspick to Lenamore Road.
      M - Mill & Packing Factory, Rathaspick to Crossea Road.
      S - Smiths Bog, near Rathowen.
Gauge : 2'0".

3	4wDH	AK No.9 1983	M
-	4wDM	Diema 2242 1959	L

-		4wDM	Diema	2639	1963		L
74/6383		4wDM	Diema	2872	1966		S
-		4wDM	FH			OOU	M
-		4wDM	LB	54183	1964	OOU	M
-		4wDM	MR	7304	1938		M
-		4wDM	MR	9543	1950		S
	GHOST	4wDM	R&R	84	1938		M

PRESERVATION SITES

RAILWAY PRESERVATION SOCIETY OF IRELAND, MULLINGAR DEPOT
Gauge : 5'3".

No.184	0-6-0	IC	Inchicore	1880

WEXFORD

INDUSTRIAL SITES

IARNROD EIREANN, ENNISCORTHY STATION
Gauge : 5'3".

710	2w-2DMR	Wkm	8918	1962

BORD NA MONA   IRISH TURF BOARD

The Bord operates rail systems on peat bogs throughout the country, and locomotives are kept at the locations listed below.

Gauge : 3'0" except locations and locomotives marked + which are 2'0" gauge.

Locations : (For more details see the relevant County Section).

Bd	Ballydermot, Co. Kildare.
Be	Bellair, Co. Offaly.
Bi	Ballivor, Co. Westmeath.
Bl	Blackwater, Co. Offaly.
Bn	Bangor Erris, Co. Mayo.
Bo	Boora, Co. Offaly.
Cm	Coolnamona, Co. Laois.
Cs	Clonsast, Co. Offaly. R.T.C.
De	Derryfadda, Co. Galway.
Dg	Derrygreenagh, Co. Offaly.
Gi	Gilltown Landsale, Co. Kildare.
+ K	Kilberry, Co. Kildare.
Le	Lemanaghan, Co. Offaly.
Li	Littleton, Co. Tipperary.
Lu	Lullymore, Co. Kildare.
M	Mountdillon, Co. Longford.
TAE	Oweninny Works, Co. Mayo.
Te	Templetouhy, Co. Tipperary.
Ti	Timahoe, Co. Kildare.
U	Ummeras, Co. Kildare.

18		4wDM	RH	211687	1941	Dsm	Lu
LM 12		4wDM	Wcb	40331	1945		
LM 13	D	4wDM	RH	198251	1939		K
LM 14	D	4wDM	RH	198290	1940	OOU	Cs
LM 16	B	4wDM	RH	200075	1940	OOU	K +
LM 18	G	4wDM	RH	242902	1946		TAE
(LM 21)	A	4wDM	RH	243392	1946	OOU	K +
LM 23	E	4wDM	RH	244788	1946	OOU	Cs
LM 24	E	4wDM	RH	244870	1946	OOU	Dg
LM 25	E	7	4wDM	RH	244871	1946	OOU	Cs
LM 27	G	8	4wDM	RH	249524	1947		Gi
LM 28	G	12	4wDM	RH	249543	1947		
LM 30	G	11	4wDM	RH	249545	1947		Gi
LM 31	E		4wDM	RH	252232	1947		
LM 32	E	4	4wDM	RH	252233	1947		Ti
LM 36	E	2	4wDM	RH	252241	1947		M
LM 37	E		4wDM	RH	252245	1947		M
LM 39	E		4wDM	RH	252247	1947		M
LM 40	E		4wDM	RH	252251	1947		M

LM 42	C		4wDM	RH	252849	1947	OOU	K +
LM 46			4wDM	RH	259184	1948		Bd
LM 47	F		4wDM	RH	259185	1948		K
LM 48	F		4wDM	RH	259186	1948		Bd
LM 49	F		4wDM	RH	259189	1948		TAE
LM 52	F	15	4wDM	RH	259196	1948		K
LM 53	F		4wDM	RH	259197	1948		Bd
LM 54	F		4wDM	RH	259198	1948	OOU	K
LM 55	F		4wDM	RH	259205	1948		Bd
LM 56	F	7	4wDM	RH	259204	1948		Gi
LM 57	F		4wDM	RH	259203	1948		Gi
LM 58	F		4wDM	RH	259206	1948		Li
LM 59			4wDM	RH	259737	1948	OOU	Cs
LM 60	F		4wDM	RH	259738	1948		Dg
(LM 61)	F		4wDM	RH	259739	1948	Dsm	Bi
LM 62	F		4wDM	RH	259743	1948		Bi
LM 63	F		4wDM	RH	259744	1948		Bi
LM 64	F		4wDM	RH	259745	1948	OOU	Cs
LM 65			4wDM	RH	259749	1948		Li
LM 66	5		4wDM	RH	259750	1948		M
LM 67	F	17	4wDM	RH	259751	1948		
LM 68			4wDM	RH	259752	1948		Li
LM 69	F		4wDM	RH	259755	1948		Bi
LM 71	F		4wDM	RH	259757	1948		M
LM 72	F		4wDM	RH	259758	1948		M
LM 73	8		4wDM	RH	259759	1948		M
LM 74	F	6	4wDM	RH	259760	1948		Ti
LM 75	R		4wDM	RH	326047	1952	OOU	Lu
LM 76			4wDM	RH	326048	1952		Be
LM 78	H		4wDM	RH	329682	1952		Cs
LM 80	H	13	4wDM	RH	329685	1952		Ti
LM 81	H		4wDM	RH	329686	1952	OOU	Dg
LM 82			4wDM	RH	329688	1952		Ti
LM 83	1		4wDM	RH	329690	1952		U
LM 84	J	14	4wDM	RH	329691	1952		Ti
LM 85	J		4wDM	RH	329693	1952		M
LM 86	J		4wDM	RH	329695	1952		M
LM 88	J	16	4wDM	RH	329698	1952		Bd
LM 90	J		4wDM	RH	329701	1952		Bi
LM 91			4wDM	RH	371962	1954	OOU	Bo
LM 93	T		4wDM	RH	373376	1954		Bd
LM 94	T		4wDM	RH	373377	1954		Bd
LM 95	T		4wDM	RH	373379	1954	OOU	
LM 96	L		4wDM	RH	375314	1954		Bn
LM 97	T		4wDM	RH	375332	1954	OOU	Lu
LM 98	T		4wDM	RH	375335	1954	OOU	Cs
(LM 99)			4wDM	RH	375336	1954		K
LM 100			4wDM	RH	375341	1954		Dg
LM 101	U		4wDM	RH	379059	1954		Bo
LM 102			4wDM	RH	379076	1954	OOU	Be
LM 104	8		4wDM	RH	375322	1954		Bn
LM 105	U		4wDM	RH	375344	1954		Bl
LM 106	U		4wDM	RH	375345	1954		M
LM 107	U		4wDM	RH	379055	1954		Bo

LM 108	U		4wDM	RH	379061	1954		TAE
LM 109	U		4wDM	RH	379064	1954	OOU	Bo
LM 110	U		4wDM	RH	379066	1954		Bo
LM 112			4wDM	RH	375699	1954	OOU	K +
LM 113	U		4wDM	RH	379068	1954		Dg
LM 114	U		4wDM	RH	379070	1954		Bo
LM 115	U		4wDM	RH	379073	1954		K
LM 116	M	15	4wDM	RH	379077	1954		TAE
LM 117	U		4wDM	RH	379910	1954		Bo
LM 118	V		4wDM	RH	379913	1954		Bo
LM 119	V		4wDM	RH	379916	1954	OOU	TAE
LM 120	V		4wDM	RH	379917	1954	Dsm	Cm
LM 121	V		4wDM	RH	379922	1954		Dg
LM 122	V		4wDM	RH	379923	1954		Bo
LM 123			4wDM	RH	379925	1954		Bn
LM 124	N		4wDM	RH	379081	1954	OOU	Cs
LM 125	O		4wDM	RH	379084	1954		Dg
LM 126	W		4wDM	RH	379927	1954		Bo
LM 127	W		4wDM	RH	379928	1954		Bo
LM 128	X		4wDM	RH	383260	1955		Bl
LM 129	X		4wDM	RH	383264	1955		M
LM 130	P		4wDM	RH	382812	1955		K
LM 131			4wDM	RH	379086	1955	OOU	Bo
LM 132	P		4wDM	RH	382809	1955		Dg
LM 133	P		4wDM	RH	379090	1955	OOU	Dg
LM 134	Q		4wDM	RH	382811	1955		Dg
LM 135	Q		4wDM	RH	382814	1955		Dg a
LM 136	Q		4wDM	RH	382815	1955	OOU	Dg
LM 137	Q		4wDM	RH	382817	1955		TAE
LM 138	Q		4wDM	RH	382819	1955		TAE
LM 139	Q		4wDM	RH	392137	1955	OOU	Li
LM 140	Q		4wDM	RH	392139	1955		Bi
LM 141	Q		4wDM	RH	392142	1955	OOU	Bo
LM 142	Q		4wDM	RH	392145	1955	OOU	Bo
LM 143			4wDM	RH	392148	1956		Bl
LM 144	Q		4wDM	RH	392149	1956		Dg
LM 145	X		4wDM	RH	394023	1956		Dg
LM 146			4wDM	RH	394024	1956	OOU	Bd
LM 147	X		4wDM	RH	394025	1956	OOU	Bd
LM 148	X		4wDM	RH	394026	1956		Dg
LM 149	X		4wDM	RH	394028	1956		Dg
LM 150	X		4wDM	RH	394027	1956		Dg
LM 151	Q		4wDM	RH	392150	1956		Bl
LM 152	Q		4wDM	RH	392151	1956		Bi
LM 153	Q		4wDM	RH	394029	1956		Dg
LM 154	X		4wDM	RH	394030	1956	Dsm	Bl
LM 155	X		4wDM	RH	394031	1956		M
LM 156	X		4wDM	RH	394032	1956		Dg
LM 157	X		4wDM	RH	394033	1956		Dg
LM 158	X		4wDM	RH	394034	1956		Dg
LM 159	X		4wDM	RH	402174	1956		Dg
LM 160	X		4wDM	RH	402176	1956		Bi
LM 161	X		4wDM	RH	402175	1956		Bo
LM 162	X		4wDM	RH	402177	1956		TAE

LM 163	X		4wDM	RH	402178	1956		Bo
LM 165			4wDM	RH	402179	1956		Dg
LM 166	Q		4wDM	RH	402977	1956		Bi
LM 167	Q		4wDM	RH	402978	1956	OOU	Cm
LM 168	Q		4wDM	RH	402980	1956		Dg
LM 169	Q		4wDM	RH	402981	1956		Dg
LM 170	Q		4wDM	RH	402982	1956		Te
LM 171	Q		4wDM	RH	402983	1956	OOU	Bo
LM 173	Q		4wDM	RH	402985	1957		Le
LM 174	Q		4wDM	RH	402986	1957		TAE
LM 175			0-4-0DM	RH	420042	1958		Bo
LM 176			0-4-0DM	BnM		1961		Dg
LM 177	5		4wDM	RH	218037	1943		Li
LM 178			0-4-0DM	Dtz	57120	1960	OOU	Bo
LM 179			0-4-0DM	Dtz	57121	1960	OOU	Bo
LM 180			0-4-0DM	Dtz	57122	1960	OOU	Bo
LM 181			0-4-0DM	Dtz	57123	1960	OOU	Bo
LM 183			0-4-0DM	Dtz	57127	1960	OOU	Bo
LM 184			0-4-0DM	Dtz	57130	1960		Bl
LM 185			0-4-0DM	Dtz	57131	1960		Bo
LM 186			0-4-0DM	Dtz	57132	1960	OOU	Bo
LM 187			0-4-0DM	Dtz	57133	1960	OOU	Bo
LM 188			0-4-0DM	Dtz	57124	1960		Bl
LM 189	-		0-4-0DM	Dtz	57125	1960	OOU	Dg
LM 190			0-4-0DM	Dtz	57128	1960	OOU	Dg
LM 191			0-4-0DM	Dtz	57134	1960	OOU	Dg
LM 192			0-4-0DM	Dtz	57129	1960	OOU	Dg
LM 193			0-4-0DM	Dtz	57135	1960		Dg
LM 194			0-4-0DM	Dtz	57136	1960		Bl
LM 196			0-4-0DM	Dtz	57138	1960	OOU	TAE
LM 197			0-4-0DM	Dtz	57139	1960		Dg
LM 199			0-4-0DM	HE	6232	1962		Dg
		Rebuilt	4wDH	BnM(Dg)		1994		
LM 200			0-4-0DM	HE	6233	1962		Bo
LM 201			0-4-0DM	HE	6234	1962		TAE
LM 202			0-4-0DM	HE	6235	1962		TAE
LM 203			0-4-0DM	HE	6236	1962		Bo
LM 204			0-4-0DM	HE	6237	1963		Dg
		Rebuilt	4wDH	BnM Dg		1993		
LM 205			0-4-0DM	HE	6238	1963		TAE
LM 206			0-4-0DM	HE	6239	1963		Bo
LM 207			0-4-0DM	HE	6240	1963		Bn
LM 208			0-4-0DM	HE	6241	1963		Dg
LM 209			0-4-0DM	HE	6242	1963		TAE
LM 210			0-4-0DM	HE	6243	1963		Dg
		Rebuilt	4wDH	BnM Dg		1992		
LM 211			0-4-0DM	HE	6244	1963		Dg
LM 212			0-4-0DM	HE	6245	1963		Bn
LM 213			0-4-0DM	HE	6246	1963		Dg
LM 214			0-4-0DM	HE	6247	1963		TAE
LM 215			0-4-0DM	HE	6248	1963		Dg
LM 216			0-4-0DM	HE	6249	1963		Bo
LM 217			0-4-0DM	HE	6250	1963		Bl

LM 218		0-4-0DM	HE	6251	1963		Dg
	Rebuilt	4wDH	BnM Dg		1994		
LM 219		0-4-0DM	HE	6252	1963		Bo
LM 220		0-4-0DM	HE	6253	1963		Bo
LM 221		0-4-0DM	HE	6254	1963		Dg
LM 222		0-4-0DM	HE	6255	1963		Bl
LM 223		0-4-0DM	HE	6256	1963		Dg
	Rebuilt	4wDH	BnM Dg		1993		
LM 224		4wDM	RH	375317	1954		K
LM 225		0-4-0DM	HE	6304	1964		Dg
	Rebuilt	4wDH	BnM Dg		1994		
LM 226		0-4-0DM	HE	6305	1964		M
	Rebuilt	4wDH	BnM M		1994		
LM 227		0-4-0DM	HE	6306	1964		Bo
LM 228		0-4-0DM	HE	6307	1964		Bo
LM 229		0-4-0DM	HE	6308	1964		Bl
LM 230		0-4-0DM	HE	6309	1964		Bl
LM 231		0-4-0DM	HE	6310	1964		Bl
LM 232		0-4-0DM	HE	6311	1964		Dg
LM 233		0-4-0DM	HE	6312	1965		Bo
LM 234		0-4-0DM	HE	6313	1965		Bl
LM 235		0-4-0DM	HE	6314	1965		Bo
LM 236		0-4-0DM	HE	6315	1965		Lu
LM 237		0-4-0DM	HE	6316	1965		Be
LM 238		0-4-0DM	HE	6318	1965		Dg
LM 239		0-4-0DM	HE	6317	1965		Dg
LM 240		0-4-0DM	HE	6319	1965		Bo
LM 241		0-4-0DM	HE	6320	1965		Bd
LM 242		0-4-0DM	HE	6321	1965		M
LM 243		0-4-0DM	HE	6322	1965		Bo
LM 244		0-4-0DM	HE	6323	1965		Bo
LM 245		0-4-0DM	HE	6324	1965		Bo
LM 246		0-4-0DM	HE	6325	1965		Bo
LM 247		0-4-0DM	HE	6326	1965	OOU	M
LM 248		0-4-0DM	HE	6328	1965		M
LM 249		0-4-0DM	HE	6327	1965		M
LM 250		0-4-0DM	HE	6329	1965		M
LM 251		0-4-0DM	HE	6330	1965		TAE
LM 252		0-4-0DM	HE	6331	1965		M
LM 253		0-4-0DM	Dtz	57834	1965		Bl
LM 254		0-4-0DM	Dtz	57835	1965		Bl
LM 256		0-4-0DM	Dtz	57837	1965		Bo
LM 257		0-4-0DM	Dtz	57836	1965		Dg
LM 258		0-4-0DM	Dtz	57839	1965		M
LM 259		0-4-0DM	Dtz	57840	1965		Bo
LM 260		0-4-0DM	Dtz	57841	1965	OOU	Bo
LM 261		0-4-0DM	Dtz	57842	1965		Bl
LM 262		0-4-0DM	Dtz	57843	1965	OOU	M
LM 266		0-4-0DM	HE	7232	1971		Bo
LM 267		0-4-0DM	HE	7233	1971		M
LM 268		0-4-0DM	HE	7234	1971		Li
LM 269		0-4-0DM	HE	7235	1971		Bo
LM 270		0-4-0DM	HE	7237	1971		M
LM 271		0-4-0DM	HE	7236	1971		Ti

M 272		0-4-0DM	HE	7239	1971		TAE
M 273		0-4-0DM	HE	7246	1972		Bo
M 274		0-4-0DM	HE	7238	1971		M
M 275		0-4-0DM	HE	7240	1972		Cm
M 276		0-4-0DM	HE	7241	1972		Li
M 277		0-4-0DM	HE	7242	1972		
M 278		0-4-0DM	HE	7243	1972		Bl
M 279		0-4-0DM	HE	7244	1972		Bd
M 280		0-4-0DM	HE	7245	1972		Bl
M 281		0-4-0DM	HE	7247	1972		Bl
M 282		0-4-0DM	HE	7248	1972		Bl
M 283		0-4-0DM	HE	7250	1972		Dg
M 284		0-4-0DM	HE	7249	1972		Bd
M 285		0-4-0DM	HE	7253	1972		Bd
M 286		0-4-0DM	HE	7254	1972		Bl
M 287		0-4-0DM	HE	7255	1972		Bl
M 288		0-4-0DM	HE	7256	1972		Bl
M 289		0-4-0DM	HE	7252	1972		Dg
M 290		0-4-0DM	HE	7251	1972		Dg
M 291		4wDM	RH	421428	1958	OOU	Ti
M 292		0-4-0DM	HE	8529	1977		Bl
M 293		0-4-0DM	HE	8530	1977		Bl
M 294		0-4-0DM	HE	8531	1977		Bl
M 295		0-4-0DM	HE	8532	1977		Bl
	Rebuilt	4wDH	BnM Bl		1993		
M 296		0-4-0DM	HE	8534	1977		Bl
M 297		0-4-0DM	HE	8533	1977		Bo
M 298		0-4-0DM	HE	8538	1977		Bo
M 299		0-4-0DM	HE	8537	1977		Dg
M 300		0-4-0DM	HE	8535	1977		M
M 301		0-4-0DM	HE	8536	1977		Ti
M 302		0-4-0DM	HE	8539	1977		M
M 303		0-4-0DM	HE	8540	1977		Dg
M 304		0-4-0DM	HE	8543	1977		Bn
M 305		0-4-0DM	HE	8544	1977		Dg
M 306		0-4-0DM	HE	8541	1977		Bo
M 307		0-4-0DM	HE	8542	1977		Bo
M 308		0-4-0DM	HE	8546	1977		Dg
M 309		0-4-0DM	HE	8545	1977		Te
M 310		0-4-0DM	HE	8547	1977		Dg
M 311	(LM 332)	0-4-0DM	HE	8551	1977		Li
M 311		0-4-0DM	HE	8930	1980		Bl
M 312		0-4-0DM	HE	8550	1977		Bl
M 313		0-4-0DM	HE	8549	1977		Bl
M 314		0-4-0DM	HE	8548	1977		Te
M 315		0-4-0DM	HE	8922	1979		Bl
M 316		4wDM	SMH60SL741		1980	OOU	K
M 317		4wDM	SMH60SL742		1980		K
M 318		0-4-0DM	HE	8925	1979		M
M 319		0-4-0DM	HE	8926	1979		Bo
LM 320		0-4-0DM	HE	8939	1980		Bl
LM 321		0-4-0DM	HE	8927	1980		Li
LM 322		0-4-0DM	HE	8923	1979		Bl
LM 324		0-4-0DM	HE	8931	1980		Dg

LM 325	0-4-0DM	HE	8942	1981		Li
LM 326	0-4-0DM	HE	8932	1980		Bl
LM 327	0-4-0DM	HE	8933	1980		Cm
LM 328	0-4-0DM	HE	8935	1980		Li
LM 329	0-4-0DM	HE	8936	1980		Li
LM 330	0-4-0DM	HE	8937	1980		M
LM 331	0-4-0DM	HE	8934	1980		Bl
LM 333	0-4-0DM	HE	8940	1980		Te
LM 334	0-4-0DM	HE	8941	1981		Bl
LM 335	0-4-0DM	HE	8938	1980		Li
LM 336	0-4-0DM	HE	8943	1981		Bl
LM 337	0-4-0DM	HE	8944	1981		Bd
LM 338	0-4-0DM	HE	8945	1981		Li
LM 339	0-4-0DM	HE	8946	1981		Dg
LM 340	0-4-0DM	HE	8928	1980		Bl
LM 342	0-4-0DM	HE	8929	1980		Bl
LM 343	4wDM	SMH 60SL746	1980			Bl
LM 344	4wDM	SMH 60SL751	1980			M
LM 345	4wDM	SMH 60SL749	1980		Dsm	TAE
LM 348	4wDM	SMH 60SL744	1980			Bo
LM 349	4wDM	SMH 60SL743	1980			K
LM 351	4wDM	SMH 60SL745	1980		OOU	K
(LM 353)	4wDM	RH 497771	1963			K +
LM 354	4wDH	DEW				Bl
LM 355	4wDH	DEW				M
LM 356	4wDH	DEW				Li
LM 357	4wDH	DEW				Bl
LM 358	4wDH	DEW				Bi
LM 359	4wDH	DEW				M
LM 360	4wDH	DEW				Bi
LM 361	4wDH	DEW LM361	1984			TAE
LM 362	4wDH	DEW LM362c1984				Bn
LM 363	4wDH	DEW LM363c1984				Bo
LM 364	4wDH	DEW	1984			Bl
LM 365	4wDH	DEW LM365c1984				De
LM 366	4wDH	DEW				Bl
LM 367	4wDH	DEW LM367	1984			Bl
LM 368	4wDH	DEW LM368c1984				Bl
LM 369	4wDH	DEW				Bo
LM 370	4wDH	DEW				Bo
LM 371	4wDH	DEW				Bl
LM 372	4wDH	DEW				Bl
LM 373	4wDH	DEW				Bl
LM 374	4wDH	HE	9239	1984		M
LM 375	4wDH	HE	9240	1984		M
LM 376	4wDH	HE	9241	1984		M
LM 377	4wDH	HE	9243	1984		M
LM 378	4wDH	HE	9242	1984		Bl
LM 379	4wDH	HE	9251	1985		Li
LM 380	4wDH	HE	9252	1985		Cm
LM 381	4wDH	HE	9253	1985		Bl
LM 382	4wDH	HE	9254	1986		Dg
LM 383	4wDH	HE	9255	1986		Dg
LM 384	4wDH	HE	9256	1986		Bo

LM 385		4wDH	HE	9257	1986		M
LM 386		4wDH	HE	9258	1986		Bl
LM 387		4wDH	HE	9259	1986		Bo
(LM 388)		4wDH	HE	9272	1986		Li
LM 389		4wDH	BnM(Bl)		1994		Bl
LM 390		4wDH	BnM(Bl)		1994		Bl
LM 391		4wDH	BnM(Bo)		1994		Bo
LM 395		4wDH	BnM(Bl)		1995		Bl
LM 396		4wDH	BnM(Bl)		1995		Bl
(C 36)	36	4wPMR	BnM	2		OOU	Bo
C 45		2w-2PMR	Wkm	7132	1955		Dg
C 49		4wPMR	BnM	5			M
C 50		4wPMR	BnM	6		Dsm	Bd
C 51		4wPMR	BnM	7	1958	OOU	Bi
C 52		4wPMR	BnM	8		Dsm	TAE
C 53		4wPMR	BnM	9		OOU	
(C 61)		4wPMR	BnM			Dsm	Li
(C 62)		4wDMR	BnM		1960		M
C 64		4wPMR	BnM		1972		Li c
C 65		4wPMR	BnM		1972		M
C 66		4wDMR	BnM		1972	OOU	K
C 67		4wPMR	BnM		1972	OOU	Dg
C 68		4wPMR	BnM		1972		Bd
C 69		4wPMR	BnM		1972	OOU	Bd
C 70		4wPMR	BnM		1972	OOU	TAE
C 71		4wPMR	BnM		1972	OOU	M
C 72		4wPMR	BnM		1972	OOU	Bi
C 74	74	4wPMR	BnM		1972	OOU	Bo
C 76		4wPMR	BnM		1972	OOU	Dg
C 78		4wPMR	BnM		1972	DsmT	Bo
C 79		4wPMR	BnM		1972		Bd
C 80		4wPMR	BnM		1972		Bl
F 210		4wDM	BnM				Li
F 222	BOG FOREMAN	4wDM	BnM		1983		Bl
F 230	CIR 862	4wDM	BnM				Bl
F 308		4wDM	BnM				Bo
F 321		4wDM	BnM				Bo
F 348		4wDM	BnM				Bl
F 349		4wDM	BnM				Bl
F 353		4wDM	BnM		1983		Bl
F 360		4wDM	BnM		1983		Li
F 630	341 NRI	4wDM	BnM				Bl
F 635		4wDM	BnM				Bo
F 842	CIR 861	4wDM	BnM				Bl
F 851	726 XZ	4wDM	BnM				Bl
F 866		4wDM	BnM		c1975		Bl
F 878		4wDM	BnM		c1975		Bl
-		4wDM	RH	422567	1958		Bl

+ 2' gauge
a Carries plate 382841
c Unmotorised

SECTION 7 :

BRITISH RAILWAYS DEPARTMENTAL STOCK

All vehicles listed within this section have a gauge of 4'8½" unless otherwise indicated.

Only the powered vehicles of multiple unit sets are listed.

Vehicles listed under the plant heading are used primarily for material handling and / or personnel carrying. Track Maintenance Machines with these facilities are therefore not included.

LOCOMOTIVES	Battery	340
	Research and Development	340
	Shunting	340
MULTIPLE UNITS	De-Icing and Sandite	341-343
	Research and Development	344
	Tractor	344
	Units Miscellaneous	345
PLANT	General Purpose Maintenance	346-347
	Overhead Inspection	347
	Personnel Carriers and Response	347-350
	Vehicles Miscellaneous	350

The following abbreviations are used :-

ACE	Area Civil Engineer
BRML	British Rail (Maintenance) Limited
CCE	Chief Civil Engineer
CMD	Central Materials Depot
C&WMD	Carriage and Wagon Maintenance Depot
EMU	Electric Multiple Unit
OHLM	Overhead Line Maintenance
PW	Permanent Way
RCE	Regional Civil Engineer
RSD	Rolling Stock Development
TMD	Traction Maintenance Depot
T&RSD	Traction and Rolling Stock Depot
T&RSED	Traction and Rolling Stock Electric Depot
T&RSMD	Traction and Rolling Stock Maintenance Depot

Depots, Stabling Points and Allocations :-

AC	Combined Engineering Depot, Ashford, Kent.	TR 015417
AD	Ashford Plant SouthEast Depot, Kent.	TR 021415
AG	Ashton Gate Plant Depot, Bristol, Avon.	ST 566718
AL	Aylesbury TMD, Buckinghamshire.	SU 818134
AN	Allerton TMD, Liverpool, Merseyside.	SJ 414849
AT	Ashford T&RSD, Kent.	TR 015420
BD	Birkenhead North T&RSMD, Merseyside.	SJ 296904
BH	Brockenhurst, Hampshire.	SU 301019
BI	Brighton T&RSMD, East Sussex.	TQ 305058
BM	Bournemouth T&RSED, Dorset.	SZ 066918
BO	Bletchley OHLM Depot, Buckinghamshire.	SP
BP	Bristol Marsh Junction Plant Depot, Avon.	ST 609722
BY	Bletchley TMD, Bedfordshire.	SP 873344
CA	Cambridge T&RSMD, Cambridgeshire.	TL 463574
CD	Crewe Diesel TMD, Cheshire.	SJ 712543
CE	Canterbury East PW Depot, Kent.	TR 146573
CF	Cardiff Canton T&RSMD, South Glamorgan.	ST 172758
CI	Crianlarich PW Shed, Central.	NN 385282
CL	Carlisle Upperby C&WMD, Cumbria.	NY 412545
CN	Carnforth Plant Depot, Lancashire.	SD 496711
CO	Crewe OHLM Depot, Cheshire.	SJ 695557
CR	Colchester T&RSD, Essex.	TL 988265
CS	Carstairs OHLM Depot, Strathclyde.	NS 953455
CT	Carstairs Sidings, Strathclyde.	NS 953455
CW	Cathays Wagon Repair Depot, Cardiff, South Glamorgan.	ST 177779
CY	Network Technical Centre, Croydon.	TQ 327657
DA	Dalmeny Forth Bridge CE Workshops, Lothian.	NT 139778
DD	Dundee Tay Bridge, Tayside.	NO 393294
DE	Dundee Tay Bridge, Fife.	NO 394260
DH	Doncaster, Hexthorpe	SE 567024
DM	Doncaster Marshgate ACE Plant Depot, South Yorkshire.	SE 573038
DN	Doncaster, Wood Yard	SE
DO	Doncaster OHLM Depot, South Yorkshire.	SE 576018
DP	Darlington Park Lane Plant Depot, Durham.	NZ 294138
DR	Doncaster TMD, South Yorkshire.	SE 576017
DT	Railway Technical Centre, Derby, Derbyshire.	SK 365350
DU	Dunbar Station, Lothian.	NT 682785
DW	Dingwall, Highland.	NH 553585
EA	Eastleigh Area S&T Works, Hampshire.	SU 458192
EC	East Croydon, Greater London.	TQ 327659
ED	Eastfield TMD, Glasgow, Strathclyde.	NS 603677
EJ	Exmouth Junction Plant Depot, Exeter, Devon.	SX 937937
EL	Eastleigh BRML Works, Hampshire.	SU 458183

Code	Location	Grid Ref
EM	East Ham T&RSED, Greater London.	TQ 432848
EP	Eastleigh South West Area Plant Depot, Hampshire.	SU 458194
FB	Forth Bank Plant Depot, Newcastle, Tyne and Wear.	NZ 243663
FE	Folkestone East, Kent.	TR 234368
FR	Fratton T&RSD, Hampshire.	SU 658000
GA	Gateshead Plant Depot, Newcastle, Tyne and Wear.	NZ 252634
GB	Guide Bridge Plant Depot, Greater Manchester.	SJ 928976
GD	Gateshead T&RSD, Newcastle, Tyne and Wear.	NZ 251633
GE	Gaerwen Junction, Gwynedd.	SH 484707
GH	Greenhill Upper Junction, Falkirk, Central.	NS 816786
GI	Gillingham T&RSED, Kent.	TQ 782684
GJ	Georgemas Junction, Highland.	ND 153592
GL	Glasgow BRML Works, Strathclyde.	NS 605665
GR	Gresty Road Depot, Crewe, Cheshire.	SJ 708536
GW	Shields TMD, Glasgow, Strathclyde.	NS 569638
HA	Haymarket TMD, Edinburgh, Lothian.	NT 229728
HB	Halkirk Ballast Tip, Highland.	ND 126581
HD	Holyhead T&RSD, Gwynedd.	SH 249818
HE	Hornsey T&RSED, Greater London.	TQ 313887
HG	Hither Green Plant SouthEast Depot, Greater London.	TQ 393743
HK	Hassocks, West Sussex.	TQ 303154
HO	Horsforth, West Yorkshire.	SE 244392
HS	Hastings, East Sussex.	TQ 815096
HT	Heaton T&RSMD, Newcastle, Tyne and Wear.	NZ 278658
HW	High Wycombe PW Depot, Buckinghamshire.	SU 869931
HY	Hornsey OHLM Depot, Greater London.	TQ 311892
Ie	Intercity East Coast.	
Ig	Intercity Great Western.	
Im	Intercity Midland Cross Country.	
Iw	Intercity West Coast.	
IC	Inverness Carriage Depot, Highland.	NH 669458
IL	Ilford T&RSMD, Greater London.	TQ 445869
IM	Immingham TMD, Humberside.	TA 198152
IP	Ipswich T&RS Depot, Suffolk.	TM 156437
IS	Inverness T&RSMD, Highland.	NH 669456
KD	Kirkdale Plant Depot, Merseyside.	SJ 347938
KE	Kirkdale T&RSD, Merseyside.	SJ 348942
KK	Kilmarnock Plant Depot, Strathclyde.	NS 423385
KY	Knottingley TMD, West Yorkshire.	SE 494235
LA	Laira T&RSMD, Plymouth, Devon.	SX 505557
LC	Leigh-on-Sea Combined Engineering Depot, Essex.	TQ 831857
LE	Landore T&RSMD, Swansea, West Glamorgan.	SS 658953
LN	Llanrwst North, Gwynedd.	SH 795624
LO	Longsight TMD's, Greater Manchester.	SJ 867963
LS	Longsight OHLM Depot, Greater Manchester.	SJ 868961

ML	Motherwell TMD, Strathclyde.	NS 749581
MN	Machynlleth, Powys.	SH 745014
MO	Morpeth OHLM Depot, Northumberland.	NY 210856
MR	March TMD, Cambridgeshire.	
MU	Muirhouse RCE Depot, Strathclyde.	NS 582634

Nc	Network SouthEast South Central.	
Ne	Network SouthEast South East.	
Ng	Network SouthEast Great Eastern.	
Nk	Network SouthEast Thameslink.	
Nl	Network SouthEast London, Tilbury and Southend.	
Nn	Network SouthEast North.	
Nt	Network SouthEast Thames and Chiltern.	
Nw	Network SouthEast South West.	
ND	Neasden, Greater London.	
NH	Northampton CMD, Northamptonshire.	SP 759595
NM	East Croft Plant Depot, Nottingham, Nottinghamshire.	SK 563388
NP	Newport, Gwent.	ST 307880
NT	Newtown, Powys.	SO 112913
NW	Norwich Station Yard, Norfolk.	TG 238082

OD	Railtest, Old Dalby Test Track Control Centre, Leicestershire.	SK 679240
ON	Orpington, Kent.	TQ 453661
OO	Old Oak Common TMD, Greater London.	SU 217824

PB	Portabello OHLM Depot, Lothian.	NT 300738
PE	Peterborough OHLM Depot, Cambridgeshire.	TL 186990
PH	Perth CE Plant Depot, Tayside.	NO 102253
PO	Polmadie CMD, Strathclyde.	NS 598626
PU	Purley PW Yard, Greater London.	TQ 315615
PY	Perth Station Yard, Tayside.	NO 113230

Rc	Regional Railways Central.	
Re	Regional Railways North East.	
Rl	Regional Railways South Wales and West.	
Rs	Regional Railways ScotRail.	
Rw	Regional Railways North West.	
RB	Rugby Plant Depot, Warwickshire.	SP 514761
RC	Reading CCE Yard, Berkshire.	SU 706740
RD	Reading Plant Depot, Berkshire.	SU 704738
RE	Ramsgate T&RSMD, Kent.	TR 372657
RF	Romford OHLM Depot, Greater London.	TQ 499880
RG	Reading TMD, Berkshire.	SU 704739
RR	Radyr CCE Yard, South Glamorgan.	ST 138798
RU	Rugby OHLM Depot, Warwickshire.	SP 514761
RY	Royston, West Yorkshire.	SE 369128

SA	Salisbury CMD, Wiltshire.	SU 135303
SB	Spean Bridge, Highland.	NN 222814
SC	Strawberry Hill RSD & Carriage Depot, Greater London.	TQ 154720
SD	Stafford OHLM Depot, Staffordshire.	SJ 922225
SF	Stratford TMD, Greater London.	TQ 383847
SG	Slade Green T&RSMD, Kent.	TQ 526761
SH	Shettleston CCE Plant Depot West, Strathclyde.	NS 654644
SK	Sudbrook Sidings, Gwent.	ST 503874
SL	Stewarts Lane T&RSMD, Greater London.	TQ 292767
SO	Soho OHLM Depot, Birmingham, West Midlands.	SK 038884
SP	Slateford Plant Depot, Lothian.	NT 228714
SS	Sole Street Station, Kent.	TQ 654676
ST	Stranraer, Dumfries and Galloway.	NX 073603
SU	Selhurst TMD, Greater London.	TQ 333678
SV	Sevenoaks, Kent.	TQ 522555
SW	Swanley PW Depot, Kent.	TQ 515684
SY	Stanningley Plant Depot, West Yorkshire.	SE 222344
TB	Three Bridges Central Plant Depot, West Sussex.	TQ 287364
TE	Thornaby TMD, Cleveland.	NZ 462185
TN	Tonbridge East Yard, Kent.	TQ 592459
TO	Toton TMD, Nottingham, Nottinghamshire.	SK 484354
TS	Tyseley TMD, Birmingham, West Midlands.	SP 105842
TW	Tunbridge Wells Goods, Kent.	TQ 587402
VG	Grosvenor EMU Depot, Victoria, Greater London.	TQ 287783
WA	Watford Plant Depot, Hertfordshire.	TQ 111975
WB	Whitby, North Yorkshire.	NZ 898107
WC	Waterloo T&RSED, Waterloo and City Line, Greater London.	TQ 309799
WD	East Wimbledon T&RSEMD, Greater London.	TQ 257723
WG	Wigan OHLM Depot, Greater Manchester.	SD 593038
WL	Walsall Plant Depot, Birmingham, West Midlands.	SP 008982
WN	Willesden Intercity Maintenance Depot, Greater London.	TQ 223828
WO	Wolverton BRML Works, Buckinghamshire.	SP 812413
WP	Wimbledon Park, Greater London.	TQ 254719
WS	Willesden OHLM Depot, Greater London.	TQ 222829
WT	Watford Station, Hertfordshire.	TQ 111973
YO	Yoker T&RSMD, Strathclyde.	NS 517687
YP	York Plant Workshops, North Yorkshire.	SE 590518

LOCOMOTIVES

BATTERY

97703	(M 61182)	4w-4wRE/BER	Afd/Elh	1958	OOU	HE	+
		Rebuilt	Don	1980			
97704	(M 61185)	4w-4wRE/BER	Afd/Elh	1958	OOU	HE	+
		Rebuilt	Don	1980			
97705	(M 61184)	4w-4wRE/BER	Afd/Elh	1958	OOU	HE	+
		Rebuilt	Don	1980			
97706	(M 61189)	4w-4wRE/BER	Afd/Elh	1958	OOU	HE	+
		Rebuilt	Don	1980			
97707	(M 61166)	4w-4wRE/BER	Afd/Elh	1958	OOU	HE	+
		Rebuilt	Don	1975			
97708	(M 61173)	4w-4wRE/BER	Afd/Elh	1958	OOU	HE	+
		Rebuilt	Don	1975			
97709	(M 61172)	4w-4wRE/BER	Afd/Elh	1958	OOU	HE	+
		Rebuilt	Don	1975			
97710	(M 61175)	4w-4wRE/BER	Afd/Elh	1958	OOU	HE	+
		Rebuilt	Don	1975			

+ Former Watford Line motor vehicles converted to battery locomotives

RESEARCH AND DEVELOPMENT
These locomotives can be seen at work throughout the rail network.

(D5861 31326 97204)	31970	A1A-A1A DE	BT	397	1962	OOU	DT	+
RDB 965344	DRC 730J	4wDM	R/R	Unimog		1970		
ADB 968021	(E3044 84009)	Bo-BoWE		NB	27801	1960		

+ Stored at A.B.B. Crewe Works awaiting disposal

SHUNTING

083666 (DRT81362 DB965332)	2w-2-2-2wDE	Thub 1793	1969		AD
97651 C.C.E.PLANT No.836510-6-ODE		RH 431758	1959		CW
97653 C.C.E.PLANT No.836530-6-ODE		RH 431760	1959	Dsm	RC
97654 C.C.E.PLANT No.836540-6-ODE		RH 431761	1959		OO
97701 DR 76105 DB 966017	4wDE	Matisa 2655	1975		DD +
	Rebuilt	Kilmarnock 1986			
97702 (DR 76212 DB 965281)	4w-4wDH	Plasser 13	1966		KK +
	Rebuilt	Kilmarnock 1986 OOU			
97703 DR 76104 DB 966016	4wDE	Matisa 2654	1975		DA +
	Rebuilt	Kilmarnock 1988			
97806 (D4105 09017)	0-6-ODE	Hor	1961		SK a
2777	4wDM R/R	Unilok 2091	1982		GL
TITCHIE	4wDM	SMH103GA078	1978		WO

+ Carry 977xx in error, should read 976xx
a Severn Tunnel emergency train loco

MULTIPLE UNITS

DE-ICING AND SANDITE

Some de-icing vehicles may be temporarily reallocated for sandite duties during the autumn months.

Converted Electrical Multiple Unit stock :-

(302 996)ADB977599(61073) 4w-4wWE		York	1958	OOU	IL
(302 998)ADB977605(61062) 4w-4wWE		York	1958		IL
(305 908)ADB977742(E61436)4w-4wWE		York	1960		IL
003 ADB975594 (S12658S)	4w-4RER	Lancing/Elh	1950		SU
	Rebuilt	Selhurst	1978		
003 ADB975595 (S10994S)	4w-4RER	Lancing/Elh	1941		SU
	Rebuilt	Selhurst	1978		
930 004 ADB975586(S10907S)	4w-4RER	Lancing/Elh	1947		BM
	Rebuilt	Selhurst	1977		
930 004 ADB975587(S10908S)	4w-4RER	Lancing/Elh	1947		EH
	Rebuilt	Selhurst	1977		
005 ADB975588(S10981S)	4w-4RER	Lancing/Elh	1941		WP
	Rebuilt	Selhurst	1977		
005 ADB975589(S10982S)	4w-4RER	Lancing/Elh	1941		WP
	Rebuilt	Selhurst	1977		
006 ADB975590(S10833S)	4w-4RER	Lancing/Elh	1948		WP
	Rebuilt	Selhurst	1978		
006 ADB975591(S10834S)	4w-4RER	Lancing/Elh	1948		WP
	Rebuilt	Selhurst	1978		
930 007 ADB975592(S10993S)	4w-4RER	Lancing/Elh	1941		GI
	Rebuilt	Selhurst	1978		
930 007 ADB975593(S12659S)	4w-4RER	Lancing/Elh	1950		GI
	Rebuilt	Selhurst	1978		
930 008 ADB975596(S10844S)	4w-4RER	Lancing/Elh	1948		AT
	Rebuilt	Selhurst	1979		
930 008 ADB975597(S10987S)	4w-4RER	Lancing/Elh	1941		AT
	Rebuilt	Selhurst	1979		
930 009 ADB975598(S10989S)	4w-4RER	Lancing/Elh	1941		BI
	Rebuilt	Selhurst	1980		
930 009 ADB975599(S10990S)	4w-4RER	Lancing/Elh	1941		BI
	Rebuilt	Selhurst	1980		
930 010 ADB975600(S10988S)	4w-4RER	Lancing/Elh	1941		BI
	Rebuilt	Selhurst	1980		
930 010 ADB975601(S10843S)	4w-4RER	Lancing/Elh	1948		BI
	Rebuilt	Selhurst	1980		
930 011 ADB975602(S10991S)	4w-4RER	Lancing/Elh	1941		RE
	Rebuilt	Selhurst	1980		
930 011 ADB975603(S10992S)	4w-4RER	Lancing/Elh	1941		RE
	Rebuilt	Selhurst	1980		
930 012 ADB975604(S10939S)	4w-4RER	Lancing/Elh	1947		FR
	Rebuilt	Selhurst	1981		
930 012 ADB975605(S10940S)	4w-4RER	Lancing/Elh	1947		FR
	Rebuilt	Selhurst	1981		

930 013	ADB975896(S11387S)		4w-4RER	Lancing/Elh	1950		RE
	Rebuilt			Selhurst	1982		
930 013	ADB975897(S11388S)		4w-4RER	Lancing/Elh	1950		RE
	Rebuilt			Selhurst	1982		
014	ADB977207	(S61658)	4w-4RER	Afd/Elh	1958		
	Rebuilt			Elh	1990		
014	ADB977609	(65414)	4w-4RER	Afd/Elh	1957		
	Rebuilt			Elh	1990		
015	ADB977531	(S14047)	4w-4RER	Lancing/Elh	1951	OOU	WP
	Rebuilt			Selhurst	1987		
015	ADB977532	(S14048)	4w-4RER	Lancing/Elh	1951	OOU	WP
	Rebuilt			Selhurst	1987		
016	ADB977533	(S14273)	4w-4RER	Lancing/Elh	1951	OOU	BM
	Rebuilt			Selhurst	1987		
016	ADB977534	(S14384)	4w-4RER	Lancing/Elh	1951	OOU	BM
	Rebuilt			Selhurst	1987		
930 017	ADB977566(S65312)		4w-4RER	Elh	1955		
	Rebuilt			?	c1989		
930 017	ADB977567(S65314)		4w-4RER	Elh	1955		
	Rebuilt			?	c1989		
030	977804	(65336)	4w-4RER	Afd/Elh	1954		BM
	Rebuilt			Strawberry Hill	1993		
030	977805	(65357)	4w-4RER	Afd/Elh	1955		BM
	Rebuilt			Strawberry Hill	1993		
930 031	977864	(65341)	4w-4RER	Afd/Elh	1954		SU
	Rebuilt			Derby	1993		
930 031	977865	(65355)	4w-4RER	Afd/Elh	1954		SU
	Rebuilt			Derby	1993		
930 032	977874	(65302)	4w-4RER	Afd/Elh	1954		AT
930 032	977875	(65304)	4w-4RER	Afd/Elh	1954		AT
930 033	977871	(65353)	4w-4RER	Afd/Elh	1955		RE
930 033	977872	(65367)	4w-4RER	Afd/Elh	1956		RE
930 034	977xxx	65379	4w-4RER	Afd/Elh	1954		WD
930 034	977xxx	65382	4w-4RER	Afd/Elh	1954		WD
(936 001)	No.1						
	977345	(M 61178)	4w-4wRER	Afd/Elh	1957		KE
(936 002)	No.2						
	ADB977347	(M61180)	4w-4wRER	Afd/Elh	1957		KE
(936 003)	No.3						
	977349	(M 61183)	4w-4wRER	Afd/Elh	1957		KE
(936 103)	977845	(62174)	4w-4wWER	Cravens	1967		GW
(936 104)	977848	(62175)	4w-4wWER	Cravens	1967		GW
(937 990)	977877	(61901)	4w-4wWE	York	1961		EM
(937 991)	977927	(61896)	4w-4wWE	York	1961		IL

Converted Diesel Multiple Unit stock :-

1067	ADB977698	(S 60152)	4-4wDER	Afd/Elh	1957		SU	
1067	ADB977699	(S 60153)	4-4wDER	Afd/Elh	1957		SU	
L 120	ADB977722	(55020)	2-2w-2w-2DMR	Pressed Steel	1960		OO	+
L 121	ADB977723	(55021)	2-2w-2w-2DMR	Pressed Steel	1960		RG	+
LO 901	977744	(51906)	2-2w-2w-2DMR	Derby C&W	1960	OOU	LO	+

LO 903	977750	(53963) 2-2w-2w-2DMR Derby C&W	1959	OOU	HT		
	SANDY	2-2w-2w-2DMR Derby C&W	1959	OOU	HT		
007	ADB977753	(51321) 2-2w-2w-2DMR Derby C&W	1960	OOU	TS		
LO 903	977768	(51911) 2-2w-2w-2DMR Derby C&W	1960	OOU	HT		
LO 905	977806	(51937) 2-2w-2w-2DMR Derby C&W	1961	OOU	LO	+	
LO 905	977807	(52053) 2-2w-2w-2DMR Derby C&W	1961	OOU	LO	+	
LO 906	977808	(51903) 2-2w-2w-2DMR Derby C&W	1960	OOU	HT		
LO 906	977809	(53958) 2-2w-2w-2DMR Derby C&W	1959	OOU	HT		
LO 907	(977810)	51901 2-2w-2w-2DMR Derby C&W	1960	OOU	HT		
LO 907	977811	(53956) 2-2w-2w-2DMR Derby C&W	1959	OOU	HT		
LO 908	977812	(51945) 2-2w-2w-2DMR Derby C&W	1961	OOU	HT		
LO 908	977813	(52060) 2-2w-2w-2DMR Derby C&W	1961		HT	c	
LO 614	977814	(53926) 2-2w-2w-2DMR Derby C&W	1959	OOU	HT	c	
LO 614	977815	(52059) 2-2w-2w-2DMR Derby C&W	1961	OOU	HT		
A	977816	(53982) 2-2w-2w-2DMR Derby C&W	1959			b	
A	977817	(52061) 2-2w-2w-2DMR Derby C&W	1961			b	
B	977818	(53939) 2-2w-2w-2DMR Derby C&W	1959	OOU	HT		
B	977819	(52046) 2-2w-2w-2DMR Derby C&W	1960	OOU	HT		
T 005	977824	(55026) 2-2w-2w-2DMR Pressed Steel	1960	OOU	TS		
T 005	977825	(53881) 2-2w-2w-2DMR Derby C&W	1957		TS		
T 003	977826	(55033) 2-2w-2w-2DMR Pressed Steel	1960	OOU	TS		
T 004	977828	(55034) 2-2w-2w-2DMR Pressed Steel	1960		NC		
T 004	977829	(53093) 2-2w-2w-2DMR Derby C&W	1957	OOU	NC		
S 002	977830	(51990) 2-2w-2w-2DMR Derby C&W	1960		HA		
S 002	977831	(52030) 2-2w-2w-2DMR Derby C&W	1960		HA		
S 001	977832	(52005) 2-2w-2w-2DMR Derby C&W	1960		HA		
S 001	977833	(52025) 2-2w-2w-2DMR Derby C&W	1960		HA		
S 003	977834	(51993) 2-2w-2w-2DMR Derby C&W	1960		HA		
S 003	977835	(52012) 2-2w-2w-2DMR Derby C&W	1960		HA		
LO 910	977836	(53941) 2-2w-2w-2DMR Derby C&W	1959	OOU	HT		
LO 910	977838	(53981) 2-2w-2w-2DMR Derby C&W	1959	OOU	HT		
LO 901	977839	(53642) 2-2w-2w-2DMR Derby C&W	1958	OOU	LO	+	
(925)	977840	(51932) 2-2w-2w-2DMR Derby C&W	1961	OOU		a	
(925)	977841	(52047) 2-2w-2w-2DMR Derby C&W	1960	OOU		a	
L 124	977858	(55024) 2-2w-2w-2DMR Pressed Steel	1960		AL	+	
L 125 BEN	977859	(55025) 2-2w-2w-2DMR Pressed Steel	1960		SA	+	
L 128	977860	(55028) 2-2w-2w-2DMR Pressed Steel	1960		RG	+	
L 130 BILL	977866	(55030) 2-2w-2w-2DMR Pressed Steel	1960		SA	+	
L 122	977873	(55022) 2-2w-2w-2DMR Pressed Steel	1960		RG	+	
960 991	977895	(53308) 2-2w-2w-2DMR MC	1958		LO	+	
960 991	977896	(53331) 2-2w-2w-2DMR MC	1958		LO	+	
960 992	977897	(53203) 2-2w-2w-2DMR MC	1957		LO	+	
960 992	977898	(53193) 2-2w-2w-2DMR MC	1957		LO	+	
960 993	977899	(51427) 2-2w-2w-2DMR MC	1959		LO	+	
960 993	977900	(53321) 2-2w-2w-2DMR MC	1958		LO	+	
960 994	977901	(53200) 2-2w-2w-2DMR MC	1957		LO		
960 994	977902	(53231) 2-2w-2w-2DMR MC	1957		LO		
960 995	977903	(53208) 2-2w-2w-2DMR MC	1957		LO		
960 995	977904	(53291) 2-2w-2w-2DMR MC	1957		LO		

+ These vehicles are also used for route learning duties
a Stored at Gloucester Yard, Gloucestershire
b Stored at Margam Yard, West Glamorgan
c Stored at Toton Yard, Nottinghamshire

RESEARCH AND DEVELOPMENT

These units can be seen at work throughout the rail network.

975 010	IRIS	M 79900	2-2w-2w-2DMR	Derby	1956		DT	
210 002	ADB977649	60200	4w-4DER	Derby C&W	1981	OOU	EL	+
210 001	ADB977650	60201	4w-4DER	Derby C&W	1981	OOU	EL	+
	RDB977693 (53222)							
IRIS II	LABORATORY 19		2-2w+2w-2DMR	MC	1957		DT	
	RDB977694 (53338)							
IRIS II	LABORATORY 19		2-2w+2w-2DMR	MC	1958		DT	
(316 997	ADB977709)	61018	4w-4wWE	Afd/Elh	1956	OOU	DT	
	RDB 977769(53036)		2-2w-2w-2DMR	Derby C&W	1957		DT	
DZ 5	ADB 977775	55929	2-2w-2w-2DMR	Derby C&W	1956		DT	
	DB 998900(024906)		2w-2DMR	Bg/DC 2267	1950	OOU	OD	
	RDB 998901(024907)							
	DREWRY CAR 999507		2w-2DMR	Bg/DC 2268	1950	OOU	OD	
	LABORATORY 20		4wDMR	Wkm 8025	1958		OD	
	DB 999600		4w-4wDHR	York	1987		DT	
	DB 999601		4w-4wDHR	York	1987		DT	

+ Stored as a source of spares

TRACTOR

930 053	ADB977505(S65321)	4w-4RER	Elh	1954		SC	
932 054	ADB977296(S65319)	4w-4RER	Elh	1954		SC	
932 054	ADB977506(S65323)	4w-4RER	Elh	1954		SC	
080	DB977395 (S61035)	4w-4RER	Elh	1957		RE	
080	DB977396 (S61342)	4w-4RER	Elh	1957		RE	
081	DB977397 (S61388)	4w-4RER	Elh	1957		RE	
081	DB977398 (S61389)	4w-4RER	Elh	1957		RE	
931 090	(9010)	68010	4w-4wRE/BER	Afd/Elh	1961	Ne	
931 091	(9001)	091	4w-4wRE/BER	Afd/Elh	1959	AT	
931 092	(9002)	68002	4w-4wRE/BER	Afd/Elh	1959	RE	
	9003	(68003)	4w-4wRE/BER	Afd/Elh	1960	SC	
931 094	(9004)	68004	4w-4wRE/BER	Afd/Elh	1960	Ne	
931 095	(9005) S	68005	4w-4wRE/BER	Afd/Elh	1960	RE	
931.098	(9008)	098	4w-4wRE/BER	Afd/Elh	1961	SG	
	9009	(68009)	4w-4wRE/BER	Afd/Elh	1961	SC	
501	ADB977385(M61148)		4w-4wRER	Afd/Elh	1957	SC	
	(977906) 60135		4-4wDER	Afd/Elh	1962	SC	
	(977907) 60138		4-4wDER	Afd/Elh	1962	SC	

MISCELLANEOUS

	DB 975007	(E79018)	2-2w-2w-2DMR	Derby C&W	1954	OOU	OO	e
01	TDB 975023	(W 55001)						
	THUNDERBIRD 1		2-2w-2w-2DMR	GRC	1958		LO	b
L 119	975042	(M 55019)	2-2w-2w-2DMR	GRC	1958		BY	b
021	ADB977304	(S65317)	4w-4RER	Elh	1954	OOU	WD	+
021	ADB977305	(S65322)	4w-4RER	Elh	1954	OOU	WD	+
	DB977391	(51433)	2-2w-2w-2DMR	MC	1959		DT	e
	DB977392	(53167)	2-2w-2w-2DMR	MC	1959		DT	e
062	ADB977559	(S65313)	4w-4RER	Elh	1954	Ne	a	
062	ADB977560	(S65320)	4w-4RER	Elh	1954		Ne	a
935	ADB977640	(E61463)	w-4wWE	York	1960		le	d
(303 999)	TDB977712	(61815)	4w-4wWE	Pressed Steel	1960		IL	
LO 911	977853	53627	2-2w-2w-2DMR	Derby C&W	1958		LO	b
LO 911	977854	51567	2-2w-2w-2DMR	Derby C&W	1960		LO	b
931 001	977857	(65346)	4w-4RER	Afd/Elh	1954		VG	b
930 082	977861	(61044)	4w-4RER	Afd/Elh	1957		SU	b
930 082	977863	(61038)	4w-4RER	Afd/Elh	1955		SU	b
931 002	977917	(65331)	4w-4RER	Afd/Elh	1954			
	DB999602	(S62483)	4w-4wRER	York	1974		DT	e
2015	(DB999603	S62482)	4w-4wRER	York	1974	OOU	RR	e

+ Lathe Shunters
a Liquid Delivery Unit
b Route Learning Units and Inspection Saloons
d Training/Exercise Units
e Ultrasonic Test Units

PLANT

GENERAL PURPOSE MAINTENANCE

(DB 966025)DX98100	2w-2DMR	Schöma	4016 1974	CI
DB 966027 98101	2w-2DMR	Schöma	4017 1974	GJ
DX 98201A	4wDMR	Plasser 52465A	1982	ST
98202	4wDMR	Plasser 52530A	1983	LE
DX 98203A	4wDMR	Plasser 52531A	1983	GR
DX 68204A	4wDMR	Plasser 52759A	1984	FB
DX 98205A	4wDMR	Plasser 52760A	1985	WA
DX 98206A	4wDMR	Plasser 52761A	1985	BP
DX 98207A	4wDMR	Plasser 52762A	1985	HG
98208	4wDMR	Plasser 52763A	1985	EJ
DR 98209A	4wDMR	Plasser 52764A	1985	TB
DX 98210A	4wDMR	Plasser 52765A	1985	NP
DX 98211A	4wDMR	Plasser 52766A	1985	EY
DX 98212A	4wDMR	Plasser 52985A	1986	PH
DR 98213	4wDMR	Plasser 53187A	1988	CT
DR 98214	4wDMR	Plasser 53188A	1988	DU
DR 98215	4wDMR	Plasser 53192A	1988	EC
DR 98216	4wDMR	Plasser 53193A	1988	EY
DR 98217	4wDMR	Plasser 53194A	1988	HG
DR 98218	4wDMR	Plasser 53195A	1988	AD
DR 98219	4wDMR	Plasser 53196A	1988	TB
DR 98220	4wDMR	Plasser 53197A	1988	EY
DR 98221	4wDMR	Plasser 53198A	1988	RD
DX 98300A	4wDMR	Geismar G.780.001	1985	NM
DX 68301A	4wDMR	Geismar G.780.002	1985	WL
DX 98302A	4wDMR	Geismar G.780.003	1985	GB
98303A	4wDMR	Geismar G.780.004	1985	EP
DX 98304A	4wDMR	Geismar G.780.005	1985	MR
DR 98402	4w-4wDHR	Plasser 8948 1979 Rebuilt Kilmarnock 1987		GH
98403	4wDHR	Permaquip TGU 005	1990	BD
98404	4wDHR	Permaquip MTU 001	1991	KD
DX 98500	4wDHR	Plasser 52788	1985	DW
DX 98501	4wDHR	Plasser 52789	1985	CI
DX 98502	4wDHR	Plasser 52790	1985	SB
98503	4wDHR	Plasser 52791	1985	GJ
DX 98504	4wDHR	Plasser 52792	1985	NW
DX 98505	4wDHR	Plasser 52793	1985	DM
DR 98506	4wDHR	Plasser 52794	1985	FB
DX 98600	4wDMR	Permaquip 001	1985	GJ
68700	4wDHR	Permaquip 001 1985	OOU	YP
DX 68701	4wDHR	Permaquip 003 1986	OOU	YP
DX 68702	4wDHR	Permaquip 007	1986	EJ
DX 68703	4wDHR	Permaquip 008	1986	NH
DX 68704	4wDHR	Permaquip 002 1986	OOU	PH
DX 68705	4wDHR	Permaquip 004 1986	OOU	EJ
68706	4wDHR	Permaquip 010	1986	SH
98707	4wDHR	Permaquip 012 1986	OOU	SH

No.3	DX 68708	4wDHR	Permaquip 006	1986	EA
	DX 68709	4wDHR	Permaquip 005	1986	AG
	DX 68710	4wDHR	Permaquip 011	1986	Nw
No.1	DX 68711	4wDHR	Permaquip 009	1986	AG
	98801	4wDHR	Kershaw45.121A	1992	Ng

OVERHEAD INSPECTION

-		4wDH	Permaquip 001	1986	CS
Z02	HCT 002	4wDH	Permaquip 002	1987	HY
14104	HCT 003	4wDH	Permaquip 003	1987	MU
	HCT 004	4wDH	Permaquip 004	1987	PE
	HCT 005	4wDH	Permaquip 005	1987	RF
(69100)	HCT 006	4wDH	Permaquip 006	1988	CO
69101	HCT 007	4wDH	Permaquip 007	1988	RU
	HCT 008	4wDH	Permaquip 008	1988	RF
	HCT 009	4wDH	Permaquip 009	1988	PE
	HCT 010	4wDH	Permaquip 010	1988	MO
	HCT 011	4wDH	Permaquip 011	1988	GW
	HCT 012	4wDH	Permaquip 012	1988	DO
	HCT 013	4wDH	Permaquip 013	1988	CS
(69102)	HCT 014	4wDH	Permaquip 014	1988	BO
69103	HCT 015	4wDH	Permaquip 015	1988	BO
69104	HCT 016	4wDH	Permaquip 016	1988	SO
(69105)	HCT 017	4wDH	Permaquip 017	1988	SD
69106	HCT 018	4wDH	Permaquip 018	1988	WS
69107	HCT 019	4wDH	Permaquip 019	1988	LS
	HCT 020	4wDH	Permaquip 020	1988	PB
	HCT 021	4wDH	Permaquip 021	1988	PB
14105	HCT 022	4wDH	Permaquip 022	1988	Nc
(69108)	HCT 023	4wDH	Permaquip 023	1989	CL
	HCT 024	4wDH	Permaquip 024	1989	MO
69109	HCT 025	4wDH	Permaquip 025	1989	WG
69110	HCT 026	4wDH	Permaquip 026	1989	CO
	HCT 027	4wDH	Permaquip 027	1989	HY
	HCT 028	4wDH	Permaquip 028	1989	DO
	HCT 034	4wDH	Permaquip 034	1994	SO
	HCT 035	4wDH	Permaquip 035	1994	Ng
	HCT 036	4wDH	Permaquip 036	1994	Rs
CEPS 14201	F621 PWP	4wDM R/R	Bruff	c1988	BP
(82301)	G233 BAR	4wDM R/R	Wkm 11652	1988	Rs
	G592 SCH	4wDM R/R	Permaquip	1991	DO
	J831 CRC	4wDM R/R	PermaquipLB 002	1991	RF
	L522 KCP	4wDM R/R	Unimog	1993	DH

PERSONNEL CARRIERS & RESPONSE

-			Wkm		Dsm	HB
-			Wkm		Dsm	RY
DXN6800100					
(DX68073 DB965990)		2w-2DMR	Wkm 10705	1974	AD
		Rebuilt	Ashford	1993	

DXN6800101							
(DX68078 DB965992)		2w-2DMR	Wkm	10708	1974		AD
		Rebuilt	Ashford		1993		
(DX 68003)68/007 DB965951		2w-2PMR	Wkm	10647	1972	OOU	HO
DX 68004	PWM 2831	2w-2PMR	Wkm	5009	1949	OOU	EJ
PLANT No.68/005							
	DX DB965949	2w-2PMR	Wkm	10645	1972	OOU	SY
PLANT No.68/006 DB965950		2w-2PMR	Wkm	10646	1972		DP
68007	PWM 4303	2w-2PMR	Wkm	7506	1956	OOU	EJ
PLANT No.68/008							
	SUE DB 965952	2w-2PMR	Wkm	10648	1972		WB
68009	PWM 4305	2w-2PMR	Wkm	7508	1956	OOU	EJ
PLANT No.68/010 DB965987		2w-2PMR	Wkm	10731	1974		DP
(DX68011 DE900856)							
	DB965045	2w-2PMR	Wkm	7073	1955		DP
(DX 68014 DE 320491							
	DB965073)	2w-2PMR	Wkm	7588	1957	DsmT	DP
(DX 68016 DE 320497)							
	DB965079	2w-2PMR	Wkm	7594	1957		DP
(DX 68020 DE 320503							
	DB965085)	2w-2PMR	Wkm	7600	1957	DsmT	WB
(DX 68023 DE 320517)							
	DB965099	2w-2PMR	Wkm	7614	1957	DsmT	DP
(DX 68024 DE 320520)							
	DB965102	2w-2PMR	Wkm	7617	1957	DsmT	DP
68030	70/008 (DB965369)	2w-2DMR	Matisa	D8 005	1971	OOU	ST
		Rebuilt	Kilmarnock		1979		
68031		2w-2DMR	Matisa	D8 014	1971	OOU	DD
		Rebuilt	Kilmarnock		1981		
68035		2w-2DMR	Permaquip	FBT 1	1982	OOU	DA
DX 68036		2w-2DMR	Permaquip	TB 001	1982	OOU	DA
68/038		2w-2DMR	Wkm	1947	1935		DM +
		Rebuilt	DonM		1982	OOU	
68/043		2w-2DMR	Wkm				DM +
		Rebuilt	DonM		1983		
(DX 68044 DE 320515)							
	DB965097	2w-2PMR	Wkm	7612	1957		GA
(DX 68047 PWM 3960)		2w-2PMR	Wkm	6945	1955	Dsm	EJ
(68048)		2w-2PMR	Wkm 7590/7593		1957		Dp c
		Rebuilt Darlington Park Lane			1993		
DX 68071	(DS965336)	2w-2DMR	Wkm	10343	1969	OOU	AD
DX 68075	DB965991	2w-2DMR	Wkm	10707	1974		WP
DX 68080	DB965993	2w-2DMR	Wkm	10706	1974	OOU	AD
DX 68081	DS52	2w-2PMR	Wkm	7031	1954	OOU	AD
98082	DB966031	2w-2PMR	Wkm	10839	1975		WP
DX 68084	DS3317	2w-2PMR	Wkm	(7824	1957?)	DsmT	WP
DX 68086	DB966033	2w-2DMR	Wkm	10841	1975	OOU	AD
DX 68088	DB966034	2w-2DMR	Wkm	10842	1975	OOU	AD
DX 68090	DB966035	2w-2DMR	Wkm	10843	1975	OOU	AD
CEPS 68097	T003	4wDHR	Permaquip T003		1988		ND
	PM 002	4wDHR	Permaquip 004		1989		EA
68800		4wDHR	Permaquip 001		1985		OD
68801		4wDHR	Permaquip 002		1985		MN
68802		4wDHR	Permaquip 003		1985		GE

68803		4wDHR		Permaquip	004	1985	LN
DX 68805		4wDMR		Permaquip	006	1986	AD
DX 68806		4wDMR		Permaquip	007	1986	AD
DX 68807		4wDMR		Permaquip	008	1986	TN
DX 68808		4wDMR		Permaquip	009	1986	AD
DX 68809		4wDMR		Permaquip	010	1986	HK
DX 68810		4wDMR		Permaquip	011	1986	PU
68811		4wDHR		Permaquip	001	1987	DW
68812	KYH 862X	4wDM	R/R	Minilok		c1984	PH
	DWU 335Y	4wDM	R/R	Zweiweg		c1982	HA
(DX 68813)	A855 MUA	4wDM	R/R	Zweiweg		10191983	SH
	B155 VRV	4wDMR	R/R	Bruff	501	c1984	IP
	B445 WPO	4wDMR	R/R	Bruff	502	c1984	LA
	B534 WTP	4wDMR	R/R	Bruff	504	c1984	TO
	B849 XOR	4wDMR	R/R	Bruff	503	c1984	OO
	C921 YOR	4wDMR	R/R	Bruff	507	1986	AN
	C922 YOR	4wDMR	R/R	Bruff	508	1986	RG
	C923 YOR	4wDMR	R/R	Bruff	510	1986	IM
	C929 YOR	4wDMR	R/R	Bruff	511	1986	CD
	C948 YOR	4wDMR	R/R	Bruff	521	1986	ED
	C951 YOR	4wDMR	R/R	Bruff	520	1986	DR
	C952 YOR	4wDMR	R/R	Bruff	506	1986	PY
	C953 YOR	4wDMR	R/R	Bruff	505	1986	TE
	C954 YOR	4wDMR	R/R	Bruff	512	1986	KY
	C955 YOR	4wDMR	R/R	Bruff	514	1986	CF
	C956 YOR	4wDMR	R/R	Bruff	513	1986	CL
	C957 YOR	4wDMR	R/R	Bruff	515	1986	SF
	C958 YOR	4wDMR	R/R	Bruff	516	1986	BY
	C959 YOR	4wDMR	R/R	Bruff	517	1986	IC
	C960 YOR	4wDMR	R/R	Bruff	519	1986	TS
	C961 YOR	4wDMR	R/R	Bruff	518	1986	GD
	C962 YOR	4wDMR	R/R	Bruff	529	1986	LO
	C963 YOR	4wDMR	R/R	Bruff	530	1986	BM
	C964 YOR	4wDMR	R/R	Bruff	522	1986	HE
	C965 YOR	4wDMR	R/R	Bruff	523	1986	WN
	C966 YOR	4wDMR	R/R	Bruff	524	1986	CA
	C967 YOR	4wDMR	R/R	Bruff	525	1986	ED
	C968 YOR	4wDMR	R/R	Bruff	526	1986	AT
	C969 YOR	4wDMR	R/R	Bruff	527	1986	EH
	C970 YOR	4wDMR	R/R	Bruff	528	1986	BI
	C997 XPX	4wDMR	R/R	Bruff	509	1986	ED
CEPS 68906	F591 RWP	4wDMR	R/R	Bruff		1988	AG
68907	H182 VRR	4wDM	R/R	Permaquip		1990	EJ
68-908	H181 VRR	4wDM	R/R	Permaquip		1990	SY
	J781 ENU	4wDM	R/R	Permaquip		1991	WT
	K780 GRR	4wDM	R/R	Permaquip		1993	LC
N8300000	L262 MNU	4wDMR	R/R	Permaquip		1993	TN
N8300100	L263 MNU	4wDMR	R/R	Permaquip		1993	AD
N8300200	L394 MRB	4wDM	R/R	Permaquip		1993	AC
N8300300	L395 MRB	4wDM	R/R	Permaquip		1993	TN
	L481 LNU	4wDM	R/R	Permaquip		1993	Ig
	L482 LNU	4wDM	R/R	Permaquip		1993	Ig
N8300600	L771 NAU	4wDMR	R/R	Permaquip		1993	ON
N8300400	L772 NAU	4wDMR	R/R	Permaquip		1993	AD

	L795 MNU	4wDM	R/R	Permaquip	1993	DN	
N8300700	L975 MTV	4wDM	R/R	Permaquip	1993	ON	
N8300500	L976 MTV	4wDMR	R/R	Permaquip	1993	AC	

+ Converted to Tunnel Inspection Units
c Frame constructed from the frames of two vehicles

MISCELLANEOUS

	D802 CTP	4wDM	R/R	Bruff	c1986	RG	+
	F156 MCH	4wDM	R/R	Permaquip	c1988	CA	a
	L556 SDM	4wDMR	R/R	Unimog	1993	CY	b

+ Used for road/rail vehicle equipment trials
a Cleaner/Sweeper for use in Stanstead Airport Tunnel link
b Tunnel Integrity Surveilance Vehicle

INDUSTRIAL RAILWAY SOCIETY

This book has been produced by the INDUSTRIAL RAILWAY SOCIETY (founded in 1949 as the Birmingham Locomotive Society, Industrial Locomotive Information Section).

The Society caters for those interested in privately owned locomotives and railways. Members receive the INDUSTRIAL RAILWAY RECORD in addition to a bi-monthly bulletin containing topical news and amendments to the Society produced Pocket Books. Access is available to a well stocked library and visits are arranged to industrial railways, etc.

If you are interested in industrial railways why not join the Society now.

Further details can be obtained by sending a stamped addressed envelope to :

B. Mettam, 27 Glenfield Crescent, Newbold, Chesterfield, S41 8SF.

INDUSTRIAL RAILWAY RECORD

This profusely illustrated magazine contains articles of lasting interest concerning a wide variety of industrial locomotives and railways of all gauges, at home and abroad. Accurate line drawings of locomotives and rolling stock, together with carefully prepared maps, are a regular feature.

The INDUSTRIAL RAILWAY RECORD is available to non-members by direct subscription.

Send to the following address for full details :

R.V. Mulligan, Owls Barn, The Chestnuts, Aylesbeare, Exeter EX5 2BY.

Avonside 1917 of 1923, at Elsecar Heritage Centre, South Yorkshire, (page 220), on 28th October 1994. (A.J. Booth)

Bagnall 2670 of 1942, at Shackerstone Railway Society, Leicestershire, (page 122), on 18th October 1992. (A.J. Booth)

Baguley 2725 of 1963, at A.V. Dawson Ltd, Middlesbrough, Cleveland, (page 43), on 16th March 1993. (A.J. Booth)

Barlow of 1953, at Saltburn Miniature Railway, Cleveland, (page 45), on 28th May 1995. (A.J. Booth)

Beyer Peacock 3497 of 1902, at Welshpool & Llanfair Light Railway, Powys, (page 277), on 2nd September 1995. (J.A. Foster)

Brighton of 1876 (32646), at Isle of Wight Steam Railway, (page 105), on 17th September 1992. (A.J. Booth)

Crewe of 1960, (08669), at Trafford Park Estates PLC, Manchester, (page 143), on 17th February 1995. (J.A. Foster)

Derby of 1955, (08077), of RFS (Engineering) Ltd, (page 217), on hire at Teesbulk Handling, on 16th June 1994. (R.L. Waywell)

English Electric 3797 of 1968, (50027), at the North Yorkshire Moors Railway, Grosmont, (page 213), on 24th July 1995. (A.J. Booth)

Franco-Belge 2855 of 1944, at Welshpool and Llanfair Light Railway, Powys, (page 277), on 2nd September 1995. (J.A. Foster)

GEC Traction 5464 of 1977, at British Steel PLC, Shapfell Limestone Quarries, Cumbria, (page 52), on 7th September 1994. (J.A. Foster)

General Motors 798033-1 of 1980, at Foster Yeoman Quarries Ltd, Merehead, Somerset, (page 171), on 25th June 1989. (R.L. Waywell)

Hibberd 3776 of 1956, at Metal Protection Services, St Agnes, Cornwall, (page 50), on 15th September 1995. (A.J. Booth)

Hill 312v of 1984, at Conoco Ltd, South Killingholme, Humberside, (page 98), on 9th March 1995. (A.J. Booth)

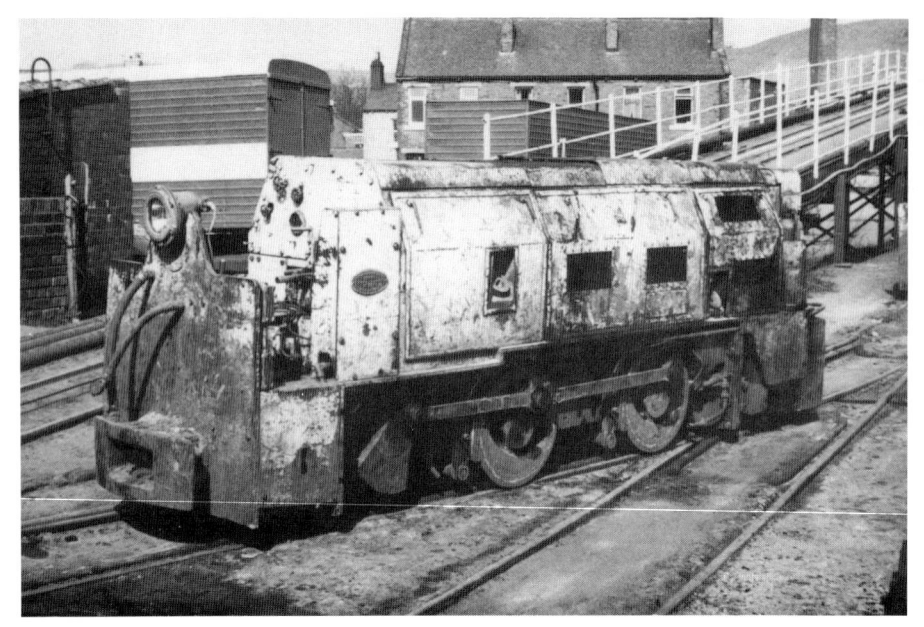

Hudswell Clarke DM747 of 1951, of Prince of Wales Colliery, (page 298), at Park Mill Colliery, on 12th April 1980. (A.J. Booth)

Hunslet 7430 of 1977, at Costain Dow Mac, Newmains, Strathclyde, (page 246), on 4th September 1995. (J.A. Foster)

Keef 46 of 1993, at Woodhead Cable Tunnel, Dunford Bridge, South Yorkshire, (page 216), on 3rd December 1994. (J.A. Foster)

Locomo Oy 172 of 1954, at Steam Traction Ltd, Acton, Suffolk, (page 183), on 17th April 1993. (A.J. Booth)

Motor Rail 8696 of 1941, at Boothby & Penicuik Peat Co Ltd, Bolton Fell, Cumbria, (page 51), on 4th September 1995. (J.A. Foster)

North British 27656 of 1957, at Rutland Railway Museum, Cottesmore, Leicestershire, (page 125), on 27th March 1995. (A.J. Booth)

Peckett 1759 of 1928, at the Rutland Railway Museum, Cottesmore, Leicestershire, (page 125), on 27th March 1995. (A.J. Booth)

RFS 067/GA/57000/001 of 1994, at Tilcon Ltd, Grassington, North Yorkshire, (page 208), on 7th September 1994. (J.A. Foster)

Rolls-Royce 10213 of 1964, of RFS Doncaster, (page 217), on hire at BSC Shapfell, Cumbria, on 12th April 1992. (R.L. Waywell)

Ruston & Hornsby 462365 of 1960, at Boothby & Penicuik Peat Co Ltd, Auchencorth Moss, Lothian, (page 242), on 6th September 1995. (J.A. Foster)

Schoma 5130 of 1990, at Levington Horticulture, Hatfield Peat Works, South Yorkshire, (page 216), on 20th February 1991. (R.L. Waywell)

SLM 2870 of 1923, at Snowdon Mountain Railway, Llanberis, Gwynedd, (page 273), on 5th August 1995. (J.A. Foster)

Stephenson & Hawthorns 7284 of 1945, at Nuclear Electric, Heysham, Lancashire, (page 117), on 16th February 1993. (R.L. Waywell)

Swindon of 1965 (D9555), at Rutland Railway Museum, Cottesmore, Leicestershire, (page 125), on 27th March 1995. (A.J. Booth)

Trackmobile GN960300689 of 1989, at English China Clays, Treviscoe Driers, Cornwall, (page 48), on 13th September 1995.   (A.J. Booth)

Wickham 7073 of 1955, (DB965045, page 348), of BR Departmental stock, at BR Bedale, on 16th July 1988.   (A.J. Booth)

Winson Engineering of 1992, at the Bure Valley Railway, Aylsham, Norfolk, (page 152), on 24th May 1993. (A.J. Booth)

Yorkshire Engine L106 of 1992, (rebuild of Ruston & Hornsby 468046), (page 219), at Long Marston on 30th November 1994. (R.L. Waywell)

SCT 001 PETERSFIELD.